금강경요해

금강경요해

초판인쇄 2013년 8월 10일
초판발행 2013년 8월 20일

지 은 이 세웅스님
펴 낸 이 소광호
펴 낸 곳 관음출판사

주   소 130-070 서울시 동대문구 용두동 751-14 광성빌딩 3층
전   화 02) 921-8434, 929-3470
팩   스 02) 929-3470
홈페이지 www.gubook.co.kr
E - mail gubooks@naver.com

등   록 1993. 4.8 제1-1504호
ⓒ 관음출판사 1993

정가 25,000원

이 경전이 있는 곳은 위대한 스승 부처님과 존중한 제자가 계신 곳이다

금강경요해
金 剛 經 了 解

관음출판사

【차례】

금강경 본문 및 해설 찾기

금강경요해(金剛經了解)

경명(經名) 해설

금강반야바라밀경 해설

금강경 본문 및
해설 찾기

金剛般若波羅蜜經
금강반야바라밀경

法會因由分 第一
법회인유분 제일

이 경(經)이 아난타 존자께서 직접 들은 부처님 설법임을 말함과 이 경(經)을 설하게 된 동기(動機)의 인연사(因緣事) 부처님 회상(會上) 일상생활의 부분을 보이심이다.

110   111
如是我聞 一時 佛 在舍衛國 祇樹給孤獨園 與大
여 시 아 문 일 시 불 재 사 위 국 기 수 급 고 독 원 여 대

                              113
比丘衆 千二百五十人俱 爾時 世尊 食時 着衣持
비 구 중 천 이 백 오 십 인 구 이 시 세 존 식 시 착 의 지

鉢 入舍衛大城 乞食於其城中 次第乞已 還至本
발 입 사 위 대 성 걸 식 어 기 성 중 차 제 걸 이 환 지 본

處 飯食訖 收衣鉢 洗足已 敷座而坐
처 반 사 흘 수 의 발 세 족 이 부 좌 이 좌

이와 같이 내가 들었다. 한때에 부처님께옵서 사위국에 있는 기수급고독원에서 큰 비구들 천이백오십인과 같이 계시었다.

그때에 세존께옵서 공양 때가 되시어 가사를 입으시고 바루를 들고 사위대성에 들어가시어 걸식하시되, 그 성중에 차례로 빌어 마치시고 본처로 돌아오시어 공양을 마치시고는 가사와 바루를 거두시고 손발을 씻으신 후에 자리를 펴고 앉으셨다.

善現起請分 第二
선 현 기 청 분 제 이

금강반야바라밀경 탄생의 동기(動機), 수보리존자께서 부처님전에 최상승법(最上勝法)에 대한 청법(請法)을 함이다.

115
時 長老須菩提 在大衆中 卽從座起 偏袒右肩 右
시 장 로 수 보 리　재 대 중 중　즉 종 좌 기　편 단 우 견　우

膝着地 合掌恭敬 而白佛言 希有世尊 如來 善護
슬 착 지　합 장 공 경　이 백 불 언　희 유 세 존　여 래　선 호

117
念諸菩薩 善付囑諸菩薩 世尊 善男子善女人 發
념 제 보 살　선 부 촉 제 보 살　세 존　선 남 자 선 여 인　발

118　　　　　　　　120
阿耨多羅三藐三菩提心 應云何住 云何降伏其心
아 뇩 다 라 삼 막 삼 보 리 심　응 운 하 주　운 하 항 복 기 심

121　　　　　　　　　　　　　121
佛言 善哉善哉 須菩提 如汝所說 如來 善護念諸
불 언　선 재 선 재　수 보 리　여 여 소 설　여 래　선 호 념 제

123　　　　125
菩薩 善付囑諸菩薩 汝今諦聽 當爲汝說 善男子
보 살　선 부 촉 제 보 살　여 금 체 청　당 위 여 설　선 남 자

善女人 發阿耨多羅三藐三菩提心 應如是住 如是
선 여 인　발 아 뇩 다 라 삼 막 삼 보 리 심　응 여 시 주　여 시

13

降伏其心 唯然 世尊 願樂欲聞
항 복 기 심 유 연 세 존 원 요 욕 문

그때에, 장로 수보리가 대중 속에 있다가 곧 따라서 자리에서 일어나 오른쪽 어깨에 가사를 걷어 올리고, 오른쪽 무릎을 땅에 대며 합장하여 공손히 공경하며, 부처님전에 사뢰어 말씀드리되, 희유하시옵니다. 세존이시여. 여래께옵서는 모든 보살을 선호념하시며, 모든 보살에게 선부촉하시옵니다. 세존이시여, 선남자 선여인이 아뇩다라삼먁삼보리심을 발하였다면 응당 어떻게 머무르며, 어떻게 그 마음을 항복해야 하옵니까? 부처님께옵서 말씀하시되, 옳고 옳도다. 수보리야, 네가 말한 바와 같이 여래는 모든 보살을 선호념하며, 모든 보살을 선부촉하느니라. 너는 이제 자세히 살피어 들을지니라. 마땅히 너를 위해 설하리다. 선남자 선여인이 아뇩다라삼먁삼보리심을 발하였다면 응당 이와 같이 머무르며, 이와 같이 그 마음을 항복해야 하느니라. 오직 그렇게 하겠사옵니다. 세존이시여. 원하오니, 기쁨 속에 기꺼이 듣고자 하옵니다.

大乘正宗分 第三
대 승 정 종 분 제 삼

부처님께서 대승(大乘) 보살도(菩薩道)의 길을 열어 이끄심이다.

126
佛告 須菩提 諸菩薩摩訶薩 應如是降伏其心 所
불 고 수 보 리 제 보 살 마 하 살 응 여 시 항 복 기 심 소

127
有一切衆生之類 若卵生 若胎生 若濕生 若化生
유일체중생지류 약난생 약태생 약습생 약화생

若有色 若無色 若有想 若無想 若非有想 非無想
약유색 약무색 약유상 약무상 약비유상 비무상

136
我皆令入無餘涅槃 而滅度之 如是滅度無量無數
아 개 영 입 무 여 열 반 이 멸 도 지 여 시 멸 도 무 량 무 수

無邊衆生 實無衆生得滅度者 何以故 須菩提 若
무변중생 실무중생득멸도자 하이고 수보리 약

138
菩薩 有我相人相衆生相壽者相 卽非菩薩
보살 유아상인상중생상수자상 즉비보살

　부처님께옵서 이르시되, 수보리야, 모든 보살마하살은 응당
이와 같이 그 마음을 항복해야 하느니라. 있는 바 일체중생의
종류인 난생, 태생, 습생, 화생, 유색, 무색, 유상, 무상, 비
유상, 비무상을 내가 모두 무여열반에 들게 하여 멸도하리라.
해야 하느니라. 이와 같이 한량없고 수가 없고 가 없는 중생
을 멸도하였어도, 실로 멸도를 얻은 자 중생이 없느니라. 어
떠한 연유이냐 하면은 수보리야, 만약 보살이 아상 인상 중생
상 수자상이 있으면은 즉, 보살이 아니기 때문이니라.

妙行無住分 第四
묘 행 무 주 분 제 사

　부처님께서 보살행과 보살행의 공덕을 설하심이다.

復次 須菩提 菩薩於法 應無所住 行於布施 所謂
부차 수보리 보살어법 응무소주 행어보시 소위

不住色布施 不住聲香味觸法布施 須菩提 菩薩應
부주색보시 부주성향미촉법보시 수보리 보살응

如是布施 不住於相 何以故 若菩薩 不住相布施
여시보시 부주어상 하이고 약보살 부주상보시

其福德不可思量 須菩提 於意云何 東方虛空 可
기복덕불가사량 수보리 어의운하 동방허공 가

思量不 不也世尊 須菩提 南西北方 四維上下虛
사량부 불야세존 수보리 남서북방 사유상하허

空 可思量不 不也世尊 須菩提 菩薩 無住相布施
공 가사량부 불야세존 수보리 보살 무주상보시

福德 亦復如是 不可思量 須菩提 菩薩 但應如所
복덕 역부여시 불가사량 수보리 보살 단응여소

教住
교주

그리고 또 수보리야, 보살은 법에 응당 머무는 바 없이 보시를 행해야 하느니라. 이른바 색에 머무르지 아니하고 보시를 해야 하며, 성향미촉법에 머무르지 아니하고 보시를 해야 하느니라. 수보리야, 보살은 응당 이와 같이 보시하여 상에 머무르지 아니해야 하느니라. 어떠한 연유이냐 하면은, 만약 보살이 상에 머무르지 아니하고 보시하면은, 그 복덕이 가히 생각으로 헤아릴 수 없기 때문이니라. 수보리야, 어떻게 생각하느

냐? 동방의 허공을 가히 생각으로 헤아릴 수 있겠느냐? 아니옵니다. 세존이시여. 수보리야, 남서북방 사유상하 허공을 가히 생각으로 헤아릴 수 있겠느냐? 아니옵니다. 세존이시여. 수보리야, 보살이 상에 머무름이 없는 보시의 복덕도 역시 또한 이와 같아, 가히 생각으로 헤아릴 수가 없느니라. 수보리야 보살은 단지 응당 가르친 바와 같이 머물어야 하느니라.

如理實見分 第五
여 리 실 견 분 제 오

신상(身相)이 실체(實體)가 없음을 설하심이다.

158　　　　158
須菩提　於意云何　可以身相見如來不　不也世尊
수 보 리　어 의 운 하　가 이 신 상 견 여 래 부　불 야 세 존

　　　　　　　　　　　160
不可以身相得見如來 何以故　如來所說身相 卽非
불 가 이 신 상 득 견 여 래　하 이 고　여 래 소 설 신 상　즉 비

　169　　　　170
身相 佛告 須菩提 凡所有相 皆是虛妄 若見諸相
신 상　불 고　수 보 리　범 소 유 상　개 시 허 망　약 견 제 상

非相 卽見如來
비 상　즉 견 여 래

수보리야, 어떻게 생각하느냐? 가히 신상을 봄이 여래이겠느냐? 아니옵니다. 세존이시여. 가히 신상을 봄이 여래가 아니옵니다. 어떠한 연유인가 하오면, 여래께옵서 설하신바 신상은 즉, 신상이 아니옵기 때문이옵니다. 부처님께옵서 이르시되, 수보리야 무릇 있는 바 상은 다 이것이 허망한 것이니, 만약 모든 상을 보되 상이 아니면 즉, 여래를 봄이니라.

正信希有分 第六
정신희유분 제육

선근(善根)이 있는 자는 이 경(經)을 믿으며, 이 경(經)을 믿음이 곧 사상(四相) 없음이며, 불(佛)의 설법(說法)은 실상(實相)에 드는 뗏목과 같음을 설하심이다.

176
須菩提白佛言 世尊 頗有衆生 得聞如是言說章句
수보리백불언 세존 파유중생 득문여시언설장구

177　　　　　　　177
生實信不 佛告 須菩提 莫作是說 如來滅後 後五
생실신부 불고 수보리 막작시설 여래멸후 후오

178　　　194　　195
百歲 有持戒修福者 於此章句 能生信心 以此爲
백세 유지계수복자 어차장구 능생신심 이차위

198
實 當知是人 不於一佛二佛三四五佛 而種善根
실 당지시인 불어일불이불삼사오불 이종선근

199　　　　　　199
已於無量千萬佛所 種諸善根 聞是章句 乃至 一
이어무량천만불소 종제선근 문시장구 내지 일

202　　　203
念生淨信者 須菩提 如來 悉知悉見 是諸衆生 得
념생정신자 수보리 여래 실지실견 시제중생 득

203　　　205
如是無量福德 何以故 是諸衆生 無復我相人相衆
여시무량복덕 하이고 시제중생 무부아상인상중

　　　　　　209
生相壽者相 無法相 亦無非法相 何以故 是諸衆
생상수자상 무법상 역무비법상 하이고 시제중

211
生 若心取相 卽爲着我人衆生壽者 若取法相 卽
생 약심취상 즉위착아인중생수자 약취법상 즉

18

着我人衆生壽者 何以故 若取非法相 卽着我人衆
착 아 인 중 생 수 자　하 이 고 약 취 비 법 상　즉 착 아 인 중

211 　　　　　　　　　 212
生壽者 是故 不應取法 不應取非法 以是義故 如
생 수 자　시 고　불 응 취 법　불 응 취 비 법　이 시 의 고　여

215
來常說 汝等比丘 知我說法如筏喩者 法尙應捨
래 상 설　여 등 비 구　지 아 설 법 여 벌 유 자　법 상 응 사

何況非法
하 황 비 법

　수보리가 부처님전에 사뢰어 말씀드리되, 세존이시여, 많은 중생이 있어 이와 같은 말과 설함의 글귀를 얻어듣고는 실다운 믿음을 내겠사옵니까? 부처님께옵서 이르시되, 수보리야, 그러한 말을 하지 말라. 여래가 멸한 후 후오백세에도 계를 가지며, 복을 닦는 자가 있어 이 글귀에 능히 믿음의 마음이 일어나, 이를 실답게 여기느니라. 당연히 알아라. 이 사람은 일불 이불 삼사오불에 선근을 심었을 뿐만 아니라, 이미 무량천만불의 처소에서 갖가지 모든 선근을 심었으므로, 이 글귀의 어느 부분이든 듣고, 한 생각 깨끗한 믿음을 내는 자이니라. 수보리야, 여래는 이 모든 중생이 이와 같이 무량복덕을 얻음을 다 알고, 남김없이 다 보느니라. 어떠한 연유이냐 하면은, 이 모든 중생이 다시는 아상 인상 중생상 수자상이 없으며, 법상도 없고, 또한 비법상도 없기 때문이니라. 어떠한 까닭이냐 하면은, 이 모든 중생이 만약 마음에 상을 취하면은 즉, 아 인 중생 수자가 생기며, 만약 법상을 취하여도 즉, 아 인 중생 수자가 생기느니라. 어떠한 연유이냐 하면은,

19

만약 비법상을 취하여도 즉, 아 인 중생 수자가 생기기 때문
이니라. 이러하기 때문에 응당 법을 취하지 말아야 하며, 응
당 비법도 취하지 말아야 하느니라. 이러한 뜻의 연유로 여래
가 항상 설하였느니라. 너희들 비구는 나의 설하는 법을 뗏목
과 같음을 깨달아 아는 자는 법도 오히려 응당 버리거늘 하물
며 비법이겠느냐.

無得無說分 第七
무득무설분 제칠

여래(如來)의 얻은 법(法)과 설(說)한 법(法)이 없으며, 무유정법(無有
定法)이 아뇩다라삼먁삼보리며, 일체 현성(賢聖)이 무유정법(無有定法)
에서 차별이 있음을 들어내심이다.

216
須菩提 於意云何 如來得阿耨多羅三藐三菩提耶
수보리 어의운하 여래득아뇩다라삼먁삼보리야

218
如來有所說法耶 須菩提言 如我解佛所說義 無有
여래유소설법야 수보리언 여아해불소설의 무유

219
定法名阿耨多羅三藐三菩提 亦無有定法 如來可
정법명아뇩다라삼먁삼보리 역무유정법 여래가

221
說 何以故 如來所說法 皆不可取 不可說 非法非
설 하이고 여래소설법 개불가취 불가설 비법비

222
非法 所以者何 一切賢聖 皆以無爲法 而有差別
비법 소이자하 일체현성 개이무위법 이유차별

수보리야, 어떻게 생각하느냐? 여래가 아뇩다라삼먁삼보리

를 얻었느냐? 여래가 설한 바 법이 있느냐? 수보리가 말씀드리되, 제가 아는 바 같아서는, 부처님께옵서 설하신 바의 뜻은 무유정법을 이름함이 아뇩다라삼먁삼보리라 하오며, 또한, 무유정법을 여래께옵서는 가히 설하시었사옵니다. 어떠한 연유인가 하오면, 여래께옵서 설하신 법은 모두 가히 취할 수 없으며, 가히 설할 수도 없어 법도 아니며, 비법도 아니옵니다. 어떠한 것인가 하오면, 일체 현성이 모두 무위법에서 차별이 있기 때문이옵니다.

依法出生分 第八
의 법 출 생 분 제 팔

이 경(經)의 공덕과 이 경(經)에서 일체(一切) 제불(諸佛)이 출현함과 제불(諸佛)의 일체법(一切法)이 이 경(經)에서 나옴을 설하심이다.

222
須菩提 於意云何 若人滿三千大千世界七寶 以用
수 보 리 어 의 운 하 약 인 만 삼 천 대 천 세 계 칠 보 이 용

布施 是人 所得福德 寧爲多不 須菩提言 甚多世
보 시 시 인 소 득 복 덕 영 위 다 부 수 보 리 언 심 다 세

224
尊 何以故 是福德 卽非福德性 是故 如來說福德
존 하 이 고 시 복 덕 즉 비 복 덕 성 시 고 여 래 설 복 덕

225
多 若復有人 於此經中 受持 乃至 四句偈等 爲
다 약 부 유 인 어 차 경 중 수 지 내 지 사 구 게 등 위

234
他人說 其福勝彼 何以故 須菩提 一切諸佛 及諸
타 인 설 기 복 승 피 하 이 고 수 보 리 일 체 제 불 급 제

佛阿耨多羅三藐三菩提法 皆從此經出 須菩提 所
불 아 녹 다 라 삼 먁 삼 보 리 법 개 종 차 경 출 수 보 리 소

謂佛法者 卽非佛法
위 불 법 자 즉 비 불 법

수보리야, 어떻게 생각하느냐? 만약 사람이 삼천대천세계
에 가득찬 칠보를 보시하면은, 이 사람이 얻은 바 복덕이 매
우 많지 않겠느냐? 수보리가 말씀드리되, 심히 많사옵니다.
세존이시여. 어떠한 연유인가 하오면, 이 복덕은 즉, 복덕성
이 아니므로, 이러한 까닭으로 여래께옵서는 설하시어 복덕
이 많다고 하시었사옵니다. 만약 또 어떤 사람이 있어, 이 경
속에 어느 한 부분이든 받아 지니며, 또한 사구게 등을 타인
을 위해 설한다면은 그 복이 저보다 수승하느니라. 어떠한 연
유이냐 하면은 수보리야, 일체 모든 부처님과 모든 부처님의
아녹다라삼먁삼보리의 법이 모두 이 경에서 나오기 때문이니
라. 수보리야, 이른바 불법이라는 것은 즉, 불법이 아니니라.

一相無相分 第九
일 상 무 상 분 제 구

성문사과(聲聞四果)를 설하심이다.

236   237
須菩提 於意云何 須陀洹 能作是念 我得須陀洹
수 보 리 어 의 운 하 수 다 원 능 작 시 념 아 득 수 다 원

                                  238
果不 須菩提言 不也世尊 何以故 須陀洹 名爲入
과 부 수 보 리 언 불 야 세 존 하 이 고 수 다 원 명 위 입

流 而無所入 不入色聲香味觸法 是名須陀洹 須
류 이무소입 불입색성향미촉법 시명수다원 수
238   238

菩提 於意云何 斯陀含 能作是念 我得斯陀含果
보리 어의운하 사다함 능작시념 아득사다함과
                                          239

不 須菩提言 不也世尊 何以故 斯陀含 名一往來
부 수보리언 불야세존 하이고 사다함 명일왕래
                        239   240

而實無往來 是名斯陀含 須菩提 於意云何 阿那
이실무왕래 시명사다함 수보리 어의운하 아나

含 能作是念 我得阿那含果不 須菩提言 不也世
함 능작시념 아득아나함과부 수보리언 불야세

尊 何以故 阿那含 名爲不來 而實無不來 是故名
존 하이고 아나함 명위불래 이실무불래 시고명
          240   241

阿那含 須菩提 於意云何 阿羅漢 能作是念 我得
아나함 수보리 어의운하 아라한 능작시념 아득

阿羅漢道不 須菩提言 不也世尊 何以故 實無有
아라한도부 수보리언 불야세존 하이고 실무유
          242   243

法 名阿羅漢 世尊 若阿羅漢 作是念 我得阿羅漢
법 명아라한 세존 약아라한 작시념 아득아라한

道 卽爲着我人衆生壽者 世尊 佛說 我得無諍三
도 즉위착아인중생수자 세존 불설 아득무쟁삼

昧人中 最爲第一 是第一離欲阿羅漢 世尊 我不
매인중 최위제일 시제일이욕아라한 세존 아부

作是念 我是離欲阿羅漢 世尊 我若作是念我得
작시념　아시이욕아라한　세존　아약작시념아득

244

阿羅漢道 世尊 卽不說須菩提是樂阿蘭那行者 以
아라한도 세존 즉불설수보리시요아란나행자 이

須菩提 實無所行 而名須菩提是樂阿蘭那行
수보리　실무소행　이명수보리시요아란나행

수보리야, 어떻게 생각하느냐? 수다원이 능히 이러한 생각을 하되, 나는 수다원과를 얻었다 하겠느냐? 수보리가 말씀드리되, 아니옵니다. 세존이시여. 어떠한 연유인가 하오면, 수다원은 이름함이 입류이오나 들어간 바가 없사옵니다. 색성향미촉법에 들어감이 없으므로, 이를 이름함이 수다원이라 하옵니다. 수보리야, 어떻게 생각하느냐? 사다함이 능히 이러한 생각을 하되, 나는 사다함과를 얻었다 하겠느냐? 수보리가 말씀드리되, 아니옵니다. 세존이시여. 어떠한 연유인가 하오면, 사다함은 이름함이 일왕래이오나 실로 가고 옴이 없으므로, 이를 이름함이 사다함이라 하옵니다. 수보리야, 어떻게 생각하느냐? 아나함이 능히 이러한 생각을 하되, 나는 아나함과를 얻었다 하겠느냐? 수보리가 말씀드리되, 아니옵니다. 세존이시여. 어떠한 연유인가 하오면, 아나함은 이름함이 불래이오나 실은 오지 않음이 없으므로, 이러한 연고로 이름함이 아나함이라 하옵니다. 수보리야, 어떻게 생각하느냐? 아라한이 응당 이러한 생각을 하되, 나는 아라한도를 얻었다고 하겠느냐? 수보리가 말씀드리되, 아니옵니다. 세존이시여. 어떠한 연유인가 하오면, 실로 법이 있는 바가 없어 이름함이 아

라한이라 하옵니다. 세존이시여, 만약 아라한이 이러한 생각
을 하되, 나는 아라한 도를 얻었다 하면 곧, 아 인 중생 수자
가 생기는 것이옵니다. 세존이시여, 부처님께옵서 말씀하시
기를 저를 무쟁삼매를 얻은 사람 중에 으뜸이며 제일이라고
하시었사옵니다. 이는, 제일 욕망을 여읜 아라한이라는 것이
옵니다. 세존이시여, 제가 이러한 생각을 아니 하므로 저를
일러 욕망을 여읜 아라한이라 하시었사옵니다. 세존이시여,
제가 만약, 나는 아라한 도를 얻었다는 이러한 생각을 하였다
면, 세존께옵서는 곧, 수보리는 이 아란나행을 즐기는 자라고
말씀하시지 않았을 것이옵니다. 수보리는 실로 행한 바가 없
으므로, 이를 일컬어 수보리는 이 아란나행을 즐긴다고 하시
었사옵니다.

莊嚴淨土分 第十
장엄정토분 제십

불토(佛土)를 장엄(莊嚴)함을 설하심이다.

245
佛告 須菩提 於意云何 如來 昔在燃燈佛所 於法
불고 수보리 어의운하 여래 석재연등불소 어법

有所得不 不也世尊 如來 在燃燈佛所 於法實無
유소득부 불야세존 여래 재연등불소 어법실무

247
所得 須菩提 於意云何 菩薩 莊嚴佛土不 不也世
소득 수보리 어의운하 보살 장엄불토부 불야세

尊 何以故 莊嚴佛土者 卽非莊嚴 是名莊嚴 是故
존 하이고 장엄불토자 즉비장엄 시명장엄 시고

25

須菩提 諸菩薩摩訶薩 應如是生淸淨心 不應住色
수 보 리 제 보 살 마 하 살 응 여 시 생 청 정 심 불 응 주 색

生心 不應住聲香味觸法生心 應無所住 而生其心
생 심 불 응 주 성 향 미 촉 법 생 심 응 무 소 주 이 생 기 심

須菩提 譬如有人身如須彌山王 於意云何 是身爲
수 보 리 비 여 유 인 신 여 수 미 산 왕 어 의 운 하 시 신 위

大不 須菩提言 甚大世尊 何以故 佛說非身 是名
대 부 수 보 리 언 심 대 세 존 하 이 고 불 설 비 신 시 명

大身
대 신

부처님께옵서 이르시되, 수보리야, 어떻게 생각하느냐? 여
래가 옛적에, 연등부처님 처소에 있을 때에 법을 얻은 바가
있느냐? 아니옵니다. 세존이시여. 여래께옵서 연등부처님 처
소에 계실 때에 법을 실로 얻은 바가 없사옵니다. 수보리야,
어떻게 생각하느냐? 보살이 불토를 장엄하느냐? 아니옵니다.
세존이시여. 어떠한 연유이온가 하오면, 불토를 장엄하는 것
은 즉, 장엄이 아니오니, 이를 이름함이 장엄이라 하옵니다.
이러한 까닭으로 수보리야, 모든 보살마하살은 응당 이와 같
이 청정한 마음을 내어야 하느니라. 응당 색에 머무르므로 일
어난 마음이 아니어야 하며, 응당 성향미촉법에 머무르므로
일어난 마음이 아니어야 하느니라. 응당 머무른 바 없는 그
마음을 내어야 하느니라. 수보리야, 비유하여 몸이 수미산왕
과 같은 사람이 있다면 어떻게 생각하느냐? 이 몸이 크지 않
겠느냐? 수보리가 말씀드리되, 심히 크옵니다. 세존이시여.

어떠한 연유인가 하오면, 부처님께옵서 설하신 것은 몸이 아
니므로, 이를 이름함이 큰 몸이옵니다.

無爲福勝分 第十一
무 위 복 승 분 제 십 일

이 경(經)을 지니고 설(說)하는 공덕을 설하심이다.

255
須菩提 如恒河中所有沙數 如是沙等恒河 於意云
수보리 여항하중소유사수 여시사등항하 어의운

何 是諸恒河沙 寧爲多不 須菩提言 甚多世尊 但
하 시제항하사 영위다부 수보리언 심다세존 단

256
諸恒河 尙多無數 何況其沙 須菩提 我今實言告
제항하 상다무수 하황기사 수보리 아금실언고

汝 若有善男子善女人 以七寶滿爾所恒河沙數 三
여 약유선남자선여인 이칠보만이소항하사수 삼

千大千世界 以用布施 得福多不 須菩提言 甚多
천대천세계 이용보시 득복다부 수보리언 심다

世尊 佛告 須菩提 若善男子善女人 於此經中 乃
세존 불고 수보리 약선남자선여인 어차경중 내

至 受持 四句偈等 爲他人說 而此福德 勝前福德
지 수지 사구게등 위타인설 이차복덕 승전복덕

수보리야, 항하 중에 있는 바의 모래의 수와 같이, 이 모래
같이 항하가 있다면 어떻게 생각하느냐? 이 모든 항하의 모래

27

가 매우 많지 않겠느냐? 수보리가 말씀드리되, 심히 많사옵니다. 세존이시여. 다만 모든 항하만 하여도 오히려 수없이 많사온데 어찌 하물며 그 모래이겠사옵니까. 수보리야, 내가 이제 실다운 말로 너에게 이르노니, 만약 선남자 선여인이 있어, 그 많은 항하 모래의 수와 같은 삼천대천 세계를 가득 채운 칠보를 보시한다면, 복을 얻음이 많지 않겠느냐? 수보리가 말씀드리되, 심히 많사옵니다. 세존이시여. 부처님께옵서 이르시되, 수보리야 만약 선남자 선여인이 이 경 속에 어느 한 부분이라도 받아 지니며 사구게 등을 타인을 위해 설한다면, 이 복덕이 앞의 복덕보다 더 수승하느니라.

尊重正教分 第十二
존 중 정 교 분 제 십 이

이 경(經)은 세간(世間)의 복전(福田)으로 공경(恭敬)하고 공양(供養)함을 설하심이다.

263
復次 須菩提 隨說是經 乃至 四句偈等 當知此處
부차 수보리 수설시경 내지 사구게등 당지차처

一切世間 天 人 阿修羅 皆應供養 如佛塔廟 何
일체세간 천 인 아수라 개응공양 여불탑묘 하

265
況有人 盡能受持讀誦 須菩提 當知是人 成就最
황유인 진능수지독송 수보리 당지시인 성취최

上第一希有之法 若是經典 所在之處 卽爲有佛若
상제일희유지법 약시경전 소재지처 즉위유불약

尊重弟子
존 중 제 자

그리고 또 수보리야, 이 경 설함을 따라 어느 한 부분이나, 사구게 등은 마땅히 알지니라. 이곳은, 일체 세간 하늘과 사람과 아수라 등이, 모두가 응당 공양 올리기를 부처님의 사리탑과 같거늘 어찌 하물며 사람이 있어 능히 받아 지니며, 읽고 독송함을 다함이겠느냐. 수보리야, 당연히 알아라. 이 사람은 최상 제일 희유한 법을 성취함이니, 만약 이 경전이 있는 곳의 처소는 곧, 부처님과 존중한 제자가 계심이니라.

如法受持分 第十三
여 법 수 지 분 제 십 삼

이 경명(經名)을 설하시고 상(相) 없는 경(經)을 지녀야 함과 세계를 이룬 물질과 물질이 결합한 세계와 몸을 이룬 형상이 실체(實體)가 없음을 설하심이다.

266
爾時 須菩提白佛言 世尊 當何名此經 我等云何
이 시　수 보 리 백 불 언　세 존　당 하 명 차 경　아 등 운 하

266
奉持 佛告 須菩提 是經名爲金剛般若波羅蜜 以
봉 지　불 고　수 보 리　시 경 명 위 금 강 반 야 바 라 밀　이

是名字 汝當奉持 所以者何 須菩提 佛說般若波
시 명 자　여 당 봉 지　소 이 자 하　수 보 리　불 설 반 야 바

274
羅蜜 卽非般若波羅蜜 是名般若波羅蜜 須菩提
라 밀　즉 비 반 야 바 라 밀　시 명 반 야 바 라 밀　수 보 리

於意云何 如來 有所說法不 須菩提白佛言 世尊
어의운하 여래 유소설법부 수보리백불언 세존

274
如來無所說 須菩提 於意云何 三千大千世界 所
여래무소설 수보리 어의운하 삼천대천세계 소

有微塵 是爲多不 須菩提言 甚多世尊 須菩提 諸
유미진 시위다부 수보리언 심다세존 수보리 제

微塵 如來說 非微塵 是名微塵 如來說世界 非世
미진 여래설 비미진 시명미진 여래설세계 비세

279
界 是名世界 須菩提 於意云何 可以三十二相見
계 시명세계 수보리 어의운하 가이삼십이상견

如來不 不也世尊 不可以三十二相得見如來 何以
여래부 불야세존 불가이삼십이상득견여래 하이

故 如來說 三十二相 卽是非相 是名三十二相 須
고 여래설 삼십이상 즉시비상 시명삼십이상 수

280
菩提 若有善男子善女人 以恒河沙等身命布施 若
보리 약유선남자선여인 이항하사등신명보시 약

復有人 於此經中 乃至 受持四句偈等 爲他人說
부유인 어차경중 내지 수지사구게등 위타인설

其福甚多
기복심다

그때에 수보리가 부처님전에 사뢰어 말씀드리되, 세존이시
여, 마땅히 이 경의 이름을 무엇이라 해야 하오며, 저희들은

어떻게 받들어 가져야 하옵니까? 부처님께옵서 이르시되, 수보리야, 이 경을 이름하여 금강반야바라밀이며, 이 이름답게 너희들은 받들어 가져야 하느니라. 어떠한 까닭이냐 하면은 수보리야, 불이 설한 반야바라밀은 즉, 반야바라밀이 아니므로, 이를 이름함이 반야바라밀이니라. 수보리야, 어떻게 생각하느냐? 여래가 설한 바 법이 있느냐? 수보리가 부처님전에 사뢰어 말씀드리되, 세존이시여, 여래께옵서는 설하신 것이 없사옵니다. 수보리야, 어떻게 생각하느냐? 삼천대천세계가 소유한 미세한 티끌들이 많다 하겠느냐? 수보리가 말씀드리되, 심히 많사옵니다. 세존이시여. 수보리야, 모든 미세한 티끌들이 여래가 설한 바 미세한 티끌들이 아니므로, 이를 이름함이 미세한 티끌이라 하느니라. 여래가 설한 바 세계도 세계가 아니므로, 이를 이름함이 세계라 하느니라. 수보리야, 어떻게 생각하느냐? 가히 삼십이상으로 여래를 보겠느냐? 아니옵니다. 세존이시여. 가히 삼십이상으로는 여래를 보지 못하옵니다. 어떠한 연유인가 하오면 여래께옵서 설하신 삼십이상은 즉, 이것은 상이 아니오니, 이를 이름함이 삼십이상이라 하옵니다. 수보리야, 만약 선남자 선여인이 있어, 항하의 모래와 같은 몸과 목숨을 보시하여도, 만약 또 사람이 있어, 이 경 속에 어느 한 부분이든 받아 지니며, 사구게 등을 타인을 위해 설하면은 그 복이 심히 더 많으니라.

離相寂滅分 第十四
이 상 적 멸 분 제 십 사

실상(實相)이 상(相) 아님과 이 경(經)을 믿음으로 실상(實相)에 듦과 불(佛)께옵서 과거 자신의 행적을 드러내시어 거짓이 아님을 설하심이다.

282

爾時 須菩提 聞說是經 深解義趣 涕淚悲泣 而白
이시 수보리 문설시경 심해의취 체루비읍 이백

佛言 希有世尊 佛說如是甚深經典 我從昔來 所
불언 희유세존 불설여시심심경전 아종석래 소

283

得慧眼 未曾得聞如是之經 世尊 若復有人 得聞
득혜안 미증득문여시지경 세존 약부유인 득문

是經 信心淸淨 卽生實相 當知是人 成就第一希
시경 신심청정 즉생실상 당지시인 성취제일희

有功德 世尊 是實相者 卽是非相 是故 如來說名
유공덕 세존 시실상자 즉시비상 시고 여래설명

297

實相 世尊 我今得聞 如是經典 信解受持 不足爲
실상 세존 아금득문 여시경전 신해수지 부족위

難 若當來世 後五百歲 其有衆生 得聞是經 信解
난 약당래세 후오백세 기유중생 득문시경 신해

298

受持 是人 卽爲第一希有 何以故 此人 無我相
수지 시인 즉위제일희유 하이고 차인 무아상

無人相 無衆生相 無壽者相 所以者何 我相 卽是
무인상 무중생상 무수자상 소이자하 아상 즉시

非相 人相 衆生相 壽者相 卽是非相 何以故 離
비상 인상 중생상 수자상 즉시비상 하이고 이

300

一切諸相 卽名諸佛 佛告 須菩提 如是如是 若復
일체제상 즉명제불 불고 수보리 여시여시 약부

離相寂滅分 第十四(이상적멸분 제십사)

有人 得聞是經 不驚 不怖 不畏 當知是人甚爲希
유인 득문시경 불경 불포 불외 당지시인심위희

301

有 何以故 須菩提 如來說 第一波羅蜜 卽非第一
유 하이고 수보리 여래설 제일바라밀 즉비제일

波羅蜜 是名第一波羅蜜 須菩提 忍辱波羅蜜 如
바라밀 시명제일바라밀 수보리 인욕바라밀 여

305

來說 非忍辱波羅蜜 是名忍辱波羅蜜 何以故 須
래설 비인욕바라밀 시명인욕바라밀 하이고 수

菩提 如我昔爲歌利王割截身體 我於爾時 無我相
보리 여아석위가리왕할절신체 아어이시 무아상

無人相 無衆生相 無壽者相 何以故 我於往昔 節
무인상 무중생상 무수자상 하이고 아어왕석 절

節支解時 若有我相人相衆生相壽者相 應生瞋恨
절지해시 약유아상인상중생상수자상 응생진한

306

須菩提 又念過去於五百世 作忍辱仙人 於爾所世
수보리 우념과거어오백세 작인욕선인 어이소세

306

無我相 無人相 無衆生相 無壽者相 是故 須菩提
무아상 무인상 무중생상 무수자상 시고 수보리

菩薩 應離一切相 發阿耨多羅三藐三菩提心 不應
보살 응리일체상 발아뇩다라삼먁삼보리심 불응

住色生心 不應住聲香味觸法生心 應生無所住心
주색생심 불응주성향미촉법생심 응생무소주심

若心有住 卽爲非住 是故 佛說 菩薩心 不應住色
약심유주 즉위비주 시고 불설 보살심 불응주색

布施 須菩提 菩薩 爲利益一切衆生 應如是布施
보시 수보리 보살 위이익일체중생 응여시보시

如來說 一切諸相 卽是非相 又說一切衆生 卽非
여래설 일체제상 즉시비상 우설일체중생 즉비

衆生 須菩提 如來 是眞語者 實語者 如語者 不
중생 수보리 여래 시진어자 실어자 여어자 불

狂語者 不異語者 須菩提 如來所得法 此法無實
광어자 불이어자 수보리 여래소득법 차법무실

無虛 須菩提 若菩薩 心住於法 而行布施 如人入
무허 수보리 약보살 심주어법 이행보시 여인입

闇 卽無所見 若菩薩 心不住法 而行布施 如人有
암 즉무소견 약보살 심불주법 이행보시 여인유

目 日光明照 見種種色 須菩提 當來之世 若有善
목 일광명조 견종종색 수보리 당래지세 약유선

男子善女人 能於此經 受持讀誦 卽爲如來 以佛
남자선여인 능어차경 수지독송 즉위여래 이불

智慧 悉知是人 悉見是人 皆得成就無量無邊功德
지혜 실지시인 실견시인 개득성취무량무변공덕

그때에 수보리가 이 경을 설하심을 듣고, 깊은 뜻을 깨달아 사무쳐 눈물을 흘리어 슬피 울며, 부처님전에 사뢰어 말씀드

리되, 희유하옵니다. 세존이시여. 부처님께옵서 설하신 이와 같이 심히 깊은 경전은 제가, 옛적부터 섬기어 따르며 얻은 바 혜안으로는, 일찍이 이와 같은 경을 얻어듣지를 못하였사옵니다. 세존이시여, 만약 또 사람이 있어 이 경을 얻어듣고, 믿음의 마음이 청정하면 즉, 실상을 깨달은 것이옵니다. 당연히 이 사람은 제일 희유한 공덕을 성취하였음을 아옵니다. 세존이시여, 이 실상이라는 것은 즉, 이것은 상이 아니옵니다. 이러한 까닭으로 여래께옵서 설하시어, 이름하여 실상이라 하시었사옵니다. 세존이시여, 제가 지금 얻어듣고, 이와 같은 경전을 믿고, 이해하며 받아 지니기는 족히 어렵지 아니하오나 만약, 당연히 오는 세상 후 오백세 그 중생들이 있어 이 경을 얻어듣고, 믿으며 이해하고 받아 지닌다면 이 사람은 즉, 제일 희유함이옵니다. 어떠한 연유인가 하오면, 이 사람은 아상도 없고, 인상도 없으며, 중생상도 없고, 수자상도 없기 때문이옵니다. 어떠하므로 그러한 것인가 하오면, 아상은 즉, 이는 상이 아니며, 인상 중생상 수자상도 즉, 이것은 상이 아니기 때문이옵니다. 어떠한 까닭인가 하오면, 일체 모든 상을 여의면 곧, 모두를 이름하여 부처라 하옵니다. 부처님께옵서 이르시되, 수보리야, 그렇고 그러하니라. 만약 또 사람이 있어 이 경을 얻어듣고 놀라지 아니하고, 겁내지 아니하며 두려워하지도 않으면, 당연히 이 사람은 심히 희유함임을 알아야 하느니라. 어떠한 연유이냐 하면은 수보리야, 여래가 설한 제일바라밀은 즉, 제일바라밀이 아니므로 이를 이름함이 제일바라밀이라 하느니라. 수보리야, 인욕바라밀도 여래가 설한 바 인욕바라밀이 아니므로, 이를 이름함이 인욕바라밀이라 하느니라. 어떠한 까닭이냐 하면은 수보리야, 옛적에, 가리왕에게 몸을 베

35
離相寂滅分 第十四(이상적멸분 제십사)

이고 끊힘을 당한 나와 같기 때문이니라. 나도 그때에 아상도 없었고, 인상도 없었고, 중생상도 없었고, 수자상도 없었느니라. 어떠한 연유이냐 하면은, 내가 과거 옛적, 팔과 다리의 마디마디를 찢길 때에 만약, 아상 인상 중생상 수자상이 있었다면은 응당 성을 내고 원망함이 일어났을 것이니라. 수보리야, 또, 과거 오백세를 생각해보니, 인욕행을 하는 선인이었든 그 세상에서도 아상도 없었고, 인상도 없었으며, 중생상도 없었고, 수자상도 없었느니라. 이러하듯이 수보리야, 보살은 응당 일체상을 여읜 아뇩다라삼먁삼보리심을 내어야 하느니라. 응당 색에 머무른 마음을 내지 아니하며, 응당 성향미촉법에 머무른 마음을 내지 아니하여, 응당 머무른 바 없는 마음을 내어야 하느니라. 만약 마음이 머무름이 있으면 곧, 머무름이 없도록 해야 하느니라. 이러한 까닭으로 불이 설하기를, 보살의 마음은 응당 색에 머무른 보시가 아니어야 하느니라. 수보리야, 보살은 일체중생의 이로움과 유익함을 위해 응당 이와 같이 보시해야만 하느니라. 여래가 설한 일체 모든 상은 즉, 이것은 상이 아니며, 또, 설한 일체중생도 즉, 중생이 아니니라. 수보리야, 여래는 이같이 진실한 말을 하는 자며, 실다운 말을 하는 자며, 같은 말을 하는 자며, 허황한 말을 하지 않는 자며, 다른 말을 하지 않는 자이니라. 수보리야, 여래가 얻은 바 법은, 이 법은 실도 없고 허도 없느니라. 수보리야, 만약 보살이 법에 머무른 마음으로 보시를 행하면은, 사람이 어두운 곳에 들어가 곧, 보이는 바가 없는 것과 같으니라. 만약 보살이 법에 머무르지 아니한 마음으로 보시를 행하면은, 눈이 있어 햇빛이 밝게 비치어 가지가지의 색을 보는 사람과 같으니라. 수보리야, 미래의 세상에 만약 선남자 선여인이 있어, 능히 이 경을 받아 지니며 읽고 외우면은 곧, 여래가 불지혜로 이 사람을 다 알고, 이 사람을 남김없이 다 보나니, 한량없고 끝없는 공덕을 다 성취함을 얻느니라.

持經功德分 第十五
지경공덕분 제십오

수지독송설(受持讀誦說)의 공덕과 대승(大乘)과 최상승(最上乘)을 위해 이 경(經)을 설함과 일체세간(一切世間)이 이 경(經)을 공경(恭敬)하고 공양(供養)하며 예(禮)를 다함을 설하심이다.

313
須菩提 若有善男子善女人 初日分 以恒河沙等身
수보리　약유선남자선여인　초일분　이항하사등신

布施 中日分 復以恒河沙等身布施 後日分 亦以
보시　중일분　부이항하사등신보시　후일분　역이

恒河沙等身布施 如是無量百千萬億劫 以身布施
항하사등신보시　여시무량백천만억겁　이신보시

若復有人 聞此經典 信心不逆 其福勝彼 何況書
약부유인　문차경전　신심불역　기복승피　하황서

316
寫受持讀誦 爲人解說 須菩提 以要言之 是經 有
사수지독송　위인해설　수보리　이요언지　시경　유

不可思議 不可稱量 無邊功德 如來 爲發大乘者
불가사의　불가칭량　무변공덕　여래　위발대승자

317
說 爲發最上乘者說 若有人 能受持讀誦 廣爲人
설　위발최상승자설　약유인　능수지독송　광위인

37

說 如來 悉知是人 悉見是人 皆得成就 不可量
설 여래 실지시인 실견시인 개득성취 불가량

318

不可稱 無有邊 不可思議功德 如是人等 卽爲荷
불가칭 무유변 불가사의공덕 여시인등 즉위하

擔 如來阿耨多羅三藐三菩提 何以故 須菩提 若
담 여래아뇩다라삼먁삼보리 하이고 수보리 약

樂小法者 着我見人見衆生見壽者見 卽於此經 不
요소법자 착아견인견중생견수자견 즉어차경 불

320

能聽受讀誦爲人解說 須菩提 在在處處 若有此經
능청수독송위인해설 수보리 재재처처 약유차경

一切世間 天 人 阿修羅 所應供養 當知此處 卽
일체세간 천 인 아수라 소응공양 당지차처 즉

爲是塔 皆應恭敬 作禮圍繞 以諸華香而散其處
위시탑 개응공경 작례위요 이제화향이산기처

수보리야, 만약 선남자 선여인이, 아침에 항하의 모래와 같은 몸을 보시하고, 점심때에 다시, 항하의 모래와 같은 몸을 보시하고, 저녁에도 또, 항하모래와 같은 몸을 보시하여, 이와 같이 한량없는 백천만억겁을 이렇게 몸을 보시하여도, 만약 또 어떤 사람이 있어 이 경전을 듣고, 믿음으로 마음이 어긋나지 아니하면은, 그 복이 저보다 수승하거늘 어찌 하물며 글로서 새기고, 받아 지니며 읽고 외우며, 사람들이 깨닫도록 설함이겠느냐? 수보리야, 중요함을 말하면 이 경은 불가사의함이 있어, 가히 한량없고 끝없는 공덕이 있느니라. 여래는, 대승을 발한 자를 위해 설하였으며, 최상승을 발한 자를 위해 설하였느니라. 만약 사람이 있어 능히 받아 지니어 읽고 외우며, 사람을 위해 널리 설한다면은 여래는 이 사람을 다 알고, 이 사람을 다 보느니 가히 한량없고 가히 칭할 수 없으며, 끝없는 불가사의한 공덕을 모두 성취함을 얻느니라. 이와 같은 사람들은 곧, 여래의 아뇩다라삼먁삼보리를 수용하느니라. 어떠한 연유이냐 하면 수보리야, 만약 작은 법을 즐거워하는 자는 아견, 인견, 중생견, 수자견이 있어 곧, 이 경을 능히 듣지도, 받지도, 읽지도, 외우지도, 사람들을 위해 깨닫도록 설하지도 못하기 때문이니라. 수보리야 어느 곳이나 만약 이 경이 있으면, 일체 세간 하늘과 사람과 아수라 등이 응당 공양을 올리는 바이니라. 마땅히 알라. 이곳은 곧, 불탑과 같이 모두 응당 공손히 공경하며, 주위를 돌며 예를 올리고, 모든 꽃과 향을 올리며, 그곳에 예를 다하느니라.

能淨業障分 第十六
능 정 업 장 분 제 십 육

수행(修行)의 장애(障碍)와 이 경(經)의 공덕이 불가사의(不可思議)하여 믿지 않음을 설하심이다.

321
復次 須菩提 善男子善女人 受持讀誦此經 若爲
부 차 수 보 리 선 남 자 선 여 인 수 지 독 송 차 경 약 위

人輕賤 是人 先世罪業 應墮惡道 以今世人輕賤
인 경 천 시 인 선 세 죄 업 응 타 악 도 이 금 세 인 경 천

故 先世罪業 卽爲消滅 當得阿耨多羅三藐三菩提
고 선 세 죄 업 즉 위 소 멸 당 득 아 뇩 다 라 삼 먁 삼 보 리

須菩提 我念過去無量阿僧祇劫 於燃燈佛前 得値
수보리 아념과거무량아승지겁 어연등불전 득치

八百四千萬億那由他諸佛 悉皆供養承事 無空過
팔백사천만억나유타제불 실개공양승사 무공과

者 若復有人 於後末世 能受持讀誦此經 所得功
자 약부유인 어후말세 능수지독송차경 소득공

德 於我所供養 諸佛功德 百分不及一 千萬億分
덕 어아소공양 제불공덕 백분불급일 천만억분

乃至 算數譬喩 所不能及 須菩提 若善男子善女
내지 산수비유 소불능급 수보리 약선남자선여

人 於後末世 有受持讀誦此經 所得功德 我若具
인 어후말세 유수지독송차경 소득공덕 아약구

說者 或有人聞 心卽狂亂 狐疑不信 須菩提 當知
설자 혹유인문 심즉광난 호의불신 수보리 당지

是經義 不可思議 果報亦不可思議
시경의 불가사의 과보역불가사의

다시 또 수보리야, 선남자 선여인이 이 경을 받아 지니며
읽고 외움으로 만약, 사람들이 가볍게 보고 천시 여기면은,
이 사람은 선세 죄업으로 응당 악도에 떨어질 것이나, 지금
세상에서 사람들이 가볍게 보고 천시한 연고로, 선세의 죄업
이 곧 소멸하여, 마땅히 아뇩다라삼먁삼보리를 얻으리라. 수
보리야, 내가 과거 무량 아승지겁을 생각해보니, 연등부처님
이전에 팔백사천만억 나유타의 모든 부처님전에, 빠짐없이

다 공양 올리기를 끊임이 없었으며, 헛되이 그냥 지낸적이 없었느니라. 만약 다시 어떤 사람이 있어, 이후 말세에 능히 이 경을 받아 지니며, 읽고 외우므로 얻은 바의 공덕은, 내가 모든 부처님전에 공양올린 바의 공덕으로는 백분의 일도 미치지 못하며, 천만억분 내지 숫자의 비유로는 능히 미치지 못하는 바이니라. 수보리야, 만약 선남자 선여인이 이후 말세에 이 경을 받아 지니며, 읽고 외우므로 얻은 바의 공덕을 내가 만약 모두 설할 것 같으면, 혹시 사람이 있어 듣고는 마음이 곧 미쳐 혼란하여 날뛰며, 여우같이 의심하며 믿지 않을 것이다. 수보리야 마땅히 알아라. 이 경의 뜻은 불가사의며, 과보 역시 또한, 불가사의하느니라.

究竟無我分 第十七
구 경 무 아 분 제 십 칠

보살이 중생구제에 상(相)이 없어야 하며, 여래(如來)는 상(相) 없어 아뇩다라삼막삼보리를 성취하여 연등불(燃燈佛)에게 수기(授記)를 받았으며, 사상(四相) 없는 무아(無我)를 통달(通達)한 자(者)가 보살임을 설하심이다.

328
爾時 須菩提白佛言 世尊 善男子善女人 發阿耨
이 시　수 보 리 백 불 언　세 존　선 남 자 선 여 인　발 아 뇩

331
多羅三藐三菩提心 云何應住 云何降伏其心 佛告
다 라 삼 막 삼 보 리 심　운 하 응 주　운 하 항 복 기 심　불 고

須菩提 若善男子善女人 發阿耨多羅三藐三菩提
수 보 리　약 선 남 자 선 여 인　발 아 뇩 다 라 삼 막 삼 보 리

41

心者 當生如是心我應滅度一切衆生 滅度一切衆
심자 당생여시심아응멸도일체중생 멸도일체중

生已 而無有一衆生實滅度者 何以故 須菩提 若
생이 이무유일중생실멸도자 하이고 수보리 약

菩薩 有我相人相衆生相壽者相 卽非菩薩 所以者
보살 유아상인상중생상수자상 즉비보살 소이자

何 須菩提 實無有法 發阿耨多羅三藐三菩提心者
하 수보리 실무유법 발아녹다라삼먁삼보리심자

須菩提 於意云何 如來 於燃燈佛所 有法得阿耨
수보리 어의운하 여래 어연등불소 유법득아녹

多羅三藐三菩提不 不也世尊 如我解佛所說義 佛
다라삼먁삼보리부 불야세존 여아해불소설의 불

於燃燈佛所 無有法得阿耨多羅三藐三菩提 佛言
어연등불소 무유법득아녹다라삼먁삼보리 불언

如是如是 須菩提 實無有法 如來得阿耨多羅三藐
여시여시 수보리 실무유법 여래득아녹다라삼먁

三菩提 須菩提 若有法 如來 得阿耨多羅三藐三
삼보리 수보리 약유법 여래 득아녹다라삼먁삼

菩提者 燃燈佛 卽不與我授記 汝於來世 當得作
보리자 연등불 즉불여아수기 여어래세 당득작

佛 號釋迦牟尼 以實無有法 得阿耨多羅三藐三菩
불 호석가모니 이실무유법 득아녹다라삼먁삼보

究竟無我分 第十七(구경무아분 제십칠)

提 是故 燃燈佛 與我授記作是言 汝於來世 當得
리 시고 연등불 여아수기작시언 여어래세 당득

337
作佛 號釋迦牟尼 何以故 如來者 卽諸法如義 若
작불 호석가모니 하이고 여래자 즉제법여의 약

341
有人言 如來 得阿耨多羅三藐三菩提 須菩提 實
유인언 여래 득아뇩다라삼먁삼보리 수보리 실

無有法 佛得阿耨多羅三藐三菩提 須菩提 如來所
무유법 불득아뇩다라삼먁삼보리 수보리 여래소

342
得 阿耨多羅三藐三菩提 於是中 無實無虛 是故
득 아뇩다라삼먁삼보리 어시중 무실무허 시고

343
如來說一切法 皆是佛法 須菩提 所言一切法者
여래설일체법 개시불법 수보리 소언일체법자

344
卽非一切法 是故名一切法 須菩提 譬如人身長大
즉비일체법 시고명일체법 수보리 비여인신장대

須菩提言 世尊 如來說 人身長大 卽爲非大身 是
수보리언 세존 여래설 인신장대 즉위비대신 시

345
名大身 須菩提 菩薩亦如是 若作是言 我當滅度
명대신 수보리 보살역여시 약작시언 아당멸도

無量衆生 卽不名菩薩 何以故 須菩提 實無有法
무량중생 즉불명보살 하이고 수보리 실무유법

名爲菩薩 是故 佛說一切法 無我 無人 無衆生
명위보살 시고 불설일체법 무아 무인 무중생

43

無壽者 須菩提 若菩薩作是言 我當莊嚴佛土 是
무수자 수보리 약보살작시언 아당장엄불토 시

不名菩薩 何以故 如來說 莊嚴佛土者 即非莊嚴
불명보살 하이고 여래설 장엄불토자 즉비장엄

352
是名莊嚴 須菩提 若菩薩 通達無我法者 如來說
시명장엄 수보리 약보살 통달무아법자 여래설

名 眞是菩薩
명 진시보살

그때에 수보리가 부처님전에 사뢰어 말씀드리되, 세존이시
여, 선남자 선여인이 아뇩다라삼먁삼보리심을 발하였으면,
어떻게 응당 머무르며, 어떻게 그 마음을 항복해야 하옵니까?
부처님께옵서 이르시되, 수보리야, 선남자 선여인이 아뇩다
라삼먁삼보리심을 발한 자는, 내가 응당 일체중생을 멸도하
리라. 당연히 이와 같은 마음을 내어야 하느니라. 일체중생을
멸도하여 마치어도, 한 중생도 실로 멸도한 자가 없느니라.
어떠한 연유이냐 하면은 수보리야, 만약 보살이 아상 인상 중
생상 수자상이 있다면은, 곧 보살이 아니기 때문이니라. 어
떠한 까닭인가 하면은 수보리야, 아뇩다라삼먁삼보리심을 발
한 자는 실로 법이 없기 때문이니라. 수보리야 어떻게 생각하
느냐? 여래가 연등부처님 처소에서 아뇩다라삼먁삼보리를 얻
은 법이 있느냐? 아니옵니다. 세존이시여. 부처님께옵서 설
하신 바의 뜻을 제가 아는 바 같아서는, 부처님께옵서는 연
등부처님 처소에서 아뇩다라삼먁삼보리를 얻은 법이 없사옵
니다. 부처님께옵서 말씀하시되, 그렇고 그러하니라. 수보리

야, 실로 법이 있는 바가 없어 여래는 아뇩다라삼먁삼보리를 얻었느니라. 수보리야, 만약 법이 있어 여래가 아뇩다라삼먁 삼보리를 얻은 것이라면은, 연등부처님께옵서는 너는 내세에 마땅히 부처를 이루어 호가 석가모니라고 곧 나에게 수기를 주지 않으셨을 것이다. 아뇩다라삼먁삼보리를 얻은 법이 실로 없어, 이러한 연유로 연등부처님께옵서 나에게 수기를 주시는 말씀을 이르시되, 너는 내세에 마땅히 부처를 이루어 호를 석가모니라 하리라고 하셨느니라. 어떠한 연유이냐 하면은, 여래라는 것은 즉, 모든 법이 차별 없는 뜻이니, 만약 사람들이 있어 말하기를, 여래는 아뇩다라삼먁삼보리를 얻었다고 하여도 수보리야, 불이 성취한 아뇩다라삼먁삼보리는 실로 법이 없느니라. 수보리야, 여래가 성취한 바 아뇩다라삼먁삼보리 이 중에는 실도 없고 허도 없느니라. 이러한 까닭으로 여래가 설한 일체법은 다 이 불법이니라. 수보리야, 말한 바 일체법이라는 것은 즉, 일체법이 아니니, 이러한 연고로 이름함이 일체법이라 하느니라. 수보리야, 비유하여 사람의 몸이 장대함과 같으니라. 수보리가 말씀드리되, 세존이시여, 여래께옵서 설하신 사람의 몸이 장대하다고 하심은 즉, 큰 몸이 아니오니, 이를 이름함이 큰 몸이옵니다. 수보리야, 보살이 또 이와 같이 만약 이러한 말을 하되, 내가 마땅히 무량중생을 멸도하였다고 하면은, 곧 보살이라 이름할 수 없느니라. 어떠한 연유이냐 하면은 수보리야, 실로 법이 없어, 이름함이 보살이라 하느니라. 이러하기 때문에 불이 설한 일체법은, 무아 무인 무중생 무수자이니라. 수보리야, 만약 보살이 이런 말을 하되, 내가 마땅히 불토를 장엄한다고 하면, 이는 보살이라고 이름 할 수 없느니라. 어떠한 연유이냐 하면, 여래가 설한 불토를 장엄하는 것은 즉, 장엄이 아니니, 이를 이름함이 장엄이라고 하느니라. 수보리야, 만약 보살이 법의 무아를 통달한 자이면, 여래가 설하여 이름함이 이를 참다운 보살이라 하느니라.

一切同觀分 第十八
일 체 동 관 분 제 십 팔

여래(如來)는 오안(五眼)이 있음과 일체(一切) 중생심(衆生心)이 실체(實體)가 없음을 설하심이다.

354
須菩提 於意云何 如來有肉眼不 如是世尊 如来
수 보 리 어 의 운 하 여 래 유 육 안 부 여 시 세 존 여 래

355
有肉眼 須菩提 於意云何 如來有天眼不 如是世
유 육 안 수 보 리 어 의 운 하 여 래 유 천 안 부 여 시 세

355
尊 如來有天眼 須菩提 於意云何 如來有慧眼不
존 여 래 유 천 안 수 보 리 어 의 운 하 여 래 유 혜 안 부

356
如是世尊 如來有慧眼 須菩提 於意云何 如來有
여 시 세 존 여 래 유 혜 안 수 보 리 어 의 운 하 여 래 유

357
法眼不 如是世尊 如來有法眼 須菩提 於意云何
법 안 부 여 시 세 존 여 래 유 법 안 수 보 리 어 의 운 하

357
如來有佛眼不 如是世尊 如來有佛眼 須菩提 於
여 래 유 불 안 부 여 시 세 존 여 래 유 불 안 수 보 리 어

意云何 如恒河中所有沙 佛說是沙不 如是世尊
의 운 하 여 항 하 중 소 유 사 불 설 시 사 부 여 시 세 존

46

如來說是沙 須菩提 於意云何 如一恒河中所有沙
여래설시사 수보리 어의운하 여일항하중소유사

有如是沙等恒河 是諸恒河所有沙數佛世界 如是
유여시사등항하 시제항하소유사수불세계 여시

寧爲多不 甚多世尊 佛告 須菩提 爾所國土中 所
영위다부 심다세존 불고 수보리 이소국토중 소

有衆生 若干種心 如來悉知 何以故 如來說諸心
유중생 약간종심 여래실지 하이고 여래설제심

360

皆爲非心 是名爲心 所以者何 須菩提 過去心不
개위비심 시명위심 소이자하 수보리 과거심불

可得 現在心不可得 未來心不可得
가득 현재심불가득 미래심불가득

수보리야, 어떻게 생각하느냐? 여래가 육안이 있느냐? 그
러하옵니다. 세존이시여. 여래께옵서는 육안이 있사옵니다.
수보리야, 어떻게 생각하느냐? 여래가 천안이 있느냐? 그러
하옵니다. 세존이시여. 여래께옵서는 천안이 있사옵니다. 수
보리야, 어떻게 생각하느냐? 여래가 혜안이 있느냐? 그러하
옵니다. 세존이시여. 여래께옵서는 혜안이 있사옵니다. 수보
리야 어떻게 생각하느냐? 여래가 법안이 있느냐? 그러하옵
니다. 세존이시여. 여래께옵서는 법안이 있사옵니다. 수보리
야, 어떻게 생각하느냐? 여래가 불안이 있느냐? 그러하옵니
다. 세존이시여. 여래께옵서는 불안이 있사옵니다. 수보리야,
어떻게 생각하느냐? 항하 중에 있는 바의 모래와 같음을 불이

이 모래를 설한적이 있느냐? 그러하옵니다. 세존이시여. 여래
께옵서는 이 모래를 설하시었사옵니다. 수보리야, 어떻게 생
각하느냐? 한 항하 중에 있는 바 모래와 같이 이 모래의 수처
럼 항하가 있고, 이 모든 항하에 있는 바 모래의 수와 같이 불
세계가 이와 같다면 매우 많지 않겠느냐? 심히 많사옵니다.
세존이시여. 부처님께옵서 이르시되, 수보리야, 이 국토 중
에 있는 바 중생의 여러 가지 종류의 마음을 여래는 남김없이
아느니라. 어떠한 연유이냐 하면은, 여래가 설한 모든 마음은
다 마음이 아니니, 이를 이름함이 마음이라 하느니라. 어떠한
까닭으로 그러한가 하면은 수보리야, 과거의 마음도 가히 얻
을 수 없고, 현재의 마음도 가히 얻을 수 없고, 미래의 마음도
가히 얻을 수 없기 때문이니라.

法界通化分 第十九
법 계 통 화 분 제 십 구

복덕(福德)이 실체(實體)가 없음을 설하심이다.

365
須菩提 於意云何 若有人 滿三千大千世界七寶
수 보 리   어 의 운 하   약 유 인   만 삼 천 대 천 세 계 칠 보

以用布施 是人 以是因緣 得福多不 如是世尊 此
이 용 보 시 시 인 이 시 인 연 득 복 다 부 여 시 세 존 차

人 以是因緣 得福甚多 須菩提 若福德有實 如來
인 이 시 인 연 득 복 심 다 수 보 리 약 복 덕 유 실 여 래

不說得福德多 以福德無故 如來說 得福德多
불 설 득 복 덕 다 이 복 덕 무 고 여 래 설   득 복 덕 다

수보리야, 어떻게 생각하느냐? 만약 사람이 있어 삼천대천 세계에 가득한 칠보로써 보시하면은, 이 사람이 이 인연으로 얻은 복이 많지 않겠느냐? 그러하옵니다. 세존이시여. 이 사람은 이 인연으로 얻은 복이 심히 많사옵니다. 수보리야, 만약 복덕이 실로 있는 것이라면은 여래가 복덕을 얻음이 많다고 설하지 않았을 것이다. 복덕이 없는 연유로, 여래가 설하여 복덕을 얻음이 많다고 하였느니라.

離色離相分 第二十
이 색 이 상 분 제 이 십

여래(如來)의 구족상(具足相)이 실체(實體)가 없음을 설하심이다.

367
須菩提 於意云何 佛可以具足色身見不 不也世尊
수 보 리 어 의 운 하 불 가 이 구 족 색 신 견 부 불 야 세 존

如來 不應以具足色身見 何以故 如來說 具足色
여 래 불 응 이 구 족 색 신 견 하 이 고 여 래 설 구 족 색

370
身 即非具足色身 是名具足色身 須菩提 於意云
신 즉 비 구 족 색 신 시 명 구 족 색 신 수 보 리 어 의 운

何 如來 可以具足諸相見不 不也世尊 如來 不應
하 여 래 가 이 구 족 제 상 견 부 불 야 세 존 여 래 불 응

以具足諸相見 何以故 如來說 諸相具足 即非具
이 구 족 제 상 견 하 이 고 여 래 설 제 상 구 족 즉 비 구

足 是名諸相具足
족 시 명 제 상 구 족

49

수보리야, 어떻게 생각하느냐? 불을 가히 구족한 색신으로 볼 수 있느냐? 아니옵니다. 세존이시여. 여래는 응당 구족한 색신으로 보지 못하옵니다. 어떠한 연유인가 하오면, 여래께옵서 설하신 구족색신은 즉, 구족색신이아니므로, 이를 이름함이 구족색신이라 하옵니다. 수보리야, 어떻게 생각하느냐? 여래를 가히 구족한 모든 상으로서 볼 수 있겠느냐? 아니옵니다. 세존이시여. 여래를 응당 구족한 모든 상으로 보지 못하옵니다. 어떠한 연유인가 하오면, 여래께옵서 설하신 모든 상이 구족함은 즉, 구족이 아니므로, 이를 이름함이 모든 상이 구족이라 하옵니다.

非說所說分 第二十一
비 설 소 설 분 제 이 십 일

여래(如來)는 설(說)한 법(法)이 없으며, 중생(衆生)은 중생(衆生)이 아님을 설하심이다.

371
須菩提 汝勿謂如來作是念 我當有所說法 莫作是
수 보 리　여 물 위 여 래 작 시 념　아 당 유 소 설 법　막 작 시

念 何以故 若人言 如來有所說法 卽爲謗佛 不能
념　하 이 고　약 인 언　여 래 유 소 설 법　즉 위 방 불　불 능

解我所說故 須菩提 說法者 無法可說 是名說法
해 아 소 설 고　수 보 리　설 법 자　무 법 가 설　시 명 설 법

373
爾時 慧命須菩提白佛言 世尊 頗有衆生於未來世
이 시　혜 명 수 보 리 백 불 언　세 존　파 유 중 생 어 미 래 세

聞說是法 生信心不 佛言 須菩提 彼非衆生 非不
문설시법 생신심부 불언 수보리 피비중생 비불

衆生 何以故 須菩提 衆生衆生者 如來說非衆生
중생 하이고 수보리 중생중생자 여래설비중생

是名衆生
시 명 중 생

수보리야, 너는 여래가 이러한 생각을 한다고 여기지 말라. 내가 당연히 설한 바 법이 있다는 이러한 생각을 한다고 여기지 말아야 하느니라. 어떠한 연유이냐 하면은, 만약 사람이 말하기를 여래가 설한 바 법이 있다고 하면은, 곧 불을 비방함이 되니, 내가 설한 바의 뜻을 능히 깨닫지 못하였기 때문이니라. 수보리야, 설함의 법이란 것은 법이 없음을 가히 설함이니, 이를 이름함이 법을 설한다고 하느니라. 그때에 혜명 수보리가 부처님전에 사뢰어 말씀드리되, 세존이시여, 미래의 세상에 상당한 중생들이 있어 이 법의 설함을 듣고, 믿음의 마음을 내겠사옵니까? 부처님께옵서 말씀하시되, 수보리야, 저들은 중생이 아니며, 중생이 아님도 아니니라. 어떠한 까닭이냐 하면은 수보리야, 중생을 중생이라 하는 것은 여래가 설한 바 중생이 아니므로, 이를 이름함이 중생이라 하느니라.

無法可得分 第二十二
무 법 가 득 분 제 이 십 이

여래(如來)는 아뇩다라삼먁삼보리를 얻은 법(法)이 없음을 설하심이다.

須菩提白佛言 世尊 佛得阿耨多羅三藐三菩提 爲
수 보 리 백 불 언 세 존 불 득 아 뇩 다 라 삼 먁 삼 보 리 위

無所得耶 佛言 如是如是 須菩提 我於阿耨多羅
무 소 득 야 불 언 여 시 여 시 수 보 리 아 어 아 뇩 다 라

三藐三菩提 乃至 無有少法可得 是名阿耨多羅三
삼 먁 삼 보 리 내 지 무 유 소 법 가 득 시 명 아 뇩 다 라 삼

藐三菩提
먁 삼 보 리

수보리가 부처님전에 사뢰어 말씀드리되, 세존이시여, 부처
님께옵서 아뇩다라삼먁삼보리를 얻으심은, 얻은 바가 없다고
해야 하옵니까? 부처님께옵서 말씀하시되, 그렇고 그러하느
니라. 수보리야, 나는 아뇩다라삼먁삼보리뿐만 아니라, 어떤
작은 법이라도 가히 얻은 바가 없으므로, 이를 이름함이 아뇩
다라삼먁삼보리라 하느니라.

淨心行善分 第二十三
정 심 행 선 분 제 이 십 삼

무사상행(無四相行)이 곧 아뇩다라삼막삼보리임을 설하심이다.

復次 須菩提 是法平等 無有高下 是名阿耨多羅
부 차 수 보 리 시 법 평 등 무 유 고 하 시 명 아 뇩 다 라
三藐三菩提 以無我 無人 無衆生 無壽者 修一切
삼 먁 삼 보 리 이 무 아 무 인 무 중 생 무 수 자 수 일 체

善法 卽得阿耨多羅三藐三菩提 須菩提 所言善法
선법 즉득아뇩다라삼먁삼보리 수보리 소언선법

者 如來說 卽非善法 是名善法
자 여래설 즉비선법 시명선법

다시 또 수보리야, 이 법은 평등하여 높고 낮음이 있는 바가
없으므로, 이를 이름함이 아뇩다라삼먁삼보리라 하느니라. 무
아 무인 무중생 무수자로 일체선법을 닦아 곧 아뇩다라삼먁삼보
리를 얻느니라. 수보리야, 말한 바 선법이라는 것은 여래가 설한
바 즉, 선법이 아니니, 이를 이름함이 선법이라고 하느니라.

福智無比分 第二十四
복지무비분 제이십사

이 경(經)의 수지독송설(受持讀誦說)의 공덕이 수승(殊勝)함을 설하심
이다.

384
須菩提 若三千大千世界中 所有諸須彌山王 如是
수보리 약삼천대천세계중 소유제수미산왕 여시

等七寶聚 有人持用布施 若人以此般若波羅蜜經
등칠보취 유인지용보시 약인이차반야바라밀경

乃至 四句偈等 受持讀誦 爲他人說 於前福德 百
내지 사구게등 수지독송 위타인설 어전복덕 백

分不及一 百千萬億分 乃至 算數譬喩 所不能及
분불급일 백천만억분 내지 산수비유 소불능급

수보리야, 만약 삼천대천세계 중에 있는 바 모든 수미산왕처럼, 이와 같이 칠보를 쌓아 모은 것을 가지고 보시를 하는 사람이 있어도, 만약 사람이 이 반야바라밀경의 어느 한 부분이나 사구게 등을 받아 지니며, 읽고 외우며 타인을 위해 설한다면은, 앞의 복덕으로는 백분의 일도 미치지 못하며, 백천만억분 내지 산수의 비유로는 능히 미칠 바가 못 되느니라.

化無所化分 第二十五
화 무 소 화 분 제 이 십 오

여래(如來)는 중생제도상(衆生濟度相)이 없으며, 중생(衆生) 또한 없음을 설하심이다.

386
須菩提 於意云何 汝等勿謂如來作是念 我當度衆
수보리 어의운하 여등물위여래작시념 아당도중

387
生 須菩提 莫作是念 何以故 實無有衆生如來度
생 수보리 막작시념 하이고 실무유중생여래도

者 若有衆生如來度者 如來 卽有我人衆生壽者
자 약유중생여래도자 여래 즉유아인중생수자

388   389
須菩提 如來說 有我者 卽非有我 而凡夫之人 以
수보리 여래설 유아자 즉비유아 이범부지인 이

392
爲有我 須菩提 凡夫者 如來說 卽非凡夫 是名凡
위유아 수보리 범부자 여래설 즉비범부 시명범

夫
부

수보리야, 어떻게 생각하느냐? 너희들은 여래인 내가 당연히 중생을 제도한다는 이러한 생각을 한다고 여기지 말라. 수보리야, 이러한 생각을 하지 말아야 하느니라. 어떠한 연유이냐 하면은, 여래가 제도한 자 중생이 실로 없기 때문이니라. 만약 여래가 제도한 자 중생이 있다면, 여래는 곧, 아 인 중생 수자가 있느니라. 수보리야, 여래가 설함에 있어 아라는 것은 즉, 아가 있음이 아님이나, 범부의 사람들은 아가 있다고 하느니라. 수보리야, 범부라는 것은 여래가 설한바 즉, 범부가 아님이니, 이를 이름함이 범부라 하느니라.

法身非相分 第二十六
법 신 비 상 분 제 이 십 육

여래(如來)를 상(相)이나 음성(音聲)으로 볼 수 없음을 설하심이다.

393
須菩提 於意云何 可以三十二相 觀如來不 須菩
수 보 리   어 의 운 하   가 이 삼 십 이 상   관 여 래 부   수 보

提言 如是如是 以三十二相 觀如來 佛言 須菩提
리 언   여 시 여 시   이 삼 십 이 상   관 여 래   불 언   수 보 리

若以三十二相 觀如來者 轉輪聖王 即是如來 須
약 이 삼 십 이 상   관 여 래 자   전 륜 성 왕   즉 시 여 래   수

菩提白佛言 世尊 如我解佛所說義 不應以三十二
보 리 백 불 언   세 존   여 아 해 불 소 설 의   불 응 이 삼 십 이

394
相觀如來 爾時 世尊 而說偈言 若以色見我 以音
상 관 여 래   이 시   세 존   이 설 게 언   약 이 색 견 아   이 음

聲求我 是人行邪道 不能見如來
성 구 아 시 인 행 사 도 불 능 견 여 래

수보리야, 어떻게 생각하느냐? 가히 삼십이상으로써 여래
를 보느냐? 수보리가 말씀드리되, 그렇고 그러하옵니다. 삼십
이상으로 여래를 뵈옵니다. 부처님께옵서 말씀하시되, 수보
리야, 만약 삼십이상으로 여래를 볼 것 같으면은 전륜성왕도
곧 이 여래이리라. 수보리가 부처님전에 사뢰어 말씀드리되,
세존이시여, 제가 부처님께옵서 설하신 바의 뜻을 아는 바 같
아서는, 응당 삼십이상으로는 여래를 보지 못하옵니다. 그때
에 세존께옵서 게를 설하시어 말씀하시기를, 만약 색으로 나
를 보거나 음성으로 나를 구한다면은, 이 사람은 사도를 행함
이니 능히 여래를 보지 못하리라.

無斷無滅分 第二十七
무 단 무 멸 분 제 이 십 칠

여래(如來)는 법(法)의 단멸상(斷滅相)을 설하지 않음을 말씀하심이다.

395
須菩提 汝若作是念 如來不以具足相故 得阿耨多
수 보 리 여 약 작 시 념 여 래 불 이 구 족 상 고 득 아 뇩 다

羅三藐三菩提 須菩提 莫作是念 如來不以具足相
라 삼 먁 삼 보 리 수 보 리 막 작 시 념 여 래 불 이 구 족 상

401
故 得阿耨多羅三藐三菩提 須菩提 汝若作是念
고 득 아 뇩 다 라 삼 먁 삼 보 리 수 보 리 여 약 작 시 념

56

發阿耨多羅三藐三菩提心者 說諸法斷滅 莫作是
발아뇩다라삼먁삼보리심자 설제법단멸 막작시

念 何以故 發阿耨多羅三藐三菩提心者 於法不說
념 하이고 발아뇩다라삼먁삼보리심자 어법불설

斷滅相
단멸상

수보리야, 너는 여래가 구족한 상이 아닌 연고로, 아뇩다라삼먁삼보리를 얻었다는 이와 같은 생각을 하느냐? 수보리야, 여래는 구족한 상이 아닌 연고로, 아뇩다라삼먁삼보리를 얻었다는 이러한 생각을 하지 말아라. 수보리야, 너는 이러한 생각을 하되, 아뇩다라삼먁삼보리심을 발한 자는, 모든 법의 단멸을 설한다는 이러한 생각을 하지 말아야 하느니라. 어떠한 연유이냐 하면은, 아뇩다라삼먁삼보리심을 발한 자는, 법의 단멸상을 설하지 않느니라.

不受不貪分 第二十八
불 수 불 탐 분 제 이십 팔

일체법(一切法) 무아(無我)의 인(忍)을 이룬 공덕을 설하심이다.

404
須菩提 若菩薩 以滿恒河沙等世界七寶 持用布施
수보리 약보살 이만항하사등세계칠보 지용보시

404
若復有人 知一切法無我 得成於忍 此菩薩 勝前
약부유인 지일체법무아 득성어인 차보살 승전

菩薩所得功德 何以故 須菩提 以諸菩薩 不受福
보살소득공덕 하이고 수보리 이제보살 불수복

418
德故 須菩提白佛言 世尊 云何菩薩不受福德 須
덕고 수보리백불언 세존 운하보살불수복덕 수

菩提 菩薩所作福德 不應貪着 是故 說不受福德
보리 보살소작복덕 불응탐착 시고 설불수복덕

수보리야, 만약 보살이 항하의 모래와 같은 세계에 가득찬 칠보를 가지고 보시를 하여도, 만약 또 사람이 있어 일체법의 무아를 알아 인을 이루어 얻었다면, 이 보살이 앞의 보살보다 공덕을 얻은 바가 수승하느니라. 어떠한 연유이냐 하면은 수보리야, 모든 보살이 복덕을 받지 아니하는 연고이니라. 수보리가 부처님전에 사뢰어 말씀드리되, 세존이시여, 어떠한 연유로 보살이 복덕을 받지 않는다고 하시옵니까? 수보리야, 보살은 복덕을 짓는 바 응당 탐착하지 않기 때문이니라. 이러한 연유로 복덕을 받지 않는다고 설하였느니라.

威儀寂靜分 第二十九
위 의 적 정 분 제 이 십 구

여래(如來)는 오고 감이 없음을 설하심이다.

420
須菩提 若有人言 如來 若來若去 若坐若臥 是人
수보리 약유인언 여래 약래약거 약좌약와 시인

不解我所說義 何以故 如來者 無所從來 亦無所
불해아소설의 하이고 여래자 무소종래 역무소

去 故名如來
거 고 명 여 래

수보리야, 만약 사람이 있어 말하되, 여래가 만약 온다거나, 만약 간다거나, 만약 앉는다거나, 만약 눕는다고 하면, 이 사람은 내가 설한 바의 뜻을 깨닫지 못하였느니라. 어떠한 연유이냐 하면은, 여래는 쫓아온 바도 없으며, 또한 간 바도 없어, 그러므로 이름하여 여래라 하느니라.

一合理相分 第三十
일 합 리 상 분 제 삼 십

세계를 이룬 물질과 물질로 형성된 세계가 실체(實體)가 없으나 범부(凡夫)들이 집착함을 설하심이다.

424
須菩提 若善男子善女人 以三千大千世界 碎爲微
수 보 리 약 선 남 자 선 여 인 이 삼 천 대 천 세 계 쇄 위 미

塵 於意云何 是微塵衆 寧爲多不 須菩提言 甚多
진 어 의 운 하 시 미 진 중 영 위 다 부 수 보 리 언 심 다

429
世尊 何以故 若是微塵衆實有者 佛卽不說 是微
세 존 하 이 고 약 시 미 진 중 실 유 자 불 즉 불 설 시 미

塵衆 所以者何 佛說微塵衆 卽非微塵衆 是名微
진 중 소 이 자 하 불 설 미 진 중 즉 비 미 진 중 시 명 미

430   431
塵衆 世尊 如來所說 三千大千世界 卽非世界 是
진 중 세 존 여 래 소 설 삼 천 대 천 세 계 즉 비 세 계 시

名世界 何以故 若世界實有者 卽是一合相 如來
⁴³¹ 명 세 계 하 이 고 약 세 계 실 유 자 즉 시 일 합 상 여 래

說一合相 卽非一合相 是名一合相 須菩提 一合
⁴³² 설 일 합 상 즉 비 일 합 상 시 명 일 합 상 수 보 리 일 합

相者 卽是不可說 但凡夫之人 貪着其事
상 자 즉 시 불 가 설 단 범 부 지 인 탐 착 기 사

수보리야, 만약 선남자 선여인이 삼천대천세계를 부수어 미세한 티끌로 만든다면 어떻게 생각하느냐. 이 미세한 티끌이 매우 많지 않겠느냐? 수보리가 말씀드리되, 심히 많사옵니다. 세존이시여. 어떠한 연유인가 하오면, 만약 이 미세한 티끌들이 실로 있는 것이라면은 부처님께옵서 곧, 이 미세한 티끌들을 설하지 아니하였을 것이옵니다. 어떠한 까닭인가 하오면, 부처님께옵서 설하신 미세한 티끌들은 즉, 미세한 티끌들이 아니므로, 이를 이름함이 미세한 티끌들이라 하옵니다. 세존이시여, 여래께옵서 설하신 바인 삼천대천 세계는 즉, 세계가 아니므로, 이를 이름함이 세계라 하옵니다. 어떠한 연유인가 하오면, 만약 세계가 실로 있는 것이라면 즉, 이것은 일합상이오니, 여래께옵서 설하신 일합상은 즉, 일합상이 아니므로, 이를 이름함이 일합상이옵니다. 수보리야, 일합상이라는 것은 즉, 이것은 가히 설하지 못하는 것이나 단지, 범부의 사람들이 탐착하는 그 자체이니라.

知見不生分 第三十一
지견불생분 제삼십일

여래(如來)가 설(說)한 법(法)은 상(相) 없음을 설하심이다.

434
須菩提 若人言 佛說我見人見衆生見壽者見 須菩
수보리 약인언 불설아견인견중생견수자견 수보

提 於意云何 是人解我所說義不 不也世尊 是人
리 어의운하 시인해아소설의부 불야세존 시인

436
不解如來所說義 何以故 世尊說我見人見衆生見
불해여래소설의 하이고 세존설아견인견중생견

壽者見 卽非我見人見衆生見壽者見 是名我見人
수자견 즉비아견인견중생견수자견 시명아견인

437
見衆生見壽者見 須菩提 發阿耨多羅三藐三菩提
견중생견수자견 수보리 발아뇩다라삼먁삼보리

心者 於一切法 應如是知 如是見 如是信解 不生
심자 어일체법 응여시지 여시견 여시신해 불생

法相 須菩提 所言法相者 如來說 卽非法相 是名
법상 수보리 소언법상자 여래설 즉비법상 시명

法相
법상

수보리야, 만약 사람이 말하기를 부처님이 아견 인견 중생
견 수자견을 설하였다 하면은, 수보리야, 어떻게 생각하느

냐. 이 사람은 내가 설한 바의 뜻을 아느냐? 아니옵니다. 세
존이시여. 이 사람은 여래께옵서 설하신 바의 뜻을 알지 못
하옵니다. 어떠한 연유인가 하오면, 세존께옵서 설하신 아견
인견 중생견 수자견은 즉, 아견 인견 중생견 수자견이 아니
므로 이를 이름함이 아견 인견 중생견 수자견이옵니다. 수보
리야, 아뇩다라삼먁삼보리심을 발한 자는 일체법을 응당 이
와 같이 알며, 이와 같이 보며, 이와 같이 믿고 깨달아, 법상
을 일으키지 말아야 하느니라. 수보리야, 말한 바 법상이라
는 것은 여래가 설한 바 즉, 법상이 아니니, 이를 이름함이
법상이라 하느니라.

應化非眞分 第三十二
응 화 비 진 분 제 삼 십 이

　수지독송설(受持讀誦說)의 공덕과 설(說)함이 사상(四相) 없는 여여부
동설(如如不動說)이어야 하며, 제상(諸相)이 환(幻)과 같음을 설하심이다.

439
須菩提 若有人 以滿無量阿僧祇世界七寶 持用布
수 보 리　약 유 인　이 만 무 량 아 승 지 세 계 칠 보　지 용 보

施 若有善男子善女人 發菩薩心者 持於此經 乃
시　약 유 선 남 자 선 여 인　발 보 살 심 자　지 어 차 경　내

至 四句偈等 受持讀誦 爲人演說 其福勝彼 云何
지　사 구 게 등　수 지 독 송　위 인 연 설　기 복 승 피　운 하

440　　　　　　　　　　441　　　　　　　　　442
爲人演說 不取於相 如如不動 何以故 一切有爲
위 인 연 설　불 취 어 상　여 여 부 동　하 이 고　일 체 유 위

法 如夢幻泡影 如露亦如電 應作如是觀 佛說是
법 여몽환포영 여로역여전 응작여시관 불설시

經已 長老須菩提 及諸比丘 比丘尼 優婆塞 優婆
경이 장로수보리 급제비구 비구니 우바새 우바

尼 一切世間 天 人 阿修羅 聞佛所說 皆大歡喜
이 일체세간 천 인 아수라 문불소설 개대환희

信受奉行
신 수 봉 행

　수보리야, 만약 사람이 있어 무량아승지세계에 가득찬 칠
보를 가지고 보시할지라도, 만약 선남자 선여인이 있어 보살
심을 발한 자가 이 경을 가지며 어느 한 부분이나 사구게 등
을 받아 지니어 읽고 외우며, 사람들을 위해 이해하도록 자세
히 살펴 널리 설한다면은, 그 복이 저 복보다 수승하느니라.
사람에게 어떻게 이해하도록 자세히 살펴 널리 설하는가 하
면은, 상을 취하지 아니하고 여여부동하여야 하느니라. 어떠
한 연유이냐 하면은, 일체 유위법이 꿈과 환과 물거품과 그림
자와 같으며, 이슬과 같고 또, 번개와 같으므로 응당 이와 같
이 보아야 하느니라. 부처님께옵서 이 경을 설하심을 마치니,
장로수보리와 모든 비구 비구니 우바새 우바니 일체 세간 하
늘과 사람과 아수라 등이 부처님의 설하심을 듣고, 모두 크게
환희하며, 믿음으로 받아 존중히 받들어 행함이니라.

63

應化非眞分 第三十二(응화비진분 제삼십이)

금강경요해
金剛經了解

경(經)을 열며

    금강반야바라밀경 불설(佛說) 내용 전체가 실상(實相)에 대한 불지혜(佛智慧)의 가르침과 실상에 든 아뇩다라삼먁삼보리심 실천수행과 공덕세계, 그리고 경(經)의 어느 한 부분이든 의심 없는 믿음으로 바로 실상에 드는 청정(淸淨)한 믿음 선근(善根)과 여래(如來)께옵서 여래(如來) 없는 미래세상 중생들을 염려하시어 미래세상 중생들이 이 경(經)의 가르침에 의지해 아뇩다라삼먁삼보리를 성취하고, 불가사의 무한 복덕에 들기를 바라는 여래지혜(如來智慧)의 가르침이다.

    상(相), 이 하나에 범(凡)과 성(聖)이 나뉘고, 범(凡)과 성(聖)의 차별이 있다. 상(相)이 있으면 범(凡)이며, 상(相)이 없으면 성(聖)이다. 범(凡)은 상(相)에 의지해 마음이 일어나고 작용하므로 의식(意識)이 자기 마음인 줄 앎이 범심(凡心)이며, 성(聖)은 상(相) 없는 본심(本心)에 들어 그 마음이 원융무애(圓融無碍)하다.

    범(凡)과 성(聖)의 씨가 따로 없으나 상(相)이 있으면 범(凡)

이며, 상(相)이 없으면 성(聖)이다. 상(相), 이 하나에 모든 수행자 일심일행(一心一行)의 차별경계(差別境界)가 벌어진다.

그럼, 상(相)이 뭘까? 상(相)은 나(我)다. 나 있으면 범(凡)이며, 나 없으면 성(聖)이다. 상(相)이 왜, 나(我)일까? 나 존재의식은 상(相)을 통해 일어나고 나 있음을 인식함이 상(相)이다. 상(相)이 있으므로 내가 있고, 상(相) 없으면 나 없다. 나 존재의식은 상(相)으로 일어나는 상심(相心)이다. 그러므로 나 존재의식은 항상 사상(四相) 속에 존재한다. 내외 일체 존재상은 나 존재의식을 불러일으키며, 내외(內外) 상(相)이 있음이 나 존재하는 까닭이다. 나 존재의식은 상(相)에 기생(寄生)하는 의식(意識)이다.

나, 없다는 이 말을 사상(四相)이 있으면 알 수가 없다. 만약, 자기 나름 것 이해를 해도 그 실체를 알기 쉽지 않다. 이것은 이해로 되는 문제가 아니기 때문이다. 단지, 깨달음으로 아뇩다라삼먁삼보리를 발(發)하면 나 없음을 알게 된다. 모든 것이 나 있음에 의한 상(相)이다. 나, 그것은 깨달음으로 가는 길에 장애(障礙)가 된다. 완전한 깨달음에 들면 그때엔 사(事)와 이(理)에 완전히 나의 존재가 없다. 깨달음이란 다름 아니라 나(我) 없음을 깨달음이다. 그러므로 나 없음을 깨달으면, 바로 나 있다는 의식(意識)과 상(相)이 소멸한다. 이것이 아뇩다라삼먁삼보리를 발(發)함이다. 나 있으면 아뇩다라삼먁삼보리 깨달음에 들 수가 없다. 나 없음을 깨우침이 깨달음이며, 나 없음을 깨달음이 나를 깨달음이다. 나 없는 완전한 지혜에 듦이 불(佛)이다. 상심(相心)이 있으면 깨달음을 얻고자 하여도 나라는 의식(意識)이 깨달음에 장애가 된다. 그렇다고 나를 버릴 수 있는 것이 아니다. 나를 버릴 수 있고, 나를 버리고, 나를 버렸다면 그것이 사견(邪見)이며 깨달음이 아닌 미혹(迷惑)의 망(妄)이다. 버릴 나도 없고, 버린 나도 없고, 가질 나도 없다.

단지, 나 없음을 깨달음으로 나라는 의식(意識) 사상심(四相心)을 벗어나게 된다. 나는 항상 나 아닌 대상(對相)과 더불어 있고, 내가 머무른 것과 더불어 있으며, 존재 속에 있는 이것이 나(我)다. 이것이 사상심(四相心)이다. 나를 벗어나는 길은 나 없음을 깨닫는 그 한길 뿐이다. 나 없음을 깨달으면 버릴 나도, 버린 나도, 가질 나도, 가졌든 나도 없다. 그리고 나 있다고, 나 있는 상태가 있는 것도 아니고, 또한, 나 없다고, 나 없는 상태가 있는 것이 아니다. 나 있고 없음은 분별의 상심(相心)이다.

깨달음을 얻으면 불(佛)이 나 아니고, 중생이 나 아니다. 단지, 불(佛)을 구하거나 불(佛)이 되고자 하며는 나 존재의식을 가진 사상(四相)의 중생이며, 만약 스스로 중생이라고 생각하면, 또한, 사상(四相)의 중생이다. 사상심(四相心)이 있으면 나는 중생이 아니라고 생각해도 나(我)의 유견(有見)이 사라진 것이 아니다. 그럼, 나의 실체는 무엇일까? 중생도, 불(佛)도 벗어버린 각(覺)이다. 각(覺)은 미혹을 벗은 깨달음이 아니다. 깨달음은 중생심이며 미혹의 사량(思量)이다. 각(覺)은 생멸 없이 깨어있는 원융각성(圓融覺性)이다. 깨달아 각(覺)에 들면 깨달아 각(覺)에 든 나도 없고, 깨달음이 상(相)이 아니니 깨달음도 없다. 깨달았다는 것도 상(相)이며, 미혹의 분별이다. 만약, 깨달았다거나, 깨달음이 있다거나, 깨달음을 가지고 있으면 아직 깨달음을 얻지 못한 미혹의 망(妄)이다. 각(覺)에 들면 깨달음의 상(相)이 없으며, 각(覺)이 상(相)이 없음을 깨닫게 된다. 각(覺)은 상(相)이 아니며, 깨달으면 각(覺)에 듦이나 각(覺)을 얻음이 아님을 깨닫게 된다.

중생은 자신이 중생이라는 상심(相心)으로, 중생을 벗어 불(佛)이 되고자 해탈을 향한 환(幻)의 꿈을 꾸며, 상심(相心)의 망(妄)에 젖게 된다.

중생이 뭘까? 나 있음이 중생이다. 나 있으니 남이 있고, 안과 밖이 있으며, 나 아닌 무량 차별현상이 있고, 나 외 집착할 바가 있으며, 차별상의 변화와 생멸을 보는 것, 이것이 나 있다는 유견(有見)으로 비롯한 중생심 사상(四相)이다.

또한, 상(相)을 벗지 못한 중생 있으니, 나와 남이 없고, 안과 밖이 없으며, 일체상(一切相)이 차별 없어 같아도 이 또한, 법상(法相)을 벗지 못한 불각중생(不覺衆生)이다.

다름도 중생이며, 같음 또한 중생이다. 다름과 같음, 둘 다 상(相)이니 벗어야 한다. 다름도 벗고, 같음도 벗으면 다른 것도 없고, 같은 것도 없는 무유정법(無有定法) 아뇩다라삼먁삼보리를 발(發)하게 된다.

상(相)의 차별을 집착하니 사상심(四相心) 중생이고, 차별을 벗어나 같음에 들어 법집(法執)을 벗지 못해, 일여공(一如空)에 빠진 중생이다. 또한, 다름과 같음을 벗었으나 무위(無爲)의 차별 없는 차별에 이르기까지, 중생으로부터 성문사과(聲聞四果)와 보살지위(菩薩地位)와 불(佛)에 이르기까지 그 미세(微細)한 분분(分分)의 차별이 무량무수(無量無數)다.

마음이 불가사의 무유정(無有定)의 맑음과 오랜 묵은 상심(相心)의 습기(習氣)에 나를 알기 그렇게 쉽지 않다.

그럼, 무엇이 나일까? 금강경(金剛經)에는 아뇩다라삼먁삼보리(阿耨多羅三藐三菩提)다.

생각으로 아뇩다라삼먁삼보리를 알 길이 없고, 지식(知識)으로 아뇩다라삼먁삼보리를 알 수가 없다. 생각은 생멸(生滅)의 허상(虛相)이니 허상(虛相)으로 어찌 생멸 없는 나를 알 수 있으며, 지식(知識)은 분별이며, 분별은 차별의 헤아림 사량(思量)이니, 나는 상(相)이 아니며 차별이 아니니, 어찌 상(相)의 헤아림 분별로 나를 알 수 있으랴? 아뇩다라삼먁삼보리를 깨닫는 것 외는 길(道)도 법(法)도 없다.

만약, 누가 있어 길(道)이 있고, 법(法)이 있다 하면 상(相)이며, 망(妄)이다. 또한, 만약 길(道)도 없고 법(法)도 없다 하면 성불(成佛) 길을 끊어버리는 무견(無見)이나 단멸자(斷滅者)다. 만약, 길이 있다 하여도 방편(方便)과 수단(手段)일 뿐이다. 또한, 길이 없다 하여도 그것이 길임을 드러내는 것이다. 머묾 없고 상(相) 없음이 길이니, 상(相)이 있으면 상(相) 없는 말도 상(相)으로 분별하고, 상(相)이 없으면 말이 드러내는 뜻(義)과 법(法)만 볼 뿐, 말에 따라 마음이 현혹되지 않는다.

아뇩다라삼먁삼보리 무상정등정각(無上正等正覺)이 나, 라고 하니, 그 참! 막연하지 않은가? 그러나 중생이 아뇩다라삼먁삼보리며 무상정등정각(無上正等正覺)이고, 번뇌가 그대로 아뇩다라삼먁삼보리다. 바로 여기에, 중생과 불(佛)이 같을 수 없는 차별이 생긴다. 중생은 중생의식 분별로 이를 헤아리고, 부처는 부처의 혜안(慧眼)으로 성품을 볼 뿐이다. 이것이 중생과 불(佛)의 지혜 차이다. 중생은 나의 의식분별 사량이 지혜고, 불(佛)은 나 없음이 지혜다. 중생은 일체(一切)가 상(相)이며, 불(佛)은 일체(一切)가 실체(實體)가 없다. 중생이 그대로 불(佛)임을 봄이 아뇩다라삼먁삼보리다. 중생은 사상심(四相心)으로 과거, 현재, 미래심 속에 있다. 이것이 중생이며, 상심(相心)이며, 무명(無明)이다. 불(佛)은 나 없고, 상(相)이 없어 과거, 현재, 미래심 없는 각(覺)이다. 이것이 아뇩다라삼먁삼보리 나 없는 지혜며, 상(相) 없는 각(覺), 불(佛)이다.

불지혜(佛智慧)는 나 없음이 지혜며, 각(覺)이다. 중생의 지혜는 상(相)의 분별심이다. 중생의 시초의식(始初意識)은 상(相)을 정(定)해 보는 무명(無明)이다. 상(相)을 정(定)해 보는 나 있으므로, 나의 분별심이 사상심(四相心)이다. 나 있다는 의식이 나와 남을 분별하고 차별의식이 일어나며, 차별 속에 분별하고 생각하며 행위한다. 중생은 무엇을 생각하고 무엇을 행(行)하든 나의 관념 상(相)을 벗을 수 없어, 나 의식(意識) 상(相)의 상념(想念) 속에 살게 된다. 불지혜(佛智慧)는 나 없고 상(相) 없어 각원융(覺圓融) 두루 밝는 지혜의 삶을 산다. 중생의 지혜는 상(相)의 차별 분별견(分別見)이므로, 지식과 앎이 차별상에 장애되고 한계가 있어, 그 영역이 자신 분별의 차원 한계를 벗어나지 못한다. 지혜라는 말을 같으나 그 세계가 다르다. 중생의 지혜는 자신 앎의 식견(識見)을 일컬으며, 불지혜(佛智慧)는 앎이 아니라, 나 없는 그 자체가 바로 지혜다. 그러므로 중생의 지혜는 천 사람, 만 사람 있으면 천 가지, 만 가지 종류의 차별과 분별의 지혜가 된다. 그러나 불지혜(佛智慧)는 나 없음이 지혜니, 천 사람, 만 사람이 있어도 지혜는 나 없는 성품, 차별 없는 무아(無我)며, 나 없는 모습 무상(無相)이며, 변함없는 실체 참모습 실상(實相)이다. 나 있으니 앎과 물든 차별업식(差別業識)이 있어, 천 사람, 만 사람이 서로 다른 차별지혜며, 나 없으니 천 사람, 만 사람이 근본의 본연(本然) 모습이니, 모래알같이 사람이 많아도 본연(本然) 성품으로 서로 차별이 있을 수 없고, 상(相)이 없으니, 또한, 같음 자체도 없다. 나 없으니 업식(業識)과 의지(意志)와 생각과 분별이 없어 사실을 왜곡할 그 어떤 무엇 티끌도 없어 바로 실상인 사실을 그대로 보는 지혜다. 중생은 자기견해와 자기업력으로 사물을 인식하고 사리분별 하므로, 하나의 사물을 두고 사람 따라 사리분별 관점과 생각의 색깔이 다르다. 그러나 불지혜(佛智慧)는 나 없어 자기업력 자기견해가 없는 그대로, 사실 있는 그대로의 실상을 볼 뿐이다. 한 사물이어도 그 사물을 보는 자(者)가 있으면, 각각 자기 업식(業識)과 관념으로 수용하고 생각하며 분별하여, 한 사물에서 천만억 빛깔 중생업식(衆生業識) 차별세계가 벌어진다. 그러나 사물을 보는데 나 없으면 천만억 사람이 있어도 한 모양, 한 성품이다. 나 없는 눈과 귀는 천만 사람이 한 모양, 한 빛깔을 받아들여도 나라는 분별업식(分別業識)이 하나를 갈라놓고, 각각 다른 차별세계를 만들어 서로 다른 차별의식에 원융(圓融)할 수가 없다. 서로 관념과 견해가 달라 서로 장애되고, 옳고 그름과 높고 낮음과 많고 적음과 밝고 어둠의 차별차원 중생세계를 형성한다. 깨달음을 얻어 상(相) 없는 본연(本然)의 성품이면, 어떤 사물(事物)과 사실이든 무량제불(無量諸佛)의 불지(佛智)와 바른 깨달음을 얻은 각자(覺者)가 조금도 다를 바 없고, 차별이 있을 수가 없다. 만약 티끌 마침이라도 다르고 차별이 있다면, 사물과 사실을 바르게 보지 못하는 왜곡된 자기업력 자기견해가 그 속에 있기 때문이다. 자기업력 자기견해 이것이 아상(我相)이며, 사상심(四相心)이며, 사물과 사실의 실상을 바로 보지 못하는 왜곡된 상심(相心) 중생견(衆生見) 사상심(四相心)이다.

중생견(衆生見), 중생식(衆生識), 중생심(衆生心)은 상(相)의 분별심 자기의식이므로 상(相) 없는 실상을 깨닫지 못해, 상(相)을 실유(實有)로 집착하고 그 집착 상속상(相續相)의 흐름이 전중후(前中後) 과거, 현재, 미래로 이어지는 상심(相心)의 마음 과거심(過去心), 현재심(現在心), 미래심(未來心)이 사상심(四相心) 중생심이며, 중생 분별심이며, 상심일체(相心一切)다. 불(佛)은 상(相)이 없어 전중후(前中後) 과거도 현재도 미래도 없다. 사상심(四相心)이 있으면 이 말에 실상지혜(實相智慧)가 없어 의식으로 사유할 수 없고 추종할 수 없어 식(識)의 혼돈으로 멍하거나 단멸(斷滅)이나 무기(無記)에 빠진다.

전중후(前中後) 없는 이것은 의식(意識)과 지식(智識)과 학식(學識)과 경(經)을 보는 헤아림이나 경(經)의 지식이나 경(經)의 구절이나 사구게(四句偈)로 풀어지는 문제가 아니다. 경(經)의 실체와 실상을 모르는 글과 말만을 아무리 수지독송(受持讀誦)하고 남을 위해 설(說)하며, 그 공덕이 항하사(恒河沙) 모래 수처럼 헤아릴 수 없어도 풀어지는 문제가 아니다.

전중후(前中後), 과거 현재 미래 없는 곳에는 법신불(法身佛)도 보신불(報身佛)도 화신불(化身佛)도 흔적 없고, 삼신불(三身佛)의 내자증(內自證) 세계도 흔적이 없어, 삼신불(三身佛)이 억겁(億劫)을 닦은 금강공덕계(金剛功德界)가 티끌 같이 흩어져 그 흔적을 찾을 수가 없다.

전중후(前中後) 과거도 현재도 미래도 없는 그 자체가 곧, 아뇩다라삼먁삼보리(阿耨多羅三藐三菩提)다.

나, 무엇을 나로 인식(認識)하고 깨닫고 있는지? 그에 따라 범(凡)과 성(聖)이 다르다.

73

몸(身)이, 의식(意識)이, 영혼(靈魂)이, 자아(自我)가, 보고 듣고 말하는 이것이, 또한, 아니면 몸속에 내 존재 주인공이 있다거나, 마음이 주인공 나라고 하면 이 자(者)를 일컬어 사상심(四相心) 범부(凡夫)라고 한다. 마음과 주인공, 각(覺)과 불(佛)도 나 아닌 상(相)이다.

몸이, 의식(意識)이, 영혼(靈魂)이, 자아(自我)가, 마음이 나 아니다. 나는 없다. 나 있다고 하는 그것이 상(相)이며, 일컫고 이름하는 그것이 상(相)이다. 각(覺)과 불(佛)을 논(論)함도 망(妄)이며 상(相)이다. 있고 없음과 상(相)과 무상(無相)이 다 상(相)이다. 이를 벗어난 것이 깨달음이다.

성(聖)은 나(我) 없다. 그러므로 나 없는 그 자체도 없다.

이 말에 사상심(四相心) 범부(凡夫)는 혼란(混亂)이 온다. 나 있음이 분명하고, 나를 느끼며, 내가 있음이 명확하고, 촉각과 감각을 분명히 인식하고 자각하기 때문이다. 또한 수행자(修行者)들은 나 주인공(主人公)이 있어 그 주인공(主人公)을 찾아 많은 시간과 세월에 심혈을 기울이며 정신을 몰입하고 있다.

있음도 상(相)이며, 없음도 상(相)이다. 중생도 상(相)이며, 불(佛)도 상(相)이다. 상(相) 없는 곳에는 있음도 없고, 없음도 없고, 중생도 불(佛)도 깨달음도 없다. 나(我)와 상(相)이 없어 무엇이라 일컫고 드러낼 그 어떤 무엇도 없다. 만약 일컫고 이름할 그 어떤 무엇이라도 있으면 분별이며, 상(相)이며, 사상심이며, 중생이다. 이름은 분별을 따르고, 생각은 상(相)에 머묾이며, 보고 들음이 차별이다. 이름할 것 있음이 분별이며, 생각이 일어남이 사량(思量)이며, 보고 들음 있음이 차별이다. 상(相)에 빠져있으면 상(相)의 중생이며, 무상(無相)에 빠져 있으면 무상(無相)의 중생이다. 깨달음이 있으면 그것도 미혹 중생이며, 불(佛)을 봄이 있거나 증득한 것이 있으면 그 또한 미혹 중생이다. 그것을 아는 길은 곧, 아뇩다라삼먁삼보리를 발(發)하는 깨달음뿐이다.

성(聖)은 촉각과 감각과 의식으로 보고 듣고 자각하는 나 없다. 성(聖)은 나 없기에 아뇩다라삼먁삼보리가 나다. 아뇩다라삼먁삼보리 중에는 무엇을 일컫고 이름할 어떤 무엇도 없다. 무엇을 일컫고 이름할 것이 있다, 없다 하면 아뇩다라삼먁삼보리가 아니다. 있는 것도 없고, 없는 것도 없다. 그러므로 무유정법(無有定法)이 아뇩다라삼먁삼보리다.

아뇩다라삼먁삼보리가 나의 실체며, 나의 생명(生命)이며, 나의 존재 근본(根本)이다.

만약, 착한 행위를 보면 웃고, 미운 짓을 하면 측은하다. 그러나 범부(凡夫)는 나 있기에 상(相)이 맺히고 감정이 일어난다. 그러나 성(聖)은 상(相)뿐 아니라 나 존재가 없다.

범부(凡夫)의 마음은 진흙 위를 걷는 것과 같아 한 발걸음마다 자국이 생기고, 성(聖)은 허공과 같아 밝음과 어둠이 스쳐도 그것에 머물 나도 없고, 머물 것 대상이 없어 머묾이 없다. 인연따라 밝음이 스치고 어둠이 스쳐도 아(我)와 대상(對相) 끊어져 그 흔적과 자취가 없다.

성(聖)은 상(相) 없어 각(覺)이며, 상(相) 없어 원융(圓融)이라 일체(一切)를 비출 뿐 거울처럼 허공처럼 흔적과 자취가 없다.

이것이 전중후(前中後) 과거 현재 미래 없는 마음, 곧, 아뇩다라삼먁삼보리다. 이는, 눈과 귀는 빛과 소리를 비출 뿐 분별과 상(相)이 없음과 같다. 분별과 상(相)은 마음의 묶은 습(習)이다.

행(行)이 범(凡)으로부터 무상성(無上聖)에 이르기까지 의식(意識)과 지혜(智慧)와 지혜(智慧)를 넘어선 본연(本然)에 이르기까지 무량 차별차원 경계가 있다. 이 모든 경계를 완전히 벗어나 절대(絶對) 무위(無爲) 그곳에 이르러도 부사의(不思議) 한 껍질을 더 벗어야 완전한 나를 알게 된다.

이것이 아뇩다라삼먁삼보리 꽃까지 떨어져 버린 본연(本然) 열매다. 이 열매는 얻었거나 성취한 결실(結實)의 과(果)가 아니라 본래실(本來實)이다.

모든 생명체와 만유(萬有)의 자연적 삶이 그 길이다. 나무와 풀이 가지가지 다른 아름다운 색깔의 꽃을 피우고, 향기로운 꽃 향기는 벌과 나비의 본능을 자극하며, 그 꽃의 아름다움과 향기는 사람의 마음을 기쁨에 젖게 하고, 자연심 감성을 자극하여 감동하게 한다. 꽃을 보며 마음의 아픔도 치유하고, 아름다운 생각과 사유를 하게 되는 것은, 모든 존재가 자기 본래(本來) 모습으로 돌아가는 과정이, 자기 본성(本性)의 완전한 가치 궁극의 절정(絶頂)을 넘어선 완연한 공덕승화(功德昇華)의 꽃을 활짝 피지 못하면 본래(本來)의 자기 모습으로 돌아갈 수가 없기 때문이다. 씨앗이 씨앗의 껍질을 뚫고 발아하여 아름다운 꽃을 피우고, 향기로운 향(香)을 주위 사방에 진동하는 생명 존재 삶의 과정 자체가 본래 자기 모습으로 돌아가기 위한 자연본능 섭리의 절정(絶頂) 본래(本來)로 향한 자기 생명승화의 자연적 길이다. 그것이 삼라만상 존재 세계에 모든 생명의 길이며, 생명 존재의 가치 승화의 길이며, 생명의 자연섭리 자기 본연(本然) 본성 승화의 삶이며, 생명 행복 궁극(窮極)을 향한 승화의 길이다.

깨달음은 본래본성(本來本性) 본연성(本然性)의 삶을 향한 무상 본연(無上本然)의 자기가치, 생명 불가사의 무극일명(無極一明) 열매를 맺기 위해 무상본연(無相本然) 자성(自性)의 꽃을 활짝 피는 길이며, 그 부사의 무무상(無無上) 무무상명(無無上明) 절정의 완연한 생명 열매를 맺으려면 본연생명(本然生命) 아녹다라삼막 삼보리심을 발(發)해야 한다.

자기 본연(本然)을 향한 궁극(窮極)을 넘어선 승화의 열매를 맺기 위해 자성(自性)의 완전한 절정(絕頂)을 넘어선 자성(自性) 꽃잎이 활짝 피지 못하면 생명 본연의 열매를 맺을 수가 없다. 꽃잎이 자성(自性) 짙은 향기에 완전히 활짝 피어 완연한 절정(絕頂)을 넘어선 곳에서 꽃잎이 자연스레 떨어지면 그 속에 불가사의 자기 본연(本然) 생명 열매(實)가 드러난다.

불설(佛說)이 잘못되었거나, 문제 있는 것이 아니다.

눈과 귀의 주인이 상(相)이면 보고 듣는 것 일체가 중생의 것이 되고, 눈과 귀의 주인이 상(相)이 없으면 보고 듣는 것 일체가 부처의 것이다.

부처가 경(經)을 보면 말과 글이 실상(實相)이라 상(相) 없는 부처의 경(經)이 되고, 중생이 경(經)을 보면 글과 말의 실상을 알 수 없어 상(相) 없는 실상의 글과 말을 분별하고 헤아리니 글과 말이 본뜻(本義)을 잃어 분별식(分別識)을 따라 법상(法相)을 가진 중생의 경(經)이 된다. 중생은 말과 글을 자기의 식견과 지식, 의식의 분별과 사량으로 보게 되고, 부처는 식견(識見)이 아닌 상(相) 없는 각(覺)으로 보기 때문이다. 중생은 자기의식의 분별과 지식에 의지해야만 글과 말을 인지하고, 부처는 나와 상(相)이 없어 보고 듣는 일체(一切)가 그대로 각(覺)이다. 나 없는 각(覺)이니 보는 것이 실상(實相)이며 무상(無相)이고, 듣는 것 일체가 청정무아(淸淨無我) 원융(圓融)이다. 보고 듣는 일체(一切)가 그대로 청정진여(淸淨眞如)다.

부처와 중생을 일컫고 논(論)하는 분별 또한, 사량(思量)의 식견일 뿐, 불(佛)의 각(覺)에는 중생뿐 아니라 부처도 없다.

각(覺), 이곳은 중생도 없고 부처도 없는 곳이다. 각(覺)은 더럽고 깨끗한 상법(相法)으로 물들이거나 오염될 수 없고, 더럽고 깨끗함 없는 불법(佛法)으로도 물들이거나 오염될 수가 없다. 더러움만 물들이는 것이 아니다. 깨끗함도 상(相)이니 물을 들인다. 각(覺)은 상법(相法)도 아니며, 불법(佛法)도 아니며, 바라밀도 아니며, 상(相)과 무상(無相)과 생멸과 열반으로도 이를 수 없는 곳이다. 중생을 벗어나 불(佛)을 성취한 제불(諸佛)도 발을 들어 놓을 수 없는 곳이라 사의(思議)할 수 없고 불가사의다.

경(經)은 불설(佛說)이며, 불지혜(佛智慧)의 설(說)이다. 불지혜(佛智慧)는 조금이라도 티끌마침 잘못되거나 왜곡됨이 없다. 왜냐면, 의식이나 사유(思惟), 식견(識見)이 없어 있는 그대로의 실상(實相)을 보기 때문이다.

그러나 중생은 사실(事實)을 그대로 보는 것 아니다. 자기의 식견 의식으로 봄으로 중생의식 세계는 무량차별 차원의 업력세계 욕계, 색계, 무색계 허공법계(虛空法界)로 벌어지는 것이다.

부처가 경(經)을 보면 글과 말이 다 실상(實相)이며, 실체가 없다. 그러나 중생이 경(經)을 보면 글의 뜻과 실상(實相)을 몰라 의식으로 분별하며 사량(思量)하게 된다. 이것이 상(相)이다. 이것이 법상(法相)이다. 이것이 법(法)의 유견(有見) 상심(相心)이다. 경(經)이, 경(經)의 법(法)이, 경(經)의 글과 말이 분별의 상(相)이 될 때 그것이 법상(法相)이며, 나와 경(經)이 둘이 된다. 부처님의 실상지혜인 경(經)이 보고 듣는 것을 떠나 있지 않으니 보고 듣는 가운데 경(經)의 실체 실상을 보면 된다. 경(經)이 보고 듣는 것을 벗어나 있으면 실경(實經)이 아니며 구제(救濟)의 방편(方便)과 대비경(大悲經)이다. 중생은 실상지혜가 없어 보고 듣는 것에 실상을 왜곡하는 상심(相心) 혹견(惑見)이 일어난다. 불법지혜(佛法智慧)는 보고 듣는 것에서 불지(佛智)를 발(發)한다. 실상은 경(經) 속에 있는 것 아니다. 보고 듣는 가운데 실상지혜를 열어야 한다. 사구게(四句偈)의 실체가 보고 듣는 것의 실체(實體)이니 경(經) 속에 사구게가 있는 것이 아니다. 보고 듣는 그것이 사구게 실체다. 보고 듣는 것에서 사구(四句) 실체를 보면 사구게 지혜며, 사구게 수지독송(受持讀誦)이며, 실상 경(經)을 수지(受持)하는 것이다. 중생은 상(相)을 벗어난 생각을 해보지 않았고, 일체(一切)를 상심(相心)으로 분별하며, 상(相)이 없음을 보지 않았기 때문에 상(相)을 벗어난 말과 실상을 알지 못해 글과 말을 집착할 뿐, 경(經)의 실체(實體)와 실상(實相)의 주인(主人)이 사물을 보고 듣는 자신임을 깨닫지 못한다. 반야경(般若經)은 상(相) 없는 말이며, 상(相) 없는 실상을 드러냄이니, 경(經)의 지혜와 말이 실체가 없어 말에 의지한 상심(相心)의 분별과 사량으로 경(經)의 실상을 알 수 없다.

실상(實相)은 상(相)이 아니며, 불법(佛法)은 상(相) 없는 법(法)이다. 똑같은 경(經)이라도 부처가 보면 상(相) 없는 실상(實相)의 경(經)이며, 중생이 보면 실상(實相)을 벗어난 법상(法相)을 가진 중생의 경(經)이 된다. 부처와 중생이 보는 글과 말이 다르기 때문이 아니다. 글과 말을 보는 지혜가 다르기 때문이다. 부처는 사물의 실상을 바로 보는 부처의 지혜로 글과 말을 보고, 중생은 사물의 실상을 모르니, 실상을 드러내는 말과 글의 실체와 실상을 모르므로 상심(相心) 분별심으로 경(經)을 보거나 헤아리기 때문이다.

반야지혜의 글과 말은 반야지혜로 보아야 글과 말의 뜻(義)과 법(法)의 실상을 왜곡하지 않는다. 만약, 반야지혜가 아닌 식견으로 헤아리면 글과 말의 뜻(義)에 응(應)하지 못해, 글이 드러내는 실체와 실상을 벗어나게 된다. 반야는 상(相) 없는 각(覺)이며 상(相) 없는 실상지혜다.

이 경(經)의 내용 경설(經說) 일체(一切)가 실상을 드러내며 실상으로 이끎이다. 깨닫고 보면 불설(佛說) 일체의 글과 말이 실상을 벗어나 있지 않아, 글이 실상이며 말이 실상이다. 실상을 알지 못하면 불설(佛說) 실상지혜를 드러내는 글과 말이 중생 분별경계에 따라 무량차별 색깔로 벌어진다. 실상을 깨달으면 이 글도 실상이고, 저 말도 실상이라 깨달은 자의 눈과 귀에는 천, 만, 억(千, 萬, 億) 글과 말이 본성인 실상을 벗어나 있지 않다.

없다 하여도 그것이며, 있다 하여도 그것이며, 없는 것도 있는 것도 아니라고 하여도 그것이며, 많다 하여도 그것이며, 적다 하여도 그것이며, 많은 것도 적은 것도 아니라 하여도 그것이며, 얻었다 하여도 그것이며, 얻음이 없다 하여도 그것이며, 얻음도 얻음이 없음도 아니라고 하여도 단지, 그것일 뿐이다. 불설(佛說) 일체(一切)에 두 법(二法)이 없다. 즉, 실상(實相)이다.

실상(實相)을 깨달아 아뇩다라삼먁삼보리를 발(發)하면 불법(佛法)이 끝날까? 실상을 깨달아 아뇩다라삼먁삼보리를 성취하고, 불(佛)을 성취하여도 불법(佛法) 끝이 아니다. 그러므로 여래(如來)께옵서는 아뇩다라삼먁삼보리심을 발(發)한 보살들에게 중생 구제 대승(大乘)의 길을 열으셨다. 본래(本來) 불법(佛法)은 시작도 없고 끝도 없다. 시작과 끝이 있다는 것은 실상을 모르는 분별심이다. 상(相) 없는 것에는 시작도 없고 끝도 없다. 또한, 없는 그 자체도 없다. 불법(佛法)은 상(相) 없는 불가사의다. 상(相) 없는 불가사의 완전함에 이르면 불(佛)이라고 한다.

불(佛)의 완성은 시작의 끝이 아니다. 시작도 분별심이며, 끝인 완성 또한 분별심이다. 시작이 있고 완성이 있다면 부처가 아니다. 상(相) 없음이 불(佛)이다. 불(佛)을 깨달은 자(者)로 보는 것도 분별심이며, 미혹의 끝을 생각함도 분별이며 사량이다. 불(佛)은 깨달은 자(者)가 아니라 각(覺)이다.

불(佛)은 성취도, 얻음도, 번뇌를 벗어남도 없다. 불(佛)이 성취가 있고, 얻음이 있고, 중생과 번뇌를 벗어남이 있다면 불(佛)이 아니다. 이 말에 분별심을 가지면 그럼, 불(佛)은 번뇌가 있는가? 성취나 완성이 없는가? 의문(疑問)을 가질 수도 있다. 불(佛)은 중생도, 번뇌를 벗어남도, 부처도, 성취도, 완성도 그 어떠한 무엇을 얻고 여윔이 없다. 그 어떤 무엇을 얻고 여의므로 불(佛)이 된 것이 아니다. 본래(本來) 얻을 것도 여읠 것도 없어 불(佛)이 된 것이다. 불(佛)은 구하고, 얻으므로 성취하고 얻어지는 유심(有心)이나 상법(相法)이나 소득법(所得法)이 아니다. 구하고 얻으므로 성취한 것이면 그것은 사견(邪見)이며 외도(外道)일 뿐 불(佛)과 불법(佛法)이 아니다.

아뇩다라삼먁삼보리는 깨달음으로 얻는 상법(相法) 소득(所得)이 아니다. 아뇩다라삼먁삼보리 불법(佛法)에는 깨닫고 깨닫지 않음이 없다. 상심(相心) 분별에는 깨닫고 깨닫지 않음이 있다. 그러나 단지, 상심(相心)을 여의면 항상 깨어있는 각성(覺性) 아뇩다라삼먁삼보리가 드러난다. 아뇩다라삼먁삼보리는 상(相) 없는 마음 각성(覺性)이다.

깨달을 법(法)이 있고, 불법(佛法)을 구하고, 법(法)을 얻었다면 그것은 불법(佛法)이 아니다. 불법(佛法)은 구하고, 얻을 수 있는 상법(相法)이 아니다. 불법(佛法)은 상(相) 없음이니 다만, 상(相)이 없으면 그것이 불법(佛法)이다. 본심(本心), 본성(本性), 본각(本覺), 자성(自性), 아뇩다라삼먁삼보리, 반야(般若), 실상(實相), 불각(佛覺), 불지혜(佛智慧), 열반(涅槃), 바라밀, 해탈(解脫), 등 일체가 상(相)이 없다. 상(相)이 없음을 깨닫기 전에는 일체불법(一切佛法)이 법상(法相)의 분별 속에 불법행(佛法行)이 이루어진다. 그러나 불법(佛法)의 실상을 깨닫고 보면 이것이 상심(相心)인 불법(佛法)의 법상(法相)임을 깨닫게 된다.

상(相) 없는 아뇩다라삼먁삼보리 불각(佛覺)에 들면 각행(覺行)의 시작이다. 불법(佛法)은 무위(無爲) 심공덕(心功德) 행(行)의 자성법(自性法)이다.

그것이 무엇이든 자타(自他)와 더불어 이로움이 아니면 존재

든, 삶이든, 수행이든, 지혜든, 어떤 깨달음이든 그 의미와 가치
가 없다.

수많은 생(生)의 삶 속에 깊은 불연(佛緣)과 수승(殊勝)한 정법
지혜(正法智慧)와 인연이 깊어 숙세(宿世)의 불법인연(佛法因緣)
으로 이 경(經)을 보게 되는 지중한 인연사(因緣事)에 누구나 실
상(實相)을 깨달아 아뇩다라삼먁삼보리를 성취하며, 불지혜(佛智
慧)를 열어시고, 밝은 혜안(慧眼)으로 만생명(萬生命)을 실상본각
(實相本覺) 안심입명(安心立命)으로 이끌어 삶을 안락하게 하는
삼세제불(三世諸佛) 중 일불(一佛)이 되시길 간절히 염원(念願)합
니다.

佛國淨土 寶門에서   世雄

경명(經名) 해설

경명(經名) 해설

금강반야바라밀경(金剛般若波羅蜜經)

본(本) 경(經)의 이름은 금강반야바라밀경(金剛般若波羅蜜經)
이다.

금강(金剛) 반야바라밀(般若波羅蜜)의 가르침이란 뜻이다.

이 경(經)의 이름이 경(經) 전체의 실상과 지혜, 공덕세계를 드
러낸다. 이 경(經)의 내용은 금강반야바라밀의 아뇩다라삼먁삼보
리 실상지혜, 보살 반야지혜와 대승원력(大乘願力), 경(經)의 믿
음과 실천 공덕세계로 이루어져 있다.

금강(金剛)의 해설

금강(金剛)은 금강반야바라밀의 지혜와 실상(實相), 공덕을 드
러내는 법(法)의 특성이다.

금강반야바라밀경은 심(心) 금강세계며 금강지혜며 금강 불가
사의 공덕과 금강 실상 실체의 가치를 지니고 있는 법(法)의 특성
을 드러낸다. 그러므로 금강반야바라밀경이다.

금강(金剛)은 법(法)의 어떤 특성을 드러내어 금강이라 하였을까? 그것은 심(心)의 본성(本性) 상(相) 없어 파괴되거나 물듦 없는 결정성(結定性) 인(印)이다. 금강은 심(心)의 본성 결정성 인(印)의 네 가지의 특성이다. 그 특성은 체(體)의 특성, 상(相)의 특성, 용(用)의 특성, 공덕(功德)의 특성이다.

첫째, 금강 체(體)의 특성은, 심(心)의 본성 체(體)는 상(相) 없고 실체(實體) 없어 파괴되지 않음이다. 어떤 무엇으로도 본성을 파괴할 수 없고, 파괴되지 않는 금강(金剛) 체(體)의 특성이다.

둘째, 금강 상(相)의 특성은, 심(心)의 본성 모습은 상(相) 없어 티 없이 맑고 무엇에도 물들지 않는 무염(無染)이다. 본성의 모습은 상(相) 없어 원융하여 동(動)과 정(靜)에 걸림 없고 일체상(一切相)에 물듦 없는 무상청정(無相淸淨) 성품이다. 어떤 무엇에도 어떤 무엇으로도 물듦 없는 본성이 가진 청정무염(淸淨無染) 성품 상(相) 없는 모습의 특성이다.

셋째, 금강 용(用)의 특성은, 심(心)의 본성 용(用)은 무주(無住)며 무아(無我)며 무상성(無相性)이며 무유정행(無有定行)이라 무엇이든 파괴할 수 있고, 무엇이든 파괴되지 않는 것이 없다. 본성 용(用)은 상(相), 견(見), 사(邪), 식(識), 유무(有無), 미혹(迷惑), 번뇌(煩惱), 사상(四相), 오온(五蘊), 무명(無明), 증득(證得), 법상(法相), 생멸(生滅), 생사(生死) 등 일체 무엇이든 금강작용에 일체존재와 상(相)이 파괴되고, 무엇이든 본성작용에 파괴되지 않는 것이 없다. 이것이 금강 용(用)의 특성이다.

넷째, 금강 공덕(功德)의 특성은, 심(心)의 본성 공덕은 일체법(一切法)과 일체각(一切覺)의 차별세계에 으뜸인 무상각(無上覺)

아뇩다라삼먁삼보리의 불가사의 심공덕(心功德)이다. 아뇩다라삼
먁삼보리 공덕은 일체불법(一切佛法)과 일체만상(一切萬相)을 섭
수(攝受)하고, 부사의(不思議) 제불일체각(諸佛一切覺)과 제불일
체바라밀법(諸佛一切波羅蜜法)과 제불일체선법(諸佛一切善法)을
섭수하고 그 공덕을 유출한다. 본성공덕은 만법만상을 수용(受
用)하고 섭수(攝受)하며, 만법만상과 일체심(一切心)에 원융하여
걸림이 없고, 본심(本心), 본성(本姓), 본각(本覺)을 섭수하여 부
사의공능(不思議功能) 능행자재(能行自在) 무량공덕을 유출한다.
숱한 법(法)과 어떤 깨달음이 화려하고 수승하며 빛깔과 색채의
다양한 법(法)과 깨달음 종류가 많아도 상(相) 없어 물듦 없고, 분
별없어 티 없는 아뇩다라삼먁삼보리를 능가하는 무상공덕(無上功
德) 깨달음과 청정각성(淸淨覺性)은 없다. 아뇩다라삼먁삼보리는
무량 일체(一切) 깨달음과 각성(覺性) 중 최상(最上) 으뜸이다. 이
것이 금강공덕 특성이다.

　여래(如來)의 불지혜(佛智慧)와 불법(佛法)은 곧, 마음이다. 불
지혜(佛智慧)는 상(相) 없는 마음, 본성지혜다. 본성은 마음 성품
이며, 만유(萬有)의 본(本) 성품이다. 불법(佛法)은 상(相) 없는 본
성법(本性法)이다. 일체불법(一切佛法)과 일체만유(一切萬有)도
상(相) 없는 본성을 벗어나면 존재하지 않는다. 일체(一切) 존재
의 근본이 본성이며, 본성은 심(心)과 물(物)의 근원이다. 금강반
야바라밀경은 상(相) 없는 본성지혜 본심본각(本心本覺)의 바라밀
가르침이다. 금강체(金剛體)는 상(相) 없는 청정본성본심(淸淨本
性本心)이며, 금강상(金剛相)은 상(相) 없는 청정본성무상(淸淨本
性無相)이며, 금강용(金剛用)은 상(相) 없는 청정본성지혜(淸淨本

性智慧)며, 금강공덕은 청정본성공덕(淸淨本性功德)으로 일체만법만상(一切萬法萬相)과 일체제불각(一切諸佛覺)과 일체불법(一切佛法)을 섭수(攝受)하고 제불일체선법(諸佛一切善法)을 생(生)하는 불가사의 능행자재(能行自在) 본성공덕 실상세계다. 금강반야바라밀경은 본성 실상을 드러내는 본성지혜 아뇩다라삼먁삼보리 경(經)이다.

아뇩다라삼먁삼보리심을 발(發)하면 본심(本心)과 본성(本性)과 본각(本覺)에 들게 된다. 아뇩다라삼먁삼보리심을 깨닫지 못하면 나와 사물(事物)이 서로 다른 별개(別個)이나, 깨닫고 보면 심(心)과 일체사물이 둘이 아니다. 본심의 본성이 만유(萬有)의 본성이다. 만유본성(萬有本性)과 본심본성(本心本性)이 다르지 않다. 본심의 성품이 본성이며, 본성의 본체가 본심이다. 아뇩다라삼먁삼보리는 본각(本覺)이다. 아뇩다라삼먁삼보리심은 본심(本心)이다. 아뇩다라삼먁삼보리와 아뇩다라삼먁삼보리심 성품이 본성(本性)이다. 사상심을 여의면 본심이 바로 드러나 아뇩다라삼먁삼보리심을 발(發)하게 된다. 본심과 본성과 본각이 다른 것이 아니다. 곧, 본심 그 자체다. 본심은 마음작용의 본체며, 본성은 본심과 본각의 성품이며, 본각은 본심이 깨어있는 각성이다. 본심은 청정무한작용(淸淨無限作用)을 하며, 본성은 상(相) 없는 성품으로 항상 청정하며, 본각은 본심이 항상 원융무애(圓融無碍) 두루 밝게 깨어 있는 원융무애청정각성(圓融無碍淸淨覺性)이다.

본심(本心), 본성(本性), 본각(本覺)이 곧, 마음이다. 단지, 마음의 미묘(微妙)한 부사의 성품 특성을 한목 드러낼 수 없어 구분한 것뿐이다. 본심은 마음작용의 본체다. 본성은 본심본각의 상(相)

없는 본성 청정성(淸淨性)이다. 본각은 상(相) 없어, 마음이 항상 깨어있는 원융한 각성이다. 본심, 본성, 본각 이것이 상(相) 없는 원융일심(圓融一心)이다. 일심본심(一心本心) 무애자재작용(無碍自在作用)과, 일심본성(一心本性) 무상청정성(無相淸淨性)과, 일심본각(一心本覺) 원융무애각성(圓融無碍覺性)이다. 일심(一心)은 파괴되지 않고, 파괴할 수 없는 상(相) 없는 성품이다. 이것이 심(心) 금강이며, 일심(一心)의 파괴 없는 실상 인(印)의 결정성(結定性)이다.

　왜, 일심(一心)이라고 하는가? 일체(一切)가 일심(一心)이기 때문이다. 일심(一心) 이외는 일법(一法), 일상(一相), 그 무엇도 없다. 일체가 일심(一心) 현상이다. 일심(一心) 일(一)은 개체 하나를 뜻(義)함이 아니다. 전체를 하나로 묶은 것도 아니다. 전체가 이를 벗어나 있지 않으므로 하나다. 일체가 이 작용 섭리이므로 하나다. 모두가 이에 의지한 하나이기에 하나다. 전체(全體) 일체(一切), 모두 속에 있는 그 또한 하나다. 일심(一心)의 일(一)은 이(二)가 없다. 그리고 일(一)도 없다. 왜냐면, 오직, 상(相) 없는 성품이기 때문이다. 이것이 아뇩다라삼먁삼보리다. 이를 일러 불성(佛性)이라고도 하며, 만법(萬法)의 본성(本性)이라고도 하며, 만물만상 일체의 근본이라고도 하며, 일체제불(一切諸佛)의 각성(覺性)이라고도 한다. 일심(一心)은 곧, 일성(一性)이며 일각(一覺)이니 바로 그 실체를 드러내고 축약(縮約)하여 마음이라 한다. 이 마음에는 중생심과 분별의식과 사상심과 자타 내외 일체상(一切相)이 끊어져 흔적 없고, 불(佛)과 중생도 사라져 그 흔적을 찾을 수가 없다. 불(佛)과 중생을 논(論)함도 분별이며, 망(妄)이다. 중생을 벗어나고, 또한, 불(佛)을 벗어나야 이르게 되는 곳이다. 일심(一心)은 그 어떤 무엇이든 상(相)으로 이를 수 없는 곳이니 상법(相法)뿐만 아니라, 무아무상(無我無相) 불법(佛法)도 티끌이라 세울 수가 없고, 일체제불(一切諸佛)의 각성(覺性)도 흔적 없는 곳이다. 상(相) 없고, 파괴됨이 없어 금강(金剛)이니, 상(相)이 있고 단단함이 있어 깨어지지 않는 금강은 세상의 보물이나 그 금강으로는 이곳에 들어오기도 전에 파괴된다. 세상에 으뜸인 보물 금강(金剛)도 만약 상(相)이면 파괴되는 것이니, 심(心) 금강(金剛)에는 티끌이나 다를 바 없다. 금강반야바라밀 금강(金剛), 이것은 파괴되지 않고 파괴할 수 없는 법(法)의 금강(金剛)이다. 즉, 일심(一心)이다. 만물이 그 존재를 의지하는 보물 중 보물, 만물을 수용하는 상(相) 없는 허공(虛空)도 깨달음, 일심(一心), 법(法)의 금강(金剛)에는 의지할 곳 없어 파괴되어 그 흔적을 찾을 수 없으니 세상 으뜸 보물이라 하여 깨어지질 않겠는가? 또한 일체불법(一切佛法)과 지혜도 끊어져, 일체제불(一切諸佛) 무량억겁 내자증(內自證)과 일체증득(一切證得) 불가사의 일체바라밀도 의지하고 세울 곳이 없다. 그 또한 티끌이며, 상(相)의 분별이다.

　일심(一心)은 무엇인가? 일심(一心)은 일체(一切) 작용의 바탕이며, 일체(一切) 상(相)의 근본이다. 일심(一心)은 상(相) 없고 생멸 없으며, 일체(一切) 상(相)의 바탕이며, 근본이므로 본성이라고도 한다. 본성은 제법(諸法)과 만물의 근본이며, 실체다.
　본성은 상(相) 없어, 상(相) 없는 성품이 실상이다. 실상은 상(相)이 없어 실체 없는 성품이니 파괴되거나 파괴할 수 없다. 상심

(相心) 분별심에는 이 말에 단멸(斷滅)이나 무견(無見)의 상(相)을 일으킬 수도 있다. 왜냐면, 상심(相心)에는 무엇이든 있는 것이 아니면 없는 것으로 분별하는 무견(無見)이나 단멸견(斷滅見)을 가지기 때문이다.

상(相)이 아니며 실체 없다는 이 말은 없다는 것이 아니다. 상(相)이 아님을 실체 없다고 하며, 실체 없다 함은 정(定)한 바가 없음을 일컬음이다. 상(相) 없고 실체 없으므로 촉각과 감각으로 볼 수 없고 느낄 수도 없다. 깨닫고 보면 있다 하여도 그것이며, 없다 하여도 그것일 뿐, 상(相)이 있고 없음의 세계가 아니다. 그러므로 대(對)가 끊어져 절대(絶對)도 벗어버린 중(中)이다. 중(中)은 이것과 저것의 중간(中間)이 아니다. 이것이 있거나, 저것이 있거나, 이것과 저것이 더불어 있어도 차별일 뿐 중(中)이 아니다. 이것이 사라지고, 저것이 사라지고, 이것과 저것이 더불어 사라져도 중(中)이 아니다. 이것과 저것이 사라지고, 사라진 자(者)도 없으면 그대로 일체(一切)가 중(中)이다. 내가 중(中)에 드는 것이 아니다. 대(對)를 벗으면 절대(絶對)까지 벗어버린다. 나 없는 절대(絶對)까지 벗어 원융명각(圓融明覺)에 들면 일체(一切) 사물(事物)과 삼라(森羅)가 그대로 바로 중(中)이다. 일체(一切)가 자성(自性)이 없어 자타(自他)가 없고, 일체(一切)가 무위(無爲)라 생멸이 없으나 없는 것도 아니며, 그러나 또한 있는 것도 아니다. 일체가 그대로 불생불멸(不生不滅) 청정진여(淸淨眞如)이니, 나 없는 본성에 들면 일체가 더불어 불생불멸 청정진여 원융무애 중(中)이다. 중(中)에는 있는 것도 없으며, 사라진 것도 없으며, 있음과 없음을 아는 자(者)도 없다. 있음과 없음과 일체 모두를 벗어나도 벗어난 자(者)가 있으면 그것이 있음이다. 있음과 없음이 본래 없고, 대(對)와 절대(絕對)가 본래 없으니, 있음과 없음, 대(對)와 절대(絕對)를 보는 자(者)가 사라지면 있음과 없음, 대(對)와 절대(絕對)가 환(幻)임을 깨닫게 된다. 일체(一切)가 무엇에도 걸림 없는 원융(圓融)이며 중(中)이다. 즉, 각(覺)이다. 중(中)이란 대(對)의 중간(中間)이나, 대(對) 없는 절대(絕對)를 일컬음이 아니다. 중(中)은 곧, 각(覺) 자체를 일컬음이다. 중(中)은 대(對)가 끊어진 각(覺)이다. 각(覺)은 대(對)가 끊어진 절대(絕對)나 각(覺)도 없으므로 중(中)이다. 중(中)은 곧 실상(實相)이다. 일체상(一切相)이 없어 일체차별이 끊어져 원융(圓融)이므로 중(中)이다. 일체원융(一切圓融)으로 대(對)가 없고, 절대(絕對)도 없으며, 중(中)까지 없어 중(中)이다. 곧, 법성(法性)이다. 각(覺)을 왜, 중(中)이라고 하는가? 각(覺)은 상(相)이 없고, 각(覺)의 실체가 없어 일체(一切)에 걸림 없어 원융(圓融)이며 중(中)이다. 각(覺)은 대(對)와 절대(絕對) 일체를 벗어나 중(中)이다. 중(中)은 상(相) 없는 심(心)이며, 상(相) 없는 성(性)이다. 중(中)을 절대(絕對)라 하기도 함은 대(對)를 벗어난 절대(絕對)가 아니라 대(對)의 원융성(圓融性)으로 대상(對相)과 분별, 상(相)의 장애(障碍) 없으므로 그 성품을 일러 대(對) 없어 원융성(圓融性) 절대(絕對)라고 한다. 대(對)를 벗어난 또 다른 절대(絕對)는 없으며, 대(對)의 원융성(圓融性)에 들므로 대(對) 없는 원융실상(圓融實相) 법성원융(法性圓融) 절대성(絕對性)에 이르게 된다. 원융(圓融)이란 일체차별을 벗어나 원융(圓融)을 이루는 것이 아니다. 일체차별에 물듦 없고 걸림 없어 원융(圓融)에 이르게 된다. 절대(絕對)와 원융(圓融)과 중(中)이 일체차별을 벗어나 따로 있는 것이 아니다. 절대(絕對)와 원융(圓

融)과 중(中)이 일체차별을 벗어나 있지 않으니 삼라만상 만물이 절대(絶對)와 원융(圓融)과 중(中)의 법성(法性) 섭리로 존재하고 운행한다. 만약 일체차별을 떠나 절대(絶對)와 원융(圓融)과 중(中)이 있다면 삼라만상이 존재할 수 없으며, 절대(絶對)와 원융(圓融)과 중(中)이 진리(眞理)일 수 없다. 왜냐면 불이(不二) 아니면 진리가 아니며, 불이(不二)의 진리가 아니면 중생이 부처가 될 수가 없고, 일체(一切) 제불(諸佛)이 불이성(不二性)을 따라 출현할 수 없고, 일체선법(一切善法)과 일체불법(一切佛法)이 사멸(死滅)되며, 일체인연과(一切因緣果)가 피어날 수 없다. 진리는 삼라만상 일체만물과 일체생명과 일체심식이 불이성(不二性) 법성원융(法性圓融) 진리로 두루 살아있게 하고 생동(生動)하게 하므로 불이(不二) 법성원융(法性圓融)을 진리라고 한다. 중생이 깨달음을 향(向)함과 제불(諸佛)의 출현과 일체바라밀법을 따라 무한 생명의 길을 향(向)함도 물(物)과 심(心)이 다를 바 없는 절대(絶對), 원융(圓融), 중(中)의 진리에 있으니, 그것이 일체물(一切物)과 일체심(一切心)이 차별 없는 절대(絶對), 원융(圓融), 중(中)의 진리를 깨달아 법성원융(法性圓融) 각명(覺明)에 이르게 된다. 법성(法性)이 곧, 진리며 중(中)이다. 절대(絶對)와 원융(圓融)과 중(中)이 법성(法性)이다. 곧, 일심(一心)이다. 법성(法性)의 절대(絶對), 원융(圓融), 중(中)에 듦이 깨달음이다. 이 깨달음 각(覺)에 듦이 아뇩다라삼먁삼보리다. 중도(中道)는 무아무상(無我無相)의 세계니 이것도 없고, 저것도 없고, 중간(中間) 또한 없는 원융(圓融)이다. 이 지혜가 반야며, 실상정견(實相正見)이다. 그러므로 상(相)이 아니며 실체가 없다는 이 말의 뜻(義)과 법(法)과 실체와 실상을 지식과 분별과 사량으로 알 수가 없다. 단지, 절대(絕對), 원융(圓融), 중(中)의 실상을 깨달음으로 알 뿐이다. 절대(絕對), 원융(圓融), 중(中)이 곧, 무아(無我)며, 무자성(無自性)이며, 무상(無相)이며, 본심(本心)이며, 본성(本性)이며, 본각(本覺)이며, 아뇩다라삼먁삼보리다. 실상은 일체상(一切相)의 성품 무자성(無自性)이다. 중도(中道)는 법성실상이다. 실상을 깨달으면 중도실상(中道實相)을 깨닫게 된다. 실상을 깨달음이란 일체상(一切相)의 본성 무상(無相)을 깨달음이다. 단박, 사상심을 여의면 일체상(一切相)이 무상(無相)인 청정본성(淸淨本性)이 드러난다. 상(相)을 가진 사람은 이 말에 마음의 상(相)을 여의는데 밖의 일체상과 무슨 상관이 있으며, 마음의 사상심을 여의는데 밖의 상(相)이 무너지겠는가? 또는 밖의 상(相)은 어떻게 해야 하는가를 생각할 수가 있다. 이것이 상(相)의 분별심이다. 나, 아상(我相)이 멸(滅)하면 자타 내외 일체상이 멸(滅)하여, 나 없고, 타(他) 일체(一切)도 없고, 만물 일체상이 멸(滅)한다. 자타 내외 일체상이 나 자아의식의 사상(四相)이다. 일체상이 의지한 바탕, 자아의식이 사라지니 자아의식에 의지한 환영(幻影)이 흔적 없이 사라져, 자타와 일체상이 사라진 실상지(實相智)를 발(發)하게 된다. 실상지(實相智)를 발(發)하면 실상은 상(相) 없고, 실체 없고, 물들 수 없고, 물들일 수도 없는 무염청정성(無染淸淨性)을 깨닫게 된다. 실상지(實相智)를 발(發)함이 중도지(中道智)를 발(發)함이며, 아뇩다라삼먁삼보리심을 발(發)함이다.

금강(金剛)은 일체불법(一切佛法)을 수용하고 섭수하는 심공덕(心功德) 공능(功能) 법(法)의 세계다. 이 경(經) 일체(一切)를 한 단어(單語)로 수용할 수 있는 법(法)의 가치를 가진 뜻(義)이 금강이다. 이 경(經) 시작이 금강이며, 이 경(經) 내용이 금강세계며, 이 경(經) 공덕세계가 금강공덕 세계다. 이 경(經) 수지독송(受持讀誦)이 곧, 법(法)의 금강, 파괴됨 없는 실상세계다. 법(法)의 금강, 심(心) 금강(金剛)의 네 가지 특성, 심(心)의 체성(體性)과 심(心)의 상성(相性)과 심(心)의 용성(用性)과 심(心)의 불가사의 공덕(功德) 법(法)의 세계를 금강(金剛)이란 한 단어(單語)로, 압축하고 지혜와 실상, 그 공덕 부사의(不思議) 세계를 함축(含蓄)하여 드러내심이다.

반야(般若)의 해설

반야는 본성지혜며, 실상지혜며, 상(相) 없는 무아지혜(無我智慧)다. 본성이 실상이며, 실상이 무아(無我)며, 무아(無我)가 본성이다. 무아(無我)는 상(相) 없는 자체다. 상(相)이 없다 함은 실체 없음을 일컬을 뿐, 단멸(斷滅)이나 유(有)가 없는 무(無)를 일컬음이 아니다. 단멸(斷滅)이나 유(有)가 없는 무(無)는 반야나 실상법 뿐만 아니라 존재섭리에도 없다. 단멸(斷滅)과 유무(有無)는 존재의 실상(實相)과 불법(佛法)에 없는 상(相) 분별 중생견이다.

반야, 무아(無我)는 제법실상(諸法實相)과 본심을 요달(了達)함으로 반야지혜를 열게 된다. 반야는 상(相)의 지혜가 아니니, 구하여 얻는 지혜가 아니다. 구하고 얻는 성취의 지혜는 불법(佛法)에는 없다.

왜냐면, 구(求)하고 얻는 성취의 지혜는 소득법(所得法)이며 유위(有爲)며 상심(相心)이니, 파괴되고 무너지는 상(相)이기 때문이다.

 그러면 반야(般若)는 무엇일까?

 나 없는 실상 무아지혜(無我智慧)다. 그러므로 구하고 얻는 상심(相心) 유심(有心)으로 반야를 얻는 수가 없다. 상(相) 없는 실상을 깨달음으로 반야지혜를 열게 된다. 그러면, 깨달음은 구하고 얻음이 아닌가? 깨달음은 나(我) 없음과 상(相) 없음을 깨달음이다. 깨달음은 나 없는 무아(無我)와 상(相) 없는 무상(無相)을 깨달음이니, 깨달아도 깨달음 상(相)이 없고, 깨달음 실체도 없으며, 깨달음 자체도 없고, 깨달음을 얻은 자(者) 나도 없고, 깨달음을 일컬을 나 실체가 없으니 오직, 일체상과 나의 실체가 타파되어 흔적 없을 뿐이다. 다만, 나(我)와 상(相)을 여의니 상(相) 없는 본성과 상(相) 없는 본심이 드러날 뿐이다. 깨달음은 얻음의 소득상법(相法)이 아니며, 유심(有心)으로 성취하는 유심법(有心法)이 아니다. 깨달음으로 생멸 없고 자성(自性) 없는 무아무상(無我無相) 본성이 드러난다. 본성이 드러나면 곧, 그것이 상(相) 없는 본심(本心)임을 깨닫게 된다. 깨달음이 상(相)의 실상 본연 본성을 깨달음일 뿐, 무엇을 구하고 얻은 것이 아니다. 상(相)의 실상을 깨달아 상(相) 없는 본성을 바로 보는 눈뜸이다. 그럼 본성에 눈을 뜨기 위해 어떻게 해야 하는가? 실상을 왜곡하는 상심(相心)을 여의므로 바로 상(相)의 실상과 본성을 깨닫게 된다. 상(相) 없는 실상 본성지혜가 반야다.

 깨달음은 소득법(所得法)으로 무엇을 얻기 위해 추구하는 것이 아니다. 상(相) 없는 본심과 본성을 가리는 미혹의 분별과 사량을 벗어나는 것이다. 깨달음을 얻으려는 모든 수행은 미혹을 제거하는 과정일 뿐, 없는 것을 인위적으로 얻거나 만들거나 성취하는 유심(有心) 소득행(所得行)이 아니다. 상(相)의 분별심이 중생 무명(無明)이다. 중생 무명은 곧, 상심(相心)이다. 상심(相心) 분별심이 끊어지면 나 없는 반야지혜에 들게 된다. 반야는 곧, 실상지혜며, 자기 본연(本然) 본심지혜며 본성지혜다.

반야(般若)는 구하고 증득(證得)하는 지혜가 아니다. 일체상(一切相)의 분별과 사량이 소멸하면 본성 본각 지혜에 들게 된다. 구하고 얻음도 상(相)이다. 상(相)을 집착하는 근본 미혹이 걷히면 본심과 본각이 그대로 바로 드러난다. 그러면 본심, 본성, 본각, 실상, 무아, 무상, 법성, 불성, 불지혜, 각성, 아뇩다라삼막삼보리, 무유정법 등의 불법지혜를 두루 열게 된다. 불법(佛法)은 유위(有爲)가 아니니, 무위(無爲)에 들면 일체불법(一切佛法)을 한목 두루 통하게 된다.

반야는 불(佛)에서 구한 것도 아니고, 불법(佛法)과 경(經)에서 얻은 것도 아니며, 수행으로 증득(證得)하는 것도 아니다. 단지, 상심(相心) 분별을 쉬므로 본연(本然)의 본각(本覺)이 바로 드러난다. 사상심은 상(相)의 분별심이다. 반야는 분별없는 본심지혜일 뿐 어디에서 온 것도 아니고, 무엇으로 구한 것도 아니고, 수행이나 경(經)의 지식이나 지혜를 쌓아 완성한 것도 아니다. 단지, 분별심이 끊어지면 그대로 각(覺)의 밝은 성품 반야지혜가 열리게 된다.

반야지혜가 열리면 일체(一切)가 그대로 실상(實相)이며, 아뇩다라삼먁삼보리 대해(大海)다.

바라밀(波羅蜜)의 해설

바라밀은 저 언덕에 이르다(到彼岸), 건너다(度) 등의 뜻이다. 사상심(四相心) 없음이 바라밀이다. 사상심이 생멸심이니 사상심이 없으면 본심(本心) 무여열반(無餘涅槃)에 든다. 이것이 중생계를 벗어 불세계(佛世界)에 듦이다. 나 있음이 사상심 생멸세계며, 나 없음이 사상심이 없는 무여열반 불세계(佛世界) 바라밀이다. 중생계는 자타 분별심이며, 바라밀은 자타 없는 반야세계다. 분별심은 중생심과 중생계를 만들고, 반야는 분별심과 중생계 없는 본성지혜다. 반야가 상(相)의 분별과 사상심과 중생계를 멸(滅)하는 것이 아니다. 반야는 본성지혜니 상(相)과 분별심과 사상심 중생계 없는 밝은 실상지혜일 뿐이다. 자아본성(自我本性)을 깨닫지 못해 나 있으면 자타와 일체상을 분별하여 사상심 세계에 살게 되고, 자아본성을 깨달아 사상심이 없는 본심에 들어 나 없는 반야지혜의 삶을 살게 된다.

중생은 나와 상(相)의 실상을 깨닫지 못해 나와 상(相)이 실체 있는 것으로 보는 유심(有心)의 분별 사상심 세계며, 바라밀은 나와 상(相)의 실상을 깨달아 사상심이 없어 일체상에 물듦 없는 상(相) 없는 본심 세계다. 중생계에서 바라밀에 듦이란 의식(意識) 분별의 상심(相心)이 끊어져 본심에 듦이다. 상심(相心)으로 나 있음을 인식하니 대상(對相) 분별심이 일어나며, 차별상을 일으켜 차별세계 머물 곳이 있고, 좋고 싫음의 머무름이 있으면 중생계며, 상심(相心)이 없고, 나 없고, 분별심 없고, 차별상이 없어 머무름이 없으면 바라밀이다.

일체상(一切相) 법성(法性)의 실체(實體), 무상(無相) 무아(無

99
경명(經名) 해설

我)를 통달(通達)하여 나 없고 마음 없으면 곧, 바라밀이다. 일체 상이 분명하고, 나 있음이 분명하며, 마음이 있어 상(相)과 아(我)에 의지해 살아가면 곧, 중생계 사상심(四相心)이다.

사상심이 무명과 미혹 중생계며, 마음에 사상심이 없으면 바라밀이다. 무명과 미혹은 무엇일까? 분별심이다. 나 있으면 무명이며, 남이 있으면 미혹이다. 나와 남이 있으면 무명이며, 나와 남을 분별하면 미혹이다. 무명은 미혹의 근본이며, 미혹은 무명에 의한 분별이다. 그러므로 무명과 미혹은 다를 바 없다. 무명이 사라지면 미혹도 사라지고, 미혹이 사라지면 무명도 사라진다.

무명(無明)과 미혹(迷惑)은 상(相)의 분별 사상심(四相心)이며, 내가 나를 모름이 무명이며, 나 있다는 생각과 의식과 관념이 미혹이다. 나의 본심과 본성 대각(大覺)을 모름이 무명이며, 나의 본심과 본성 대각(大覺)을 잃은 머묾의 일체행(一切行)이 미혹이다.

나, 실상 본심과 본성 대각성(大覺性)을 잃어 분별심 의식(意識)을 나의 실체로 알아 상(相)을 집착하여 삶이 중생이며, 나의 실상 대각성(大覺性)을 깨달아 상(相)이 없어 머묾 없는 대각(大覺)의 삶이 바라밀이다. 바라밀이 나를 떠나 무엇을 구하고 찾아가야 하는 곳이 아니다. 본심 대각성(大覺性)을 잃은 삶이 중생계며, 본심 청정본성의 대각성(大覺性) 삶이 바라밀이다.

한 생각, 분별심이 단박 사라지면 청정본성(清淨本性) 대각성(大覺性)이 그대로 바로 드러난다. 바라밀은 나를 떠나 있지 않은 청정본성을 일컬음이다. 본성을 깨닫지 못하면 청정본성의 밝음을 잃은 아상(我相)의 삶을 살아야 하며, 나와 남을 분별하는 사상심 미혹의 삶을 살아야 한다. 바라밀에 이르기 위해서는 나의 실상을 깨달아 반야지혜를 열어야 한다. 상심(相心)으로 상(相) 없는 청정본성 대각성에 들 수가 없다. 상심(相心)을 여의면 나의 본성 대각성이 바로 드러난다. 반야는 무아지혜(無我智慧)니 나 없는 실상을 깨달으면 상(相) 없는 본심 바라밀에 들게 된다. 반야는 상(相) 없는 본심지혜다.

금강반야(金剛般若)의 해설

금강반야는 파괴할 수 없고 파괴되지 않는 본성지혜며, 무엇이든 파괴할 수 있고 파괴하는 청정본각(淸淨本覺) 지혜다.

금강반야는 무엇이길래, 무엇으로도 파괴할 수 없고 파괴되지 않으며, 무엇이든 파괴할 수 있고 파괴하는 것인가?

금강반야는 상(相) 없는 본성지혜니 무엇으로도 파괴할 수 없고 파괴되지 않는다. 본성 무자성(無自性)을 통철(通徹)하여 요달(了達)한 결정성(結定性) 각인(覺印)이기 때문이다.

본성과 반야는 따로 존재하지 않는다. 본성지혜가 반야며, 반야 체성(體性)이 본성이다. 상(相) 없는 실상지혜가 반야며, 실상이 곧, 본성이다. 본성은 상(相) 없어 파괴되지 않고 파괴할 수 없으며, 본성지혜 또한 상(相) 없어 파괴하거나 파괴될 수 없다. 본성은 곧, 상(相) 없는 본심 성품이다.

금강반야는 무엇이든 파괴할 수 있고, 파괴하는 것은 청정본성 인(印)의 결정성(結定性) 금강지(金剛智)다. 금강반야는 일체상의 본성 원융지(圓融智)니, 어떤 상(相)이든 금강반야에 그 상(相)이 파괴되지 않음이 없고, 파괴할 수 없는 것이 없다. 파괴란 상(相)

의 실상 무자성(無自性) 실체를 바로 봄이다. 금강반야는 청정본성 실상지혜다. 곧, 본심각성이며 불인(佛印)이다. 인(印)은 파괴되지 않는 결정성(結定性)이다. 인(印) 결정성(結定性)은 원융무애(圓融無碍) 청정부동(淸淨不動) 결정체(結定體) 실(實)을 일컬음이다. 이는 법성(法性) 불생불멸(不生不滅) 결정성(結定性)으로 여여부동(如如不動) 실(實)인 진여(眞如) 인(印)이다. 이는 심인(心印)이며 불인(佛印)이다. 곧, 각인(覺印)을 일컬음이다.

금강반야바라밀(金剛般若波羅蜜)의 해설

금강반야바라밀은 금강반야 바라밀이다. 금강반야가 바라밀이다. 금강반야와 바라밀이 따로 있거나 다른 것이 아니다. 금강반야가 사상심(四相心) 없는 바라밀이다. 바라밀을 얻거나, 도달하거나, 무엇 어디에 있는 것이 아니다. 바라밀이 본심이며, 바라밀 지혜가 금강반야며, 바라밀이 청정본성심(淸淨本性心)이다. 본연심(本然心)이 바라밀이며, 본연성(本然性)이 바라밀 성품이며, 본연각(本然覺)이 바라밀 각성(覺性)이다. 이 일체가 곧, 일심(一心)을 일컬음이다. 금강반야는 청정심요각(淸淨心了覺)이며, 청정본심(淸淨本心) 일각원융(一覺圓融)이다. 바라밀은 상(相) 없는 본심이다. 사상심(四相心)은 자타분별의 일체상이지만 본심은 자타분별 일체상이 없다. 자타분별 일체상 없음이 본심이다. 사상심은 분별의 내가 있으나 본심에는 분별의 내가 없다. 왜냐면 상(相) 없는 성품이며 대(對) 없는 원융성(圓融性)이기 때문이다. 의식(意識)의 분별과 사량으로 본심을 헤아려도 그것은 사상심(四

相心)일 뿐이다. 본심은 일체분별을 일으킬 자(者)가 없어 본심(本心)에 듦으로 나와 상(相) 없는 금강반야 지혜를 발(發)하게 된다. 바라밀은 금강반야의 체성(體性)이며 일심본성(一心本性)이다. 금강반야는 바라밀의 상(相) 없는 청정지(淸淨智)다.

바라밀은 상(相) 없고 생멸심이 없는 본심이다. 금강반야는 본심지혜다. 본심은 상(相) 없는 성품이며, 본심지혜가 반야 즉, 각(覺)이다. 반야 체성(體性)이 본성심(本性心)이므로 상(相) 없고 생멸심이 없어 파괴됨이 없는 지혜다. 본심의 성품 본성은 만유(萬有)의 법성(法性)이다. 본성 섭리의 인연을 따라 만상(萬相)이 드러나니, 일체상(一切相)이 본성의 인연을 따라 드러나는 본성작용 현상이다. 생성된 현상 또한 인연을 따르는 본성작용으로 그 모습이 없어 일체상이 비상(非相)이며 실체가 없다. 그러므로 상(相)의 실상은 상(相) 없는 무상(無相) 성품이며, 상(相) 없는 성품이 본성이다. 일체상이 본성작용으로 현상을 드러내고, 본성이 인연을 따르는 작용의 흐름에 그 실체를 갖지 못한다. 반야는 본연 성품 실상을 바로 봄이다. 반야는 본연 성품 본심(本心)과 본각(本覺)과 본성(本性)을 두루 밝게 본다. 본심은 자재(自在)하고, 본각은 원융(圓融)하며, 본성은 무상청정(無相淸淨)이다. 본심은 자재(自在)하여 신령(神靈)스럽고, 본각은 원융(圓融)하여 일체에 걸리고 막힘 없이 밝으며, 본성은 무상청정(無相淸淨)이라 무엇에도 물들거나 치우치거나 머묾이 없다. 이는 심(心)의 특성 요별(了別)일 뿐, 심(心)은 상(相) 없고 아(我) 없어 나눌 수 없고, 그렇다고 상(相)과 아(我)가 없어 하나 또한 아니다. 작용따라 드러나고 행(行)함 따라 일어나니 본심(本心), 본각(本覺), 본성(本性)이 일성(一性)의 부사의 작용이다. 돌이키면 한 성품뿐 삼명일성

(三名一性)이니, 항상 깨어 열려 있어 보고 듣고 인식하니 각(覺)이라 하고, 뜻을 따라 작용하니 심(心)이라 하며, 각(覺)과 심(心)을 작용하는 바탕이 있으니 성(性)이라 한다. 각(覺)은 어둠 없이 원융(圓融)으로 두루 밝게 깨어있고, 심(心)은 신령(神靈)하여 동(動)과 정(靜)을 따라 부사의 자재(自在)하며, 성(性)은 물듦 없는 청정성(淸淨性)이니 부사의며 불가사의다. 본심(本心), 본각(本覺), 본성(本性)은 부사의(不思議) 원융일성(圓融一性)이다. 청정본연(淸淨本然) 원융일성지(圓融一性智)가 금강반야며, 바라밀이다. 바라밀은 중생 본심(本心)이며, 제불(諸佛) 본각(本覺)이다.

본심(本心), 본각(本覺), 본성(本性)은 부처와 중생이 다를 바 없고, 부처와 중생이 차별 없다. 단지, 본심(本心) 본각(本覺)의 본성(本性) 원융무애(圓融無碍) 청정부동지(淸淨不動智)에 들어 있으므로 불(佛)이라 하며, 본심(本心) 본각(本覺)의 청정부동지(淸淨不動智)가 상심(相心)의 혼란과 탁(濁)함, 생멸심 속에 가리어 있어 중생이다. 중생은 물질과 심식(心識)의 일체상(一切相) 무리 속에 의식이 혼탁하여, 결합하고 화합하여 상(相)의 무리(衆) 속에 하나되어 삶을 이루므로 중생(衆生)이라 한다. 자기 본연 마음인 본심, 본각, 본성을 밝게 보지 못하는 무명(無明)으로 인(因)하여 중생은 자아의식을 생성해 분별심 관념의식을 나로 인식하므로 물질과 심식(心識) 일체상과 무리되어 사상심 속에 삶을 이루는 중생이 된다.

중생 자아(自我)는 물(物), 심(心) 일체상과 혼탁(混濁)하여 지수화풍공(地水火風空)으로 이루어진 물질 색성향미촉법(色聲香味觸法)과 수상행식(受想行識)으로 이루어진 심식(心識)의 의식작용과 섞여 혼탁(混濁)하고 혼재(混在)되어 있어 자아의식이 생성되어 자아의식(自我意識)를 자기로 알고 있으므로 사상심 분별 속에 청정본심(淸淨本心)을 알지 못해 자아의식과 사상심을 벗어나지 못한다. 이것이 중생이며, 중생의 무명과 미혹이다. 중생 자아의식은 상(相)의 분별심과 차별사상(差別四相)인 아상(我相), 인상(人相), 중생상(衆生相), 수자상(壽者相)의 작용으로 이루어진다.

중생은 항상 물질과 심식(心識) 갖가지 색과 형상, 좋고 싫음, 탐착과 욕망, 감정과 분별의 헤아림, 가지가지 일체상(一切相)과 섞여 자아(自我)가 형성되고 그 무리 속에 삶과 생사(生死)가 이루어지므로 그 이름이 중생이다.

중생이란, 물질과 심식작용으로 집착과 더불어 떨어질 수 없는 온갖 상(相) 무리(衆) 속에 있으며, 그 무리 속에 삶과 생명의 작용이 이루어지므로 중생이라 한다. 그러므로 중생의 삶은 일체상의 생멸 속에 그 삶이 이루어지므로, 마음작용이 일어나면 사상심의 업력(業力)에 이끌린 분별심 미혹의 세계다.

중생의 마음은 의식(意識)의 분별을 벗어난 적이 없고, 유무(有無) 외(外)는 보지도 않았고, 생각해 보지도 않았으며, 유무(有無) 외는 그것이 무엇인지 도무지 알 수가 없다. 그러므로 상(相)을 벗어난 말을 하면 그것이 유무(有無)의 무(無)인지, 단멸(斷滅)인지, 허무(虛無)인지, 무기(無記)인지, 단지, 내가 없다는 것인지, 일체상이 없다는 것인지, 도무지 그 자체를 알 수가 없다. 그것은 상(相) 없음을 보지 않았고, 유무(有無) 외는 생각과 의식과 사유와 삶이 벗어나 보질 않았기 때문이다. 그러므로 상(相)을 벗어난 무아(無我), 실상(實相), 본심(本心), 본성(本性), 불성(佛性), 불지혜(佛智慧), 반야, 아뇩다라삼먁삼보리 등을 말하면 알 수가 없고, 이해할 수가 없어 유무(有無)로 분별하고 사량하게 된다. 불설(佛說)의 상(相) 없는 실상을 드러내는 경(經)의 글과 말을 유무(有無) 식견의 분별과 사량으로 헤아림으로 상(相) 없는 실상 불지혜(佛智慧)의 글과 말에 상심상견(相心相見)으로 유위심(有爲心)의 법상(法相)을 일으킨다. 불설(佛說)의 뜻(義)과 지혜는 글과 말을 벗어났건만, 실상을 드러내는 글과 말의 실상을 알지 못해 글과 말을 분별하여 탐착하고, 글과 말에 법상(法相)을 일으키게 된다. 그러나 불지혜(佛智慧) 실상을 깨달으면 글과 말이 상(相) 없는 실상을 바로 드러냄을 깨닫게 된다.

바라밀은 곧, 나의 본심이다. 나의 본심을 모르면 물질과 심식(心識) 일체상과 의식이 혼재(混在)되어 있어 나를 알 수가 없고, 나의 본심을 깨달음으로 물질과 심식 일체상에 걸림 없는 청정무애(清淨無碍) 상(相) 없는 본심을 깨닫게 된다.

나를 깨달음이 아뇩다라삼먁삼보리를 깨달음이다. 나를 깨달으면 본심 금강을 깨닫게 된다. 본심이 금강이며, 본심지혜가 반야며, 금강본심이 바라밀이다. 금강반야로 일체상에 물듦 없는 상(相) 없는 본심의 삶이 금강반야바라밀이다. 반야가 금강이며 바라밀이다. 반야는 곧, 본심이다.

바라밀은 생멸(生滅)의 상심(相心)이 끊어진 걸림 없는 본연 성품, 상(相) 없는 청정본심(清淨本心)의 삶이다.

경(經)의 해설

경(經)의 본체(本體)가 본심(本心)이며, 본심(本心)의 밝음이 본각(本覺)이며, 그 성품이 본성(本性)이다. 경(經)은 심(心)의 성품

각(覺)과 본성(本性)을 드러내며, 그 실상(實相)에 들게 하고, 그 공덕과 행(行)으로 각성원만(覺性圓滿)에 이끎인 부처님 각성지혜, 사상심 미혹과 무명(無明)을 벗는 불지혜(佛智慧)의 가르침이다. 부처님 지혜의 가르침은 부처님 지혜의 가르침은 인과법(因果法)으로 삶의 평안과 안락에 들게 하며, 중생을 불지혜 세계로 이끌어 본성 공덕세계, 아뇩다라삼먁삼보리 대각명(大覺明) 불지혜에 이르게 한다.

중생 스스로 무명 미혹의 일체상을 벗을 수 없어 불지혜(佛智慧)에 의지해, 미혹 없는 본심 대각명(大覺明)의 삶을 살도록 이끎인 부처님 무상지혜(無上智慧)의 가르침이다.

경(經)은 중생 미혹 사상심을 벗고 청정본성 무량공덕의 삶을 살도록 여래(如來)의 지혜로 이끄시고, 본성 세계를 밝게 밝히시며, 중생이 보지 못하고 알지 못하는 자기 본심 대광명(大光明) 세계로 이끄시는 불지혜(佛智慧) 자비(慈悲)의 가르침이다.

중생은 사상심에 젖어 있어 본심을 알지 못하므로 불지혜(佛智慧)에 의지하지 않으면 사상심의 미혹을 스스로 벗을 수 없고, 생멸과 생사 없는 본심의 밝음에 이를 수가 없다.

부처님의 완전한 밝음 지혜의 가르침은, 내 의식 어둠과 미혹을 벗고 걸림 없는 원융한 생명 밝음에 이르는 유일한 길이다. 내가 나의 생명 어둠을 벗고자 밝은 생명 삶을 위해, 내가 할 수 있는 유일한 선택은 오직 완전한 지혜의 밝음을 이루신 부처님 무상지혜(無上知慧)의 가르침, 정견(正見) 불지혜(佛智慧)에 의지하는 선택뿐이다.

경(經)이 부처님 가르침의 의미보다 중요한 것은 경(經)이 나에게 무엇이며, 나에게 경(經)의 의미와 가치, 왜? 경(經)을 선택해야 하는가를 인지하는 자각이 무엇보다 중요하다. 불지혜(佛智慧)에 의지하지 않으면 나의 생사(生死)를 멈출 수 없고, 사상심 미혹의 어둠에 젖은 중생 길을 끊을 수가 없다. 경(經)이 불설(佛說)이라는 사실이 중요한 것이 아니다. 그것이 나에게 무엇이며, 왜? 내 호흡이 멈추기 전에, 나에게 절실히 필요한 까닭을 자각함이 중요하다. 내 의식의 어둠은 나의 생명 길을 잘못 인도하고, 내가 나를 모르는 미혹은 나의 생명 삶을 잘못 살게 한다. 부처님 지혜는 내가 나를 깨닫는 밝은 심안(心眼)을 여는 유일한 자성광명(自性光明)의 길이다. 부처님 지혜에 의지하는 것은 오직, 나를 깨닫고, 내가 나를 구제하는 길이다. 이것은 내 생명 미래의 무한 삶, 나의 생명 길을 내가 구제하는 불사(佛事)며, 더 없는 삶의 가치, 불(佛)을 향한 나의 생명 승화의 길이다. 이는, 내 생명 무한 진화의 무상(無上)을 향한 생명 각성(覺性)의 길이다.

더 없는 생명 각성(覺性)의 밝음인, 부처님 불지혜(佛智慧)를 따라 지혜 삶을 살다 간 사람이 무수하고, 이 세상에 내 존재가 사라져도 아직 태어나지 않은 미래 생명들도 의식이 밝고 정신이 깨어나 지각(知覺)이 열린 자는, 이 가르침에 의지해 옛적부터 수 없는 믿음 가진 자(者)들이 생명 밝음을 위해 삶을 산 그 길을 따라 끝없이 흐르고 또, 흐를 것이다.

경명(經名) 해설

금강반야바라밀경
해설

金剛般若波羅蜜經
금 강 반 야 바 라 밀 경

法會因由分 第一
법 회 인 유 분 제 일

이 경(經)이 아난타 존자께서 직접 들은 부처님 설법임을 말함과 이 경(經)을 설하게 된 동기(動機)의 인연사(因緣事) 부처님 회상(會上) 일상생활의 부분을 보이심이다.

如是我聞
여 시 아 문

이와 같이 내가 들었다.

● 석가모니 부처님을 시봉(侍奉)하시든 아난타존자(阿難陀尊者)께서 자신이 직접 들은 것이며, 이 경(經)이 불설(佛說)임을 아난타존자께서 증명함이다.

一時 佛 在舍衛國 祇樹給孤獨園 與大比丘衆 千
일 시 불 재 사 위 국 기 수 급 고 독 원 여 대 비 구 중 천
二百五十人俱
이 백 오 십 인 구

法會因由分 第一(법회인유분 제일)

한때에 부처님께옵서 사위국에 있는 기수급고독원에서 큰 비구들 천이백오십인과 같이 계시었다.

● 기수급고독원(祇樹給孤獨園)은 사위성(舍衛城)의 성주 (城主) 바사닉왕(波斯匿王)의 태자 기타(祇陀)가 소유한 원림 (園林)에 급고독장자(給孤獨長者)가 황금으로 그 땅을 사들여 7층의 장엄한 대가람을 지어 부처님께 바친 사원(寺院)이다.

급고독장자(給孤獨長者)는 코살라국의 수도 사위성(舍衛 城) 출신 대부호인 수달다(須達多)며, 자비로운 마음으로 외롭고 늙은 사람들에게 아낌없는 보시로 고독한 자(者)들을 도운다 하여, 수달다의 별명이 급고독장자(給孤獨長者)다. 수달다는 어느 날 마가다국 라즈기르(王舍城)에 갔다가 말로만 듣든 부처님께서 오신다는 말을 듣고 감격하여 바로 부처님 계시는 시타 숲(寒林)으로 찾아갔다. 부처님께서 수달다를 위해 가지가지 묘법과 고집멸도를 설하시어 수달다는 그 자리에서 법안이 열려 삼보(三寶)에 귀의하여 오계를 받고 평생 재가 신도 될 것을 맹세하였다. 그리고 부처님과 승가가 자기 고향 사위국에 오셔서 하안거(夏安居)를 하시고 설법해 줄 것을 부처님께 세번을 청하였으나 부처님께서는 아무 말씀이 없었다. 네번째 다시 청하니 부처님께서 말씀하셨다. 만약 거주할 곳이 시끄럽지 않고 고요하여 소리가 없으면 마땅하여 거기에서 안거하리라. 하셨다. 수달다는 부처님 허락을 받고 부처님 거처를 마련하려고 사위국으로 돌아와 부처님 거처를 물색하던 수달다는 코살라국 태자 기타(祇陀) 소유의 숲이 과일이 아름답고 무성하며, 물도 정결하여 흐르는 샘과 같고, 목

욕할 못과 향과 꽃들이 모두 갖추어져 있으니 이곳이 부처님 거처로 가장 적당하다고 생각하여 기타태자에게 그 숲의 동산을 사려고 하였으나 기타태자는 팔지 않으려고 하였다. 수달다가 그 숲을 사려고 귀찮게 요구하자 기타태자는 그 숲을 팔지 않기 위해 귀찮아서 농담처럼 하는 말로 만약 황금(金貨)으로 이 동산을 빈틈없이 덮으면 그 값으로 주겠다고 하였다. 수달다는 자신의 재산을 정리하여 황금으로 그 동산을 덮기 시작했다. 그러자 기타태자는 놀라며, 내 말은 농담이요. 팔고자 하는 것은 아니다. 수달다는 기타태자에게 이미 값을 정해놓고 어찌 팔지 않겠는가? 서로 다투다가 관(官)에 호소하게 되어 관(官)에서는 법에 따라 수달다에게 그 숲의 동산을 넘기도록 했다. 그때에 기타태자는 수달다에게 무슨 연유로 그 많은 재산 황금을 아끼지 않고 그렇게 이 숲의 동산을 사려는 까닭을 물었다. 수달다는 위대한 부처님과 훌륭한 제자들께서 여기에서 안거하실 수 있도록 이곳에 정사(精舍)를 지어 바치고자 하니 내 전 재산을 다하여도 아까움이 없다고 하였다. 그 말에 기타태자는 놀라며 수달다의 정성과 열정에 가슴 깊이 감복하여 기타태자는 정사(精舍)를 짓거든 자기 이름을 가진 기타 동산이라는 기원정사(祇園精舍)로 하면 팔겠다고 했다. 수달다는 약속을 하고 사람을 시켜 황금으로 땅을 덮게 하되 나무가 선 곳도 다 측량하여 황금으로 채우게 했다. 기타태자는 숲의 입구 빈터는 자신도 부처님과 교단에 바치겠다고 하여 정사(精舍)를 짓는 데 필요한 목재까지 내놓았다. 수달다는 자기의 전 재산으로 사리불존자의 관리지도 속에 교단의 건물 중 가장 큰 7층의 장엄한 대가람을 세우고 우물을 팠으며 정원을 가꾸어 부처님께 바쳤다.

法會因由分 第一(법회인유분 제일)

수달다는 정사(精舍)를 지어 바친 후에도 자주 부처님과 제자들을 집으로 청하여 공양을 올렸으며, 재산이 다한 후에는 잡곡으로 쑨 죽이라도 정성을 다해 보시하려고 성심을 다하고 애썼다.

이 정사(精舍)의 이름을 기타태자의 숲에 급고독장자가 지은 정사(精舍)라는 뜻으로 두 사람 이름을 가진 기수급고독원정사(祇樹給孤獨園精舍)라고 하였다.

부처님께옵서 교화 기간에 무려 24회의 우안거(雨安居)를 지내면서 가장 오래 머무시던 곳이다. 기수급고독원정사(祇樹給孤獨園精舍) 이름을 기수원(祇樹園), 급고독원(給孤獨園), 기원정사(祇園精舍) 등으로 불리며, 지금은 유적지(遺跡地)로 그 흔적만 남아 있다.

爾時 世尊 食時 着衣持鉢 入舍衛大城 乞食 於
이시 세존 식시 착의지발 입사위대성 걸식 어

其城中 次第乞已 還至本處 飯食訖 收衣鉢 洗足
기성중 차제걸이 환지본처 반사흘 수의발 세족

已 敷座而坐
이 부좌이좌

그때에 세존께옵서 공양 때가 되시어 가사를 입으시고 바루를 들고 사위대성에 들어가시어 걸식하시되, 그 성중에 차례로 빌어 마치시고 본처로 돌아오시어 공양을 마치시고는 가사와 바루를 거두시고 손발을 씻으신 후에 자리를 펴고 앉으셨다.

♣ 入舍衛大城 乞食 於其城中 次第乞已(입사위대성 걸식 어

기성중 차제걸이) 사위대성에 들어가시어 걸식하시되, 그 성 중에 차례로 빌어 마치시고

● 걸식을 하시되 차례로 빌어심은 부처님 당시 일곱 집을 차례로 걸식하는 칠가식(七家食)의 이야기가 전해진다. 가난한 자와 부자, 사람의 천하고 귀함, 좋은 음식과 나쁜 음식, 남녀노소나 빈부귀천에 차별없는 평등한 마음의 공덕 걸식, 각성평등(覺性平等), 자비평등(慈悲平等), 복전평등(福田平等), 생명평등(生命平等), 수신평등(修身平等)의 걸식을 함이다.

● 각성평등(覺性平等)은 걸식하는 자의 각성(覺性) 마음에는 일체차별이 없어 평등 걸식을 하며, 만 생명 또한, 각성(覺性)은 차별 없어 평등하게 대함이다.

● 자비평등(慈悲平等)은 걸식하는 자는 보시를 받으며 자비심을 가지며, 어떤 대상에게도 차별 없는 평등한 자비심을 가짐이다.

● 복전평등(福田平等)은 걸식하는 자는 만 생명의 복전이 됨이니, 땅이 모든 씨앗에게 평등의 복전이듯 빈부귀천과 남녀노소와 보시와 공양물에 대한 차별심 없는 평등복전이 됨이다.

● 생명평등(生命平等)은 걸식하는 자는 만 생명이 차별 없이 평등함을 깨달아 빈부귀천(貧富貴賤)과 남녀노소에 차별심 없는 생명평등의 마음을 가짐이다.

● 수신평등(修身平等)은 걸식하는 자는 수행을 위해 몸을 지키고 생명유지를 위해 수신(守身)하며, 걸식에서 좋고 나쁨을 가리거나 욕심을 가지지 않으며, 분별로 탐착하거나 차별심을 가지지 않는 평등의 걸식을 함이다.

善現起請分 第二
선현기청분 제이

금강반야바라밀경 탄생의 동기(動機), 수보리존자께서 부처님전에 최
상승법(最上勝法)에 대한 청법(請法)을 함이다.

時 長老須菩提 在大衆中 卽從座起 偏袒右肩 右
시 장로수보리 재대중중 즉종좌기 편단우견 우

膝着地 合掌恭敬 而白佛言 希有世尊 如來 善護
슬착지 합장공경 이백불언 희유세존 여래 선호

念諸菩薩 善付囑諸菩薩
념제보살 선부촉제보살

그때에, 장로 수보리가 대중 속에 있다가 곧 따라서 자리에
서 일어나 오른쪽 어깨에 가사를 걷어 올리고, 오른쪽 무릎
을 땅에 대며 합장하여 공손히 공경하며, 부처님전에 사뢰어
말씀드리되, 희유하시옵니다. 세존이시여. 여래께옵서는 모
든 보살을 선호념하시며, 모든 보살에게 선부촉하시옵니다.

● 금강반야바라밀경 내용 전체가 부처님께옵서 보살심을
발한 자의 지혜를 위한 가르침인 선호념선부촉경(善護念善付
囑經)이다. 금강반야바라밀경 전체가 선호념선부촉으로 이루
어져 있으며, 불지혜(佛智慧)의 선호념선부촉을 따라 아뇩다
라삼먁삼보리심 보살지혜를 행(行)하는 법(法)과 중생구제 보
살행과 아뇩다라삼먁삼보리심 선호념선부촉의 공덕세계를 설
(說)하심이다.

금강반야바라밀경 내용이 아뇩다라삼먁삼보리심을 발(發)한 보살에게, 불지혜(佛智慧) 아뇩다라삼먁삼보리심의 선호념 선부촉으로 이루어져 있다. 경(經) 전체의 내용이 아뇩다라삼먁삼보리심을 발(發)함과 아뇩다라삼먁삼보리와 그 공덕세계, 아뇩다라삼먁삼보리심의 실천 수행인 금강경 수지독송(受持讀誦)과 위타인설(爲他人說) 보살행의 가르침으로 이루어져 있다.

선호념(善護念)은 선(善)을 성숙하고 증장(增長)하도록 옹호(擁護)하고 염려하며, 이끌어주심이다. 금강반야바라밀경 선호념(善護念)이 이 경(經)의 가르침이며, 아뇩다라삼먁삼보리심을 발(發)한 보살행을, 불지혜(佛智慧)로 이끌고 옹호하며 염려해 주심이다.

선부촉(善付囑)은 선(善)으로 이끎과 부처님 가르침과 뜻을 전하며, 받들어 행(行)하도록 당부하고 일러줌이다. 금강반야바라밀경 선부촉은 아뇩다라삼먁삼보리심을 수용(受用)하고 섭수(攝受)하며 실천 수행하는 수지독송(受持讀誦)과 위타인설(爲他人說)하여 무량중생 구제와 대승보살(大乘菩薩)의 행(行)을 실천하도록 당부하시고 이끎이시다.

선호념(善護念)과 선부촉(善付囑)에서 선(善)이라 함이 무엇인가? 선(善)은 곧 아뇩다라삼먁삼보리심이다.

선(善)이 반야(般若)의 세계, 아뇩다라삼먁삼보리심 가르침인 금강반야바라밀경에는 차별의 선(善)이 아니라 일체상과 선악(善惡)과 일체분별과 사상심 없는 아뇩다라삼먁삼보리심 자체를 일컬음이다. 금강반야바라밀경 내용에는 사상심 없는 아뇩다라삼먁삼보리심이 선(善)이다. 아뇩다라삼먁삼보리심에 들며, 아뇩다라삼먁삼보리심 실천 수행하는 것이 경(經)

전체 내용인 선호념(善護念)이다.

사상심(四相心) 없음이 선호념(善護念)이며, 아뇩다라삼먁삼보리심 상(相) 없는 마음 씀이 선호념(善護念)이다.

사상(四相) 없는 마음으로 일체선법(一切善法)을 닦으며, 일체중생을 무여열반에 들게 구제하고, 중생구제를 위해 아뇩다라삼먁삼보리의 실상지혜 금강반야바라밀 법(法)을 전하는 것이 이 경(經) 여래(如來)의 선부촉(善付囑) 뜻이다.

금강반야바라밀경은 사상(四相) 없는 아뇩다라삼먁삼보리 일체선법(一切善法) 행(行)으로 이끄시는 반야바라밀 선호념 선부촉 경(經)이다.

世尊 善男子善女人 發阿耨多羅三藐三菩提心 應
세존 선남자선여인 발아뇩다라삼먁삼보리심 응

云何住 云何降伏其心
운하주 운하항복기심

세존이시여, 선남자 선여인이 아뇩다라삼먁삼보리심을 발하였다면 응당 어떻게 머무르며, 어떻게 그 마음을 항복해야 하옵니까?

♣ 선남자(善男子) 선여인(善女人)의 선(善)이라 함은 심성(心性)의 근기(根機)인 선근(善根)의 의미를 지니고 있어, 착함과 훌륭함 뜻을 더불어 같이한 함유(含有)의 뜻을 내포한다.

● 선근(善根)은 불법(佛法) 지혜와 공덕을 함유(含有)한 언어이니, 어떠한 한 가지를 일컬음이 아니다. 차별 선(善)으로부터 차별을 벗어난 무상지(無上智)에 이르기까지 심공덕(心功德) 일체선(一切善)을 일컬음이다.

선근(善根)의 세계는 악(惡)을 행하지 않고 선(善)을 받들어 행함과 나와 남을 위하며 이롭게 함과 사상심 미혹 무명에 들지 않고 미혹 무명을 벗는 지혜로 향(向)함과 선악(善惡)을 벗어나 본성공덕을 잃지 않음과 본성공덕을 행함이며, 스스로 선악(善惡)과 일체차별상에 물듦 없는 행(行)이다.

근기(根機)는 근(根)의 기틀(機)이니, 이는 마음을 다스리고 행하는 역량과 수준, 높고 낮음과 깊이다. 즉, 자신 마음을 다스리고 행하는 역량과 수준이다. 곧, 마음의 역량 성숙도 자질이다.

불법(佛法) 수행에 불법(佛法)의 선근(善根)과 근기(根機)가 참으로 중요하다. 선근이 없으면 불법(佛法)을 수용할 수 없고, 근기가 미약(微弱)하면 근기 부족으로 성취나 좋은 결과를 얻기가 어렵다. 선근은 마음과 의식, 정신이 열린 성숙이며, 근기는 숙세(宿歲)부터 오늘에 이르기까지 익힌 자기화(自己化)되어 있는 역량(力量)과 자질(資質)이다.

● 경(經) 속에 선남자(善男子) 선여인(善女人)의 뜻은 착하고 훌륭한 선남자 선여인의 뜻이다. 이 속에 그들 마음씀과 행함, 원력(願力)과 삶이 녹아 함축된 언어다. 부처님을 따르고, 불법(佛法)을 수용하며, 선근과 지혜를 닦고 행하는 자들이다.

♣ 발아뇩다라삼먁삼보리심(發阿耨多羅三藐三菩提心)은 아뇩다라삼먁삼보리심을 발(發)함이다. 발아뇩다라삼먁삼보리심에 두 부류의 사람이 있다. 첫째는 아뇩다라삼먁삼보리심을 얻은 사람이다. 둘째는 아뇩다라삼먁삼보리심을 얻지 못해 아뇩다라삼먁삼보리심을 얻기 위해 마음을 일으킨 사람이다. 그리고 또한 두 부류(部類) 외(外)에 아직 아뇩다라삼먁삼보리심을 얻겠다는 마음을 일으키지 못한 사람도 있다. 이 경

(經)의 내용 중에는 이 세 부류 근기의 사람이 있다. 그러나 이 세 부류의 사람을 구분하지 않고 부처님께옵서는 아뇩다라삼먁삼보리 경(經)을 설(說)하신다. 왜냐면 아뇩다라삼먁삼보리는 두 법(二法)이 없고, 차별과 같음도 벗어났으며, 다름과 같음이 더불어 사라진 세계이므로 따로 구분하시지 않았다. 경(經)의 내용에는 수보리존자의 청법(請法)과 부처님의 불설(佛說)에는 이 세 부류 사람의 차별근기를 구분하지 않고 세 부류 근기의 사람을 수용하며, 수보리존자는 대중을 섭수하는 청법자(請法者)로서 지혜와 자비심, 미래 중생을 생각하는 수보리존자의 지혜로움 속에 대중을 대신하고, 대중과 미래중생을 위해 부처님께 청법(請法)하며, 또한 여래(如來)께옵서는 세 부류 사람의 지혜와 선근, 근기의 차별을 두지 않고 설(說)하시었다. 그러므로 대원각명(大圓覺明) 청정부동지(淸淨不動智)에 털끝보다 작은 일렁임도 두지 않는 치밀(緻蜜)하고 예리(銳利)한 경계에는, 청법(請法) 경(經)의 내용 발심(發心) 경계가 미약(微弱)함이 없지 않다. 아뇩다라삼먁삼보리심을 발한 자에게는 경설(經說)이 자타제도(自他濟度)의 대승보살행(大乘菩薩行)으로 사(事)와 상(相)에 이끌림이 없는 반야지혜를 행하게 한다. 아뇩다라삼먁삼보리심을 얻기 위해 마음을 일으킨 자(者)는 실상지혜가 없어 관행(觀行)과 사유(思惟)가 경설(經說)의 내용에 미치지 못해 법(法)을 이해하고 접근할 수가 없어 행하기가 막연하다. 그러므로 실상지혜를 얻기 위함과 심공덕을 행하는 조도법(助道法)으로 수용하게 된다. 그리고 불법선근(佛法善根)이 없는 외도(外道) 범부는 경설(經說)의 내용이 황당하고 허황하며, 이해할 수 없고, 꿈같은 소리며, 말도 되지 않는 소리로 생각하게 된다. 그

것은 그럴 수밖에 없음은 이 경설(經說) 내용의 바탕 지혜가 아뇩다라삼먁삼보리심을 발(發)한 반야행이기 때문이다. 아뇩다라삼먁삼보리는 일체상과 일체식심을 벗어난 상(相) 없는 청정각(淸淨覺)이며, 반야는 일체상과 일체식심을 벗어난 상(相) 없는 실상지혜이기 때문이다. 한마디로 요약하여 말하면 아뇩다라삼먁삼보리심은 상(相) 없는 청정(淸淨) 본성심(本性心)이며, 반야는 본성지혜다. 그러므로 발아뇩다라삼먁삼보리심은 곧, 마음 본성에 듦을 일컬으며, 반야는 본성심이다. 아뇩다라삼먁삼보리는 본성각성(本性覺性)이며, 반야는 본성각성의 지혜다. 아뇩다라삼먁삼보리는 실상각(實相覺)이며, 반야는 실상지혜다. 아뇩다라삼먁삼보리에 들어 반야지혜를 발(發)한 자(者)는 금강반야바라밀경은 본심행(本心行)의 말씀이시다. 아뇩다라삼먁삼보리를 얻기 위해 마음을 일으킨 자(者)에게는 불가사의 대승(大乘) 무량공덕 바다(海)에 드는 선근과 근기의 인성(因性)을 열어주며, 아뇩다라삼먁삼보리심 성취를 위한 원력(願力)을 발하게 한다. 또한, 불법선근 없는 사람에게는 상(相)을 초월한 실상세계가 있음을 자각하고 알게 하는 계기의 인연이 된다.

♣ 發阿耨多羅三藐三菩提心 應云何住 云何降伏其心(발아뇩다라삼먁삼보리심 응운하주 운하항복기심) 아뇩다라삼먁삼보리심을 발하였다면 응당, 어떻게 머무르며, 어떻게 그 마음을 항복해야 하옵니까?

● 아뇩다라삼먁삼보리심을 발한 자가 주(住)함을 물음은 각(覺)에 응(應)하여 어떻게 행(行)해야 함을 물음이다. 항복(降伏)을 물음은 증득상(證得相)과 청정상(淸淨相)에 머묾이 있거나 또한, 각(覺)에 순응하지 못하는 이끌림이 있으면 어

떻게 해야함을 물음이다.

佛言 善哉善哉 須菩提 如汝所說 如來 善護念諸
불언 선재선재 수보리 여여소설 여래 선호념제
菩薩 善付囑諸菩薩
보살 선부촉제보살

**부처님께옵서 말씀하시되, 옳고 옳도다. 수보리야, 네가
말한 바와 같이 여래는 모든 보살을 선호념하며, 모든 보살
을 선부촉하느니라.**

♣ 선호념제보살(善護念諸菩薩)은 여래께서는 모든 보살을
선호념(善護念)하심을 뜻한다. 지키고 보호하며 정성을 기울
이고 생각함을 호념(護念)이라고 한다. 그러면 선(善)은 무엇
일까? 여기에서 선(善)의 실체와 글자의 뜻, 두 가지로 새겨
볼 수가 있다.

● 선호념(善護念) 선(善)의 실체는 아뇩다라삼먁삼보리며,
실상이며, 본성이며, 본심이다. 반야와 바라밀, 아뇩다라삼먁
삼보리 법(法)에서 선(善)은 차별법을 벗어난 선(善)이다. 차
별법을 벗어난 선(善)은 상(相)을 벗어난 선(善)이다. 상(相)을
벗어난 선(善)이 아뇩다라삼먁삼보리며, 실상이며, 본성이며,
반야며, 바라밀이다. 상(相)을 벗어난 그 자체가 왜, 선(善)일
까? 그 자체가 본심(本心), 본성(本性), 본각(本覺), 각성(覺
性), 실상, 아뇩다라삼먁삼보리, 반야, 불지혜(佛智慧) 등이
다. 이는 일체악(一切惡)과 일체상(一切相)의 무명과 미혹 사
상심이 없으며, 일체악(一切惡)과 사상심 일체를 소멸하기 때
문이다. 또한, 일체선법(一切善法)과 일체불법(一切佛法)과

121

불지혜(佛智慧)와 일체제불(一切諸佛)의 출현(出現)과 일체바라밀법이 이로부터 나오기 때문이다.

● 차별 경계에서는 아뇩다라삼먁삼보리와 실상과 본성과 반야와 바라밀이 다르다. 그러나 상(相)의 차별상을 벗어버리면 아뇩다라삼먁삼보리와 실상과 본성과 반야와 바라밀이 차별이 없다.

아뇩다라삼먁삼보리가 곧, 실상(實相) 각성(覺性)이며, 아뇩다라삼먁삼보리가 곧, 본성(本性) 본각(本覺)이며, 아뇩다라삼먁삼보리의 각성(覺性)이 반야(般若)며, 아뇩다라삼먁삼보리가 곧, 중생 무명(無明)과 일체 번뇌를 벗어버린 바라밀이기 때문이다.

실상(實相) 각성(覺性)이 아뇩다라삼먁삼보리며, 실상이 본성이며, 실상지혜가 반야며, 실상 세계가 바라밀이다.

본성(本性) 각성(覺性)이 아뇩다라삼먁삼보리며, 본성이 실상이며, 본성지혜가 반야며, 본성 세계가 곧, 바라밀이다.

반야(般若)가 아뇩다라삼먁삼보리 지혜며, 반야가 실상지혜며, 반야가 본성지혜며, 반야가 바라밀 지혜다.

바라밀이 아뇩다라삼먁삼보리 세계며, 바라밀이 실상 세계며, 바라밀이 본성 세계며, 바라밀이 반야 세계다.

본심각성(本心覺性)이 아뇩다라삼먁삼보리며, 본심본성이 실상 성품이며, 본심 성품이 본성이며, 반야는 본심 지혜가 반야며, 본심 세계가 바라밀이다.

● 아뇩다라삼먁삼보리가 선(善)임은 일체 무명과 미혹의 사상심이 소멸하며, 일체차별상을 벗어난 제불각성(諸佛覺性) 공덕을 유출하기 때문이다.

실상(實相)이 선(善)임은 일체 생멸생사와 유무(有無) 일체

상을 소멸하여 일체차별 없는 절대 평등 무위실상(無爲實相) 공덕을 유출하기 때문이다.

본성(本性)이 선(善)임은 상(相) 없는 청정본성은 만법만상에 걸림 없고 일체불법을 수용하며, 만법만상과 제불(諸佛) 일체공덕(一切功德) 일체선법(一切善法)을 유출하기 때문이다.

반야(般若)가 선(善)임은 무명과 미혹의 일체상(一切相)과 일체심(一切心)이 없고, 차별심과 차별상을 벗어나 일체상에 걸림 없고 머무름 없는 본심(本心) 지혜와 공덕을 유출하기 때문이다.

바라밀이 선(善)임은 일체고(一切苦)과 미혹업력(迷惑業力) 생사 생멸의 괴로움과 고통을 벗어나 무여열반(無餘涅槃) 무량무한(無量無限) 무위공덕(無爲功德)을 유출하기 때문이다.

● 선호념(善護念) 선(善)의 글자의 뜻은 잘, 훌륭함의 뜻으로 새겨볼 수도 있다. 그럼 잘, 훌륭함이란 무엇을 일컫고 무엇을 지칭하며, 그 실체는 무엇일까? 그 실체는 곧 아뇩다라삼먁삼보리 대각성(大覺性) 밝음이며, 실상에 듦이며, 본성을 여의지 않음이며, 상(相) 없는 반야행이며, 무명과 미혹을 벗어나 바라밀 공덕에 듦이다. 선호념(善護念) 선(善)의 뜻이 차별세계의 잘, 훌륭함을 수용한, 불법지혜(佛法智慧) 자성공덕선(自性功德善)을 일컫고 지칭함이다.

● 선호념제보살(善護念諸菩薩)은 여래께옵서 모든 보살이 아뇩다라삼먁삼보리심을 행하도록 하며, 상(相) 없는 행으로 아뇩다라삼먁삼보리와 실상과 본성과 반야와 바라밀의 선공덕(善功德)을 증장(增長)하도록 보호하며 정성을 기울임이다.

♣ 선부촉제보살(善付囑諸菩薩)은 여래께옵서 모든 보살을

일체중생구제 대승원력(大乘願力)의 행으로 이끄시며, 반야바라밀법을 사람들에게 설하여 모든 중생이 반야바라밀의 무량공덕에 들도록 선부촉(善付囑)하심을 뜻한다. 선부촉은 선(善)으로 이끎과 선(善)을 행하도록 당부하며 일러줌이다.

선부촉(善付囑)은 경(經)의 내용에는 자신을 이롭게 하는 자리(自利)와 타인(他人)을 이롭게 하는 이타(利他)의 선부촉 두 종류가 있다.

● 자리(自利)의 선부촉(善付囑)은 일체행에 아눅다라삼먁삼보리심을 행하도록 하심과 상(相)에 머무름 없는 마음을 내도록 하심과 무위행(無爲行) 금강반야바라밀경을 수지독송(受持讀誦)하게 하심 등의 선부촉이다.

● 이타(利他)의 선부촉(善付囑)은 금강반야바라밀경 수지독송(受持讀誦)을 선부촉하심은 자신을 이롭게 할 뿐만 아니라, 눈 있는 자는 보게 하고, 귀 있는 자는 듣게 하며, 독송(讀誦)으로 눈에 보이지 않는 허공계 무량법계(無量法界) 중생들이 금강반야바라밀경을 듣고 그 공덕으로 일체고(一切苦)와 무명미혹을 벗어 무여열반에 이르도록 하심이다. 이 경(經)을 글로 새기는 사경공덕(寫經功德)을 드러내시어 이 경(經)이 소멸됨 없이 여래(如來) 없는 미래 세상의 중생들도 이 경(經)을 보고 이 경(經)의 무량공덕 지혜에 들 수 있도록 하심과 수지독송(受持讀誦)과 사경(寫經)으로 널리 사람들을 위해 이 경(經)의 가르침 실상지혜를 전하도록 하심과 보살심으로 일체중생을 무여열반에 들게 하는 중생구제의 대승행(大乘行)을 하게 하심과 대승(大乘)과 최상승(最上乘)의 지혜를 발한 자(者)에게 이 경(經)을 널리 설(說)하여 무량중생이 이 경(經)의 실상지혜(實相智慧)로 불가사의 무한 무량공덕에 들

수 있도록 위타인설(爲他人說) 선부촉하심이다.

　금강반야바라밀경 내용 전체가 청법자(請法者) 수보리존자
의 청법지혜(請法智慧)에 응(應)하여 여래(如來)께옵서 미래
중생과 일체 수행자를 대상으로 수보리 존자를 대상삼아 대
기설법(對機說法)을 하시는 여래(如來)의 진실하고 간곡한 선
호념선부촉 가르침으로 이루어져 있다.

汝今諦聽 當爲汝說 善男子善女人 發阿耨多羅三
여 금 체 청　당 위 여 설　선 남 자 선 여 인　발 아 녹 다 라 삼
藐三菩提心 應如是住 如是降伏其心 唯然 世尊
막 삼 보 리 심　응 여 시 주　여 시 항 복 기 심　유 연　세 존
願樂欲聞
원 요 욕 문

**너는 이제 자세히 살피어 들을지니라. 마땅히 너를 위해 설
하리다. 선남자 선여인이 아뇩다라삼먁삼보리심을 발하였다
면 응당 이와 같이 머무르며, 이와 같이 그 마음을 항복해야
하느니라. 오직 그렇게 하겠사옵니다. 세존이시여. 원하오
니, 기쁨 속에 기꺼이 듣고자 하옵니다.**

　♣ 汝今諦聽에 諦의 글자의 뜻이 체(諦)와 제(諦)의 두 가지
뜻을 지닌 글자다. 체(諦)의 뜻은 살피다, 자세히 알다, 진실,
이치(理致)의 뜻이다. 제(諦)의 뜻은 울다, 부르짖다, 이다.
이 경구(經句)는 체(諦)의 뜻으로, 자세히 살피다. 자세히 알
아라. 의 뜻으로 이해(理解)하여 해석함이 옳다.
　● 불법(佛法) 고집멸도(苦集滅道)의 진리 사성체(四聖諦)

도 이와 같은 경우다. 사성체(四聖諦)는 불교의 진리 중에 중요한 진리이나, 불교사전(佛敎辭典)이나 불교서적(佛敎書籍)에도 사성제(四聖諦)와 사성체(四聖諦), 이 둘을 혼용하여 사용하므로 통일되고 있지 않다. 불자(佛子)나 불서(佛書)를 보는 자(者)로 하여금 진리 명제(命題)가 통일되지 않아 이 둘을 혼용하지 말고 바른 뜻(義)을 따라 통일함이 바람직하다. 사성제(四聖諦)와 사성체(四聖諦)는 글자와 자음(字音)만 다른 것이 아니라 뜻(義)과 의미까지 다르다. 한자(漢字)의 뜻을 새김에 있어서 여러 가지의 뜻이 있겠으나 진리의 본뜻에 합당하도록 정리하여 법(法)의 일관성과 전체적 통일성을 위해 법(法)에 합당하고 명쾌하게 정리되어야 할 부분이다.

불교사전(佛敎辭典)에 따라 사성제(四聖諦)로 되어 있는 사전(辭典)과 사성체(四聖諦)로 되어 있는 사전(辭典)이 있다. 四聖諦의 진리와 법(法)의 뜻(義)으로 보면 사성제(四聖諦)보다 사성체(四聖諦)의 뜻으로 봄이 옳다.

● 이 경(經)의 구절은 수보리존자의 청법(請法)에 부처님께옵서 응(應)하시어 아뇩다라삼먁삼보리심을 발한 자로 하여금 마음 머무르는 법(法)과, 일어난 마음을 다스리는 법(法)을 설하고자 하심이다.

大乘正宗分 第三
대 승 정 종 분 제 삼

부처님께서 대승(大乘) 보살도(菩薩道)의 길을 열어 이끄심이다.

佛告 須菩提 諸菩薩摩訶薩 應如是降伏其心
불고 수보리 제보살마하살 응여시항복기심

부처님께옵서 이르시되, 수보리야, 모든 보살마하살은 응당 이와 같이 그 마음을 항복해야 하느니라.

● 아뇩다라삼먁삼보리심을 발한 자는 누구나 당연히 이와 같이 그 마음을 다스려야 함을 말씀하심이다.

● 그 마음이란 아뇩다라삼먁삼보리심을 발한 자가 지혜상(智慧相)과 증득상(證得相)과 청정법상(淸淨法相)과 각(覺)에 순응하지 못하는 미세업력(微細業力) 이끌림을 말함이다.

所有一切衆生之類 若卵生 若胎生 若濕生 若化
소유일체중생지류　약난생　약태생　약습생　약화

生 若有色 若無色 若有想 若無想 若非有想 非
생　약유색　약무색　약유상　약무상　약비유상　비

無想 我皆令入無餘涅槃 而滅度之
무상　아개영입무여열반　이멸도지

있는 바 일체중생의 종류인 난생, 태생, 습생, 화생, 유색, 무색, 유상, 무상, 비유상, 비무상을 내가 모두 무여열반에 들게 하여 멸도하리라. 해야 하느니라.

♣ 所有一切衆生之類 我皆令入無餘涅槃 而滅度之(소유일체중생지류 아개영입무여열반 이멸도지) 있는 바 일체중생의 종류를 내가 모두 무여열반에 들게 하여 멸도하리라. 해야 하느니라.

부처님께옵서 아뇩다라삼먁삼보리심을 발한 자는 마음을 항복하는 법(法)으로, 왜, 일체중생을 무여열반 멸도원(滅度

願)을 내어야 할까? 그것은 여래(如來)의 심오(深奧)한 선호
념선부촉의 세 가지 뜻이 있다. 첫째는 아뇩다라삼먁삼보리
대각성(大覺性)에 안주(安住)함을 끊어 구제하심이다. 둘째는
아뇩다라삼먁삼보리 대각성(大覺性) 원융(圓融)에 들게 함이
다. 셋째는 불법(佛法)이 따로 있지 않고 중생구제 무여열반
에 들게 함이 불법(佛法)이며, 그 자체가 곧, 아뇩다라삼먁삼
보리임을 일깨우심이다.

● 첫째는 아뇩다라삼먁삼보리에 머묾을 끊으시어 아뇩다
라삼먁삼보리에 안주(安住)함을 구제하심이다.

아뇩다라삼먁삼보리는 무상정등정각(無上正等正覺)을 일컬
으며, 무상정등정각(無上正等正覺)의 뜻(義)이다. 아뇩다라삼
먁삼보리는 무상각(無上覺), 정등각(正等覺), 정각(正覺)을 일
컫는다.

아뇩다라삼먁삼보리를 무상각(無上覺)이라 함은 이보다 더
한 위의 깨달음이 없기 때문이다. 아뇩다라삼먁삼보리는 최
고최상의 깨달음이지만, 아뇩다라삼먁삼보리는 최고최상뿐
아니라 최저최하도 없다. 왜냐면 아뇩다라삼먁삼보리는 일
체상이 없으며, 아뇩다라삼먁삼보리의 깨달음 또한, 상(相)
이 없기 때문이다. 그러나 아뇩다라삼먁삼보리를 최고최상이
라 일컬음은 차별의 일체지혜(一切智慧)와 차별의 일체 깨달
음에서는 아뇩다라삼먁삼보리가 최상임을 일컬음과 일체지혜
(一切智慧)에 견주어 으뜸이며, 따를 지혜가 없기 때문이다.
아뇩다라삼먁삼보리의 지혜 외는 일체지혜(一切智慧)가 차별
지혜(差別智慧)며 상(相)의 지혜다. 아뇩다라삼먁삼보리의 지
혜는 일체지혜(一切智慧)의 일체상을 초월한 지혜이므로, 세
상 모든 지혜가 아뇩다라삼먁삼보리의 지혜를 능가하거나 초

월하는 지혜가 없다. 그러므로 아뇩다라삼먁삼보리를 무상각(無上覺)이라 한다. 무상각(無上覺)은 아뇩다라삼먁삼보리를 얻기 위한 수행자에게는 위 없는 깨달음이지만, 아뇩다라삼먁삼보리를 성취한 자는 위 없는 깨달음이 아니라 항상 깨어 있는 본심 원융각성(圓融覺性)이다. 아뇩다라삼먁삼보리는 상하(上下), 좌우(左右) 없고, 유무(有無) 없고, 나 없어, 깨달음을 얻었거나 성취한 자가 없다. 단지, 여(如)일 뿐이다. 여(如)란 같음의 뜻이 아니다. 여(如)는 일체차별과 생멸과 유무(有無)의 다름과 일체(一切) 일여공(一如空)의 같음도 없다. 단지, 불변(不變)이라 머묾이 없고, 차별이 없음이라 상(相) 없고 차별 없는 원융무상각(圓融無相覺)일 뿐이다. 아뇩다라삼먁삼보리는 글과 말이 티끌이며, 지식과 의식과 식견 분별과 사량으로는 알 수가 없다. 단지, 사상심을 벗으므로 아뇩다라삼먁삼보리를 깨닫게 된다. 사상심을 여의는 길 외는 법(法)도 도(道)도 없다.

아뇩다라삼먁삼보리를 정등각(正等覺)이라 함은 어떤 깨달음과 지혜에 비(比)하여 아뇩다라삼먁삼보리는 제상제법(諸相諸法)의 실상(實相)과 본성(本性)에 든 바르고 옳은 깨달음이기 때문이다. 아뇩다라삼먁삼보리는 어떠한 일체 깨달음과 지혜도 아뇩다라삼먁삼보리에 비할 바 없고 견줄 바 없어 아뇩다라삼먁삼보리를 정등각(正等覺)이라 한다. 그러므로 아뇩다라삼먁삼보리에는 그 어떤 수승한 깨달음과 지혜도 견줄 수 없다. 그것은 아뇩다라삼먁삼보리에는 그 어떤 일체 깨달음과 지혜도 파괴되고 소멸하기 때문이다. 왜냐면, 아뇩다라삼먁삼보리 외는 깨달음이든 지혜든 상(相)을 벗지 못했고, 나를 벗어나지 못했기 때문이다. 상(相)을 벗지 못하고, 나를 벗어나지 못하면 그 깨달음이 무엇이든, 그 지혜가 무엇이든 파괴되고 소멸하는 것이다. 파괴되고 소멸하는 상(相)과 식심(識心) 일체를 벗어나야 비로소 아뇩다라삼먁삼보리 정등각(正等覺)을 깨닫게 된다.

아뇩다라삼먁삼보리를 정각(正覺)이라 함은 일체 실상과 본성의 완전한 바른 깨달음이기 때문이다. 아뇩다라삼먁삼보리는 상(相)과 식(識)의 삿(邪)됨이나 거짓이나 차별이나 분별을 벗어난 만법(萬法)의 실상이며, 일체 물(物)과 심(心)의 본성 실(實)이므로 정각(正覺)이다. 그러나 아뇩다라삼먁삼보리는 바르고 옳음이 없다, 바르고 옳음은 미혹과 상심(相心)의 분별과 사량(思量)일 뿐이다. 바른 깨달음은 일체상을 벗어나 본성 실상에 들어야 아뇩다라삼먁삼보리 정각(正覺)이다. 정각(正覺)의 정(正)은 바름과 옳음이 끊어진 차별과 분별상이 없는 각(覺)의 실(實)이다. 실(實)은 본각(本覺)이다. 본각(本覺)은 일체상을 벗은 심(心)의 본성(本性) 청정원융각(淸淨圓融覺)이다.

아뇩다라삼먁삼보리심을 발한 자를 일체중생의 무여열반 멸도대승원(滅度大乘願)을 발(發)하도록 하는 것은 아뇩다라삼먁삼보리에 머무르며, 아뇩다라삼먁삼보리 대각성(大覺性)에 안주(安住)하기 때문이다. 아뇩다라삼먁삼보리에 머무르면 곧, 아뇩다라삼먁삼보리가 아니며, 아뇩다라삼먁삼보리에 안주(安住)하면 아뇩다라삼먁삼보리를 성취한 것이 아니다. 왜냐면, 아뇩다라삼먁삼보리 각성(覺性)은 머무를 상(相)이 없어 머무를 곳과 취(取)할 것이 없기 때문이다. 그러므로 아뇩다라삼먁삼보리심을 발한 자로 하여금 아뇩다라삼먁삼보리 대각성(大覺性)에 머묾의 청정각상(淸淨覺相)을 끊으시며, 아뇩다라삼먁삼보리에 안주(安住)하는 내자증상(內自證相)을 완전히 끊어 구제하여, 완전한 각성원융(覺性圓融)에 이르게 함이다. 이는 여래(如來) 대비(大悲)며, 여래(如來)의 심오(深奧)한 지혜다. 이는 곧, 여래(如來)의 선호념선부촉이다.

● 둘째는 아뇩다라삼먁삼보리심 행(行)으로, 아뇩다라삼먁삼보리 각성(覺性)이 일체상(一切相)에 걸림이 없이 원융(圓融)한 부사의사(不思議事) 승화(昇華)에 이르게 하심이다.

아뇩다라삼먁삼보리심이 일체상에 걸림 없는 대각성(大覺性)일 뿐, 일체상을 벗어나 또 다른 무엇에, 또 다른 무엇이 아뇩다라삼먁삼보리가 아니다. 일체상에 걸리면 아뇩다라삼먁삼보리심이 아니다. 또한, 아뇩다라삼먁삼보리심 각행(覺行)이 원융한 부사의사(不思議事) 작용이 없으면 아뇩다라삼먁삼보리심이 아니다. 아뇩다라삼먁삼보리심을 발(發)하였다면, 일체상에 걸림 없고 물듦 없는 원융(圓融)한 각성자재(覺性自在)여야 한다. 파괴 없는 금강반야가 아뇩다라삼먁삼보리심이니, 작용이 없고 비춤이 없으면 아뇩다라삼먁삼보리심이 아니며, 아뇩다라삼먁삼보리가 죽은 것이다. 아뇩다라삼먁삼보리심은 일체상(一切相) 일체심(一切心)에 원융무애(圓融無碍)하여 걸림 없고, 깨달음과 대각성(大覺性)에도 걸림 없다. 만약, 깨달음과 대각성(大覺性)에 걸리거나 빠지면 청정법상(淸淨法相)을 가짐이니, 이 또한 상(相)이다. 내세울 것이 있고, 일컬을 것이 있고, 이름할 것이 있고, 안주(安住)할 것이 있으면 아뇩다라삼먁삼보리심이 아니다. 그러므로 아뇩다라삼먁삼보리심 부사의(不思議) 각성내자증(覺性內自證)을 벗어나게 하려고, 아뇩다라삼먁삼보리심 원융무애(圓融無碍) 대각심(大覺心)으로 일체중생을 무여열반에 들게 하는, 중생구제 아뇩다라삼먁삼보리심 청정무구(清淨無垢) 대승원(大乘願)을 발하게 하신다. 사상심(四相心)의 미혹과 무명(無明)을 벗었으나, 아뇩다라삼먁삼보리심 내자증(內自證) 경계의 청정각성상(清淨覺性相)과 청정각성증(清淨覺性證)을 완전히 끊어, 각성원융(覺性圓融)으로 선호념선부촉하시는 여래(如來)의 심오한 지혜로 각성원융자재(覺性圓融自在)로 이끄심이다. 이(理)의 무애(無碍)에 들면 이(理)의 무애상(無碍相)을 끊고, 사(事)의 무애(無碍)에 들어 더욱 아뇩다라삼먁삼보리심 대각성(大覺性)을 치성(熾盛)하게 하여, 아뇩다라삼먁삼보리심의 부사의사(不思議事) 각명(覺明)으로 승화하게 함이다. 이는 이(理)에 능(能)한 자를 사(事)의 능(能)에 이르게 함이다. 참으로, 무상불지혜(無上佛智慧)의 부사의(不思議) 부사의(不思議)며, 오묘(奧妙)하고 오묘(奧妙)하며, 심오(深奧)하고 심오(深奧)할 뿐이다.

● 셋째는 아뇩다라삼먁삼보리를 지키는 것, 수각(守覺)에 불법(佛法)이 있지 않고, 일체중생을 구제하는 가운데 불법(佛法)이 있으며, 그것이 아뇩다라삼먁삼보리임을 선호념선부촉하심이다.

아뇩다라삼먁삼보리는 상법(相法)이 아니니, 아뇩다라삼먁삼보리 대각명(大覺明) 청정상(清淨相)을 생(生)하거나, 발(發)하거나, 지키거나(守) 하면, 아직 원융무애(圓融無碍) 아뇩다라삼먁삼보리심 대각명(大覺明)이 아니다. 불법(佛法)과 아뇩다라삼먁삼보리심이 삼라만상 일체처(一切處)에 없는 곳이 없고, 있지 않은 곳이 없으니 중생구제에 아뇩다라삼먁삼보리심 대각명(大覺明) 원융무애(圓融無碍)로 걸릴 것이 없다. 일체행, 일체처에 아뇩다라삼먁삼보리심 대각성(大覺性)

을 벗어난 곳이 없다. 일체중생을 구제하고 멸도(滅度)하는 가운데 불법(佛法)이 있으며, 그 또한 아뇩다라삼먁삼보리심의 각성계(覺性界)다. 일체중생을 구제하고 멸도(滅度)함이 불법(佛法)이며, 그를 벗어나 또 다른 무엇에 아뇩다라삼먁삼보리가 있는 것이 아니다. 일체중생을 구제하고 멸도(滅度)함이 불법(佛法)이며, 삼라만상 일체가 아뇩다라삼먁삼보리심을 벗어나 있지 않다. 일체가 불법(佛法)이며, 일체가 아뇩다라삼먁삼보리다. 곧, 일체가 이사무애(理事無碍) 사사원융(事事圓融)이며 각청정(覺淸淨) 원융일심(圓融一心)이다.

첫째는 아뇩다라삼먁삼보리심 대각성(大覺性)에 안주(安住)함을 끊어 구제(救濟)하여 이무애(理無碍)에 이르게 하며, 둘째는 아뇩다라삼먁삼보리심 대각성(大覺性) 원융(圓融)에 들게 하여 이사무애(理事無碍) 사사원융(事事圓融)에 이르게 하며, 셋째는 불법(佛法)이 따로 있지 않고 중생구제 무여열반에 들게 함이 불법(佛法)이며, 그 자체가 곧, 아뇩다라삼먁삼보리임을 일깨우심은 원융일심(圓融一心) 사사무애(事事無碍) 원융(圓融)에 이르게 하심이다. 여래(如來) 무상지혜(無上智慧)의 부사의사(不思議事) 무량공덕 능행자재(能行自在)의 선호념선부촉의 이끎이시다.

● 아뇩다라삼먁삼보리심을 발한 자가 일어난 상(相)의 마음 항복(降伏)함이 어찌, 일체중생의 무여열반 멸도(滅度)함이냐면, 아뇩다라삼먁삼보리심을 발하여 이무애(理無碍)에 능(能)해도 이(理)와 사(事)가 차별 없는 이사무애(理事無碍) 사사원융(事事圓融)의 각성자재(覺性自在)에 이르도록 함이다. 중생구제를 통해 이사무애(理事無碍)와 사사무애(事事無碍) 원융(圓融)의 아뇩다라삼먁삼보리심 대각명원융지(大覺明圓

融智)에 이르게 함이다. 아뇩다라삼먁삼보리심 각성자재심(覺性自在心)으로 일체중생을 무여열반 멸도(滅度)하라는, 여래(如來) 무상지(無上智)의 각명자재(覺明自在) 선호념선부촉이다. 이는 자타(自他)의 상(相)이 끊어진 아뇩다라삼먁삼보리심으로 중생구제 각성행(覺性行)이, 각력원융(覺力圓融)을 더욱 증장(增長)하고 자재(自在)하며, 중생구제로 자타(自他)를 이롭게 하는 상구보리하화중생(上求菩提下化衆生) 대승보살도(大乘菩薩道)다. 여기에서 중요한 것은 아뇩다라삼먁삼보리를 얻어도 불법(佛法)의 끝이 아니다. 불법(佛法)은 처음부터 시작과 끝이 없는 과거, 현재, 미래심(未來心) 불가득(不可得) 세계다. 이것은 시간적 영원한 것이 아니라 상(相) 없음이 불법(佛法)이기 때문이다. 아뇩다라삼먁삼보리심 불성대각명(佛性大覺明)으로, 진실한 무아무상(無我無相) 실상불법행(實相佛法行) 각력정행(覺力正行)과 각력실행(覺力實行)이다. 아뇩다라삼먁삼보리심을 발하지 못하였으면, 아뇩다라삼먁삼보리심을 발하기 위해 노력해야 하며, 아뇩다라삼먁삼보리심을 발하였다면 자타(自他)의 상(相)이 끊어졌으니, 중생멸도(衆生滅度)의 길 외는 생명세계에 또 다른 수승한 각성(覺性) 삶의 가치인 생명 삶의 길이 없다. 그러므로 아뇩다라삼먁삼보리심을 발(發)한 자(者)로 하여금, 무상지혜(無上智慧) 여래(如來)께옵서 불지혜(佛智慧)로 부사의사(不思議事) 선호념선부촉 대승(大乘) 보살도(菩薩道)의 각성법계시방문(覺性法界十方門) 화엄장엄법계(華嚴莊嚴法界)를 활짝 열어 각명대해(覺明大海)로 이끄시는 것이다.

● 무여열반(無餘涅槃)이란, 남음 없는 열반이다. 열반을 구(求)하였거나, 얻었거나, 성취하였거나, 이루었다면 무여

열반이 아닌 상(相)이며, 생멸심이다. 일체 생사와 생멸과 상(相) 없음이 무여열반이다. 이는 곧, 아뇩다라삼먁삼보리심이다. 이는 자신 본성(本性)이니, 어찌 구하고 얻으며, 성취하고 이룩함이 있으랴. 단지, 분별심 사상심을 여의면 그대로 무여열반이다. 본성은 청정하여 무엇에도 물듦 없어, 그대로 무여열반이며, 생사 생멸과 일체상이 끊어져, 그대로 무여열반이다. 구하고 얻음의 열반은 열반이 아니라 생멸심이다. 상(相) 없고 머묾이 없으면, 그대로 무여열반이다. 본성은 미혹 없이 깨어있어 그대로 청정대원각(淸淨大圓覺) 아뇩다라삼먁삼보리다. 번뇌를 쉰다고 무여열반이 되는 것 아니며, 깨달음을 얻는다고 아뇩다라삼먁삼보리가 되는 것이 아니다. 번뇌 없으면 그대로 무여열반이며, 번뇌 있어도 무여열반이다. 미혹 없으면 그대로 아뇩다라삼먁삼보리며, 미혹이 있어도 그대로 아뇩다라삼먁삼보리다. 단지, 여읠 번뇌가 없음을 아는 각명심(覺明心)이 무여열반이며, 깨달을 것이 없음을 아는 무아무상심(無我無相心)이 아뇩다라삼먁삼보리심이다. 여읠 번뇌가 있음과 번뇌를 여의려 함이 분별이며, 나 있음의 상(相)이다. 무여열반을 구하는 그 마음이 곧, 무여열반임을 모르고, 번뇌를 여의려 일으키는 분별심이 오히려 번뇌가 되어, 번뇌 없는 무여열반에 들지 못한다. 분별을 일으키는 그 마음이 생멸 없는 무여열반임을 몰라, 무여열반을 구하고자 분별심을 일으키니, 본연(本然) 열반본심(涅槃本心) 무여열반에 들 수가 없다. 분별심이 무명이며 미혹인 줄 모르고, 분별심은 쉬지 않고 스스로 무명과 미혹이 있다고 생각하여 무명과 미혹을 벗어난 아뇩다라삼먁삼보리심을 구하나, 분별심을 끊으면 심(心) 본각(本覺) 아뇩다라삼먁삼보리심이 바로 드러난다. 무

명과 미혹을 끊으려 집착하고 분별심을 일으키며, 아뇩다라
삼먁삼보리심을 얻고자 하나, 분별심을 일으키는 각(覺)이 청
정본각(淸淨本覺) 아뇩다라삼먁삼보리심인 줄 모르고, 아뇩
다라삼먁삼보리심을 구하고자 분별심을 일으킨다. 아뇩다라
삼먁삼보리는 구하고 얻는 소득법(所得法)이 아니니, 사상(四
相)의 분별심이 끊어지면 곧, 아뇩다라삼먁삼보리심이다.

　그러므로 구하고 여의려 함이 망(妄)이며, 환(幻)이라 한다.
분별심 아상(我相)이 끊어지면, 무여열반 아뇩다라삼먁삼보리
속에 환(幻)의 꿈을 꾸었음을 깨닫게 된다. 분별없는 본심이
바로 무여열반이며, 아뇩다라삼먁삼보리심이다.

如是滅度無量無數無邊衆生　實無衆生得滅度者
여 시 멸 도 무 량 무 수 무 변 중 생 　 실 무 중 생 득 멸 도 자
何以故　須菩提　若菩薩　有我相人相衆生相壽者相
하 이 고 　 수 보 리 　 약 보 살 　 유 아 상 인 상 중 생 상 수 자 상
卽非菩薩
즉 비 보 살

　이와 같이 한량없고 수가 없고 가 없는 중생을 멸도하였어
도 실로, 멸도를 얻은 자 중생이 없느니라. 어떠한 연유이냐
하면은 수보리야, 만약 보살이 아상 인상 중생상 수자상이
있으면은 즉, 보살이 아니기 때문이니라.

　♣ 如是滅度無量無數無邊衆生　實無衆生得滅度者(여시멸도
무량무수무변중생 실무중생득멸도자) 이와 같이 한량없고 수
가 없고 가 없는 중생을 멸도하였어도, 실로 멸도를 얻은 자
중생이 없느니라.

보살이 무량중생을 멸도(滅度)하였어도 한 중생도 멸도자(滅度者)가 없음은 세 가지 뜻(義)이 있다. 첫째, 중생이 중생이 아니며, 둘째, 멸도(滅度)가 멸도(滅度)가 아니며, 셋째, 보살이 중생상(衆生相)과 멸도상(滅度相)이 없기 때문이다.

첫째, 중생이 중생이 아님은 두 가지 뜻이 있다. 중생이라는 상(相)이 없음과 중생의 본성이 중생이 아니기 때문이다. 중생이라는 상(相)이 없음은, 중생은 실상을 모르는 무명(無明)으로 상(相)을 집착하고 탐착하는 미혹이니, 무명과 미혹이 무주성(無住性)이라 실체 없고, 자성(自性) 없는 무상(無相) 성품이기 때문이다. 또한, 중생이 중생이 아님은, 중생의 본성이 상(相) 없고 물듦 없는 청정각성(淸淨覺性)이기 때문이다. 이는 실상을 깨달아 본성지혜를 열므로 깨닫게 된다.

둘째, 멸도(滅度)가 멸도(滅度)가 아님은 두 가지 뜻이 있다. 멸도가 상(相)이 아니기 때문이며, 멸도하였어도 멸도상(滅度相)과 멸도의 실체가 없기 때문이다. 멸도가 멸도 상(相)이 없음은, 멸도가 상(相) 아니기 때문이다. 멸도를 얻어도 멸도의 상(相)과 실체가 없음은, 멸도(滅度)가 마음 청정본성(淸淨本性) 상(相) 없음이기 때문이다.

셋째, 보살이 중생상(衆生相)과 멸도상(滅度相)이 없음은 두 가지의 뜻이 있다. 보살이 아뇩다라삼먁삼보리심으로 상(相) 없음과 중생상과 멸도상(滅度相)에 머묾 없기 때문이다. 보살이 상(相)이 없음은, 아뇩다라삼먁삼보리심을 발하여 일체상을 벗어났으며, 일체상 무아(無我)를 통달(通達)한 무아지(無我智) 반야에 의함이다. 보살이 중생과 멸도(滅度) 상(相)에 머무르지 않고 상(相) 없음은, 아뇩다라삼먁삼보리 실상반야(實相般若) 무상청정성(無相淸淨性) 심각력(心覺力)에 의함이다.

♣ 若菩薩 有我相人相衆生相壽者相 卽非菩薩(약보살 유아상인상중생상수자상 즉비보살) 만약 보살이 아상 인상 중생상 수자상이 있으면은 즉, 보살이 아니기 때문이니라.

● 왜, 보살은 아상(我相), 인상(人相), 중생상(衆生相), 수자상(壽者相), 사상(四相) 없을까? 그것은 보살심이 아뇩다라삼먁삼보리심이기 때문이다. 아뇩다라삼먁삼보리심은 왜, 아상, 인상, 중생상, 수자상, 사상(四相)이 없을까? 사상(四相) 없는 마음이 아뇩다라삼먁삼보리심이며, 아뇩다라삼먁삼보리가 일체상 없는 실상 청정본성각(淸淨本性覺)이기 때문이다. 이는 곧, 상(相) 없는 본심이다. 상(相)을 두고 상(相)을 벗어날 수 없다. 상(相)의 실상 무상(無相)을 깨달아 상심(相心)이 끊어져 상(相) 없는 심(心)의 본성에 듦이다. 상(相)의 실상 본성을 모르므로 실체 없는 상(相)에 머물고, 상(相)을 집착하게 된다. 상(相)의 실체 무상무아(無相無我)를 깨달아 상심(相心)이 타파되므로 본성 본심에 들게 된다. 그것은 상(相)의 본성과 심(心)의 본성이 다르지 않기 때문이다. 그러므로 상(相)의 본성을 깨달음으로 곧, 심(心)의 본성에 들게 된다. 이는 상심(相心)이 끊어짐으로 상심(相心)에 가린 본성이 드러난다. 일체상(一切相)의 본성이 곧, 심(心)의 본성이니, 상심(相心)이 끊어지면 바로 본심에 들게 된다. 본심에 들면 만물만심(萬物萬心) 본성이 본심의 본성임을 깨닫게 된다. 본심 본성을 깨달음으로 깨달음 각성(覺性)이 곧, 본심(本心)의 각성(覺性) 본각(本覺)임을 깨닫게 된다. 이는 본성을 깨달음으로 본심과 본각을 깨닫게 된다. 본성, 본심, 본각은 곧 일심(一心)이며, 본성과 본심과 본각이 일심원융(一心圓融) 부사의 작용임을 깨닫게 된다. 그러나 본성, 본심, 본각이 상(相) 없어 청정(淸

淨)이니 본성, 본심, 본각이 또한 없다. 단지, 일성원융(一性圓融) 묘용(妙用)일 뿐이다.

● 왜, 보살은 아상(我相), 인상(人相), 중생상(衆生相), 수자상(壽者相), 사상(四相)이 있으면 보살이 아닐까? 상(相) 없는 청정각성(淸淨覺性) 아뇩다라삼먁삼보리가 보살심이며, 아뇩다라삼먁삼보리 지혜가 반야 보살지(菩薩智)이기 때문이다. 보살이라 일컬음은 아상, 인상, 중생상, 수자상, 사상(四相) 없는 아뇩다라삼먁삼보리심을 발(發)하였기 때문이다. 아뇩다라삼먁삼보리심을 발(發)하여도 아상, 인상, 중생상, 수자상, 사상(四相)이 일어나는가? 아뇩다라삼먁삼보리심 중에는 아상, 인상, 중생상, 수자상, 사상(四相)이 없다. 그리고 아뇩다라삼먁삼보리를 성취한 모든 사람은 아뇩다라삼먁삼보리 그 성품은 본성이므로 차별이 없다. 그러나 아뇩다라삼먁삼보리심 수용섭수각력(受用攝受覺力)이 지혜근기(智慧根機)에 따라 이사원융(理事圓融)과 사사원융(事事圓融)에 능(能)하지 못한 부사의(不思議) 차별이 있다. 이 차별에서 아뇩다라삼먁삼보리 대각명(大覺明) 성인과위(聖人果位)의 부사의 차별이 있다. 아뇩다라삼먁삼보리 본성은 이사불이(理事不二) 청정원융무애성(淸淨圓融無碍性)이다.

● 아상(我相), 인상(人相), 중생상(衆生相), 수자상(壽者相), 사상(四相)은 무엇일까? 사상(四相)이 있으면 중생이며, 사상(四相)이 없으면 중생이 아니다. 사상(四相)이 없으면 아뇩다라삼먁삼보리를 깨닫게 되며, 무상청정(無相淸淨) 실상지혜 반야를 열게 된다. 사상(四相)은 실체 없는 상(相)을 정(定)해 보는 무명법상(無明法相)이다. 상(相)의 실상 본성을 깨닫지 못한 무명(無明)의 분별 미혹심이다.

● 아상(我相)은 나(我)와 상(相)이 있음을 정(定)해 보는 상심(相心)이다. 이는 무아(無我)의 실상을 모르는 미혹상이다. 나 있다는 생각과 관념이 있음은 실상을 깨닫지 못한 미혹의 상(相)이니 이것이 아상(我相)이다. 보고 듣고 생각하는 것이 있음은 이는 상(相)의 실상을 깨닫지 못한 미혹이니 이것이 아상(我相)이다. 물질이든 마음이든 생각이든 관념이든 나 자신이든 있음을 보거나 있음을 생각하는 것은 상(相)의 무아(無我) 실상을 바르게 보지 못하는 미혹 상(相)이니 이것이 아상(我相)이다. 상(相)의 일체 아(我)가 상(相)이며 법(法)이다. 상(相)과 법(法)의 관계는 일컫고 지칭할 것이 있으면 그것이 곧, 상(相)이며, 상(相)이 의식작용으로 인식되고 업(業)을 생성(生成)할 때 법(法)이다. 업(業)을 생성(生成)한다 함은, 의식으로 분별하여 헤아리고 머무르며 감정과 집착의 작용을 일컫음이다. 의식작용은 중생식(衆生識)으로, 자기 관념과 업력의식으로 분별하며 감정(感情)의 좋고 싫음의 집착과 즐겁고 괴로움 등 법(法)의 작용을 하기 때문이다. 일체상이 사상심(四相心)으로 작용할 때 일체가 법(法)이 된다. 상(相) 즉, 법(法)이며 곧, 중생 분별과 사량을 일컫음이다. 중생심과 중생계가 곧, 상(相)과 법(法)의 세계다. 아상(我相)은 중생 근본의식으로 나 있고, 눈에 보이는 것이 있고, 귀에 들리는 것이 있으며, 몸의 촉각과 감각, 의식작용인 정신적 무형(無形)의 상(相)이라도 아상(我相)이다. 아상(我相)은 있음(有)의 상(相)이며, 존재상이며, 나 있음의 상(相)이다. 아상(我相)은 법상(法相)이며 법집(法執)이므로, 자신을 드러내는 교만(驕慢)과 아만(我慢) 보다 더욱 깊은 자기 근원의식 존재의식으로, 나 있음의 근본관념(根本觀念)이 아상(我相)이다. 법상(法相)이며 법집(法執)인 사상(四相)의 아상(我相)

은 실상을 모르는 미혹으로 상(相)을 정(定)해 보는 근본무명(根本無明)이다. 아상(我相)이 사라지면 곧, 아뇩다라삼먁삼보리가 드러나며, 실상을 깨닫고 반야지혜를 발(發)한다. 아상(我相)이 끊어지면 인상과 중생상과 수자상이 끊어진다. 사상(四相)의 근본은 아상(我相)이다. 아상(我相)이 끊어지면 청정본성 대각성(大覺性)이 드러난다. 아상(我相)이 있으면 나 있고, 아상(我相) 없으면 나 없다. 아상(我相)은 실상을 깨닫지 못한 미혹으로 생성된 의식의 관념상(觀念相)이다. 미혹이 사라지면 본래 본연(本然)의 청정대원각(淸淨大圓覺) 본심이 바로 드러난다. 아상(我相)이 있으므로 차별상 인상(人相)을 일으킨다.

● 인상(人相)은 차별상(差別相)이다. 아상(我相)에 의한 대(對)의 상(相)이다. 너는 내가 아니며, 나는 너가 아니며, 나무는 돌이 아니며, 하늘은 땅이 아니며, 청황적백(靑黃赤白), 대소장단(大小長短), 만물만상 일체상(一切相)이 차별세계며 같지 않음의 상(相)이다. 이는 상(相)의 무아(無我) 실상을 깨닫지 못한 미혹으로 비롯된 상(相)이니 이것이 인상(人相)이다. 인상(人相)은 아상(我相)으로 비롯된 차별상이다. 인상(人相)이 있으므로 상(相)을 분별하고 헤아리며 사량(思量)한다. 인상(人相)인 차별상이 있으므로 상(相)을 집착하는 중생상(衆生相)을 일으킨다.

● 중생상(衆生相)은 집착상(執着相)이다. 무엇이든 머무르고 집착하며 탐착하면 이는 상(相)의 무아(無我) 실상을 깨닫지 못한 미혹으로 비롯된 상(相)이다. 이것이 중생상이다. 중생상은 차별상 인상(人相)으로 비롯된 집착상이다. 좋은 것은 집착하고, 싫은 것은 멀리하며, 좋은 것은 더욱 쌓으려 하고, 싫은 것은 벗어나길 원(願)하며, 행복을 추구하고 괴로움과

생사 고통을 벗고자 하며, 좋아하고 끌리는 것에 집착하고 탐착하며 생명과 삶을 바친다. 중생상 있으므로 수자상(壽者相)을 일으키게 된다.

● 수자상(壽者相)은 생멸상(生滅相)이다. 무엇이든 생(生)하고 소멸을 보는 것은 상(相)이니 이것이 수자상(壽者相)이다. 이는 상(相)의 무아(無我) 실상을 깨닫지 못한 미혹으로 비롯된 상(相)이니 이것이 수자상(壽者相)이다. 흐르는 시간과 생멸변화의 조화(造化) 속에 좋은 것은 오래가기를 선호하며, 싫은 것은 빨리 끝나기를 원하며, 오래 살기를 원(願)하고, 수명(壽命)이 짧은 것을 싫어하며, 좋은 환경과 좋은 시절은 영원하기를 바라고, 싫은 환경과 싫은 시절은 빨리 끝나기를 바라며, 행복은 끝이 없기를 꿈꾸고, 불행은 빨리 끝나기를 바란다. 이것이 수자상(壽者相)이다.

● 사상(四相)은 각각 따로따로 작용하기도 하고, 함께 작용하기도 하며, 순(順)과 역(逆)으로 쌍(雙)으로 쌍쌍(雙雙)으로 작용하기도 한다. 내 몸이 있음을 봄이 아상(我相)이며, 내 몸이 남의 몸과 다름이 인상(人相)이며, 내 몸을 가꾸고 집착함이 중생상(衆生相)이며, 내 몸이 건강하고 오래 살기를 바라는 것이 수자상(壽者相)이다. 나 있음이 아상(我相)이며, 나의 소유물이 남과 비교함과 많거나 적음을 생각함이 인상(人相)이며, 나의 부족함을 채우려 집착함이 중생상(衆生相)이며, 나의 부(富)와 복(福)이 끝없기를 바람이 수자상(壽者相)이다. 중생의 삶은 아상, 인상, 중생상, 수자상 사상(四相)의 삶이다. 이는 곧, 상(相)의 실상 본성을 모르므로 상(相)을 집착하고 탐착하는 삶이다. 사상(四相)이 곧, 오온(五蘊)이며, 육근(六根), 육진(六塵), 육식(六識)의 십팔경계(十八境界)다. 이 일체가 중생계

다. 이 무리와 섞여 자신을 구분하지 못하고 감정과 집착의 혼탁과 혼돈 속에 일체상 속에 무리되어 살므로 중생이라 한다.

妙行無住分 第四
묘 행 무 주 분 제 사

부처님께서 보살행과 보살행의 공덕을 설하심이다.

復次 須菩提 菩薩於法 應無所住 行於布施
부 차 수 보 리 보 살 어 법 응 무 소 주 행 어 보 시

그리고 또 수보리야, 보살은 법에 응당 머무는 바 없이 보시를 행해야 하느니라.

♣ 菩薩於法 應無所住 行於布施(보살어법 응무소주 행어보시) 보살은 법에 응당 머무는 바 없이 보시를 행해야 하느니라.

● 보살은 아뇩다라삼먁삼보리심 제법청정(諸法淸淨) 무아(無我)에 들어 있으므로 법(法)에 머묾 없이 보시해야 함을 일러주심이다. 이 구절은 수보리존자께서 부처님전에 아뇩다라삼먁삼보리심을 발(發)하였다면 어떻게 마음을 머물어야 하는가를 물음에 대한 부처님 가르침이다. 아뇩다라삼먁삼보리심을 발하였다면 응당 머묾 없는 보시행(報施行)을 하라는 가르침이시다. 이 보시행에 대한 말씀은 대승정종분 제삼(大乘正宗分 第三) 중생구제에 대한 말씀이시다. 중생구제 보살행으로 일체상에 머무름 없는 아뇩다라삼먁삼보리심의 보시행이다. 이는 상(相) 없는 보살지혜 반야행을 하라는 말씀이시다.

● 菩薩於法 應無所住 行於布施(보살어법 응무소주 행어보

시) 보살은 법에 응당 머무는 바 없이 보시를 행하라. 하시니 법(法)이 무엇일까? 법(法)은 의식작용 일체가 법(法)이다. 상(相)과 법(法)은 어떤 관계며, 어떤 차별이 있을까? 상(相)이라고 하면 물질과 마음의 일체상이다. 상(相)이라 함은 모양과 형태가 있든 없든, 색깔이 있든 없든, 물질이든 마음이든, 눈에 보이고 귀에 들리며 촉각과 감각으로 느낄 수 있든 느낄 수 없든 일체 것이 상(相)이다. 그러면 법(法)이란 무엇일까? 일체상(一切相)이 마음에 투영되고 작용하면 법(法)이다. 법(法)이란 일체상이 의식에 투영되고 작용하면 상(相)은 내 의식작용 따라 상(相) 자체와는 관계없이 업식작용(業識作用)으로 변화하고 변질하며 수많은 형태와 색깔과 특성 성질로 변화하며 내 의식작용 속에 어떤 결과를 생성하는 원인과 조건이 된다. 이 작용은 의식 속에 업력(業力)과 업심(業心)과 업(業)의 의식과 삶의 세계를 형성하게 된다. 이것이 실제(實際)의 상(相)이 아니라 상(相)을 통해 나의 업식(業識)으로 형성된 업력세계 자아상(自我相)이다. 그러므로 대상(對相) 하나가 여러 사람 의식 속에 각각 다른 업(業)의 차별상을 가지며 실제(實際) 상(相)과는 관계없이 분별과 사량 속에 업식을 형성하게 된다. 의식은 상(相)의 분별과 사량 속에 감정과 집착이 수반하여 업(業)의 특성 관념의식이 형성되어 자아관념 세계를 형성하게 된다. 중생은 유형무형 물질과 생각, 심식작용 속에 자아관념이 형성되며, 자아의식에는 자기존재와 관련된 일체가 다 들어 있다. 자아의식은 오온(五蘊)의 세계며, 사상심(四相心)이다. 오온(五蘊)과 사상심 속에 일체상과 무리(衆)되어 생명 삶이 이루어지므로 중생이라 한다. 일체상 무리(衆) 속에 나 있음을 자각하고, 나를 통해 대상이 있음을 자각하며, 촉각과 감각과 생각과 관념작용에 의지해 삶을 살아가고 있다. 그러므로 중생 자아의식은 일체상의 무리(衆)가 자아(自我) 속에 형성되어 자아(自我) 속에는 내 얼굴, 내 몸, 모습, 성격, 취미, 좋아하고 싫어하는 것, 내 집, 내 가족, 내 형제, 친구 등 내가 알고 모르는 나에 관한 일체가 의식화(意識化)되어 있다. 이 자아의식이 곧, 자기 자신이라 생각한다. 사상심의 일체(一切) 삶이 이 속에 이루어지고, 자신의 가치와 삶의 주체가 자아의식(自我意識)이다. 이것이 사상심 세계며, 사상심에 의한 상(相)의 관계 무리(衆) 속에 있는 자신이 자기라고 생각한다. 자기라고 생각하는 의식욕망 관념을 따라 생명의 삶을 산다. 자아의식이 없으면 내가 없고, 자아의식이 있으므로 내가 있다는 이 생각은 일체상의 무리(衆) 속에 형성된 관념의식이며 실체 없는 상념(想念)의 허상(虛相)이다. 이 자아의식이 사라지고, 자아의식에 의지해 무리(衆)를 이루고 있는 일체상까지 완전히 사라지면 본래 자기본성 청정대각명(淸淨大覺明) 아뇩다라삼먁삼보리심을 발하게 된다. 의식작용으로 감정과 집착 속에 형성된 자아의식을 결코 놓아버리기가 쉽지 않다. 단지, 일체상(一切相)의 실상을 깨달아 본래 나 없음을 깨달음으로 상심(相心)이 소멸하여 무량생(無量生)을 나로 잘못 알아 그 어떤 가치 있는 무엇보다 의지하고 집착한 자아의식까지 사라지고 본래 나의 진면목(眞面目), 나의 본성 아뇩다라삼먁삼보리 대각성(大覺性)이 드러나므로 일체상과 자아의식을 완전히 벗어나게 된다. 자아의식을 버릴 수 없고, 자아의식과 무리(衆)지어 있는 일체상의 집착을 놓을 수 없는 것은 무량생(無量生)을 자아의식을 나로 알고 살아온 묶은 습관이며, 자아의식을 위해 살아온 오랜 생(生)의 묶은 업력(業力)이다. 경(經)에서 실상과 본성을 드러내어 일체가 상(相)이 없어 무엇이든 없다없다하니까 없는 것으로 인식해 무견(無見)을 일으키나 본성이 없는 것이 아니니, 일체가 상(相)이 없어 천지만물이 운행하고 춘하추동 갈아듦을 깨달아야 한다. 깨달음이란 부정(否定)도 없고, 긍정(肯定)도 없고, 부정도 긍정도 아닌 것 그것도 없다. 바로 실상 실체 본성을 바로 보는 것을 깨달음이라 한다. 분별과 사량은 일체가 상(相)이다. 단지, 있는 그대로의 실상을 볼 뿐, 또다시 무엇을 일으키지 않는다. 이 말을 듣고 사람들이 보는 이것인가 생각해도 그것도 아니다. 사상심은 유무(有無)에 의지해 보므로 있는 그대로의 실상을 보지 못한다. 이 말 뜻은 너와 내가 분명하고, 안과 밖이 뚜렷하고 명백함이 중생이며, 너와 내가 없고, 안과 밖이 없어도 중생이다. 상심(相心)이 있으면 이 말에 상(相)을 쫓아다니며 생각이 이리저리 분별과 사량(思量)이 번잡하다. 무엇을 분별하고 헤아려 사량하지 말고 사상심이 소멸하면 해결될 문제다. 사상심은 일체상의 무리(衆) 속에 있어 상(相) 없는 것이 무엇인지 알 수가 없다. 분별 이 속에 행복과 불행, 만족과 평안, 삶의 일체가 이루어진다. 깨달으면 자기 자신으로 알고 살았든 자아의식과 몸이 자기의 실체가 아님을 깨닫게 되며, 자기로 알았든 자아의식은 실체 없는 환(幻)임을 깨닫게 된다. 깨달으면 자아의식에 가리어 몰랐든 상(相) 없는 청정본심(淸淨本心)이 바로 드러난다. 이것이 아뇩다라삼먁삼보리의 실체다.

● 상(相)은 상(相)일 뿐이나, 의식작용의 법(法)이 되면 그 의식의 성질과 특성에 따라 감정과 더불어 여러 가지 형태와 색깔로 물이 들어 그 사람 업식(業識) 자아의식 속에 작용하

여 자아의식을 물들게 하고, 자아의식의 성질을 변형시키며 변화하게 한다. 존재 현상적 상(相)이 아니어도 또한 법(法)이 있으니, 이념(理念)과 사상(思想) 등이 의식 속에 작용하니 이 또한 법(法)이다. 법(法)이란 의식 속에 작용하는 일체가 법(法)이다. 상(相)이 의식 속에 비치고 작용하면 왜, 법(法)이라고 할까? 그것은 사회에서도 법(法)에 의지해 삶을 살며, 법(法)에 따라 행위하고 삶의 행위와 형식을 규정하며 법(法)이 곧, 삶과 행위의 길이며 도(道)다. 이와 같이 상(相)이 의식에 작용하면 법(法)이 되어 그에 따라 생각하고 행동하며, 옳고 그름을 판단하고, 삶의 길을 선택하며 의식과 삶이 흐르고 작용하는 길이며 법(法)이며 도(道)이기 때문이다. 일체상과 일체법을 일컬어 사(事)라고 한다. 사(事)라고 함은 사회의 삶에서는 작용하고 변화하는 일이지만 진리에서는 유형무형(有形無形) 현상과 작용과 변화의 일체를 일컬어 사(事)라고 한다. 이를 왜, 사(事)라고 할까? 사회에서는 사(事)는 삶의 작용과 변화의 일이듯, 유형무형 현상과 작용과 변화의 일체는 진리(眞理)의 일(事)이기 때문이다. 사회에서는 사(事)는 삶의 노력과 변화를 위한 행위의 일이듯, 진리 세계에서도 일체상은 작용하고 변화하며 생산과 창조, 변화를 거듭하며 일체존재의 흐름 진리의 현상인 일(事)이다. 사회에서도 내가 있고, 내가 일을 하고 작용하므로 생산과 창조, 변화의 사회적 면모와 형태를 갖추듯, 진리 세계도 이와 같다. 사회생활에 내가 있고, 내가 일을 하므로 변화의 삶과 사회를 맞이하듯, 나의 노력으로 일어나는 삶과 사회의 모습을 사(事)라고 하며, 삶과 사회는 변화하고 바뀌어도 세월이 흘러도 변함없이 삶과 사회를 변화시키는 주체가 나이듯, 진리 세계에서는 변화하

147

는 현상인 사(事)의 주체 본성을 이(理)라고 한다. 왜, 사(事)의 주체 본성을 이(理)라고 할까? 일체(一切) 상(相)과 작용과 변화는 사(事)의 주체 본성의 섭리와 이치와 성품의 속성을 따라 일체(一切) 상(相)을 드러내고, 작용하며 변화하기 때문이다. 일체(一切) 사(事)는 이(理)의 섭리가 이끄는 대로, 작용하는 대로 드러나고 감추며 생멸 변화하므로, 사(事)의 본성을 이(理)라고 한다. 이(理)라 함은 사(事)를 이끌고 작용하는 본성 성품이며, 이(理)의 섭리로 사(事)가 작용하고 운행하기 때문이다. 이(理)는 사(事)를 생성하는 본체다. 사(事)는 현상이므로 이(理)의 작용을 따라 머무름 없이 변화하고 소멸하는 머묾 없는 존재다. 그러나 이(理)는 상(相)이 아니므로 변함없어 처음도 끝도 없다. 머묾 없는 사(事)의 본성을 이(理)라고 하며, 이(理)를 일컬어 본성이라고 한다. 이(理)를 따르는 사(事)가 머무름 없는 흐름의 현상 실체를 실상이라고 한다. 실상은 사(事)의 머무름 없는 현상 비상(非相)의 실체다. 사(事)의 흐름은 이(理)가 주관하며, 사(事)의 모습 없는 실체는 이(理)의 성품이다. 이(理)의 성품은 사(事)를 생성하며 형성하는 실체다. 이(理)를 깨달음이 사(事)의 본성 이(理)를 깨달음이다. 이것이 상(相)의 자성(自性) 실체 본성을 깨달음이다. 자성(自性)은 자(自)는 존재나 무엇을 지칭하며, 성(性)은 자(自)를 존재하게 하는 근본 성품이다. 이(理)를 깨닫지 못하면, 상(相)과 상(相)의 변화와 작용인 사(事)에 이끌리게 된다. 자아의식도 상(相)이며 사(事)이므로, 실체 없고 아성(我性)이 없어 무아(無我)다. 단지, 의식과 관념에 의한 미혹의 환영(幻影) 사상심이다. 중생은 이 법(法)에 의지한 자아의식으로 일체 행위와 삶이 이루어진다.

● 菩薩於法 應無所住 行於布施(보살어법 응무소주 행어보시) 보살은 법에 응당 머무는 바 없이 보시를 행해야 하느니라. 하심은 보살은 법(法)을 두고 법(法)에 머무르지 않음이 아니다. 보살은 상(相) 없고 법(法) 없어 상(相)과 법(法)에 머무르지 않음이다. 이것이 아뇩다라삼먁삼보리심이며, 금강반야며 반야용심(般若用心)이다. 사상심에는 상(相)과 법(法)이 있지만, 반야에는 불길(火焰)에 닿는 눈(雪)과 같아 그 체성(體性)이 없다.

所謂 不住色布施 不住聲香味觸法布施 須菩提
소위 부주색보시 부주성향미촉법보시 수보리

菩薩 應如是布施 不住於相 何以故 若菩薩 不住
보살 응여시보시 부주어상 하이고 약보살 부주

相布施 其福德不可思量
상보시 기복덕불가사량

이른바 색에 머무르지 아니하고 보시를 해야 하며, 성향미촉법에 머무르지 아니하고 보시를 해야 하느니라. 수보리야, 보살은 응당 이와 같이 보시하여 상에 머무르지 아니해야 하느니라. 어떠한 연유이냐 하면은, 만약 보살이 상에 머무르지 아니하고 보시하면은, 그 복덕이 가히 생각으로 헤아릴 수 없기 때문이니라.

♣ 不住色布施 不住聲香味觸法布施(부주색보시 부주성향미촉법보시) 색에 머무르지 아니하고 보시를 해야 하며, 성향미촉법에 머무르지 아니하고 보시를 해야 하느니라.

● 보살은 색성향미촉법(色聲香味觸法)에 머무름 없이 보시

해야 함을 일컬음이다. 이것이 아눅다라삼먁삼보리심이기 때문이다. 색성향미촉법(色聲香味觸法)이 무엇일까? 색성향미촉은 물질(物質) 종류며, 법(法)은 색성향미촉에 의한 의식(意識) 작용이다. 색성향미촉과 물질은 어떤 차이가 있을까? 색성향미촉은 몸의 촉각과 감각기관에 따라 인식되고 분류되는 물질 속성적 차별 특성으로 분류한 것이다. 물질(物質)이란 물(物)은 존재와 형태인 상(相)을 일컬으며, 질(質)은 존재와 형태인 상(相)의 성질(性質)을 일컬음이다. 그러므로 물질이라 함은, 물질 차별 성질의 특성을 분류하지 않은 객관적 단순 물질 자체를 일컬음이다. 색성향미촉(色聲香味觸)은 물질 차별 특성의 성질을 몸의 촉각과 감각으로 분류한 물질 성질적 특성이다. 물질은 객관적 물질 개체(個體)와 집단적(集團的) 물질 자체를 일컫는다. 물질이 촉각과 감각기관을 통해 인식할 때, 물질은 색성향미촉(色聲香味觸)의 속성적 성질특성으로 나뉜다. 물질 언어는 존재와 형태적 의미를 지니고 있으나 색성향미촉(色聲香味觸)은 물질을 인식하는 몸의 감각기관 차별 속성적 성질과 특성으로 분류함이다.

● 색(色)은 물질 중에 눈으로 인식할 수 있는 물질 속성 성질의 특성을 가진 물질이다. 일반적으로 물질을 인식함에는 색깔의 의미보다 형태적 의미가 크다. 그러나 형태를 가지지 않은 물질도 있으며, 색깔을 가지지 않은 물질도 있다. 그러나 대부분 물질은 색(色)을 지니고 있다. 눈으로 보는 물질을 왜, 색이라 할까? 눈으로 보는 것은 색깔과 형태다. 눈으로 보는 물질 중에는 색깔이 있는 것도 있고 없는 것도 있으며, 형태가 있는 것도 있고 없는 것도 있다. 눈은 색깔과 형태를 한목 보며, 형태보다 물질 색깔에 마음 작용이 우선한다. 눈

으로 인식할 수 있는 물질 속성 성질의 물질 일체를 색(色)이라 한다. 눈으로 볼 수 없어도 그러한 성질의 물질 일체가 색(色)이다. 색(色)은 곧, 눈으로 인식할 수 있는 성질의 특성을 지닌 물질을 일컬음이다.

● 성(聲)은 물질 중에 귀로 인식할 수 있는, 물질 속성 성질의 특성을 지닌 물질이다. 귀로 듣는 소리도 물질이며, 몸의 촉각 중에 오직 귀로만 확인할 수 있는 성질적 특성을 가진 물질이다. 귀로 확인할 수 없어도 그러한 성질의 특성을 지닌 물질 일체를 소리의 물질인 성(聲)이라 한다.

● 향(香)은 물질 중에 코로 인식할 수 있는 물질 속성 성질의 특성을 가진 물질이다. 코로 인식하는 향(香)도 물질이며, 몸의 촉각 중에 오직 코로만 인식할 수 있는 속성 성질의 특성을 지닌 물질이다. 코로 인식할 수 없어도 그러한 물질 속성 성질의 특성을 지닌 일체를 냄새의 물질인 향(香)이라 한다.

● 미(味)는 물질 중에 혀로 인식할 수 있는 물질 속성 성질의 특성을 지닌 물질이다. 혀로 인식하는 맛도 물질이며, 몸의 촉각 중에 오직 혀로만 인식할 수 있는 물질이다. 혀로 인식할 수 없어도 그러한 물질 속성 성질의 특성을 지닌 일체를 맛의 물질인 미(味)라고 한다.

● 촉(觸)은 물질 중에 몸의 피부로 인식할 수 있는 물질 속성의 성질 특성을 지닌 물질이다. 몸의 피부로 인식하는 것도 물질이며, 몸의 촉각 중에 오직 피부로 인식할 수 있는 물질이다. 피부로 인식할 수 없어도 그러한 물질 속성의 성질 특성을 지닌 일체(一切)를 촉각으로 인지하는 물질인 촉(觸)이라 한다.

● 법(法)은 수상행식(受想行識) 의식작용이다. 색성향미촉

(色聲香味觸)의 의식작용과 일체 분별과 사량(思量)을 법(法)이라고 한다. 인식하고, 생각하고, 분별하고, 사량하며, 사유함이 법(法)이다. 이것을 법(法)이라고 함은 무엇이든 판단하고 설정하며 행위하는 기준이 되기 때문이다. 인식은 마음으로 받아들이고 마음으로 앎이다. 생각은 마음으로 인식한 것에 대한 의식의 작용이다. 분별은 차별에 대한 의식작용 분석과 옳고 그름의 선택과 판단이다. 사량은 이리저리 생각하고 헤아림이다. 사유는 뜻을 가지고 헤아리며 생각하고 살피는 것이다. 법(法), 하나에 물질과 의식의 일체 작용을 총섭(總攝)한다. 법(法)이 즉, 중생이며, 중생은 법(法)에 물들고 머물러 있는 자다. 법(法)이 곧, 사상(四相) 세계다. 보살은 색성향미촉법에 머무름이 없는 마음을 행해야 한다. 이것이 아뇩다라삼먁삼보리심 반야지혜다. 보살심은 상(相) 없는 본성 청정무아심(淸淨無我心)이다.

♣ 若菩薩 不住相布施 其福德不可思量(약보살 부주상보시 기복덕불가사량) 만약 보살이 상에 머무르지 아니하고 보시하면은, 그 복덕이 가히 생각으로 헤아릴 수 없기 때문이니라.

● 보살이 상(相) 없는 보시복덕이 불가사량(不可思量)임은 아뇩다라삼먁삼보리심이 상(相) 없는 보살행 무상공덕(無相功德)을 그대로 수용섭수(受用攝受)하기 때문이다. 상(相)의 분별심으로 복덕불가사량을 헤아리는 것과 아뇩다라삼먁삼보리심을 발한 자가 복덕불가사량을 지혜로 아는 것은 같지 않다. 상(相)을 가진 자는 복덕불가사량을 복덕을 무한(無限) 양(量)으로 헤아린다. 아뇩다라삼먁삼보리심을 발한 자는 상(相) 없는 그 복덕성(福德性)을 볼 뿐이다. 상(相) 있는 자는 무엇이든 상(相)으로 헤아리려 하고, 아뇩다라삼먁삼보리심을 발한

자는 단지, 그 성품을 볼 뿐이다. 이 말에 상(相) 있는 자는 그럼, 복덕이 없는가? 생각할 수도 있다. 상심(相心)으로 헤아리면 이래도 상(相)이고 저래도 상(相)이다. 이 우주 삼라만상이 상(相)이 없는 가운데 벌어져 구족(具足)함을 모른다. 복덕불가사량은 많고 적음의 세계가 아니라 불가사의 각성원만(覺性圓滿) 공덕세계다.

● 부처님께옵서, 보살이 상(相) 없는 보시 복덕이 불가사량(不可思量)이라 하심에 상(相) 있는 자가 경(經)의 뜻(義)을 이해함과 아뇩다라삼먁삼보리심의 지혜로 경(經)의 뜻(義)을 수용함은 같지 않다. 보살이 복덕불가사량 공덕을 위해 상(相) 없는 보시행을 하는 것이 아니다. 부처님 또한, 상(相) 없는 보시공덕이 복덕불가사량이므로 보살들에게 상(相) 없는 보시를 하라고 하신 것이 아니다. 만약, 상(相) 없는 보시공덕을 헤아려 복덕불가사량이므로 부처님께옵서 보살들에게 상(相) 없는 보시를 하라고 하셨다면, 부처님은 부처가 아니라 사상(四相) 중생이다. 왜, 그러면 무주상(無住相) 보시복덕이 복덕불가사량을 설하시어 보살들에게 무주상 보시를 하라고 했을까? 복덕불가사량(福德不可思量)이 곧, 아뇩다라삼먁삼보리심이며, 무주상 보시 그 자체가 아뇩다라삼먁삼보리심이기 때문이다. 만약, 보살이 무주상 보시공덕 복덕불가사량을 위해 무주상 보시를 한다면 보살이 아니며, 반야지혜 아뇩다라삼먁삼보리심 행(行)이 아니다. 복덕불가사량을 위해 보살들에게 무주상 보시를 하라고 하셨다면 이 경(經)은 금강반야바라밀경이 아니다. 보살은 부처님의 뜻(義)을 알고, 부처님은 보살지혜 아뇩다라삼먁삼보리심을 살펴 그 대각명(大覺明) 공덕을 잃지 않게 하는 실상공덕 선호념선부촉이다. 보살

은 탐착할 복덕이 없고, 여래(如來)께서는 보살들을 복덕불가사량으로 이끄신 바도 없다. 단지, 청정무염(淸淨無染) 대각명(大覺明) 실상(實相)의 꽃향기일 뿐이다.

● 무주상(無住相) 보시는 어떤 보시일까? 만약 어떤 사람이 있어, 나는 이 세상에 살면서 누구에게도 빚을 지지 않았다고 한다면, 지혜 없어 자신이 얼마나 어리석은 줄을 모르는 사람이다. 이 사람이 이렇게 생각하는 것은 의식(意識)이 밝게 깨어나지 못했고, 지혜와 심안(心眼)이 열리지 않아 무한무주상보시(無限無住相布施) 은혜와 혜택과 감사를 모르기 때문이다. 태어남 그 자체가 벌써 생명의 빚을 진 것이다. 또한, 혼자의 힘으로 자라난 것이 아니다. 생명이 살아 있고 육신을 보존하며 단 하루도 살 수 있었음은 자신이 노력한 당연한 대가가 아니다. 오직 숨을 쉴 수 있고, 지금 살아 있을 뿐, 생명 이자체도 자기 것이 아니다. 돈을 지불하고 이 세상에 태어난 것도 아니고, 돈이나 정당한 대가를 지불하고 목숨을 유지하고 숨을 쉬는 것도 아니다. 자신이 누리는 정당한 대가를 지불하고 무한 자연과 세상의 가지가지 종류의 색깔과 모양을 보거나 햇빛의 밝음을 누리는 것도 아니다. 누구의 허락을 받거나 대가를 지불하고 지구에 사는 것이 아니다. 눈에 보이고 귀에 들리는 것 어느 것 하나 정당한 가치를 지불하고 자신이 혜택을 누리는 것이 아니다. 그렇게 무주상보시(無住相布施)의 은혜와 혜택 속에 생명과 삶을 받아나 의지해 살았고, 그 무한혜택 속에 자신이 지금도 살아있고, 또 내일도 그 혜택의 감사 속에 자신이 존재해 있을 것이다. 누구에게 무슨 대가를 지불했다고 당연하게 숨을 쉬며 무엇에 의지해 생명을 보존하며 살아 있는지를 깨달아야 한다. 생명을 받아 난 자(者) 누군들

빚진 것이 없다 하겠는가? 자기 것 아닌 생명을 받아나고, 자유롭게 숨을 쉬며 살아있는 삶의 은혜와 누리는 혜택에 감사할 뿐이다. 계약하고 거래를 하는 그것만 빚으로 생각해서는 안된다. 더 없는 가치, 살아 있는 생명의 감사와 은혜를 모르는 것은 의식 성숙과 정신 지혜의 무한세계 열림, 자각의 눈뜸이 없어, 세상에 오로지 자기만 보이는 것은 심안(心眼)의 어둠 어리석음이다. 의식 진화의 밝은 열림이 없으면 그 미숙한 심성에 누구도 담을 수 없어, 삶과 심령(心靈)이 외롭고 고독한 자다. 자신이 정당한 대가를 지불하지 않고 부담 없이 누리는 일체(一切)가 무주상보시(無住相布施)다.

● 보시(布施)는 숨 쉬듯 의식하지 않고 흘러야 한다. 보시는 의식승화의 행이다. 보시는 무아(無我)의 행이며, 불이(不二)의 행이며, 자비(慈悲)의 행이며, 심공덕(心功德) 행이며, 작복(作福)의 행이며, 나 자신을 구제하고 제도하는 행이다. 상(相) 없는 보시가 반야바라밀행이다. 무엇을 준다는 생각과 어떤 종류의 보시를 논(論)함도 분별심이다. 도움이 필요한 자에게 도움을 주고, 나눔이 필요한 자에게 나눔이 보시다. 인색하고 성품이 박복(薄福)한 자는 베풂을 받은 은혜와 감사는 항상 당연한 듯 잊고 살며, 자신이 행한 작은 베풂은 세월이 흘러도 잊지 못하는 인색함이 있다. 이것은 인색한 마음과 탐착일 뿐 보시가 아니다. 보시는 무엇이든 상대를 위하는 진정한 마음과 행위다. 보시는 존재와 생명의 가장 수승한 최상 공덕행이다. 보시는 생명과 삶의 가장 존귀한 행위다. 보시는 존재 가치의 최상 공덕행이다. 보시는 상대에게 기쁨과 행복과 사랑을 주는 것이다. 보시는 생명에 기쁨과 행복과 사랑을 주는 것이다. 보시는 목숨에 기쁨과

행복과 사랑을 주는 것이다. 보시는 삶에 기쁨과 행복과 사랑을 주는 것이다. 보시는 의식에 기쁨과 행복과 사랑을 주는 것이다. 보시는 고뇌에 기쁨과 행복과 사랑을 주는 것이다. 보시는 아픔에 기쁨과 행복과 사랑을 주는 것이다. 보시는 어둠에 기쁨과 행복과 사랑을 주는 것이다. 보시는 영혼에 기쁨과 행복과 사랑을 주는 것이다. 보시는 방황에 기쁨과 행복과 사랑을 주는 것이다. 왜? 기쁨과 행복과 사랑을 줘야만 할까? 불이(不二)다. 그것이 생명이며 존재며 삶이다. 이것이 진화된 생명 의식 승화의 삶이다.

須菩提 於意云何　東方虛空　可思量不　不也世尊
수보리　어의운하　동방허공　가사량부　불야세존

須菩提 南西北方　四維上下虛空　可思量不　不也
수보리　남서북방　사유상하허공　가사량부　불야

世尊 須菩提 菩薩 無住相布施福德 亦復如是 不
세존　수보리　보살　무주상보시복덕　역부여시　불

可思量 須菩提 菩薩 但應如所敎住
가사량　수보리　보살　단응여소교주

수보리야, 어떻게 생각하느냐? 동방의 허공을 가히 생각으로 헤아릴 수 있겠느냐? 아니옵니다. 세존이시여. 수보리야, 남서북방 사유상하 허공을 가히 생각으로 헤아릴 수 있겠느냐? 아니옵니다. 세존이시여. 수보리야, 보살이 상에 머무름이 없는 보시의 복덕도 역시 또한 이와 같아, 가히 생각으로 헤아릴 수가 없느니라. 수보리야, 보살은 단지 응당 가르친 바와 같이 머물어야 하느니라.

♣ 東方虛空 可思量不(동방허공 가사량부) 동방의 허공을 가히 생각으로 헤아릴 수 있겠느냐?

● 위의 구절 끝에 불(不)자가 있는 것은, 아니다, 부정(否定)의 뜻이 아니라 물음(?)을 뜻합니다. 이 경(經)의 내용 중에는 여러 구절에서 부처님께옵서 수보리에게 물을 때에는 구절의 끝 부분에 물음(?)인 불(不) 글자가 있으니 구절(句節)의 뜻을 새기시는 분들은 참고하시기 바랍니다.

● 한 허공만 하여도 끝없이 무한(無限)하여 가히 헤아릴 수 없거늘 동서남북과 사유상하 허공을 어찌 생각으로 헤아릴 수 있으랴? 보살이 무주상보시(無住相布施) 복덕도 가히 사량할 수 없어 이와 같음을 설(說)하심이다. 금강반야바라밀경, 이 경(經) 전체는 글과 말이 상(相) 없는 실상을 드러내는 경(經)이다. 어느 한 구절이나, 또는 글과 말을 상(相)으로 헤아리면 글이나, 말이나, 구절이나, 경(經)의 본뜻을 잃게 된다. 그럼 글이나, 말이나, 구절이나, 경(經)을 어떻게 새기며, 어떻게 봐야 하는가? 글이나, 말이나, 구절이나, 경(經)이 상(相) 없는 불지혜(佛智慧) 반야의 말씀이니, 나 없는 반야의 눈과 귀로써 글이나, 말이나, 구절이나, 경(經)을 봐야 한다. 이 경(經)의 글이나, 말이나, 구절이나, 경(經)이 글과 말이 드러내는 뜻(義)과 법(法) 그 자체가 고스란히 반야다. 만약 이 경(經)의 어느 곳이든 상(相)으로 헤아리면 글과 말이 드러내고자 하는 뜻(義)을 벗어나게 된다. 왜냐면 이 경(經) 일체가 아뇩다라삼먁삼보리심 실상세계며, 아뇩다라삼먁삼보리심을 발한 자에게 상(相) 없는 선호념선부촉 반야(般若)의 법(法)이기 때문이다.

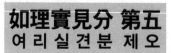

如理實見分 第五
여 리 실 견 분 제 오

신상(身相)이 실체가 없음을 설하심이다.

須菩提 於意云何 可以身相見如來不 不也世尊
수보리 어의운하 가이신상견여래부 불야세존
不可以身相得見如來 何以故 如來所說身相 即非
불가이신상득견여래 하이고 여래소설신상 즉비
身相
신 상

수보리야, 어떻게 생각하느냐? 가히 신상을 봄이 여래이겠
느냐? 아니옵니다. 세존이시여. 가히 신상을 봄이 여래가 아
니옵니다. 어떠한 연유인가 하오면, 여래께옵서 설하신바 신
상은 즉, 신상이 아니옵기 때문이옵니다.

♣ 須菩提 於意云何 可以身相見如來不 不也世尊 不可以身
相得見如來 (수보리 어의운하 가이신상견여래부 불야세존 불
가이신상득견여래) 수보리야, 어떻게 생각하느냐? 가히 신상
을 봄이 여래이겠느냐? 아니옵니다. 세존이시여. 가히 신상을
봄이 여래가 아니옵니다.

● 여래(如來)는 무엇이며? 여래(如來)의 신상(身相)은 무엇
이길래 여래(如來)의 신상(身相)을 봄이 여래(如來)를 보는 것
인가를 수보리에게 물으실까? 이 물음은 신상(身相)을 보고
여래(如來)로 생각하는 상(相)을 벗어나지 못한 자에게 물음
이 아니라, 발아뇩다라삼먁삼보리심 자에게 묻는 것이니, 이

는 일체상 벗어난 자에게 여래(如來)의 신상(身相)을 봄이 여래(如來)이겠느냐를 묻는 것이다. 가히 이 물음은 상(相)을 가진 자에게는 물을 수 없는 물음이다. 수보리존자의 지혜가 상(相)을 벗어나 실상에 들었으므로 묻는 물음이다. 왜냐면? 여래(如來)의 물음은 상(相)을 초월했기 때문이다. 상(相)을 초월한 수보리존자에게 곧, 그의 지혜를 물음이다. 만약, 신상(身相)을 떠나 여래(如來)가 있다거나, 신상(身相)이기 때문에 여래(如來)가 아니라거나, 신상(身相)은 화신(化身)이며 법신(法身)을 묻는다고 생각하거나, 법신(法身)은 신상(身相)을 벗어나 있다고 생각하는 이 일체(一切)가 아뇩다라삼먁삼보리심이 아닌 상심(相心)이며, 부처님의 물음을 벗어난 분별과 사량일 뿐이다. 법신(法身)과 화신(化身)이 있다 함도 상(相)을 벗지 못한 분별과 사량이며, 법신(法身)과 화신(化身)이 없다 하여도 상(相)을 벗어나지 못한 분별과 사량이며, 법신(法身)과 화신(化身)이 있는 것도 아니고 없는 것도 아니라고 하여도 이 또한 상(相)을 벗지 못한 분별과 사량이므로 수보리에게 묻는 여래(如來)의 물음을 벗어나 있다. 사상심(四相心)이 있으면 이 물음을 가히 받을 수도 없지만, 이 물음에 응(應)하는 것도 불가사의며, 이 물음에 답(答)하는 것은 더더욱 불가사의다. 만약, 사상심 있는 자가 수보리와 똑같이 대답하였다 하여도 이 차이는 천양지차(天壤之差)다. 말이 같다고 뜻(義)이 같은 것이 아니며, 말이 각각(各各) 무량 빛깔처럼 천(千)이나 만(萬) 가지로 달라도 그 모든 빛깔이 한 뜻(義)임을 알아야 이 물음에 응(應)할 수 있다. 상심(相心)에는 말이 같으면 뜻이 같다고 생각하나, 뜻(義)을 아는 자는 그 뜻(義)만 취할 뿐, 말에 현혹되거나 치우치치 않는다.

♣ 何以故 如來所說身相 卽非身相(하이고 여래소설신상 즉비신상) 어떠한 연유인가 하오면, 여래께옵서 설하신바 신상은 즉, 신상이 아니옵기 때문이옵니다.

● 수보리존자의 대답(對答)에 답(答)의 이유(理由)를 알고 있다거나 해설할 것이 있다면 이 구절 뜻(義)을 모르고 있으며, 상(相)의 분별에 젖어 있다. 만약, 수보리존자와 같이 상(相)이 상(相) 아니면 곧, 아뇩다라삼먁삼보리심을 발(發)한 자(者)다. 수보리존자의 대답은 진여(眞如)의 실상(實相)을 드러냄이다.

♣ 如來所說身相 卽非身相(여래소설신상 즉비신상) 여래께옵서 설하신바 신상은 즉, 신상이 아니옵기 때문이옵니다.

● 이 구절은 상(相)과 공(空)이 다르지 않고, 상(相)과 공(空)이 둘이 아니며, 그렇다고 상(相)과 공(空)이 하나도 아니며, 상(相) 그대로 곧, 공(空)이며, 공(空) 그대로 상(相)임을 아는 실상(實相)의 지혜다. 상(相)도 망(妄)의 분별이며, 공(空)도 망(妄)의 분별이며, 상(相)과 공(空)이 둘이 공존(共存)해도 망(妄)의 분별이며, 상(相)과 공(空)이 하나이어도 망(妄)의 분별이며, 상(相)과 공(空)이 없어도 망(妄)의 분별이다. 이 말에 분별과 사량을 하거나, 혼란(混亂)이 있으면 이 또한 망(妄)의 분별이다. 다만, 아뇩다라삼먁삼보리심을 발한 자는 상(相)도 없으며, 공(空)도 없다. 그렇다고 없는 그 자체도 없는 청정대각명(淸淨大覺明) 반야 실상을 그대로 드러낼 뿐이다. 이것이 여래(如來)의 물음에 대한 수보리존자의 답(答)이다.

● 대승정종분 제삼(大乘正宗分 第三)에서 발아뇩다라삼먁삼보리심 자(者)로 하여금 중생상에 머묾을 멸(滅)하시며, 또한, 멸도상(滅度相)에 머묾을 멸(滅)하시며, 아상(我相), 인상

(人相), 중생상(衆生相), 수자상(壽者相)에 머묾을 멸(滅)하시며, 묘행무주분 제사(妙行無住分 第四)에서 색성향미촉법(色聲香味觸法)에 머묾을 멸(滅)하시며, 여리실견분 제오(如理實見分 第五)에서는 신상(身相)의 최상 공덕신(功德身) 여래신(如來身)을 드러내어 몸의 상(相)에 머묾과 몸을 상(相)으로 보는 상견(相見)을 멸(滅)하며 신상(身相)이 신상(身相)이 아님을 드러내신다. 이는 어찌 여래(如來)의 신상(身相)만이랴. 여래(如來)의 설(說)하신 뜻(義)은 여래(如來)의 공덕신(功德身) 신상(身相)을 드러내어 아뇩다라삼먁삼보리심을 발한 자에게 보살의 신상(身相)과 보살이 구제할 일체중생 신상(身相)의 상견(相見)을 멸(滅)함이다. 여래(如來)의 신상(身相) 말씀에는 불(佛)과 보살(菩薩)과 일체중생의 신상(身相)이 즉비신상(卽非身相)이 함축되어 있다. 이 구절 또한, 아뇩다라삼먁삼보리심을 발한 자에게 여래(如來)의 선호념선부촉의 이끎이다.

● 신상 즉비신상(身相 卽非身相)은 몸이 몸이 아님을 일컬음이다. 왜, 몸이 몸이 아닐까? 몸이 실체가 없으며 자성(自性)이 없기 때문이다. 왜냐면 일체상(一切相)이 무상성(無常性)이며, 무주성(無住性)이며, 자성(自性) 없어 무아성(無我性)이며, 불생불멸성(不生不滅性)이며, 실체 없는 무자성(無自性) 환(幻)이기 때문이다. 신상 즉비신상(身相 卽非身相)을 상견(相見)으로 헤아리면 그것은 분별이다. 반야는 상(相)으로 헤아림이 아니라 상(相)의 불생불멸성(不生不滅性)을 바로 봄이다. 그러므로 허물어지는 상(相)도 없고, 있는 상(相)도 없고, 공(空)한 상(相)도 없다. 즉, 상(相)의 무자성(無自性) 실체를 봄이다. 상(相)이 있고 상(相)의 성품 실상이 따로 있는 것이

아니다. 상(相) 그 자체가 곧, 불생불멸성(不生不滅性) 실상이다. 상견(相見)이 있으면 생멸견(生滅見)으로 헤아릴 뿐이다. 상(相)에서 불생불멸(不生不滅) 청정무아(淸淨無我)의 성품을 바로 봄이 반야다. 공(空)은 법상(法相)이니 반야 실체에는 공(空)도 망(妄)이며 공(空)도 없다. 상(相)에서 불생불멸(不生不滅) 청정무아(淸淨無我) 성품을 바로 보면 일체차별상이 바로 끊어진다. 반야지혜를 발하면 일체차별상이 끊어진 가운데 생생하고 명백(明白)한 차별 없는 일여(一如) 속에 같지 않음이 있을 뿐이다. 반야는 두두물물(頭頭物物) 형형색색(形形色色)이어도 상(相)이 없어 머무를 곳이 없다. 여기에 여래(如來)께옵서 여래(如來)의 신상(身相)이 있느냐의 물음의 뜻이 있다. 상견(相見)이 있는 자에게 있다 하면 유견(有見)의 법상(法相)을 가지며, 없다 하면 무견(無見)의 법상(法相)을 가진다. 상(相)의 실체는 실제(實際) 있는 것이 아니므로 없는 것도 아니며, 있다 하여도 옳지 않고, 없다 하여도 옳지 않다. 상(相)이 있고 또, 상(相)의 자성(自性)이 있는 것이 아니다. 상(相) 그 자체가 상(相)의 자성(自性)이다. 상(相) 그대로 실체 없는 상(相)이다. 상견(相見)으로는 이 말에 갈피를 잡지 못해 혼란이나 혼돈을 일으키며 헷갈린다. 왜 그런가 하면 상견(相見)은 유(有)와 무(無), 혼돈(混沌) 의식(意識)의 무기(無記), 그리고 단견(斷見) 외(外)는 생각할 수가 없다. 왜냐면, 상견(相見)은 유(有)와 무(無), 있는 것과 없는 것 이외는 생각해 보지도 않았고, 실상이나 무아(無我)나 본성지혜가 없어 유무(有無)가 없음을 모르며, 생각이나 의식이나 견(見)이나 지혜가 유무(有無) 외는 벗어나 보지를 못했기 때문이다. 또한, 유무(有無)가 아닌 혼돈(混沌) 의식(意識)의 무기(無記)는 의식 맑음의 멍함이나 흐릿함의 명함이니, 일상생활에서 생각보다 의식의 무기(無記) 상태가 많다. 의식 무기(無記)는 생각과 생각 사이에도 글자 없는 종이의 빈 부분처럼 많다. 이것을 혹, 사람들이 무심(無心)이라 여기기도 한다. 이것은 무심(無心)이 아니라 혼돈(混沌) 의식(意識)의 무기(無記)다. 혼돈이라 함은 각력(覺力)이 깨어나지 못해 의식(意識) 속에 잠겨있는 상태다. 혼돈의 무기(無記)는 맑음의 무기(無記)든 흐릿함과 탁(濁)함의 무기(無記)든 대체로 무기(無記)로 인식(認識)하지 못하고 삶을 산다. 대개 사람들은 혼돈의 무기(無記)를 편안하게 생각하는 경우가 있다. 이는 무기(無記)는 별 잡념(雜念)을 인식하지 못하거나 잡념이 없다고 생각하기 때문이다. 그것은 업력(業力)의 순응심(順應心)과 역행심(逆行心)이 일어나지 않아 미세잡념(微細雜念)이 흘러도 거부감이 없거나 인식하지 못해 생각이 없는 무심(無心)으로 인식하게 된다. 그러나 혼돈의 무기(無記) 상태에도 끊임없는 상(相)에 머무른 상념작용은 흐르고 있다. 의식(意識)이 상념(想念) 상태이기 때문에 어떤 무기(無記)이든 상념의식(想念意識)이 끊어질 수가 없다. 생각이 없다고 생각하는 그 순간에도 의식(意識) 속에는 나(我)라는 존재의식이 항상 멈춤 없기 때문에 생각이 없는 상태에도 내가 눈을 통해 보고 있으며, 귀로 통해 소리를 듣고 있다. 나(我)라는 존재의식이 사라지기 전에는 보고 듣는 현상과 소리가 있다는 생각이 끊어지지 않으며, 또한 보고 듣는 자(者) 내가 끊어지지 않는다. 이것이 각력(覺力)이 깨어나지 못해 의식(意識) 속에 잠겨 있기 때문이다. 각력(覺力)이 깨어나면 의식(意識)이 끊어지므로 보이고 들리는 것이 있어도 그것을 헤아리는 자(者)가 없어 유견(有見)을 갖지 않으며, 보이고 들리는 것 자체가 자성(自性)이 없어 그것에 머묾이 없고, 그것에 머무를 자(者) 또한 없다. 그러나 없는 공(空)한 허무(虛無)나 단멸(斷滅)이 아니므로 의식이 아닌 각(覺)에 의해 상(相) 없는 청정본심(淸淨本心) 작용이 이루어진다. 들리는 것을 듣는 자(者) 내가 없어 안과 밖이 없으며, 보이는 것과 들리는 소리가 나와 나 아님의 자타(自他)나 안과 밖의 개념(槪念)이 끊어졌다. 사상심은 혼돈 의식의 무기(無記) 속에 생각이 없는 것처럼 느껴져도 그 속에는 항상 보고 듣는 나는 있으며, 나의 존재 상태가 있으며, 사물(事物)을 보고 인식하는 자(者)가 있고, 소리에 귀 기울이며 분별하는 자(者)가 있다. 나(我)와 내 아닌 것이 있고, 안과 밖이 있음이 내가 없어진 상태가 아니다. 이것이 곧, 생각의 흐름이 끊어지지 않고 스스로 의식이 일어남을 인식하지 못해도 물 흐르듯 끊임없는 의식의 흐름이 있다. 누구나 일상의 하루에 많은 부분의 시간이 의식 무기(無記)의 맑음과 흐릿함 속에 있다. 맑은 무기(無記)는 맑은 하늘과 같고, 흐리거나 탁함의 무기(無記)는 흐린 하늘과 같다. 무기(無記)의 상태는 의식과 정신의 맑은 감정(感情)과 어두운 감정(感情)의 상태에 따라 무기(無記)의 맑음과 어둠, 가볍고 무거운 정도가 차이가 있다. 보통은 정신이나 의식상태가 맑다든지 정신이나 의식상태가 맑지 못하다든지 하는 의식상태의 느낌으로 무기(無記)를 인식하게 된다. 만약, 의식의 흐름 속에 무기(無記)가 없으면 일반 정신적(精神的)으로는 피로해진다. 왜냐면, 일반 삶 속에 자연성(自然性)의 순응심(順應心)보다 자연성(自然性)의 순응(順應)을 역행(逆行)하거나 거부(拒否)하는 업력(業力)으로 정신이나 의식과 몸이 피로해지는 역행(逆行)의 심리현상이 삶 속에 많기 때문이다. 이 무기(無記)가 맑음의 것일수록 정신 피로가 해소되는 완충작용을 하므로 아무 생각이 없음을 느끼는 무기(無記)에 평안을 느끼기도 한다. 혼돈 무기(無記) 의 맑음과 흐릿함 속에 생각이 생멸하며, 무기(無記)를 바탕으 로 생각이 일어났다 사라지며, 생각과 생각 사이에 무기(無記) 로 이어진다. 혼돈 무기(無記)의 맑음과 흐릿함의 흐름 속에 잡념(雜念)이나 망상(妄想)이 잔물결처럼 흐르기도 한다. 깨달 음으로 의식이 끊어지면 무기(無記)가 사라지며 곧, 상(相) 없 어 걸림 없고 원융(圓融)한 본심대해(本心大海)가 드러난다. 일상적으로 무의식적 의식의 흐름인 업력의 이끌림과 무의식 적 습관과 인식의 이끌림에 치우친 각종 의식의 흐름이 많으 며, 자신을 위해 꼭 필요하고, 꼭 해야 할 생각은 의식적 시간 상으로 얼마 되지 않는다. 혼돈 무기(無記)의 맑음과 흐릿함 도 의식이 흐르는 상념(想念) 상태이므로 수행자(修行者)는 끊 어야 한다. 혼돈의 무기(無記)를 제거하는 것은 생각을 다스리 기보다 어렵다. 생각은 쉬면 되지만 무기(無記)는 생각을 쉰다 고 되는 것이 아니다. 사상심(四相心)이 있으면 내가 있기 때 문에 생각을 쉬어도 생각이 끊어진 것이 아니다. 생각을 쉬어 도 생각의 미세(微細)한 상념(想念)과 업식(業識)이 끊임없이 흐르는 상태다. 단지, 인식하거나 제어하거나 다스릴 수 있는 거칠은 생각을 쉬어도, 인식하지 못하는 미세의식(微細意識) 상념(想念)과 업식(業識)은 끊임없이 흐른다. 인식하고 인지하 는 보통 의식상태에서는 극미세의식(極微細意識)은 파동(波動) 이 인식의 한계를 벗어나 빛과 같이 너무 빠르고 압축(壓縮)되 고 치밀(緻密)하므로, 인식과 감정이 개입할 수가 없고, 어쩌 다 인식할 수 없는 짧은 찰나 중에 언뜻 인식하게 되거나, 파 동이 느리고 거칠은 육근의식으로는 인식하지 못하므로, 일반

인지의식으로는 인식 한계를 벗어난 미세의식의 흐름을 인식할 수가 없어, 미세의식이 끊임없이 빛과 같이 빠르게 흐르는 흐름 속에도 의식이 없는 것으로 인식하게 된다. 의식의 세계도 파동이 느리고 거친 것으로부터 파동이 빠르며 미세한 무수 차별 대역(帶域)의 의식이 한목 흐르고 있다. 정신감각이 밝고 예리하지 못하면, 의식의 흐름이 느리고 거친 의식의 흐름만 인식하게 된다. 보통 인식하는 느리고 거친 의식 속에는 무수 차별의 빠르고 치밀한 각종 의식차원 파동 대역(帶域)의 의식들이 한목 흐르고 있다. 이 속에는 각종 무의식적 업력의 의식과 무의식적 습관의식과 의지적 의식들이 한목 작용한다. 그러나 정신의식이 밝고 예리하지 못하면 느리고 거친 육근의식만 인식하게 된다. 보통 인지하는 의식은 육근 감각에 의한 거칠고 느슨한 파동의 의식이므로, 의지적 감정과 의식이 개입할 수 있는 의식들이다. 한 의식의 흐름 속에는 무량차별 색깔의식과 무량차원 업력성질의 각종 의식종류가 차원을 달리하여 더불어 같이 흐르고 있다. 그러나 이 모든 종류의 각종 의식 흐름 중에 자신이 인지하는 것은, 자기 인지의식 파동 속에 인식되는 것만 인식하게 된다. 이것이 의식의 세계다. 인지의식의 세계는 단순하나 의식세계는 무수차원과 무량차별 색깔과 성질의 의식 다차원 세계다. 의식의 무기(無記)는 생각을 쉬거나 생각을 일으킨다고 끊어지는 것이 아니다. 대개 사람들은 혼돈의 맑은 무기(無記)에 심리적 안정이 더불어 같이하면 정신적 평안함을 느끼게 된다. 보통은 마음 평안을 느끼게 되는 것이 크게 두 가지 경우가 있다. 하나는 소유적인 자기 욕구(欲求)를 통해 심리적 안정을 느낄 때와 또 하나는 의식 무기(無記)의 맑음 속에 마음이 아무런 잡념 없고 텅 비어 걸림이 없는 평온과 자유로움을 느낄 때이다. 이 둘은 단지 인지의식의 심리적 현상이다. 수행자가 맑은 무기(無記)에 빠지면 이것이 도(道)로 착각할 수도 있고, 나 없는 무아(無我)로 착각할 수도 있다. 무기(無記)도 의식세계이므로 업력(業力)이 있어, 맑음(淸)과 탁(濁)함의 차별과 얕고 깊음의 차별과 가볍고 무거움의 차별이 있다. 무기(無記)가 맑고 맑으면 의식의 맑음이라 개인의 정신상태에 따라 도(道)나 무아(無我), 또는 무상(無相)이나 속박을 벗어난 해탈로 잘못 착각할 수도 있다. 의식이 맑고 맑은 무기(無記)이어도 도(道)가 아니며, 무심(無心)이 아니며, 무아(無我)가 아님은 맑은 무기(無記) 속에도 깊은 의식 속에 내가 있기 때문이다. 또, 맑은 무기(無記) 상태를 벗어나면 바로 자기 존재의식으로 돌아온다. 무기(無記)는 사상심(四相心) 의식상태이므로 무기(無記)의 맑고 맑음과 본성의 깨달음은 다르다. 한순간 본성을 깨달아 무아(無我)에 들어 아상(我相)이 끊어지면 그 깨달음의 순간을 벗어나도 나 없는 깨달음이 그대로다. 그러므로 나 없는 삶을 살게 된다. 무기(無記)는 무심(無心)이 아니라 혼망(昏妄)의 대해(大海)다. 빠지면 시간과 세월 흐름을 잊을 수도 있다. 무기(無記)는 생각이 끊어진 것이 아니고, 거칠은 생각과 감정을 쉬거나 멈추는 상태와 같으므로, 무기(無記) 상태에서도 인식하지 못하는 인식 한계를 벗어난 각종 미세의식의 흐름은 끊임없이 흐르고 있다. 그러나 인지의식의 작용에 따라 몸이나 의식이 이완이나 휴식 작용을 하기도 한다. 그것은 생각의 성향과 의식과 심리의 상태에 따라 몸과 의식과 정신이 피로하기도 하고 평안해지기도 하기 때문이다. 수행자는 일어나는 생각도 다스려야 하지만 무기(無記)를 두려워해야 한다. 맑고 맑은 의식의 무기(無

記)에 빠지면 맑은 정신을 빼앗는 마(魔)의 굴(窟)이다. 오로지 수행력으로 마(魔)의 굴(窟)을 벗어나야 한다. 잘못하면 맑은 무기(無記)를 도(道)로 착각할 수도 있다. 그러나 그곳에 촉각과 감각으로 인식하고 느끼는 내가 있고, 또, 내가 아닌 대상 남이 있으며, 밖의 하늘과 허공과 삼라만상이 있다면 도(道)가 아니고 무기(無記)며, 의식 환영(幻影)인 망(妄)이며, 수행심을 착각하게 하는 환각(幻覺) 마(魔)의 굴(窟)이다. 무기(無記)를 제거하는 방법이 생각을 쉰다고 빠져나올 수 있는 곳이 아니다. 또한, 생각을 일으킨다고 해결되는 문제가 아니다. 단지, 그것이 각(覺)이 아님을 인식하는 자기 점검이 있어야 한다. 왜냐면 각(覺)에는 자기뿐만 아니라 일체 대상도 끊어지게 된다. 보고 듣는 자(者)가 있으면 그것은 도(道)가 아니라 사상심 망(妄)이다. 상(相) 없는 각력청정(覺力淸淨)에 이르면 혼돈의 무기(無記)가 걷힌다. 그 자리는 나뿐만 아니라 일체상(一切相)이 끊어졌고, 나 없는 그대로의 실상(實相)이라, 나(我)도, 색(色)도, 공(空)도, 일체불법(一切佛法)도, 깨달음도, 중생도, 부처도, 바라밀도, 해탈도, 열반도, 아뇩다라삼먁삼보리도 일컫고 세울 곳이 없다. 눈에 보이고 귀에 들리는 일체상(一切相) 그대로 생멸(生滅)이 끊어진 청정성(淸淨性) 그대로다. 보고 들음이 분명(分明)하고 역력해도 보고 듣는 자(者)도 없고, 머물 상(相)도 없고, 머물 자(者)도 없다. 상(相) 없고 자성(自性) 없는 곳이라 드러낼 무엇도 없고, 지칭할 것이 없어 말과 글과 촉각과 감각과 인식과 분별과 사유가 끊어진 세계다. 그러므로 의식의 어떤 맑음의 무기(無記)든 이 또한 벗어야 할 의식 흐름인 망(妄)이며, 상(相)이다. 무기(無記)는 청정본성(淸淨本性)을 가리는 구름이다. 청정본성(淸淨本性)을 깨달은 바른 깨달음인가, 망(妄)의 무기(無記)인가를 점검하는 것은 내가 있음과 내가 없음이 기준이다. 내가 있으면 의식이 나로 인식되므로 몸이 나의 몸으로 인식되어 안과 밖이 있어 몸 안에 내가 있다고 생각되거나, 자신이 어디에 있거나 자아(自我)가 있어 안과 밖, 멀고 가까움이 있으며, 내가 있으니 남도 있으며, 밖의 내 아닌 허공과 하늘과 땅과 삼라만상 사물들이 있다. 이것은 깨달음을 얻지 못한 증거다. 왜냐면, 의식을 나로 알고 있는 사상심(四相心) 세계이기 때문이다. 즉, 환(幻)을 의지한 망념(妄念) 의식이다.

● 부처님께서 즉비신상(卽非身相)을 드러내심은 아뇩다라삼먁삼보리심을 발한 자에게 중생구제 대승보살행(大乘菩薩行)으로 이끄시며, 아뇩다라삼먁삼보리심을 발하여 이(理)에 능(能)해도 대승보살행 중에 사사무애(事事無碍)에 능(能)하지 못할 수 있으므로, 대승보살행에 무량중생(無量衆生) 역행(逆行)의 모습과 미혹행(迷惑行)을 통해 혹시, 일어날 수 있는 미집상(迷執相)을 끊어 아뇩다라삼먁삼보리심 대각명(大覺明) 사사원융무애(事事圓融無碍)의 대해(大海)로 이끄는 불지혜(佛智慧) 선호념선부촉이다.

佛告 須菩提 凡所有相 皆是虛妄 若見諸相非相
불 고 수 보 리 범 소 유 상 개 시 허 망 약 견 제 상 비 상
卽見如來
즉 견 여 래

부처님께옵서 이르시되, 수보리야, 무릇 있는 바 상은 다 이것이 허망한 것이니, 만약 모든 상을 보되 상이 아니면 즉, 여래를 봄이니라.

♣ 凡所有相 皆是虛妄 若見諸相非相 卽見如來(범소유상 개시허망 약견제상비상 즉견여래) 무릇 있는 바 상은 다 이것이 허망한 것이니 만약, 모든 상을 보되 상이 아니면 즉, 여래를 봄이니라.

● 위의 구절은 상(相)의 자성(自性)을 드러내는 자성사구게(自性四句偈)다. 사구게(四句偈)는 실상과 본성을 사구(四句)로 드러내거나 설(說)하신 게(偈)다. 이 경(經) 전체가 사구게 내용이다. 글은 사구(四句)로 되어 있으나 그 뜻(義)은 실상과 본성을 드러냄이다. 경(經) 전체가 사구게 내용이니 이 경(經) 전체가 실상과 본성을 벗어나 있지 않다. 실상과 본성을 봄이 사구게를 봄이며, 사구게를 앎이 실상과 본성을 깨달아 봄이다.

● 범소유상(凡所有相)은 색성향미촉법(色聲香味觸法)이다. 물질과 의식(意識)의 일체(一切)다. 유형무형의 일체(一切)다. 일체(一切) 상(相)을 일컬음이다.

● 개시허망(皆是虛妄)은 일체상이 실체 없음을 일컬음이다. 허망이라는 이 말씀은 곧, 상(相)의 실체를 드러내는 자성(自性)의 지혜다. 상견(相見)으로 이 허망을 헤아리면 이 말씀의 뜻(義)을 벗어난다. 허망이란 상(相)의 무아(無我) 실체 없음을 일컬을 뿐, 상견(相見) 생멸의 허망을 드러내는 것이 아니다. 허망은 실체 없는 무자성(無自性)을 드러냄이니 허망(虛妄), 이 중에는 허(虛)도 없고, 실(實)도 없고, 상(相)도 없고, 무상(無相)도 없고, 유(有)도 없고, 무(無)도 없고, 공(空)도 없다. 상(相)의 실체 없는 그 자체가 상(相)의 실체임을 드러내는 여래(如來)의 각성지혜(覺性智慧)다. 이 사구게의 허망을 알려면 이 허망이 곧, 불법(佛法)이며, 진여(眞如)임을

깨달아야 만이 이 허망의 실상을 깨닫게 된다. 허망의 실상과 실체는 실상을 깨달음으로 알 수 있다. 이 허망이 불가사의 각성지혜(覺性智慧)다. 어떠한 사상심 분별로 이 허망을 알 수 없다. 허망(虛妄), 이 자체가 아뇩다라삼먁삼보리 실체며 곧, 반야의 실체이기 때문이다. 허망에 만약, 생멸과 유무(有無)와 무상(無常)과 허무(虛無)를 일컬으면 사구게 실상 불법(佛法)을 벗어난 분별의 헤아림 사상심이다. 허망(虛妄)을 봄이 불법(佛法)이며, 불법(佛法)을 깨달음이 허망(虛妄)을 깨달음이다. 허망은 일컬을 것 없고, 지칭할 것 없는 비상(非相) 불생불멸(不生不滅) 그 자체다. 일컬을 것 있고, 지칭할 것 있는 허망은 상(相)을 헤아리는 사량(思量)의 식견(識見)이다. 허망(虛妄)이 즉, 청정(淸淨)이며, 무아(無我)며 공(空)이다. 그러나 이 허망(虛妄) 실체에는 허망(虛妄)도, 청정(淸淨)도, 무아(無我)도, 공(空)도 없다. 이를 허망(虛妄)이라 한다. 허망(虛妄) 즉, 무유정법(無有定法) 불법지혜(佛法智慧)다. 허망(虛妄) 즉, 비상(非相)을 일컬으며, 허망(虛妄)이 곧, 그대로 각(覺)이다. 허망(虛妄)이 바로 불법(佛法)이며, 상(相) 없는 여래(如來)의 지혜다. 부처님께서는 불지혜(佛智慧) 각(覺)의 청정진여(淸淨眞如) 경계를 드러내시어 허망(虛妄)이라 하니, 중생은 식견(識見)으로 받아들이어 상(相)을 쫓는 허망상(虛妄相)에 떨어진다. 허망(虛妄) 이 말 한마디에 각(覺)과 불각(不覺), 불(佛)과 중생이 갈래를 달리한다.

● 범소유상 개시허망 약견제상비상(凡所有相 皆是虛妄 若見諸相非相)은 응화비진분 제삼십이(應化非眞分 第三十二) 일체유위법 여몽환포영 여로역여전 응작여시관(一切有爲法 如夢幻泡影 如露亦如電 應作如是觀)이며 제상비상(諸相非相)의

실체를 드러내심이다. 이는 상(相)이 상(相)이 아님을 일컬으며, 상(相)이 실체가 없음을 드러내심이다. 허망(虛妄)이 곧, 실상견(實相見)이며, 견제상비상(見諸相非相)이며 곧, 즉견여래(卽見如來)다. 일체유위법(一切有爲法)의 불생불멸성(不生不滅性)을 드러내심이다.

● 허망(虛妄) 자체가 불지혜(佛智慧)와 불세계(佛世界) 진여(眞如)를 드러냄이니, 이 사구게의 허망(虛妄)에 생멸의 허망상(虛妄相)을 가지면 사구게의 각성지혜(覺性智慧)를 벗어난다. 이 허망(虛妄)에 일체불법(一切佛法)과 제불각성(諸佛覺性)과 제불(諸佛)의 일체바라밀법(一切波羅蜜法)이 이 허망(虛妄)으로부터 출현한다. 아뇩다라삼먁삼보리를 발하면 바로 이 사구게 허망(虛妄)을 깨닫게 된다. 허망(虛妄) 즉, 제불(諸佛)의 각(覺)이다. 일체(一切)가 그대로 진여(眞如)의 실상(實相)이다. 제상(諸相)이 생멸(生滅)의 허망상(虛妄相)이면 사상심(四相心) 유무견(有無見)이며, 제상(諸相)이 생멸이 끊어진 불생불멸성(不生不滅性)이면 제상(諸相)이 생멸 없는 실상 자성(自性)을 봄이다. 비상(非相)이 곧, 허망(虛妄)이며, 여몽환포영 여로역여전(如夢幻泡影 如露亦如電)이다. 이는 비상(非相)의 실체를 드러냄이다.

♣ 若見諸相非相 卽見如來(약견제상비상 즉견여래) 만약 모든 상을 보되 상이 아니면 즉, 여래를 봄이니라.

● 비상(非相)과 여래(如來)는 떨어져 있지 않다. 비상(非相) 즉, 여래(如來)며, 여래(如來) 즉, 비상(非相)이다. 비상(非相)이 곧 여래(如來)며, 불지혜(佛智慧) 그대로 비상(非相)이다. 약견제상비상(若見諸相非相)은 상(相)의 실상을 드러내며, 즉견여래(卽見如來)는 곧, 여래(如來)의 실상을 드러냄이

다. 상(相)의 실상과 여래(如來)는 둘일 수 없다. 상(相)의 비상(非相)을 보고 여래(如來)를 보는 것이 아니다. 대상(對相)과 보는 자(者)의 관계가 아니다. 대상(對相)과 보는 자(者)가 없는 나와 대상이 끊어진 본성각성(本性覺性)이다. 비상(非相) 그 자체가 곧, 본성(本性) 여래(如來)다.

● 여래(如來)는 제법(諸法)의 본성이며 실상이다. 사상심이 있으면 석가모니 부처님과 제법(諸法) 본성이 다르다고 생각한다. 제법(諸法)의 본성과 일체제불(一切諸佛)은 차별이 없다. 사상심이 있어 나와 부처가 다르고, 나무와 돌이 다르고, 본성과 부처가 다르다. 그러나 이것이 같다는 것이 아니다. 사상심은 다름이 아니면 같음을 생각한다. 본성은 다름도 없고, 그리고 또한 같음도 없다. 다름과 같음이 있음은 상(相)의 세계며, 일체가 같지 않은 분별심이다. 상(相) 없는 실상과 본성 무자성(無自性) 세계는 유무(有無)와 상(相)과 무상(無相)을 벗어나, 같음도 다름도 같지 않음도 없다. 그러므로 무유정법(無有定法)이라고 한다. 무유정법(無有定法)이란 일체상과 일체불법(一切佛法)과 제불(諸佛) 일체각(一切覺)과 일체바라밀(一切波羅蜜)이 실체 없음을 일컬음이다. 이것이 본성청정(本性淸淨)이며, 청정각성(淸淨覺性)이다. 무엇이든 있고, 나눔은 사상심 분별이다. 그뿐만 아니라 없음과 같음이 하나로 동일(同一)해도 분별이다. 즉, 상(相)이다.

● 왜, 상(相)이 비상(非相)일까? 자성(自性)이 없기 때문이다. 왜, 자성(自性)이 없을까? 머무름(住)이 없기 때문이다. 왜, 머무름이 없을까? 인연을 따르는 실체 없는 성품이기 때문이다. 왜, 인연을 따르며, 실체가 없을까? 상(相)의 성품이 무자성(無自性)이기 때문이다. 왜, 성품이 무자성(無自性)

일까? 성품이 상(相) 없어 아성(我性)이 끊어져 머무름이 없기 때문이다. 왜, 성품이 상(相) 없으며 머무름이 없을까? 성품이 자성(自性)을 갖지 않기 때문이며, 인연을 따라 흐르기 때문이다. 왜, 자성(自性)을 갖지 않으며 인연을 따라 흐르는가? 그 성품이 본래 실(實)없고 상(相) 없는 청청성(淸淨性)이기 때문이다. 그러므로 이를 무유정법(無有定法)이라 한다.

● 여래(如來)는 마음이다. 본성은 마음 성품이다. 본성을 깨달음이 곧, 마음을 깨달음이다. 사상심 중생심은 분별의 생멸심을 마음이라 하니 이는 분별심일 뿐 마음이 아니며, 상심(相心) 분별인 사상심이다. 상(相)에 가리어 본성을 깨닫지 못하니 비상(非相)인 상(相)의 성품을 봄으로 상심(相心)이 타파되니 무아(無我)의 실상에 들어 바로 여래(如來)의 본성을 깨닫게 된다. 일체(一切)가 나를 벗어나 있지 않으며, 일체가 나와 더불어 다르지 않으므로, 나 아닌 이외의 그 어떤 것이든 비상(非相)임을 깨달음 즉시 바로 나의 상(相)이 타파(打破)되어 불성(佛性), 본심(本心), 본성(本性)과, 일체상 일체제법(一切諸法)의 실상을 두루 한목 깨달아 통(通)하게 된다. 여래(如來)는 생멸 없는 본성일 뿐 어디서 온 것도 아니고, 없는 것을 구(求)한 것이 아니다. 상(相)이 상(相) 아님을 깨달으면 상견(相見)이 소멸하여 여래(如來)가 바로 드러난다. 이 말은 상(相)이 사라지면 사라지지 않는 본성이 바로 드러난다는 뜻이다. 깨달음을 얻고 깨달음에 들어도 단지, 사상심 망(妄)의 환(幻)만이 사라질 뿐 본성은 생멸 성품이 아니며, 상(相)이 아니니 본심(本心)이 그대로 드러날 뿐이다.

● 여래(如來)는 사상심 분별의 상(相)의 부처님이 아니며 불(佛)의 실체 본성을 일컬음이다. 사상심은 부처님과 일체상

의 본성이 다른 것으로 생각한다. 그것은 상(相)의 분별일 뿐 물(物), 심(心), 불(佛)의 본성이 차별 없으며, 그 실체 본성이 다르지 않다. 상심(相心)의 분별은 일체가 차별이 있으나 본성에 들면 일체차별 없는 본성이 일체만상 만물의 근원이며, 일체생명 본성이며, 일체심령(一切心靈) 본심임을 깨닫게 된다. 본성은 일체(一切) 물(物)과 심(心)의 근본으로 제불여래(諸佛如來)의 본성이며, 만유(萬有)의 본성이다. 본성은 불(佛)과 중생이 차별 없고, 일체상의 본성과 제불(諸佛)의 본성과 일체중생의 본성이 차별이 없다. 본성이 그대로 각(覺)이다. 제상(諸相)의 분별은 중생의 미집상(迷執相)인 사상심이며, 상(相)의 분별이 끊어져 본성을 깨달으면 일체(一切)의 근본 그 자체가 여래(如來)의 본성임을 깨닫게 된다. 왜, 본성을 여래(如來)라고 할까? 여래(如來)의 여(如)는 생멸 없는 각성(覺性)을 일컬으며, 여래(如來)의 래(來)는 각성(覺性)의 부사의 작용을 일컬음이다. 여래(如來)라는 이 말은 말과 글은 하나이나 식견(識見)의 차별의식 분별에 따라 무량 차원과 업력(業力)의 색깔로 벌어지니, 부처님을 향한 일심(一心)이면 이 뜻이 대각성(大覺聖)을 향(向)하며, 깨달음을 열어 대각성(大覺性)이 명백(明白)하게 드러나면 이 뜻은 제불(諸佛)의 심인(心印)이며, 본성을 깨달으면 일체생명과 만물만상이 차별없는 일체중생과 제불(諸佛) 여래(如來)의 실체임을 깨닫게 된다. 본성이 여래(如來)임을 깨달으면 글과 말에 금강경의 실체를 찾는 자(者)도, 개가 짖고 닭 우는 소리에 개와 닭과 사람 없는 부사의 불성(佛性) 작용을 깨닫게 된다.

175

正信希有分 第六
정신희유분 제육

선근(善根)이 있는 자는 이 경(經)을 믿으며, 이 경(經)을 믿음이 곧 사상(四相) 없음이며, 불(佛)의 설법(說法)은 실상(實相)에 드는 뗏목과 같음을 설하심이다.

須菩提白佛言 世尊 頗有衆生 得聞如是言說章句
수보리백불언 세존 파유중생 득문여시언설장구

生實信不
생 실 신 부

수보리가 부처님전에 사뢰어 말씀드리되, 세존이시여, 많은 중생이 있어 이와 같은 말과 설함의 글귀를 얻어듣고는 실다운 믿음을 내겠사옵니까?

● 부처님께옵서 상(相)을 벗어난 실상(實相)에 대해 말씀을 하시니 상(相)에 의존해 사상심(四相心)으로 살아가는 중생들이 부처님의 실상에 대한 말씀과 글귀를 얻어듣고 과연 실상에 대한 믿음이 일어날 수 있을까를 부처님께 여쭙는 것이다. 실상은 상(相)이 아니므로 생각으로 헤아리거나 어떠한 추측으로 알 수 없기 때문이다. 옛적부터 내려오며 금강경(金剛經)을 본 사람이 수를 셀 수 없고, 지금 또한 금강경을 보는 사람이 수를 셀 수가 없고, 미래 또한 금강경을 볼 사람들이 수를 셀 수가 없을 것이다. 그러나 금강경을 보는 사람들이 수보리존자의 염려를 벗어난 사람이 과연 얼마나 될까? 금강경은 상(相) 없는 무상경(無相經)이니 상(相)을 쫓는 눈으로도

알 수 없고, 소리를 쫓는 귀로도 알 수가 없고, 분별하는 의식으로도 알 수가 없고, 나(我) 또한 상(相)이니 나의 식견(識見)으로 알 수 없다. 단지, 상(相) 없는 실상을 깨달은 각(覺)으로만 알 수 있을 뿐이다. 상(相) 없는 실상의 믿음이 생실신(生實信)이다. 수보리존자의 염려는 부처님께옵서 설하시는 실상의 말씀과 글귀를 얻어듣고 그들이 과연 실상에 대한 깨끗한 믿음을 내겠사옵니까 부처님께 여쭈어봄이다. 실상지혜가 없으면 실상에 대한 부처님 말씀의 뜻(義)과 실상을 알지 못해 부처님께옵서 설(說)하신 글과 말의 뜻(義)을 알 수가 없다. 그 뜻(義)을 깨달으면 무량무한(無量無限) 글자와 말씀이 한 뜻(義)이며, 그 뜻(義)을 깨닫지 못하면 한 글자가 그 뜻(義)을 벗어나 분별의식을 따라 무량(無量)의 색깔로 흩어진다.

佛告 須菩提 莫作是說 如來滅後 後五百歲 有持
불고 수보리 막작시설 여래멸후 후오백세 유지
戒修福者 於此章句 能生信心 以此爲實
계 수 복 자 어 차 장 구 능 생 신 심 이 차 위 실

부처님께옵서 이르시되, 수보리야, 그러한 말을 하지 말라. 여래가 멸한 후 후오백세에도 계를 가지며, 복을 닦는 자가 있어 이 글귀에 능히 믿음의 마음이 일어나, 이를 실답게 여기느니라.

● 이 구절은 수보리존자의 염려에 대한 부처님의 말씀이시다.

♣ 如來滅後 後五百歲(여래멸후 후오백세) 여래가 멸한 후 후오백세는 부처님께서 열반(涅槃)에 드신지 오래되어 사람들

이 불법선근(佛法善根)과 불법근기(佛法根機)는 미약(微弱)하고, 부처님 지혜의 가르침 흔적인 글만이 남아 부처님의 진실한 정법지혜(正法智慧)는 찾기가 어려운 시대를 일컫는다. 여래멸후 후오백세(如來滅後 後五百歲)는 불법지혜(佛法智慧)가 미약(微弱)한 시대를 일컫기는 하나 이 말의 요지(要旨)는 불법(佛法)의 선근(善根)과 근기(根機)가 미약(微弱)함을 일컫는다. 세월과 관계없이 불법(佛法) 선근(善根)과 근기(根機)가 미약(微弱)하면 후오백세인(後五百歲人)이다. 불법(佛法)은 부처님 법을 이름하기도 하나 이는 상(相)을 쫓는 말이며, 불법(佛法)은 심(心)이니 곧, 본각(本覺) 지혜며, 본성(本性) 지혜며, 본심(本心) 지혜며, 생명(生命) 지혜다.

♣ 有持戒修福者 於此章句 能生信心 以此爲實(유지계수복자 어차장구 능생신심 이차위실) 계를 가지며, 복을 닦는 자가 있어 이 글귀에 능히 믿음의 마음이 일어나, 이를 실답게 여기느니라.

● 계(戒)는 규율(規律)과 조도법(助道法) 두 가지 관점에서 볼 수가 있다. 규율적 관점은 율의(律儀)의 일상행(日常行)을 기본으로 하며, 조도법 관점은 성불(成佛)을 위한 방편적(方便的) 관점이다. 율의(律儀)의 규율적 관점은 일상에서 지켜야 할 행위규범이며, 조도법 관점은 성불(成佛)을 위한 선근적(善根的) 수단과 방편이다. 규율적 관점은 지켜야 할 행위법이며, 조도법 관점은 성불(成佛)을 위한 선근증장(善根增長)의 포괄적 수행법이다. 규율적 관점은 그 규율(規律)에 속한 누구나 지켜야 할 보편적 일상의 행위며, 조도법 관점은 선근(善根)과 지혜가 증장(增長)할수록 스스로 순응력과 수용력이 향상(向上)하는 구도적(求道的) 관점이다. 규율적 관점

은 자타와 사회를 이롭게 함에 목적이 있으며, 조도법 관점은 자타와 사회를 이롭게 함은 기본이며, 선근과 지혜를 증장하여 본성에 수순함을 목적으로 한다. 규율적 계(戒)는 규범 속에 자타와 생활사회의 안정과 평화를 주는 선인(善因)이 되며, 조도법은 불(佛)을 성취하는 선인(善因)이 된다. 계(戒)의 포괄적 목적과 의미는 악근(惡根)을 소멸하고 선근(善根)을 증장하며 자타와 사회를 이롭게 함에 있다. 이것은 심(心)의 본성공덕을 수용(受用)하고 행(行)하는 길이다. 단지, 행위에 중점을 두면 규율적 관점이며, 본성에 드는 불(佛)을 성취함에 중점을 두면 조도법 관점이다. 계품(戒品)이 행위에 목적을 두면 규율적 관념이라 자타와 생활사회 안정과 평안을 도모한다. 계품(戒品)이 악근(惡根)을 멸(滅)하고 선근(善根)을 증장하며 본성에 순응하면 조도법이 되어 불(佛)을 이루게 된다. 조도법에는 스스로 규율적 계(戒)를 수용하며 순응하게 되고, 규율적 계(戒)는 조도법 관점을 수용(受用)하므로 스스로 선근이 깊어진다. 규율(規律)과 조도(助道)의 두 관점이 조화(調和)를 이루어 자타(自他)와 사회에 안정과 평화를 도모하며, 본성의 밝음 불지혜(佛智慧)를 열어야 한다.

● 불교 수행법 중에 삼학(三學), 육바라밀(六波羅蜜), 팔정도(八正道) 등이 있다. 모든 수행법은 수행자의 차별지혜(差別智慧)에 근간(根幹)한 수행차별일 뿐, 불법수행(佛法修行)의 목적점이 다르거나 차별 있는 것이 아니다. 만약 목적점이 다르고 차별이 있다면 그것은 불법수행(佛法修行)이 아니다. 불법수행(佛法修行)은 일체차별 없는 본성(本性)에 이르기 위함이다. 그 하나의 최상(最上) 목적을 향한 불법수행(佛法修行)으로 각각 수행자의 지혜근기(智慧根機)를 따라 조도법(助

道法) 차별적 수행으로 나뉠 뿐이다. 그러나 천만 골짝 산(山)의 개울물이 흘러 바닷물이 되듯 일체불법수행(一切佛法修行)은 그 방법이 어떠하며 행함이 무엇이든 그 완성은 불각(佛覺)인 본심본성(本心本性)에 이르는 길이다. 만약 본성에 이르는 수행이나 목적이 아니면 그 수행법과 행위가 아무리 근엄(謹嚴)하고 화려(華麗)해도 불법수행(佛法修行)이 아니다. 불법수행(佛法修行)은 목적이 다를 바 없고, 그 향(向)함이 두 길이 될 수가 없다. 단지, 다름이 있다면, 다를 바 없는 하나의 목적점을 향한 조도(助道)며 방편(方便)일 뿐이다.

● 삼학(三學)은 학(學)이며, 육바라밀(六波羅蜜)은 수행이며, 팔정도(八正道)는 도(道)다. 학(學)과 수행과 도(道)는 차이가 있다. 학(學)과 수행과 도(道)의 관계는 각각 그 행위의 목적이 다르다면 차별법이니 불법(佛法)이 아니다. 그러나 목적점이 하나이나 사람의 지혜근기(智慧根機) 차별에 따라 점차(漸次)를 세우고, 무량(無量) 산 골짝 개울물이 흘러 강물이 되고 바닷물이 되는 과정의 불법(佛法) 방편(方便)과 조도(助道)의 길을 세웠을 뿐이다. 학(學)과 수행과 도(道)의 논리적(論理的) 차이는, 학(學)은 학문(學問)이나 섭리(攝理)를 배우고 익힘이다. 수행은 배우고 익힌 학(學)을 심신(心身)으로 실천하고 자증(自證)해 듦이다. 도(道)는 본성(本性)을 깨달아 본성에 순응하며 청정본성행(淸淨本性行)을 함이다. 법(法)은 차별적이며 정(定)해 봄이니 삼학법, 육바라밀법, 팔정도법은 삼법(三法)으로 나눔이다. 수행은 심신(心身)으로 삼법(三法) 학(學)의 증득행(證得行)이니 삼학 수행, 육바라밀 수행, 팔정도 수행은 삼종학(三種學)이 한 목적점을 향에 나아감이다. 도(道)는 증과(證果)인 자증실제(自證實際) 본성행(本性行)이

다. 그러므로 삼학도(三學道), 육바라밀도(六波羅蜜道), 팔정도(八正道)는 차별 없는 한맛(一味)이며, 일실(一實)이다. 학(學)은 무량(無量) 산 골짝 개울물과 같아 산의 모양새와 개울의 특성에 따라 그 모습과 흐름의 소리가 다르다. 수행은 개울물이 흘러 강물과 같아 만산(萬山)의 모양새와 높고 낮은 개울을 따라 흐르다 스스로 차별된 습관과 개념과 인식의 특성과 색깔을 벗는 작업(作業)이다. 도(道)는 어느 산 어느 골짝에서 흘러왔든 자기의 차별적 습관과 개념과 인식의 특성과 색깔이 사라진 바닷물이니 한맛(一味)이며 다를 바 없다. 불법수행(佛法修行)이 각각 차별이 있음은 무량중생의 지혜근기(智慧根機)를 수용해 본심에 이르게 하는 무량중생 섭수법(攝受法)이다.

● 삼학(三學)과 육바라밀(六波羅蜜)과 팔정도(八正道)는 심일도(心一道)라 삼학이 육바라밀과 팔정도를 벗어나 있지 않고, 육바라밀이 삼학과 팔정도를 벗어나 있지 않으며, 팔정도가 삼학과 육바라밀을 벗어나 있지 않다. 다만, 각각 사람의 지혜근기(智慧根機) 차별에 따라 달리 볼 뿐이다. 삼학과 육바라밀과 팔정도는 본성대해(本性大海)를 향해 흐르는 마음의 길이다.

● 삼학(三學)과 육바라밀(六波羅蜜)과 팔정도(八正道)의 법적(法的) 차이는 삼학과 육바라밀은 계품(戒品)이 있으며, 팔정도는 계품(戒品)이 없다.

삼학과 육바라밀은 삼학의 수행품이 육바라밀에 수용되고, 육바라밀 수행품이 삼학에 수용된다. 삼학은 계품(戒品)을 바탕한 정혜(定慧)를 전제(前提)로 중생식(衆生識)을 맑히는 수행품이다. 육바라밀은 자타바라밀(自他波羅蜜)을 전제(前

提)로 한 육행(六行)으로 중생식(衆生識)을 맑히고 타(他)를 이롭게 하는 보살행 수행품이다. 팔정도는 본성정각(本性正覺) 각성(覺性)을 전제(前提)로 일체행에 본성을 수순하는 수행품이다.

삼학은 정혜(定慧)를 전제(前提)로 하여 육근행(六根行)의 품인 육근계행(六根戒行) 공덕에 정혜(定慧)의 완성에 이르게 하는 수행품이다. 육바라밀은 바라밀은 상(相)과 아(我)가 없음이니, 무상무아행(無相無我行)을 전제(前提)한 육행일심(六行一心) 무상무아행(無相無我行) 바라밀 공덕완성에 이르게 하는 수행품이다. 팔정도는 본성정각(本性正覺)으로 일체행에 본성을 수순하는 팔도본각행(八道本覺行)이다.

삼학과 육바라밀은 정견(正見)을 기초로 함이 없으며, 팔정도는 정견(正見)을 기초로 함이다. 삼학과 육바라밀 수행자도 정견(正見)이 있으면 삼학과 육바라밀 수행이 팔정도 정수행(正修行)을 수용하고 섭수하게 된다. 정견(正見)이 없는 가운데 삼학과 육바라밀을 수행하여도 정견(正見) 없는 유위(有爲) 삼학과 육바라밀 수행이다. 정견(正見) 무위지혜(無爲智慧)를 증득(證得)하여 본성을 행(行)하는 팔정도 수행자는 팔정도 정견수행(正見修行) 그 자체가 삼학과 육바라밀을 섭수(攝受)하고 자연(自然)히 수용(受用)하게 되므로 팔정도 수행법에는 계품(戒品)이 따로 없다. 계품(戒品) 뿐만 아니라 일체상, 일체행이 정견(正見)에 자연히 수용되고 섭수되므로 별도의 계품(戒品)을 두지 않는다. 그러나 실상지혜(實相智慧) 정견(正見)을 증득(證得)하지 못하면 용(用)의 일심(一心) 중에 일체상, 일체행을 수행심(修行心)이 수용(受用)하고 섭수(攝受)하는 수행근기(修行根機)의 한계성(限界性)이 있어 계품(戒品)을 따로 둘 뿐이다. 본성지혜(本性智慧) 정견(正見)에는 계품(戒品)뿐 아니라 일체 만법만상이 정견(正見) 하나로 수용하고 섭수하여 두루 통(通)한다. 정견(正見) 가운데는 상(相)이든, 법(法)이든, 경계(境界)든, 심(心)이든, 물(物)이든, 중생이든, 불(佛)이든 건립될 수 없고, 건립할 수 없다. 상(相)이든, 법(法)이든 경계(境界)든, 심(心)이든, 물(物)이든, 중생이든, 불(佛)이든 그 자취와 흔적이 있거나, 또한 이름이라도 건립한다면 정견(正見)이 아니다. 왜냐면, 정견(正見)은 견성(見性)이며 본성 실상지혜(實相智慧)이기 때문이다. 팔정도 정견(正見)이 금강경(金剛經)에서는 아뇩다라삼먁삼보리심이다. 발아뇩다라삼먁삼보리심이 곧, 정견(正見)을 발(發)함이다.

● 삼학 계정혜(戒定慧)는 세 가지 관점(觀點)의 요지(要旨)에서 볼 수 있다. 첫째는 차별적(差別的) 삼학(三學), 둘째는 차제적(次第的) 삼학(三學), 셋째는 총화적(總和的) 삼학(三學)이다. 차별적 삼학은 계(戒), 정(定), 혜(慧)를 각각 따로 보는 요지(要旨)다. 차제적 삼학은 계(戒), 정(定), 혜(慧)를 수행증득(修行證得)의 과정으로, 계(戒)를 수행하면 정(定)을 증득(證得)하며, 정(定)을 수행하면 혜(慧)를 증득(證得)하는 요지(要旨)다. 총화적 삼학은 계(戒), 정(定), 혜(慧)가 서로 다르지 않으며 수행본심(修行本心)에 하나로 수용(受用)되고 섭수(攝受)하므로 수행본심(修行本心)에 계(戒), 정(定), 혜(慧)가 차별 없는 총화적(總和的) 요지(要旨)다. 삼학 계정혜(戒定慧)의 세 가지 관점 요지(要旨)는 각각 장단점과 각각 차별경계가 있으나, 장단점과 각각 차별경계가 삼학 법(法)에 있는 것이 아니라 사람에게 있는 것이니, 삼학의 어떤 문제점과 차별은 사람 경계를 논(論)할 뿐, 법(法)이 무슨 탓할 허물

이 있거나 잘못이 없으니 문제점을 논(論)할 필요가 없다.

● 차별적(差別的) 삼학(三學)은 계(戒), 정(定), 혜(慧)가 각각 다른 별상법(別相法)이니 계(戒)를 수행하고, 정(定)을 수행하고, 혜(慧)를 수행함이다. 이렇게 수행하는 것은 계(戒)가 정(定)이 아니며, 정(定)이 혜(慧)가 아니며, 혜(慧)가 계(戒)가 아니기 때문이다. 이것은 계(戒), 정(定), 혜(慧)를 각각 차별경계와 차별상에서 수용하므로 계(戒), 정(定), 혜(慧)가 법(法)이 다르기 때문이다. 삼학, 계(戒), 정(定), 혜(慧)가 각각 법(法)이 다를 때에는 이렇게 각각 별법(別法)으로 닦을 수밖에 없다. 그러나 각각의 증과(證果)에 이르면 계(戒), 정(定), 혜(慧) 삼법(三法)이 본성 행이며 공덕이라 각각 차별이 끊어진 총화(總和)를 이루게 된다.

● 차제적(次第的) 삼학(三學)은 계(戒)를 수행하므로 정(定)에 들고, 정(定)을 수행하므로 혜(慧)에 드는 차제적(次第的) 수행증득(修行證得)의 삼학(三學) 법(法)이다. 그러면 계(戒)를 수행하면 정(定)이 얻어질까? 유위계(有爲戒)를 수행해도 불법정(佛法定)을 얻는 것은 희유하며 불가사의하다. 왜냐면 정(定)은 곧, 본심정(本心定)이기 때문이다. 유위심(有爲心)으로 무위정(無爲定)에 들 수가 없기 때문이다. 만약, 유위(有爲) 정(定)을 삼학(三學) 정(定)이라고 하면 삼학(三學) 정(定)은 해탈법(解脫法)이 아니며, 성불법(成佛法)이 아니며, 해탈정(解脫定)이 아니며, 불성정(佛性定)인 본성정(本性定)이 아니므로 본성(本性)의 혜(慧)를 발(發)하지 못하는 생멸상(相)이며, 파괴되는 사정(邪定)이다. 상심(相心) 유위정(有爲定)을 삼학정(三學定)으로 보면 계(戒), 정(定), 혜(慧) 삼학(三學)은 불법(佛法)이 아니다. 왜냐면 상(相)의 유위정(有爲

定)은 중생법이며, 파괴되는 생멸견(生滅見) 사상심 분별이기 때문이다. 유위정(有爲定)이 파괴되어야 삼학법(三學法)의 혜(慧)를 발(發)하여 불법정(佛法定) 본성(本性) 무위정(無爲定)에 들기 때문이다. 유위삼학(有爲三學)은 별상법(別相法)인 차별적(差別的) 삼학(三學)에 속한 지혜근기(智慧根機)의 경계다. 그럼, 계(戒)를 수행하므로 정(定)에 든다면, 정(定)을 발(發)하게 하는 계법(戒法)은 어떠한 계(戒)며, 그 계법(戒法)을 어떻게 닦아야 정(定)을 얻을 수 있을까? 그 계(戒)는 자성수용계(自性受用戒)니 자성(自性)을 수용(受用)하는 일행(一行)이 일체계(一切戒)를 수용(受用)하고 섭수(攝受)하는 수행이다. 이 계(戒)는 글과 말이 없는 상(相) 없는 자성계(自性戒)로 일체행(一切行)을 닦음이다. 이 수행으로 정(定)에 들고, 자성정(自性定) 수행으로 혜(慧)를 발(發)하게 된다. 이 삼학법은 차별적 삼학법보다 지혜근기(智慧根機)가 수승한 수행자 삼학법(三學法)이다. 정(定)에서 혜(慧)를 발(發)하는 것은 정(定) 그 자체가 본심정(本心定)을 수용하고 섭수하므로 혜(慧)를 발(發)하게 된다. 이 수행은 스스로 자성(自性)을 수용하고 섭수하여 본심정(本心定)에 들어 혜(慧)를 발(發)하게 된다. 혜(慧)는 다름 아닌 본심본각(本心本覺)을 발(發)함이다. 차제적 삼학법 지혜근기(智慧根機)는 차별적 삼학 수행자 지혜근기(智慧根機)보다 수승하나 총화적 삼학 수행자 지혜에는 미치지 못한다. 자성(自性)을 수용하고 섭수하는 불법지혜(佛法智慧)와 지혜근기(智慧根機)가 계(戒), 정(定), 혜(慧)의 차별상(差別相)이 있기 때문이다. 자성(自性)을 수용하고 섭수하는 심신행위에 자성법(自性法) 수행의 계(戒)에 의지해 정(定)을 발(發)하고, 정(定)에 의지해 혜(慧)를 발(發)하기 때문이다.

● 총화적(總和的) 삼학(三學) 수행자 지혜근기(智慧根機)는 차별적 삼학 수행자와 차제적 삼학 수행자보다 수승한 지혜근기(智慧根機) 수행자다. 총화적 삼학 수행자 경계에서는 계(戒)와 정(定)과 혜(慧)가 차별이 없다. 왜냐면 계(戒)는 행(行)이니 일체행이 본심을 벗어나 있지 않고, 정(定)이 곧, 본심 성품이니 본심정(本心定)이 일체행의 계(戒)를 섭수(攝受)한다. 또, 혜(慧)가 곧, 본심 각성(覺性)의 밝음이니 혜(慧)가 정(定)을 떠나 따로 있지 않으며, 일체행 계(戒)의 작용이 혜(慧)다. 만약, 계(戒)가 정(定)과 혜(慧)를 벗어나 있으면 유위계(有爲戒)며, 정(定)이 본심 각성(覺性)인 혜(慧)를 벗어나 있다면 유위정(有爲定)이며, 혜(慧)가 본심 자성청정정(自性淸淨定)을 벗어나 있다면 유위혜(有爲慧)다. 본심의 계(戒), 정(定), 혜(慧)는 상(相)이 없어 파괴됨이 없는 무위(無爲) 일심작용(一心作用)이다. 유위(有爲)의 계(戒), 정(定), 혜(慧)는 수행심이 본심에 들지 못해 계(戒), 정(定), 혜(慧)가 유심(有心)이므로 서로 원융(圓融)하지 못하여 계(戒), 정(定), 혜(慧)가 각각 차별이 있고, 하나를 행(行)하면 다른 것은 잃거나, 그 하나 속에 다른 것을 온전히 수용하거나 섭수할 수행력과 지혜력이 부족하다. 유심(有心)은 그것이 무엇이든 상(相)이며 유견(有見)에 의지한 상념(想念)이므로 곧, 파괴된다. 본심일각(本心一覺)의 계(戒), 정(定), 혜(慧)에 들면 유위(有爲)의 계(戒), 정(定), 혜(慧)가 수승하고 수승하며 근엄(謹嚴)해도 파괴되고 무너진다. 본심에는 계(戒)도, 정(定)도, 혜(慧)도 없다. 만약 계(戒), 정(定), 혜(慧)가 있다면 본심이 아닌 유심(有心)이다. 본심은 계(戒), 정(定), 혜(慧)가 없어도 계(戒), 정(定), 혜(慧)의 일체공덕(一切功德)이 원만구족(圓滿具足)

하다. 유위삼학(有爲三學)을 벗어나야 본심삼학(本心三學)에 들게 된다. 왜냐면 계(戒), 정(定), 혜(慧)가 분별없는 무위일심(無爲一心)이기 때문이다. 행(行)함에 무위계(無爲戒)에 응(應)하고, 마음을 씀에 무위정(無爲定)에 응(應)하고, 보고 듣는 그 가운데 상심(相心)이 없어 무위혜(無爲慧)에 응(應)하기 때문이다. 총화적 삼학 수행자에게는 일행(一行)에 계(戒), 정(定), 혜(慧), 삼학(三學)이 일심총화(一心總和)를 이룬다. 즉, 반야행(般若行)이다.

● 육바라밀법(六波羅蜜法) 또한 삼학법(三學法)과 다를 바 없다. 일체 수행법은 지혜근기(智慧根機)의 차별 속에 있으므로 중생 지혜근기의 차별이 무량무한이니 일체중생의 지혜와 선근과 근기를 수용하는 수행 차별상은 무량무수다. 그러나 이 일체차별 수행법이 무량중생의 제습(諸習)을 맑히고, 본심공덕(本心功德)을 유출하는 일도(一道)를 벗어나 있지 않다. 무량 업력중생 차별상이 있으니 그들을 수용하고 섭수하는 불법(佛法) 무량의(無量義) 차별을 둘 뿐이다. 그러나 그 차별도(差別道)가 각각의 차별업력을 다스려 자기 본성에 들게 하고, 본성공덕(本性功德)을 유출하는 일도(一道)임은 다를 바 없다. 무엇이든 수용하고 섭수하는 자(者)의 근기와 지혜에 따라 능행(能行)의 차별일 뿐, 법(法)에 무슨 우열과 차별이 있는 것이 아니다. 중생을 벗어날 수 있는 지혜와 수행을 수용하고 섭수하는 경계에서는 각각 차별적 수행 능력에 따라 활용과 수행 공덕유출의 차별이 있으며 각각의 경계에서 그 차원이 달라진다.

● 수행자의 지혜근기(智慧根機)에 따라 수행법의 수용과 섭수의 경계가 달라지니 이(此)와 저(彼)가 같기도 하고, 차별

이 있음도 있으니 여러 수행적 갈래와 차별이 벌어지기도 한다. 하나의 수행법에도 수행자가 그 법(法)을 수용하고 섭수하는 수행일심(修行一心) 각각 차별경계가 있어 한 수행법이라도 수행자에 따라 수행경계가 같을 수 없다. 삼학(三學)에는 없는 법(法)이 육바라밀(六波羅蜜)은 바라밀행이다. 바라밀은 상(相) 없는 본심이다. 바라밀행은 바라밀을 전제로 자타구제(自他救濟)의 무아무상행(無我無相行)이다. 육바라밀은 자타구제 보살행인 자타바라밀행(自他波羅蜜行)이다. 육바라밀 정수행(正修行)은 아뇩다라삼먁삼보리심의 보살행이다. 그러나 유심(有心)이어도 본심 바라밀에 이르는 조도법(助道法)으로 육바라밀을 수용하고 섭수할 수 있다. 육바라밀 정수행(正修行)은 자타바라밀(自他波羅蜜) 무아무상행(無我無相行)이며, 육바라밀 조도법(助道法)은 무아무상행(無我無相行)을 수용하는 선근지혜(善根智慧)의 수행공덕행(修行功德行)이다.

● 바라밀은 상(相) 없는 본심행(本心行)이다. 그러므로 육바라밀의 여섯 가지가 자성수행(自性修行)의 한 경계다. 육바라밀 법(法)이 여섯 가지로 각각 별법(別法)일 수가 없다. 다만, 육바라밀 공덕을 수행지혜(修行智慧)에 수용 섭수할 수 없으면 육바라밀 조도법(助道法)으로 하나하나를 각각 별법(別法)으로 수행할 수 있다. 그러나 육바라밀 정수행(正修行)에 들면 여섯 가지가 하나의 총화(總和)를 이루게 된다. 이는 바라밀지혜를 몸체로 한 육행(六行)이기 때문이다. 사람의 몸에 비유하면 눈의 기능만 사용할 때가 있고, 귀의 기능만 사용할 수 있으나, 총화(總和)를 이루면 눈의 기능이 작용하는 곳에 몸 전체의 기능이 따라 움직여 모든 기능이 하나의 총화(總和)를 이루어 조화로움의 결과를 도출함과 같다. 보시바라

밀(布施波羅蜜) 하나를 행(行)함에 지계바라밀(持戒波羅蜜), 인욕바라밀(忍辱波羅蜜), 정진바라밀(精進波羅蜜), 선정바라밀(禪定波羅蜜), 반야바라밀(般若波羅蜜)을 수용하고 섭수한다. 다른 바라밀 또한 이와 다를 바 없다. 왜냐면, 육바라밀 여섯 수행법이 오직 지혜의 한마음 행(行)이기 때문이다. 만약, 보시(布施)에 상(相) 없으면 그것이 보시바라밀 수행에 육바라밀을 수용(受用) 섭수(攝受)함이며, 지계(持戒)에 상(相) 없으면 지계바라밀 수행에 육바라밀을 수용 섭수함이며, 인욕(忍辱)에 상(相) 없으면 인욕바라밀 수행에 육바라밀을 수용 섭수함이며, 정진(精進)에 상(相) 없으면 정진바라밀 수행에 육바라밀을 수용 섭수함이며, 선정(禪定)에 상(相) 없으면 선정바라밀 수행에 육바라밀을 수용 섭수함이며, 반야(般若)에 상(相) 없으면 반야바라밀 수행에 육바라밀을 수용 섭수함이다. 그러나 수행일심(修行一心)에 육바라밀을 수용(受用)하거나 섭수(攝受)할 수 없으면 조도법(助道法)으로 각각 별상법(別相法)으로 닦을 수 있다. 육바라밀 법(法)을 수용하고 섭수하는 수행자의 지혜근기에서 무량차별 업식차원(業識次元)이 벌어지게 된다. 그러나 무량차별이어도, 육바라밀법은 삶 속에 자타에 이로운 무량빛깔 조화(調和)의 세상을 이룬다.

● 육바라밀 특성은 상구보리 하화중생(上求菩提 下化衆生) 자타바라밀행(自他波羅蜜行)이다. 보시바라밀이 지계, 인욕, 정진, 선정, 반야바라밀을 수용 섭수하며, 지계, 인욕, 정진, 선정, 반야바라밀이 보시바라밀을 수용 섭수한다. 육바라밀이 반야바라밀 지혜 세계이므로 육바라밀 행의 지혜에 자타가 없고, 자타와 더불어 바라밀행이 육바라밀 수행세계이다. 그러므로 육바라밀은 대승보살지(大乘菩薩智) 자타구제 보살

도(菩薩道) 반야행(般若行)이다. 보시바라밀이 중생을 무여열반에 들게 하는 보살지혜의 행이며, 더불어 자비 보시행으로부터 중생을 구제하고 제도함과 사상심을 멸하여 무여열반에 이르게 하고, 무상지혜(無上智慧)에 이르게 하는 일체보시(一切布施)를 총섭(總攝)하는 불이자성(不二自性) 심공덕(心功德) 행이다.

● 삼학이나 육바라밀 수행자가 아뇩다라삼먁삼보리심을 발(發)하면 불법(佛法) 정수행(正修行) 팔정도(八正道) 수행에 들게 된다. 팔정도는 본성지혜 아뇩다라삼먁삼보리로 사상심이 없으므로 삼학 육바라밀처럼 계품(戒品)의 수행을 따로 두지 않는다. 무아(無我)를 통달(通達)한 실상에는 머물고 탐착할 상심(相心)이 없기 때문이다. 삼학과 육바라밀뿐만 아니라 일체 수행이 정견지혜(正見智慧)에 수용되고 섭수되어 그 허(虛)와 실(實)이 명백하고 분명하게 드러나며, 일체 수행 증과(證果)와 일체 수행심 분별 사(邪)의 경계가 파괴되고, 무염청정(無染淸淨)한 오롯한 본성만이 여실(如實)하고 여여(如如)하며 분명하고 명백하다. 일체상이 허물어진 그 자리에는 상(相)의 유무(有無)도 사라져 그 흔적을 찾을 수 없고, 나뿐만 아니라 제불(諸佛)의 지혜도 흔적을 찾을 수 없고, 높고 높은 무상존(無上尊) 제불(諸佛)의 일체각(一切覺)이 그 흔적과 티끌을 찾을 수가 없다. 나도 남도 없고 일체상(相)이 사라져, 봄이 없이 보고, 들음이 없이 들으니, 보이고 듣는 것도 상(相)이 없고, 보고 듣는 자(者)도 없으니, 대(對)가 끊어져 일체 그대로 자성(自性) 없는 청정(淸淨)이며, 일체 그대로 무염실상(無染實相)이다. 제법(諸法)은 자성(自性) 없는 청정상(淸淨相)을 드러내건만 중생은 상(相)에 젖어 있다. 상(相)을 떠

나 다른 곳에서 실상을 찾으면 억겁(億劫)을 헤매어도 실상에 들 수 없다. 보고 듣는 가운데 단박 본성을 깨달으면 흐름이 끊어진 물듦 없는 청정성(淸淨性)을 보게 된다. 보고 듣는 일체가 상(相) 없음을 깨달으면, 보고 듣는 일체상 그대로 실상이며, 본성 참 세계다. 보고 들음이 역력하고, 청황적백(靑黃赤白)이 분명해도 그 상(相)이 없어 무상(無相)이며, 보고 듣는 자(者)도 또한 없으니 무아(無我)라 한다. 안팎 없어 무상(無相)이며 원융(圓融)하고, 보고 듣는 자(者) 또한 상(相) 없고 실체 없어 무애(無碍)니, 무한(無限) 온 우주가 일심(一心)에 의지한 실체 없는 환(幻)이다.

● 팔정도(八正道)는 상(相) 없는 본심 묘용(妙用)이다. 삼라만상 일체상(一切相)과 삶의 일체사(一切事)가 본심묘용(本心妙用)에 팔정(八正)을 섭수(攝受)한다. 팔정(八正)이 상(相) 없는 본심일행(本心一行)이니, 여덟 가지가 있음이 아니라 무상일심(無相一心) 일행(一行)이다. 부처님께옵서 자식들을 지극히 염려하시고 더 없이 사랑으로 살피시어 팔정(八正)으로 일체경계에 허물없는 자성공덕(自性功德)의 삶을 살도록 하신 대비심(大悲心)이다.

● 팔정도(八正道)의 정(正)은 무아(無我)다. 무상(無相)이다. 무자성(無自性)이다. 청정본성(淸淨本性) 실상(實相)이다. 도(道)는 무아행(無我行)이다. 무상행(無相行)이다. 반야행(般若行)이다.

● 정견(正見)은 실상견(實相見)이다. 본성견(本性見)다. 무아견(無我見)이다. 무상견(無相見)이다. 아뇩다라삼먁삼보리심을 발함이다.

● 정사유(正思惟)는 실상관(實相觀)이다. 본성관(本性觀)

이다. 무아무상관(無我無相觀)이다. 무자성관(無自性觀)이다.

● 정어(正語)는 상(相)에 머묾 없는 행(行)의 말이다. 본성(本性)을 수순하는 행(行)의 말이다.

● 정업(正業)은 무아무상행(無我無相行)이다. 실상청정행(實相淸淨行)이다. 반야행(般若行)이다. 상(相)에 머묾 없는 일체행이다.

● 정명(正命)은 무아무상(無我無相)의 삶이다. 각(覺)의 삶이다. 반야행(般若行)의 삶이다. 성명(性明)의 삶이다.

● 정정진(正精進)은 무아무상행(無我無相行) 정진이다. 이는 정견(正見), 정사유(正思惟), 정어(正語), 정업(正業), 정명(正命)을 놓지 않는 정진(精進)이다.

● 정념(正念)은 마음이 항상 무자성(無自性) 본성(本性)에 순응(順應)함이다.

● 정정(正定)은 본성정(本性定)에 듦이다. 실상정(實相定)에 듦이다. 청정부동(淸淨不動)에 듦이다.

● 팔정도(八正道)는 정견(正見)의 지혜로 점차적으로 본성(本性)을 수순(隨順)하여 정정(正定)에 이르기까지 심(心)의 원융(圓融)에 드는 청정본심(淸淨本心) 각력수행(覺力修行)이다.

● 삼학(三學)은 소승적(小乘的) 성향(性向)이 있으며, 육바라밀(六波羅蜜)은 대승적(大乘的) 성향(性向)이 있으며, 팔정도(八正道)는 일승적(一乘的) 성향(性向)이 있다. 그러나 승(乘)은 법(法)의 차별로 논할 수 없으니, 법(法)은 사람이 수용하는 것이며, 승(乘)은 지행근기(智行根機)와 각력섭수(覺力攝受)의 역량이니 단지, 논리적 법(法)으로 승(乘)을 한계지을 수 없다.

● 금강경 전체의 내용이 팔정도(八正道)의 수행을 벗어나 있지 않다. 무아(無我)를 통달(通達)한 보살이 그 마음을 어떻게 해야 하며, 만약, 상(相)에 이끌림이 있으면 그 마음을 어떻게 다스려야 하는가를 수보리존자가 청법(請法)하고 부처님께옵서 그에 대한 가르침이 금강경이다. 부처님께서는 무아보살심행(無我菩薩心行)으로 대승보살도(大乘菩薩道) 중생구제의 대해(大海)로 보살들을 이끎이다. 그 길은 보살심 아뇩다라삼먁삼보리심의 더 없는 치열한 각성단련(覺性鍛鍊) 무아보살행(無我菩薩行)의 길이다. 중생구제 사사무애(事事無碍)의 길에서 원융무애(圓融無碍) 무한대비(無限大悲)를 향(向)한 치성(熾盛)한 각성(覺性) 승화의 길이다.

● 금강경은 아뇩다라삼먁삼보리심을 발한 자의 깨달음을 본심각성(本心覺性)을 수순하게 하고, 보살행으로 원융무애(圓融無碍)에 이르도록 선호념선부촉의 가르침이다. 선호념선부촉 내용 중에 여래(如來) 없는 미래 세상에까지 금강반야바라밀경이 전해져 여래(如來) 없는 세상 중생들도 이 경(經)에 의지해 청정신(淸淨信)으로 깨달음에 들고, 또한 이 경(經)을 사람들에게 널리 설(說)하여 많은 사람이 이 경(經)의 공덕으로 실상의 불가사의 무한공덕에 들도록 중생을 향한 여래대비심(如來大悲心)의 뜻이 담긴 실상 지혜의 경(經)이다.

● 완전한 깨달음을 얻으도 불법수행(佛法修行)이 끝나는 것이 아니다. 어둠을 벗어나면 무량무한 불가사의 각성(覺性)의 삶이 열린다. 불법(佛法)에서는 깨달음이 대단한 것이 아니라 깨달음 본심본각(本心本覺)인 상(相) 없는 세계가 불법(佛法) 삶의 기본이며 바탕이다. 중생의 경계에서는 깨달음도 불가사의 희유함이나 깨닫고 보면 그것이 나의 본심임을 알게 된다.

깨달음이 곧, 본심이니 깨달음이 중요한 것이 아니라 본심의 불가사의 무한가치 상승(上乘)의 길이 열린 것이 중요할 뿐이다. 이 불가사의 무한가치 공덕행 길에서 제불보살(諸佛菩薩)의 인연사(因緣事)가 다르다. 불법(佛法)은 깨달음으로 끝남이 아니다. 시종(始終)은 사상심 분별일 뿐, 시종(始終)이 사라지면 그제야 비로소 자기 삶에 눈뜸임을 알게 된다.

♣ 有持戒修福者 於此章句 能生信心 以此爲實(유지계수복자 어차장구 능생신심 이차위실) 계를 가지며, 복을 닦는 자가 있어 이 글귀에 능히 믿음의 마음이 일어나, 이를 실답게 여기느니라.

● 有持戒修福者(유지계수복자) 계를 가지며 복을 닦는 자, 이 여섯 자(六字)의 뜻(義), 불지견(佛智見)의 바른 이해를 돕기 위해 계품(戒品) 수행의 삼학과 육바라밀, 팔정도의 수행에까지 이야기를 풀어나갔다. 이 계(戒)의 경계는 경(經)의 내용 중에도 있겠지만, 차별의 계(戒)가 아니라 심(心)의 본성을 수순하는 자성계(自性戒)다. 지계(持戒)는 계(戒)를 행(行)함이다. 계(戒)를 행(行)함에 계(戒)를 수용(受用)하고 섭수(攝受)하는 경계가 지혜근기에 따라 다르다. 어떤 이는 규율(規律)로서, 어떤 이는 행위 다스림으로, 어떤 이는 자성(自性) 청정심(淸淨心)으로 계(戒)를 수용하고 섭수한다. 계(戒)의 목적은 악근소멸(惡根消滅)과 선근증장(善根增長)으로 본성에 순응하고 자타(自他)를 이롭게 함이 목적이다. 이 구절에서 지계(持戒)와 복(福)을 닦음이 본성을 순응하는 수행을 뜻한다. 불법(佛法) 일체가 상(相) 없는 법(法)이며 본심사(本心事)다.

♣ 有持戒修福者 於此章句 能生信心 以此爲實(유지계수복자 어차장구 능생신심 이차위실) 계를 가지며, 복을 닦는 자

가 있어 이 글귀에 능히 믿음의 마음이 일어나, 이를 실답게 여기느니라.

위 구절 뜻은 상(相) 없는 마음 무위계(無爲戒)를 닦으며 본성무위(本性無爲)의 복(福)을 닦는 자(者)는 凡所有相 皆是虛妄 若見諸相非相 卽見如來(범소유상 개시허망 약견제상비상 즉견여래) 무릇 있는 바 상은 다 이것이 허망한 것이니 만약 모든 상을 보되 상이 아니면 즉, 여래를 봄이니라. 는 이 글에 능히 바른 믿음의 마음이 일어나 실답게 여길 것이니라. 는 말씀이시다.

● 能生信心(능생신심)은 능(能)은 상(相) 없음이며 곧, 본심이다. 생신심(生信心)은 믿음의 마음을 일으킴이다. 그러므로 능생신심(能生信心)이란 상(相) 없는 본심을 발(發)하는 믿음의 마음이다. 능생신심(能生信心)이 어떤 믿음일까? 곧, 사상(四相) 없는 믿음이다. 다음 구절 내용에서 능생신심(能生信心)으로 사상(四相)도 없고, 법상(法相)도 없고, 비법상(非法相)도 없는 실상(實相)을 발(發)하였음을 설(說)하신다. 능생신심(能生信心)은 실상을 드러내는 글과 말에 대한 이해의 믿음이 아니라 분별과 사량의 이해를 거치지 않고 그 실상의 말씀을 바로 믿음이다. 만약, 이러한 믿음을 일으킨다면 불가사의며 희유함이다. 중생은 차별심 속에 있으므로 무엇이든 상심(相心)에 의해 분별하고 사량하며 자기의 견해로 이해하려고 할 뿐 여래(如來)의 불지혜(佛智慧)에 바로 믿음으로 들기가 쉽지 않다. 그것이 분별심 업력 숙세(宿世)의 묶은 습관 때문이다. 분별심은 분별심으로 끊을 수가 없다. 분별심은 이해력으로 끊어지는 것이 아니다. 이 경(經) 속에서는 실상을

195

깨닫는 아뇩다라삼먁삼보리심에 드는 두 가지의 길이 있으니, 하나는 부처님께옵서 실상을 설하시는 말씀에 바로 믿음으로 실상을 깨닫는 길이며, 또 하나는 제상(諸相)이 비상(非相)임을 깨닫는 수행으로 실상지혜를 발(發)하는 길이다. 그러나 이 두 길이 인위적으로 되는 것이 아니다. 불법선근(佛法善根)과 지혜근기(智慧根機)가 있어야 하며, 이 두 길 또한, 깨달을 수 있는 기연(機緣)의 순간을 맞아야 한다. 깨달음의 한 순간은 우연히 맞닿게 되나 깨달음이 우연이 아니다. 그리고 깨달음이 그냥 단순한 것이 아니다. 유위심(有爲心)을 여의어 무위심(無爲心)에 드는 것이며, 유위(有爲) 세계에서 무위(無爲) 세계에 듦이다. 이는 중생인 아상(我相)과 사상(四相)을 벗어 생멸 없는 일체상이 끊어진 본심(本心), 본성(本性), 본각(本覺)에 드는 것이다. 인연사에 따라 지극한 수행으로 또는, 몇 생의 노력으로 한 순간 맞닿게 되는 깨달음의 기연(機緣)이다. 아뇩다라삼먁삼보리 깨달음을 얻기 전에는 나를 알 수가 없다. 중생의 삶은 나를 모르는 미혹의 삶이며, 자타(自他)에 속박된 삶이며, 스스로 상심(相心) 업력 나를 벗어날 수가 없다. 그것이 사상(四相)이다.

● 경(經)의 믿음에도 차별이 있다. 경(經)이 불설(佛說)임을 믿음은 불교인(佛敎人)의 보편적 믿음일 뿐, 경(經)의 내용에 대한 진실한 믿음은 아니다. 불법(佛法)과 경(經)의 공덕을 수용하고 섭수하는 선근근기(善根根機)와 지혜근기(智慧根機) 인연사(因緣事)는 누구나 같지 않다. 경(經)이 단지, 불설(佛說)임을 믿는 것으론 자기의식과 삶을 관조(觀照)하는 자각인성(自覺因性) 인연을 갖지 못한다. 다만, 성인(聖人)의 가르침으로 인식할 뿐 선근(善根)과 지혜근기가 그 법(法)을 수용하

고 섭수하는 법신(法信) 인연을 갖지 못한다. 또 다른 믿음은 경(經)에 대한 법신(法信)의 믿음이다. 이 믿음은 경설(經說)이 사실(事實)임을 믿음이다. 이 믿음은 경(經)의 법(法)을 수용하고 섭수하는 것이니 이는 불지견(佛智見)에 대한 확신(確信)이다. 이 불지견(佛智見)에 대한 확신은 자기의식과 삶을 두루 관조(觀照)하는 계기가 된다. 불지견(佛智見)에 대한 법신(法信) 인성(因性)의 깊이는 법(法)의 공덕을 수용하고 섭수하는 선근근기의 깊이다. 법신(法信)의 깊이는 개개인 선근과 지혜근기에 따라 무량차별 인성(因性)으로 벌어진다. 법신(法信)의 경계에서 선근과 지혜근기에 따라 불가사의 희유한 실상지혜(實相智慧)를 증득(證得)할 수도 있다. 이는 불설(佛說)이 계기(契機)가 되어 단박, 사상심이 사라져 청정본성(淸淨本性)이 바로 드러나 불가사의 희유한 실상(實相)에 듦이다. 개인의 선근과 지혜근기에 따라 법신(法信)의 차별상에 있어 또 다른 경우는 법신(法信)의 경계에서 혼란이 올 수가 있다. 자기의식과 삶을 의지하는 일체가 잘못된 환(幻)이며 허물어지는 법신(法信)의 긍정적 혼란이다. 불지견(佛智見)에 대한 믿음은 자기 파괴며 의식과 삶이 혼란스럽기 때문이다. 이러한 법신(法信)의 믿음을 일으킴도 선근근기가 참으로 희유함이다. 이 법신(法信) 경계에서도 선근과 지혜근기에 따라 경(經)의 지혜와 공덕을 수용하고 섭수하게 된다. 또 다른 선근과 지혜근기에 따라 법신(法信)의 경계에서 믿음을 일으키므로 경설(經說)의 뜻(義)을 알려고 법(法)에 대한 추구력을 일으킴이다. 이 법신(法信)의 경계는 자기의식과 관념이 굳어져 허물어지지 않으나 여래(如來)의 경설(經說)에 긍정적으로 그 뜻(義)과 법(法)에 대한 추구력을 가진다. 선근과 지혜근기에 따라 또 다른 법신(法信)의 경계는 경(經)은 불설(佛說)이므로 다만, 경(經)에 대한 믿음을 가지되 그 뜻(義)과 가르침의 요지(要旨)를 알려는 추구력은 없으며, 단지 부처님을 믿으며 부처님의 가르침 경(經)을 가까이하는 것만으로도 심리적 안정으로 만족하는 선근(善根)과 지혜근기(智慧根機)다.

● 금강경 부처님 말씀 중 어느 구절, 어느 글귀에도 실상과 본성을 벗어난 말씀은 한 곳도 없다. 실상과 본성을 벗어난 말씀은 불법(佛法)이 아니다. 인과(因果)와 일체상(一切相)을 말씀하셔도 여래(如來)의 뜻(義)은 실상을 벗어나 있지 않다. 왜냐면 중생은 상(相)과 실상(實相) 둘(二)을 분별하지만 여래(如來)의 각지(覺智)에는 둘(二) 없는 그대로 실상(實相)이기 때문이다.

當知是人 不於一佛二佛三四五佛 而種善根 已於
당 지 시 인   불 어 일 불 이 불 삼 사 오 불   이 종 선 근   이 어

無量千萬佛所 種諸善根 聞是章句 乃至 一念生
무 량 천 만 불 소   종 제 선 근   문 시 장 구   내 지   일 념 생

淨信者
정 신 자

당연히 알아라. 이 사람은 일불 이불 삼사오불에 선근을 심었을 뿐만 아니라, 이미 무량천만불의 처소에서 갖가지 모든 선근을 심었으므로, 이 글귀의 어느 부분이든 듣고, 한 생각 깨끗한 믿음을 내는 자이니라.

● 위의 구절은 수승한 지혜근기(智慧根機)는 실상 글귀를 듣고 능히 믿음이 일어나 경(經)의 말씀이 사실임을 알아 곧, 상(相) 없는 청정(淸淨)한 믿음에 든다는 것이다. 능히 믿음

을 일으키는 불법선근(佛法善根)의 인연은 우연이 아니라 무량천만불(無量千萬佛)의 처소에서 모든 선근을 심었음을 설하심이다.

♣ 無量千萬佛所 種諸善根(무량천만불소 제종선근) 무량천만불의 처소에서 갖가지 모든 선근을 심었느니라. 이 말씀은 모든 부처님 처소에서 무량천만불(無量千萬佛)의 실상법(實相法)과 무량조도법(無量助道法)과 무량방편(無量方便) 선근공덕과 지혜를 닦았음을 일컬음이다.

♣ 聞是章句 乃至 一念生淨信者(문시장구 내지 일념생정신자) 이 글귀의 어느 부분이든 듣고, 한 생각 깨끗한 믿음을 내는 자이니라.

● 내지(乃至)의 뜻은 양(量)의 부분이나 정도를 뜻하기도 하며, 또한, 혹은, 의미도 지니고 있다. 이 경(經)의 내용 부분에는 내지(乃至)의 뜻이 문장(文章)의 뜻에 따라 양(量)의 부분이나 정도를 뜻하기도 하며, 또한, 혹은, 의미가 있다. 또, 둘의 의미를 같이 새기거나 어느 것으로 보아도 무방한 곳이 있다. 그러나 문장(文章)보다 경(經)의 내용과 의미에 우선하여 새겼음을 말씀드립니다.

● 문시장구 내지 일념생정신자(聞是章句 乃至 一念生淨信者) 금강경 글귀의 어느 한 부분이든 듣고 상(相)에 물듦 없는 한 생각(一念) 사상(四相) 없는 믿음을 내는 자(者)이니라. 는 뜻이다.

● 일념생정신(一念生淨信)은 범소유상 개시허망 약견제상비상 즉견여래(凡所有相 皆是虛妄 若見諸相非相 卽見如來)에 수보리존자께서 미래의 중생들이 상(相) 없는 실상 글귀에 믿음을 내겠습니까? 물음에 여래(如來)께서는 제불제종선근(諸

佛諸種善根)을 심은 자(者)는 상(相) 없는 실상 한 글귀를 듣고 상(相) 없는 한 생각 깨끗한 믿음을 발(發)함을 일컬음이다. 이는 실상을 드러내는 글귀를 믿어 바로 실상에 듦을 뜻한다.

● 일념생정신(一念生淨信)은 곧, 발심(發心)이다. 발심(發心)이란 발아뇩다라삼먁삼보리심을 줄인 말이다. 발심(發心)은 곧, 상(相) 없는 본심을 발(發)함을 뜻한다.

● 육조(六祖) 혜능대사(慧能大師)께서는 어떤 이가 읽는 금강경 한 구절, 응무소주 이생기심(應無所住 而生其心) 응당 머무른 바 없는 그 마음을 내어야 하느니라. 는 구절을 듣고 바로 본심을 깨닫는다. 즉, 아뇩다라삼먁삼보리심을 발(發)한다. 혜능대사께서 이 구절을 들으시고 아뇩다라삼먁삼보리심으로 오조(五祖) 홍인대사(弘忍大師)를 처음 뵙고 본심을 깨달은 경계를 드러내는 법(法)이 육조단경(六祖壇經)에 있다. 혜능대사께서 응무소주 이생기심(應無所住 而生其心) 구절에서 어떠한 발심(發心)인가는 홍인대사와 대화에서 혜능대사의 발심(發心) 경계를 확인할 수가 있다. 응무소주 이생기심(應無所住 而生其心) 그 자체가 곧, 상(相) 없는 본심 아뇩다라삼먁삼보리심을 행(行)함이다. 사상심 있으면 이 구절에 마음을 어디에도 머무르지 말고 행(行)하라는 뜻으로 알게 된다. 왜냐면 일으키는 마음(生心)만 마음으로 알기 때문이다. 사상심에는 마음을 일으키지 않아도 상(相)에 머묾의 마음이다. 사상심에는 마음을 일으키거나 일으키지 않거나 상(相)에 머무름을 벗어날 수 없다. 의식(意識)이 사상심이니, 그것을 스스로 확인하려면 마음을 일으켰을 때에도 마음을 일으킨 내가 있고, 마음을 일으키지 않아도 마음을 일으키지 않은 내가 있

음을 인식할 수 있다. 이것이 사상심 속에 있음이다. 상(相)은 다름이 아니라 나, 그것이 곧, 상(相)이다. 상(相)이 타파되기 전에는 의식이 유무(有無)를 벗어날 수가 없다. 왜냐면 의식 자체가 상(相)에 머무름이며 유(有)이기 때문이다. 의식에 의지해 유무(有無)를 인식하는 것은 상(相)의 차별상 사상심이다. 사상심이 없으면 상(相) 없는 마음을 씀으로 본심 공덕을 유출하고 심신일행(心身一行)이 상(相) 없는 복덕성을 갖추게 된다.

● 법성게(法性偈)에 초발심시변정각(初發心時便正覺), 이라는 구절 중의 발심(發心)도 즉, 발아뇩다라삼먁삼보리심이다. 즉, 본심(本心)을 발함을 뜻한다. 발심(發心)은 제법(諸法) 청정본성(淸淨本性)을 깨달아 무위(無爲)에 듦을 일컬음이다. 또한, 수행심을 발(發)하는 유심발심(有心發心)을 일상에서는 발심(發心)이라 하기도 한다. 유심발심(有心發心)은 본심에 들기 위한 발심과 선근지혜과 선근공덕을 위한 마음을 일으키는 유위발심(有爲發心)이다. 유위발심(有爲發心)은 사상심이다. 깨달음을 얻어 본심을 발(發)함은 허공(虛空)과 같이 시종(始終) 없고 생멸 없어 변함없으나, 유심발심(有心發心)은 사상심 의식작용 생멸심이니 모래알과 같고 뜬구름과 같다. 그러나 선근근기가 수승하고 의지가 지극하여 불퇴전심(不退轉心)이라면 모래알을 모아 수미산을 만들고, 뜬구름을 모아 무량천(無量天)을 이루어 허공법계(虛空法界)와 천지만물 만생명(萬生命)을 구제하는 감로수(甘露水)가 끊임없으리라. 무엇이든 가치있는 금(金)과 같은 생각을 일으키는 자(者)는 많아도 완성하기 어려움은 선근이 부족하거나 스스로 의지가 나약함 때문이 아니라 마음에 분별심 두 생각이 있기 때문이다.

● 문시장구 내지 일념생정신자(聞是章句 乃至 一念生淨信者) 이 글귀의 어느 부분이든 듣고 한 생각 깨끗한 믿음을 내는 자이니라. 뜻은 금강경 상(相) 없는 실상의 글귀 어느 한 부분이라도 들으면 상(相) 없는 청정본심(淸淨本心) 아뇩다라 삼먁삼보리심을 발하는 자이다. 상(相) 없는 실상을 드러내는 한 글귀에 상심(相心) 없는 깨끗한 청정실상심(淸淨實相心)을 발하는 수승한 선근은 무량천만불(無量千萬佛)의 처소에서 실상법(實相法)과 무량조도법(無量助道法)과 무량방편 선근공덕과 지혜근기를 닦았기 때문임을 설(說)하심이다.

須菩提 如來 悉知悉見 是諸衆生 得如是無量福
수보리 여래 실지실견 시제중생 득여시무량복
德 何以故 是諸衆生 無復我相人相衆生相壽者相
덕 하이고 시제중생 무부아상인상중생상수자상
無法相 亦無非法相 何以故 是諸衆生 若心取相
무법상 역무비법상 하이고 시제중생 약심취상
卽爲着我人衆生壽者 若取法相 卽着我人衆生壽
즉위착아인중생수자 약취법상 즉착아인중생수
者 何以故 若取非法相 卽着我人衆生壽者 是故
자 하이고 약취비법상 즉착아인중생수자 시고
不應取法 不應取非法
불응취법 불응취비법

수보리야, 여래는 이 모든 중생이 이와 같이 무량복덕을 얻음을 다 알고, 남김없이 다 보느니라. 어떠한 연유이냐 하면은, 이 모든 중생이 다시는 아상 인상 중생상 수자상이 없으며, 법상도 없고, 또한 비법상도 없기 때문이니라. 어떠한 까닭이냐 하면은, 이 모든 중생이 만약 마음에 상을 취하면은 즉, 아 인 중생 수자가 생기며, 만약 법상을 취하여도 즉, 아 인 중생 수자가 생기느니라. 어떠한 연유이냐 하면은, 만약 비법상을 취하여도 즉, 아 인 중생 수자가 생기기 때문이니라. 이러하기 때문에 응당 법을 취하지 말아야 하며, 응당 비법도 취하지 말아야 하느니라.

♣ 須菩提 如來 悉知悉見 是諸衆生 得如是無量福德(수보리 여래 실지실견 시제중생 득여시무량복덕) 수보리야, 여래는 이 모든 중생이 이와 같이 무량복덕을 얻음을 다 알고, 남김 없이 다 보느니라.

● 위의 구절에 여래(如來)께서 청정한 믿음으로 아뇩다라 삼먁삼보리심을 발(發)한 모든 중생을 다 알고 남김없이 다 본다 하니, 이 말씀이 사실일까? 이렇게 생각하는 것이 상심 (相心)의 장애의식(障碍意識)이다. 원융무애(圓融無碍) 각성 능행(覺性能行)은 불가사의며 불가사의하다. 여래(如來)께옵 서는 일체상(一切相)에 걸림 없음은 밝은 대낮 자기 손바닥 보듯 훤히 다 알고 다 본다.

♣ 是諸衆生 得如是無量福德(시제중생 득여시무량복덕) 이 모든 중생이 이와 같이 무량복덕을 얻는다. 하심의 무량복덕 은 아뇩다라삼먁삼보리심 본심무한공덕(本心無限功德)에 듧 이 무량복덕이다. 중생심이 사상심이니 중생계 복덕은 상(相) 의 복덕이므로 크고 작음과 생멸상이 있다. 그러나 무상본심 (無相本心) 복덕은 상(相)으로 측량할 수 없고, 제식(諸識)의 분별과 헤아림 사량으로도 그 무한 무량복덕을 헤아릴 수가 없다. 무상본심(無相本心)에 듧은 불가사의한 복덕이다. 그런 데 복덕(福德)은 무엇일까?

● 복(福)은 자신이 누리는 것이다. 누린다는 것은 혜택이다. 자연적이든, 인위적이든, 인연적이든, 인과적이든, 형상적이든, 무형적이든, 정신적이든, 육체적이든, 심리적이든, 개인적이든, 사회적이든, 인연관계든, 시간적이든, 세월적이든, 먹는 것이든, 듣는 것이든, 만나는 것이든, 헤어지는 것이든, 오는 것이든, 가는 것이든, 생(生)하는 것이든, 멸(滅)하는 것이든 일체(一切) 것이 누리는 혜택 복(福)이다.

● 덕(德)은 수용(受用)하고 섭수(攝受)함이다. 수용(受用)도 받아들이는 작용이며, 섭수(攝受)도 받아들이는 작용이다. 그러나 수용(受用)의 받아들임과 섭수(攝受)의 받아들임이 어떤 차이가 있을까? 수용(受用)은 대법수용(對法受用)이다. 이는, 그것이 무엇이든 내가 있고 대상(對相)이 있으며, 내가 대상을 받아들이는 작용을 수용(受用)이라고 한다. 섭수(攝受)는 절대섭수(絶對攝受)다. 이는, 그것이 무엇이든 대상(對相)의 개념이 사라진 온전히 나로 받아들이는 작용이다. 수용(受用)과 섭수(攝受)의 작용은 내 몸 밖의 물을 입으로 먹음은 수용(受用)이며, 이 물이 몸 안에서 작용하여 나의 몸 일부가 되어 내 몸의 각 부분으로 흡수됨을 섭수작용이다. 수용(受用)은 대상(對相)의 개념이 있으며, 섭수(攝受)는 대상(對相)의 개념이 끊어진 불이(不二)다.

● 불가사의 복덕은 곧, 무상본심(無相本心) 무위복덕이다. 발아뇩다라삼먁삼보리심으로 본심 불가사의 복덕에 들게 된다. 자성(自性)이 그대로 만법만상(萬法萬相)과 제불(諸佛)의 일체 공덕을 섭수하고 그 공덕을 유출하는 불가사의 복덕이다.

♣ 須菩提 如來 悉知悉見 是諸衆生 得如是無量福德 何以故

204

是諸衆生 無復我相人相衆生相壽者相 無法相 亦無非法相(수보리 여래 실지실견 시제중생 득여시무량복덕 하이고 시제중생 무부아상인상중생상수자상 무법상 역무비법상) 수보리야, 여래는 이 모든 중생이 이와 같이 무량복덕을 얻음을 다 알고, 남김없이 다 보느니라. 어떠한 연유이냐 하면은, 이 모든 중생이 다시는 아상 인상 중생상 수자상이 없으며, 법상도 없고, 또한 비법상도 없기 때문이니라.

● 무량복덕을 얻음이 본심에 듦이다. 본심은 무량복덕 체성(體性)으로 일체만법을 섭수(攝受)고 일체불법(一切佛法) 무량공덕실상(無量功德實相)에 듦이다.

● 아상, 인상, 중생상, 수자상 없음이 본심에 듦이다. 본심에 들면 아상, 인상, 중생상, 수자상이 없다. 일체상을 여읨이 사상(四相)을 여읨이며, 사상(四相)을 여읨이 일체상을 여읨이다. 일체상을 여의니 사상(四相)이 없으며, 불법(佛法)의 법상(法相)도 없으며, 깨달음의 비법상(非法相)도 없다.

● 이 구절의 무법상(無法相)은 불법상(佛法相)이 없음이다. 역무비법상(亦無非法相)은 또한 깨달음을 얻은 상(相)이 없음이다. 실상이 상(相)이 아니니, 실상을 얻은 상(相)이 없음을 일컬음이다. 즉, 깨달음으로 실상(實相)에 들어 불법(佛法)의 법상(法相)과 깨달음의 상(相)까지 없음이다.

● 불법상(佛法相)이란 부처님께서 설(說)하신 법(法)이 있다는 견해(見解)다. 이는, 불법(佛法)이 있다고 보는 유견상(有見相)이다. 그러므로 불법(佛法)에 들려고 하고, 불법(佛法)을 구하려고 하고, 불법(佛法)을 성취하려고 한다. 일체불법(一切佛法)이 상(相) 없는 법(法)이다. 불법(佛法)이 있다는 법상(法相)을 가지므로 불법(佛法)을 구하고 성취하려고 한

다. 구하고 성취하려는 삼학(三學)의 계정혜(戒定慧)와 육바라밀(六波羅蜜法)의 보시, 지계, 인욕, 정진, 선정, 지혜와 팔정도(八正道) 정견, 정사유, 정어, 정업, 정명, 정정진, 정념, 정정과 아뇩다라삼먁삼보리, 불지혜(佛智慧), 반야(般若), 본심(本心), 본성(本性), 본각(本覺), 각성(覺性), 삼매(三昧), 선정(禪定), 해탈(解脫), 깨달음, 자성(自性), 실상(實相), 무아(無我), 무상(無相), 무자성(無自性), 공(空), 불생불멸(不生不滅), 성불(成佛), 바라밀(波羅蜜), 불(佛), 법신(法身), 보신(報身), 화신(化神), 진여(眞如), 각(覺) 등 일체불법(一切佛法)이 법(法)이 있어 구(求)하고 얻으며, 성취하는 소득(所得)의 유위법(有爲法)이 아니다. 일체불법(一切佛法)이 상(相)이 없다. 그러므로 불법(佛法)을 얻으려 하거나 성취하려 하면 유견심(有見心) 상심(相心)이다. 상(相) 없음이 일체불법(一切佛法)이다. 사상심을 여의지 않고 불법(佛法)이 있다는 분별심으로 불법(佛法)을 얻으려 하면 성취할 수 없다. 왜냐며, 불법(佛法)은 상(相)과 유심(有心)으로 얻어지는 상법(相法)이 아니기 때문이다. 불법(佛法)을 얻고, 구하고, 완성하는 소득법(所得法)으로 봄이 불법유견(佛法有見) 법상(法相)이다. 단지, 상(相)을 여의면 바로 불세계(佛世界) 불법(佛法) 실상에 들게된다. 불법(佛法)의 일체수행법은 사상심을 멸(滅)하여 본심에 드는 조도수행법(助道修行法)이다. 불법(佛法)은 상(相) 없는 본심법이니 본심에 이르기 전에는 불법정도(佛法正道)라고 할 수 없다. 왜냐면, 유심(有心)은 중생심 사상심이며, 본심에 이르지 못한 일체는 상심(相心)과 유견(有見)에 의지한 소득심(所得心)이기 때문이다. 부처님께옵서 법(法)을 설하셨어도 상(相) 없는 법(法)이니, 여래(如來)의 설함과 법(法)이 있을 수가 없다. 그러므로 불법(佛法)이 있다 함은 불법(佛法)을 정(定)해보는 것이니, 이것이 곧, 유심(有心)이며, 유견(有見)이며, 상심(相心)이며, 법상(法相)이다. 또한 유심(有心)과 유견(有見)으로 불법(佛法)이 없다 하여도 무견(無見)과 단멸(斷滅)에 떨어진다. 아뇩다라삼먁삼보리심에 들기 전에는 불법(佛法)을 알 수가 없다. 불법(佛法)이 사상심 없는 무위본성이며 무위본심이기 때문이다.

● 이 경(經)의 본성지혜, 상(相) 없는 실상을 드러내는 어느 한 구절이든 의심 없어 상(相) 없는 청정한 믿음으로 바로 실상에 들어 깨달음을 얻는 희유함의 이치(理致)가 불법(佛法) 실체가 상(相) 없는 여기에 있다. 불법(佛法)이 유위법(有爲法)이면 믿음으로 바로 깨달음에 듦이 불가능하다. 왜냐면, 불법(佛法)이 유위법(有爲法)이면 인과법(因果法)의 섭리를 따라 인위적 노력으로 만들고 창조하며 조작(造作)해야 하므로 시간상으로 노력하고 심신의 노력에 따라 성취가 결정되기 때문이다. 그러나 불법(佛法)은 유위법(有爲法)이 아닌 무위본심에 바로 드는 상(相) 없는 법(法)이므로 잠을 깨면 꿈속 환(幻)이 단박 사라지듯, 상(相) 없음을 깨달으면 무위본심에 바로 들게 된다. 의심 없는 믿음으로 이 경(經)의 어느 구절이든 듣고 기연(機緣)을 따라 청정한 믿음 공덕으로 바로 깨달음에 들어 아뇩다라삼먁삼보리를 성취하는 불가사의 묘법비결(妙法秘訣)의 이치(理致)가 여기에 있다. 만약, 불법(佛法)이 본심법 아닌 유위법(有爲法)이라면 힘들게 시간적 노력으로 본심을 얻겠지만, 불법(佛法)은 유위법(有爲法)이 아니니 의식(意識)의 환영(幻影)에서 단박 눈만 뜨면 시간과 심신수행(心身修行)을 초월해 바로 아뇩다라삼먁삼보리 본각대해(本

覺大海)에 들게 된다.

● 실상(實相), 무아(無我), 본성(本性), 반야(般若), 아뇩다라삼먁삼보리 등, 이 무위법(無爲法)은 상(相)을 벗어난 법(法)이므로 여래(如來)께옵서 불(佛)을 성취하시어 무위(無爲)의 실상과 본성을 이 세상에 드러내시어 설(說)하시므로 이 땅의 중생들이 실상, 본성, 본심, 반야, 아뇩다라삼먁삼보리가 있음을 비로소 알게 되었고, 중생들도 비로소 자기의 실상과 본성과 본심의 세계가 있음을 깨닫게 되었다. 만약, 부처님께옵서 불(佛)을 성취하시고 깨달음의 실상과 본성의 지혜를 설(說)하시지 않으셨다면 중생들은 자신 존재의 실상과 본성과 본심을 알 수가 없다. 그것은 사상심을 여의어 일체상을 벗어나므로 깨닫게 되는 무위(無爲)의 상(相) 없는 본성이기 때문이다.

● 아상, 인상, 중생상, 수자상, 사상(四相)이란, 마음에 아(我)가 있거나 머무르거나 일으키면 사상(四相)이다. 이 까닭은 아(我)가 있으면 상(相)의 대(對)가 벌어지며, 상(相) 없는 절대(絶對) 본심과 본성을 벗어나기 때문이다. 형상뿐 아니라 불법상(佛法相)을 지어도 청정본성(淸淨本性)에는 유무(有無)의 상(相)을 지음과 다를 바 없다.

♣ 何以故 是諸衆生 若心取相 卽爲着我人衆生壽者 若取法相 卽着我人衆生壽者 何以故 若取非法相 卽着我人衆生壽者 是故 不應取法 不應取非法(하이고 시제중생 약심취상 즉위착아인중생수자 약취법상 즉착아인중생수자 하이고 약취비법상 즉착아인중생수자 시고 불응취법 불응취비법) 어떠한 까닭이냐 하면은, 이 모든 중생이 만약 마음에 상을 취하면은 즉, 아 인 중생 수자가 생기며, 만약 법상을 취하여도 즉, 아 인 중생

수자가 생기느니라. 어떠한 연유이냐 하면은, 만약 비법상을 취하여도 즉, 아 인 중생 수자가 생기기 때문이니라. 이러하기 때문에 응당 법을 취하지 말아야 하며, 응당 비법도 취하지 말아야 하느니라.

♣ 何以故 是諸衆生 若心取相 卽爲着我人衆生壽者 若取法相 卽着我人衆生壽者(하이고 시제중생 약심취상 즉위착아인중생수자 약취법상 즉착아인중생수자) 어떠한 까닭이냐 하면은, 이 모든 중생이 만약 마음에 상을 취하면은 즉, 아 인 중생 수자가 생기며, 만약 법상을 취하여도 즉, 아 인 중생 수자가 생기느니라.

● 위의 구절 뜻(義)은 만약, 마음에 유무(有無)의 상(相)을 취(取)하여도 아(我), 인(人), 중생(衆生), 수자(壽者)가 생기며, 만약, 불법(佛法)에 대한 법상(法相)을 취(取)하여도 아(我), 인(人), 중생(衆生), 수자(壽者)가 생기느니라.

● 아(我), 인(人), 중생(衆生), 수자(壽者)와 아상(我相), 인상(人相), 중생상(衆生相), 수자상(壽者相)과 아견(我見), 인견(人見), 중생견(衆生見), 수자견(壽者見)이 어떻게 다를까?

● 아(我), 인(人), 중생(衆生), 수자(壽者)는 상(相)을 정(定)해 봄이다. 아(我)는 내가 있음을 정(定)해 봄이며, 이것이 있음을 정(定)해 봄이다. 아(我)가 있으므로 인(人)이 일어나니, 인(人)은 내가 아닌 상대(相對)가 있음을 정(定)해 봄이며, 이것이 아닌 저것이 있음을 정(定)해 봄이니 즉, 차별을 봄이다. 인(人)이 있으므로 중생(衆生)이 일어나니, 중생(衆生)은 머무름이며, 집착할 것이 있음을 정(定)해 봄으로 좋아하고 싫어하며, 좋아하지도 싫어하지도 않는 것을 정(定)해 봄이다. 중생(衆生)이 있으므로 수자(壽者)가 일어나니, 수자(壽

者)는 생멸 변화와 생사가 있음을 정(定)해 봄으로 좋아하는 것은 영원하길 바라며, 싫어하는 것은 빨리 끝나기를 바라는 정(定)함이다. 이는 상(相)의 실상(實相)을 모르므로 일어나는 상(相)을 정(定)해 봄이다.

● 아상(我相), 인상(人相), 중생상(衆生相), 수자상(壽者相)은 유(有)의 상(相)을 가짐이다. 아상(我相)은 내가 있다는 상(相)을 가짐이며, 이것이 있다는 상(相)을 가짐이다. 아상(我相)이 있으므로 인상(人相)이 일어나니, 인상(人相)은 내가 아닌 상대(相對), 너가 있다는 차별 상(相)을 가짐이며, 저것이 있다는 차별 상(相)을 가짐이다. 인상(人相)이 있으므로 중생상(衆生相)이 일어나니, 중생상(衆生相)은 머무를 것이 있다는 상(相)을 가짐이며, 머무르고 집착할 것이 있다는 상(相)을 가짐으로 좋아하고 싫어하며, 좋아하지도 싫어하지도 않는 상(相)을 가짐이다. 중생상(衆生相)이 있으므로 수자상(壽者相)이 일어나니, 수자상(壽者相)은 생멸, 변화, 생사가 있다는 상(相)을 가짐으로 좋아하는 것은 영원하길 바라며, 싫어하는 것은 빨리 끝나기를 바라는 상(相)이다. 이는 상(相)의 실상(實相)을 모르므로 일어나는 상(相)이다.

● 아견(我見), 인견(人見), 중생견(衆生見), 수자견(壽者見)은 상(相)에 대한 견해(見解)를 가짐이다. 아견(我見)은 내가 있다는 견해(見解)를 가짐이며, 이것이 있다는 견해(見解)를 가짐이다. 아견(我見)이 있으므로 인견(人見)이 일어나니, 인견(人見)은 나 아닌 너가 있다는 차별 견해를 가짐이며, 이것이 아닌 저것이 있다는 차별 견해를 가짐이다. 인견(人見)이 있으므로 중생견(衆生見)이 일어나니, 중생견(衆生見)은 머무를 것이 있다는 견해를 가짐이며, 집착할 것이 있다는 견해

를 가짐으로, 좋아하고 싫어하며, 좋아하지도 싫어하지도 않는 견해가 있다. 중생견(衆生見)이 있으므로 수자견(壽者見)이 일어나니, 수자견(壽者見)은 생멸, 변화, 생사가 있다는 견해를 가짐으로, 좋아하는 것은 영원하길 바라며, 싫어하는 것은 빨리 끝나기를 바라는 견해다. 이는 상(相)의 실상(實相)을 모르므로 일어나는 상견(相見)이다.

● 아(我), 인(人), 중생(衆生), 수자(壽者) 사상심(四相心)이 눈, 귀, 코, 혀, 몸, 뜻 육근(六根)과 색(色), 성(聲), 향(香), 미(味), 촉(觸), 법(法) 육진(六塵)과 의식(意識)에 각각(各各) 작용하며 몸과 사물(事物)과 심신(心身)과 환경에 각각(各各)으로, 쌍(雙)으로, 쌍쌍(雙雙)으로, 심신내외(心身內外) 순(順)과 역(逆), 순역(順逆) 쌍(雙)으로, 쌍쌍(雙雙)으로 작용한다.

♣ 不應取法 不應取非法(불응취법 불응취비법) 응당 법을 취하지 말아야 하며, 응당 비법도 취하지 말아야 하느니라.

● 위의 뜻은, 응당 불법(佛法)도 취(取)하지 말아야 하며, 응당 유무(有無)의 상(相)도 취(取)하지 말아야 하느니라. 는 뜻이다. 이는 만약 마음에 상(相)을 취(取)하면은 사상(四相)이 생기며, 불법(佛法)이 있다는 법상(法相)을 취(取)해도 사상(四相)이 생김이니, 응당 불법(佛法) 상(相)도 취(取)하지 말아야 하며, 응당 생멸(生滅), 유무(有無)의 상(相)도 취(取)하지 말아야 하느니라. 는 뜻이다.

♣ 何以故 是諸衆生 若心取相 卽爲着我人衆生壽者 若取法相 卽着我人衆生壽者 何以故 若取非法相 卽着我人衆生壽者 是故 不應取法 不應取非法(하이고 시제중생 약심취상 즉위착아인중생수자 약취법상 즉착아인중생수자 하이고 약취비법상

즉착아인중생수자 시고 불응취법 불응취비법) 어떠한 까닭이냐 하면은, 이 모든 중생이 만약 마음에 상을 취하면은 즉, 아인 중생 수자가 생기며, 만약 법상을 취하여도 즉, 아 인 중생 수자가 생기느니라. 어떠한 연유이냐 하면은 만약 비법상을 취하여도 즉, 아 인 중생 수자가 생기기 때문이니라. 이러하기 때문에 응당 법을 취하지 말아야 하며, 응당 비법도 취하지 말아야 하느니라.

● 위의 구절 뜻의 이해를 돕기 위해 요약하고자 한다.

● 만약 상(相)을 취(取)하면 사상(四相)이 생기며, 불(佛)이 설(說)한 법상(法相)을 취(取)해도 사상(四相)이 생김은 유무(有無)의 상(相)과 불법(佛法)을 벗어나 깨달음의 상(相)을 취(取)해도 사상(四相)이기 때문이니라. 그러므로 불(佛)이 설(說)한 법상(法相)도 취(取)하지 말며, 유무(有無)의 상(相)도 취(取)하지 말아야 하느니라.

以是義故 如來常說 汝等比丘 知我說法如筏喩者
이 시 의 고   여 래 상 설   여 등 비 구   지 아 설 법 여 벌 유 자
法尚應捨何況非法
법 상 응 사 하 황 비 법

이러한 뜻의 연유로 여래가 항상 설하였느니라. 너희들 비구는, 나의 설하는 법을 뗏목과 같음을 깨달아 아는 자는, 법도 오히려 응당 버리거늘 하물며 비법이겠느냐.

● 위 구절은, 여래(如來)의 설(說)하는 법(法)은 뗏목과 같음을 깨달아 아는 자(者)는 오히려 불법(佛法)도 응당 버리거늘 하물며 상(相)을 취(取)하겠느냐.는 뜻이다.

● 중생이 중생의 업(業)과 상(相)을 벗기 위해 구(求)해야 하며, 얻어야 하며, 성취해야 하는 여래(如來)의 불법(佛法)인, 반야(般若), 무량삼매(無量三昧), 해탈(解脫), 중도(中道), 정견(正見), 열반(涅槃), 성불(成佛), 대각(大覺), 아뇩다라삼먁삼보리, 무아(無我), 무상(無相), 공(空), 자성(自性), 청정(淸淨), 무애(無碍), 무염(無染), 구경(究竟), 실상(實相), 본심(本心), 본성(本性), 본각(本覺), 깨달음, 불성(佛性), 불지(佛智), 무상(無上), 지혜(智慧) 등을 어떻게 해야 하며 어떻게 하면 버릴 수 있을까? 어떻게 함이 버림인가? 중생들이 구(求)하려 하지 않으면 버리는 것인가? 무심(無心)하면 되는가? 그럼 중생들은 이 불법(佛法)이 아니면 어떻게 중생을 벗어날 수 있을까?

● 중생들은 이 불법(佛法)을 절대 버릴 수가 없다. 왜냐면, 증득(證得)한 불법(佛法)의 지혜가 없기 때문이다. 불법(佛法)이 불법(佛法)이 아님을 아는 실상(實相)의 지혜가 없는데 어떻게 버릴 수가 있는가? 단지, 상(相) 없는 불법지혜(佛法智慧) 수행을 해야 하며, 여의고 버릴 것 없는 무소득(無所得)의 지혜를 증각(證覺)해야 한다.

● 어떻게 하면 버릴 수 있을까? 버리려 함도 망(妄)이며 미혹이다. 눈을 뜨면 어둠이 없다. 눈을 뜨지 않는 한 어둠을 벗어날 수가 없다. 단지, 실상 지혜를 증각(證覺)하므로 버리는 것이 아니라 본래 구하고 여읠 것이 없음을 깨닫게 된다. 이것이 실상에 든 반야지혜다.

● 어떻게 함이 버림인가? 상(相) 없음이 버림이다.

● 중생들이 구(求)하려 하지 않으면 버리는 것인가? 모든 것을 유(有)의 상(相)으로 헤아림이 중생이다. 상(相) 없으면

일체가 없다. 구(求)함도 상(相)이며 망(妄)이고, 버림도 상(相)이며 망(妄)이다. 마음에 상(相) 없음이 일체를 버린 것이다.

● 무심(無心)하면 되는가? 중생의 무심(無心)은 무심(無心)이 아니다. 중생은 무심(無心)하려고 노력한다. 무심(無心)이 도(道)며 깨달음으로 착각하고 있다. 유심(有心)도 망(妄)이며, 무심(無心)도 망(妄)이다. 깨달음에는 유심(有心)도 없고, 무심(無心)도 없고, 없는 그것도 없다.

● 그럼 중생들은 이 불법(佛法)이 아니면 어떻게 중생을 벗어날 수 있을까? 상(相) 없음이 불법(佛法)이며, 상(相) 없음이 불법(佛法)의 일체지혜(一切智慧)다. 유심(有心)으로는 불법(佛法)을 버릴 수가 없다. 불법(佛法)을 버림이 곧, 나 없음이다. 내가 나를 버릴 수 없듯, 나의 존재의식이 있는 한 불법(佛法)을 버릴 수가 없고, 불법(佛法)의 법상(法相)을 여읠 수가 없다. 실상을 깨달아 나 없음을 깨달으면, 나를 버리지 않아도 여의게 되며, 불법(佛法)을 버리지 않아도 불법(佛法)의 법상(法相)을 여의게 된다. 무위(無爲)에 들면 일체가 상(相) 없는 불법(佛法)이다. 무위(無爲)에 들지 못하면 나와 불법(佛法)이 둘이 되어, 내가 있어 불법(佛法)을 구하고 불법(佛法)에 들려고 한다. 불법(佛法)은 상(相)이 아니니 가질 것도 없고, 얻을 것도 없고, 버릴 것도 없다. 단지, 법상(法相)을 여의면 일체 불법(佛法)을 여의게 된다. 일체가 나의 유심(有心)의 상념(想念)이기 때문이다. 나 없음을 깨달아 사상심이 사라지면 사상심과 일체상을 여의어 불법(佛法) 실상 공덕이 구족한 상(相) 없는 본성에 들게 된다. 무엇이든 취하고 버림이 상심(相心)이다. 취할 것도 버릴 것도 없음을 증각(證覺)함이 깨달음이며, 실상을 깨달음이며, 취할 것도 버릴 것도

없고, 취하고 버릴 것 없는 그것도 없으면 불법(佛法)을 여읜 것이다. 불법(佛法)을 버림이란 불법(佛法)의 실상에 들어 불법(佛法)이 불법(佛法)이 아님을 깨달아 불법상(佛法相)이 없음을 요달(了達)하여 불법(佛法)의 법상(法相)을 여읨을 불법(佛法)을 여읨이라 한다.

♣ 知我說法如筏喻者 法尙應捨 何況非法(지아설법여벌유자 법상응사 하황비법) 나의 설하는 법을 뗏목과 같음을 깨달아 아는 자는 법도 오히려 응당 버리거늘 하물며 비법이겠느냐.

● 위 구절은 깨달음이 있어야 알 수 있을 뿐, 지식과 사량으로는 이 지혜와 경계를 알 수가 없다. 불법(佛法)이 상(相) 없으니 무엇이 뗏목인 불법(佛法)이며, 무엇이 버림이며, 무엇을 버리는 것인지, 또한 버릴 것이 있는지? 버릴 것이 있음과 버림이 있음도 망(妄)의 분별이다.

● 여래(如來)의 뗏목은 바라밀(波羅蜜)에 이르는 여래(如來)의 일체불법(一切佛法)이다.

● 의지함이 뗏목이며, 상(相) 없음이 버림이다. 버림이란 상심(相心)을 버리는 것이며, 구하고 버릴 것이 있음이 상심(相心)이다. 상심(相心)으로는 불법(佛法)에 의지할 뿐, 불법(佛法)을 버릴 수가 없다. 불법(佛法)에 의지해 상심(相心)이 끊어지면 불법(佛法)까지 끊어진다. 불법(佛法)이 상심(相心)이 의지한 뗏목이니, 상심(相心)이 사라지면 뗏목뿐 아니라 사람과 바다까지 흔적 없이 사라진다.

● 내가 나를 돌이키는 데 무엇이 필요하단 말인가? 마음이 마음을 돌이키는 데 무엇이 필요하단 말인가? 상(相)은 환(幻)이니 본래 내려놓을 상(相)이 없고, 눈만 뜨면 환(幻)이 사라져 그 뿌리와 흔적을 찾을 수가 없다. 단지, 무명(無明)으로

미혹(迷惑)을 돌이킬 수 없으니, 여래(如來)의 거울(鏡)에 나를 비출 뿐이다.

無得無說分 第七
무 득 무 설 분 제 칠

여래(如來)의 얻은 법(法)과 설(說)한 법(法)이 없으며, 무유정법(無有定法)이 아뇩다라삼먁삼보리며, 일체현성(一切賢聖)이 무유정법(無有定法)에서 차별이 있음을 드러내심이다.

須菩提 於意云何 如來得阿耨多羅三藐三菩提耶
수 보 리 어 의 운 하 여 래 득 아 뇩 다 라 삼 먁 삼 보 리 야

如來有所說法耶 須菩提言 如我解佛所說義 無有
여 래 유 소 설 법 야 수 보 리 언 여 아 해 불 소 설 의 무 유

定法名阿耨多羅三藐三菩提 亦無有定法 如來可
정 법 명 아 뇩 다 라 삼 먁 삼 보 리 역 무 유 정 법 여 래 가

說
설

수보리야, 어떻게 생각하느냐? 여래가 아뇩다라삼먁삼보리를 얻었느냐? 여래가 설한 바 법이 있느냐? 수보리가 말씀드리되, 제가 아는 바 같아서는, 부처님께옵서 설하신 바의 뜻은 무유정법을 이름함이 아뇩다라삼먁삼보리라 하오며, 또한, 무유정법을 여래께옵서는 가히 설하시었사옵니다.

● 여래(如來)께옵서 아뇩다라삼먁삼보리를 얻음이 없음은 아뇩다라삼먁삼보리는 소득법(所得法)이 아니니 얻음(得)의 법(法)이 아니며, 구(求)함의 법(法)이 아니며, 성취의 법(法)

216

이 아니며, 완성의 법(法)이 아니기 때문이다. 아뇩다라삼먁
삼보리를 얻으려거나 구(求)하려거나 성취하려거나 완성하려
하면 미혹이다. 얻었거나 구(求)하였거나 성취하였거나 완성
하였다면 이 또한 미혹이며, 상(相)이며, 유견(有見)이며, 상
심(相心)이므로 파괴되는 것이다. 아뇩다라삼먁삼보리를 얻
으려거나 구(求)하려 함이 미혹임은 아뇩다라삼먁삼보리를 잃
은 바가 없기 때문이다. 성취하려거나 완성하려 함이 미혹임
은 본심이 곧, 아뇩다라삼먁삼보리기 때문이다. 무엇이든, 얻
고 구(求)하며 성취하고 완성하려 함은 무엇이든 유(有)로 보
는 상견(相見)의 묶은 습관을 버리지 못하였기 때문이다. 얻
고 구(求)하여 성취하고 완성하였다면 허공에 누각을 지음이
니 어찌 부서지지 않겠는가? 이 또한 미혹, 어둠의 망념(妄
念)이니 눈을 뜨면 그 자취와 뿌리를 찾을 수가 없다. 아뇩다
라삼먁삼보리가 마음이니, 마음으로 마음을 구(求)하고 얻는
다 하니 어찌 망념(妄念)이 아니랴. 성취하고 완성한다 하니
이 또한, 어찌 허공의 누각이 아니겠는가? 사상(四相)을 여의
면 일체가 흔적 없이 사라지니, 성취하고 완성하였다 함이 미
혹의 분별이며 사량이다. 단지, 상(相)이 사라지면 본연(本然)
의 밝음 아뇩다라삼먁삼보리가 그대로 드러난다.

● 여래(如來)께옵서 설(說)하신 법(法)이 없음은, 본래 법
(法)이 없기 때문이다. 설(說)하는 법(法)이 상(相)도 없고, 실
(實)도 없기 때문이다. 여래(如來)께옵서 상(相) 있는 법(法)을
설(說)하지 않았고, 얻어야 하는 인위적인 소득법(所得法)을
설(說)하지 않았기 때문이다. 또한, 여래(如來)께옵서 설(說)
함의 상(相)이 없으며, 설(說)한 법상(法相)도 없기 때문이다.

● 무유정법(無有定法)은 정(定)한 법(法)이 없음이니 곧,

무자성(無自性)을 일컬음이다. 이는 상(相) 없고, 머무름이 없음이다. 무유정법(無有定法)이 곧, 본성이며, 마음이니, 일으키면 상(相)이며, 정(定)해 봄이 사상(四相)이며, 생멸심(生滅心)이 유위(有爲)다. 나 있는 자(者)는 상(相)을 일으키지 않는다고 무유정법(無有定法)에 드는 것이 아니다. 일으키면 상(相)이며, 정(定)해 봄이 사상(四相)이니, 마음을 비우고, 상(相)에 머묾이 없어도, 마음을 비우고, 상(相)에 머묾이 없는 유심(有心) 나 있음이 곧, 상(相)이다. 상(相)은 곧, 나다. 나 없는 청정무아(淸淨無我)에 들면 무유정법(無有定法)에 들게 된다. 이것이 불법(佛法)의 실상 아뇩다라삼먁삼보리며, 본성이며, 마음이다.

● 무유정법(無有定法)이 반야(般若), 무량삼매(無量三昧), 해탈(解脫), 중도(中道), 정견(正見), 열반(涅槃), 성불(成佛), 대각(大覺), 아뇩다라삼먁삼보리, 무아(無我), 무상(無相), 공(空), 자성(自性), 청정(淸淨), 무애(無碍), 무염(無染), 구경(究竟), 실상(實相), 본심(本心), 본성(本性), 본각(本覺), 깨달음, 불성(佛性), 불지(佛智), 무상(無上), 지혜(智慧)다. 만약, 나(我) 있으면 머묾의 상(相)이며, 사상심(四相心)이므로 무유정법(無有定法)이 아니니 그 불법지혜(佛法智慧)가 무엇이든 반야(般若), 무량삼매(無量三昧), 해탈(解脫), 중도(中道), 정견(正見), 열반(涅槃), 성불(成佛), 대각(大覺), 아뇩다라삼먁삼보리, 무아(無我), 무상(無相), 공(空), 자성(自性), 청정(淸淨), 무애(無碍), 무염(無染), 구경(究竟), 실상(實相), 본심(本心), 본성(本性), 본각(本覺), 깨달음, 불성(佛性), 불지(佛智), 무상(無上), 지혜(智慧)가 아니다. 깨달음과 대각(大覺)과 본심(本心)과 일체불법(一切佛法)이 곧, 무유정법(無

有定法)이다.

● 무유정법(無有定法)과 아뇩다라삼먁삼보리가 다른 것이 아니다. 무유정법(無有定法)이 일체상(一切相)과 일체불법(一切佛法)과 일체심(一切心)의 성품을 일컬음이다. 본심을 깨달으면, 일체상(一切相)과 일체불법(一切佛法)과 일체심(一切心)을 멸(滅)하지 않아도 내외 일체상이 흔적이 없다. 나 있으면 상심(相心)이므로 이 말이 이해가 되지 않아 분별심에 혼란할 수도 있다. 나 있거나 사상심이 있으면 본심은 내 몸 안 또는, 마음 안에 있는데 상(相)과 불법(佛法)과 일체법과 만물만상이 어찌 본심을 깨닫는다 하여 마음 밖의 일체상과 일체불법(一切佛法)이 그 흔적 없이 사라질까? 이해할 수 없어 의심하게 된다. 내 마음은 몸 안에 있는 것도 아니다. 그리고 몸 밖에 있는 것도 아니다. 마음은 상(相)이 아니니 어디에 있는 것이 아니다. 마음작용 가운데 있을 뿐이다. 마음을 상(相)으로 보는 상심(相心)이 끊어지면, 자타(自他)와 내외(內外)가 사라져 원융(圓融)한 마음뿐, 온 우주(宇宙)는 없고 마음뿐이다. 마음이 곧, 온 우주를 수용하고 섭수한다. 그러므로 온 허공 일체에 마음 없는 곳이 없으며 마음 아닌 것이 없다. 자타(自他)와 내외(內外) 일체상이 끊어지면 원융무애(圓融無碍)한 성품뿐이다. 나뿐만 아니라 타(他)와 일체상이 사라진 원융무애(圓融無碍)한 청정진여(清淨眞如)의 성품 무자성(無自性) 일체세계가 원융무애(圓融無碍)한 마음에 수용섭수(受用攝受)된다. 이곳에는 자타, 내외, 일체상이 없는 원융일성(圓融一性)이다. 원융일성(圓融一性) 이 자체도 무자성(無自性) 성품이라 단지, 불가사의 청정성(清淨性)일 뿐, 일컫고 지칭할 무엇이 없다. 불성(佛性), 본심(本心), 법성(法性), 각성(覺

性), 무아(無我), 무상(無相), 불지혜(佛智慧), 선정(禪定), 지혜(智慧), 반야(般若), 불법(佛法), 실상(實相), 자성(自性), 해탈(解脫), 바라밀(波羅蜜), 아뇩다라삼먁삼보리 일체불법(一切佛法)의 이름과 법(法)도 티끌이라 흔적이 없다. 일체를 벗어버려 한 생각 일으킬 무엇이 없고, 일컫고 이름할 무엇이 없다. 그러나 이것도 각성(覺性)의 꽃일 뿐, 깨달음 자성(自性)의 꽃잎이 절정을 이루어 자연스레 마지막 꽃 한 잎까지 완전히 떨어져야 본심(本心)이 완연(完然)하다.

● 상(相)을 타파하면 자타와 내외의 일체상, 안과 밖이 사라진다. 일체가 본심의 자성(自性)을 벗어나 있지 않다. 일체가 심상(心相)이다. 내가 있으면 내 몸 밖은 그것이 무엇이든 내가 아닌 남이며, 사물(事物)이다. 이 견해가 파괴되면 남과 사물(事物)의 견해와 일체존재 상(相)까지 사라져 그 흔적을 찾을 수가 없다. 일체가 분별이며, 일체가 사상심 미혹이다. 나의 존재의식은 사상심 중심의식이며, 근본의식이다. 중생의 일체악(一切惡)과 일체집착과 일체분별은 나라는 의식(意識) 상심(相心)으로 비롯된다.

● 상(相) 없고, 실(實) 없어 일컬을 것 없고, 지칭할 것 없고, 드러낼 것 없는 무유정법(無有定法)을 여래(如來)께옵서 가히 설(說)하시었다. 무상존(無上尊)이 아니면 가히 불가사의한 일이다. 무한 허공계(虛空界)와 마음세계에 여래(如來)의 법(法), 무진보물(無盡寶物)이 무량무한 장엄(莊嚴)함은 중생을 구제하기 위한 여래(如來)의 불가사의 지혜장엄(智慧莊嚴)이며, 여래(如來)께서 중생을 위한 대비심(大悲心) 무량방편(無量方便) 화엄장엄(華嚴莊嚴)이다.

何以故 如來所說法 皆不可取 不可說 非法 非非
하 이 고 여 래 소 설 법 개 불 가 취 불 가 설 비 법 비 비

法
법

어떠한 연유인가 하오면, 여래께옵서 설하신 법은 모두 가히 취할 수 없으며, 가히 설할 수도 없어 법도 아니며, 비법도 아니옵니다.

● 여래(如來)께옵서 설(說)하신 모든 법(法)은 가히 취(取)할 수 없음은 상(相)이 없으며, 유위법(有爲法)이 아니며, 취(取)할 법(法)이 없기 때문이다. 가히 설(說)할 수 없음은 설(說)할 법(法)이 없기 때문이다. 그러므로 법(法)도 아니며, 그렇다고 또한 법(法)이 아님도 아님은 허무(虛無)나 단멸(斷滅)이 아니기 때문이며, 실상과 본성을 여의지 않았기 때문이며, 일체중생이 여래(如來)의 법에 의지해 무량공덕을 얻고, 지혜를 발(發)하며, 아뇩다라삼먁삼보리를 성취하기 때문이다.

● 위 구절에서 여래(如來)의 법(法)은 취(取)할 수 없음은 상(相)이 없기 때문이다. 법(法)이 아님도 아님은 허(虛)가 아니며, 실상과 본성을 여의지 않기 때문이며, 중생들이 여래(如來)의 법(法)에 의지해 무명(無明)과 사상심을 멸(滅)하여 무위(無爲)의 무량공덕을 얻기 때문이다. 또한 법(法)이 아님도 아니라 함은 상견(相見)을 가진 자(者)의 법(法)에 대한 미혹(迷惑)인 단멸상(斷滅相)과 무견상(無見相)을 끊어 구제하기 위함이다. 여래(如來)의 설(說)은 실상을 벗어나 있지 않고, 실상을 드러내는 지혜의 말씀과 글이므로 실상 지혜에는 말과 실상이 다르지 않다. 실상을 알지 못하면 실상 지혜의

글을 보되 상심(相心)으로 법(法)을 헤아리고 분별하게 되므로 법(法)의 단멸상(斷滅相)과 무견상(無見相)을 가져 실상을 벗어난 왜곡된 법상(法相)을 가지게 된다.

所以者何 一切賢聖 皆以無爲法 而有差別
소 이 자 하 일 체 현 성 개 이 무 위 법 이 유 차 별

어떠한 것인가 하오면, 일체 현성이 모두 무위법에서 차별이 있기 때문이옵니다.

● 일체현성(一切賢聖)은 무위법(無爲法)에 이른 자(者)를 일컫는다.
● 무위(無爲)는 생멸 없는 실상을 일컬음이다. 곧, 무유정법(無有定法)이다. 무유정법(無有定法)인 무위법(無爲法)에서 성문사과(聲聞四果)와 보살지위(菩薩地位)와 불(佛)에 이르기까지 청정본성(淸淨本性) 각력(覺力)의 완전한 능행자재(能行自在) 원융(圓融)에 이르기까지 용심각력(用心覺力) 섭수(攝受) 무위(無爲)의 부사의(不思議) 차별이 있음을 일컬음이다.

依法出生分 第八
의 법 출 생 분 제 팔

이 경(經)의 공덕과 이 경(經)에서 일체(一切) 제불(諸佛)의 출현과 제불(諸佛)의 일체법(一切法)이 이 경(經)에서 나옴을 설하심이다.

須菩提 於意云何 若人滿三千大千世界七寶 以用
수 보 리 어 의 운 하 약 인 만 삼 천 대 천 세 계 칠 보 이 용

布施 是人 所得福德 寧爲多不 須菩提言 甚多世
보시 시인 소득복덕 영위다부 수보리언 심다세
尊 何以故 是福德 卽非福德性 是故 如來說福德
존 하이고 시복덕 즉비복덕성 시고 여래설복덕
多
다

수보리야, 어떻게 생각하느냐? 만약 사람이 삼천대천세계
에 가득찬 칠보를 보시하면은, 이 사람이 얻은 바 복덕이 매
우 많지 않겠느냐? 수보리가 말씀드리되, 심히 많사옵니다.
세존이시여. 어떠한 연유인가 하오면, 이 복덕은 즉, 복덕성
이 아니므로, 이러한 까닭으로 여래께옵서는 설하시어 복덕
이 많다고 하시었사옵니다.

● 이 경(經)은 실상(實相)을 설(說)하심이다. 여리실견분
제오(如理實見分 第五)에서 신상(身相)이 신상(身相)이 아님
을 설하시며, 정신희유분 제육(正信希有分 第六)에서 발심한
자는 상(相)이 없으며, 여래(如來)의 법(法)은 상(相)이 아니며
뗏목과 같음을 설하시며, 무득무설분 제칠(無得無說分 第七)
에서 상(相) 없는 무유정법이 불법(佛法)임을 설하시며, 일체
현성이 무위법에서 차별이 있음을 설하시며, 의법출생분 제
팔(依法出生分 第八)에서 복덕이 상(相)이 없으며, 일체제불
(一切諸佛)의 출현과 제불(諸佛)의 일체법(一切法)이 상(相)
없는 무위실상에서 나옴을 설하심이다.
● 물(物)이든, 상(相)이든, 염(念)이든, 식(識)이든, 업(業)
이든, 마음이든, 눈과 귀에 인식되고, 감각과 의식으로 알 수

있는 일체 무엇이든 무아(無我)의 현상이 아니면 존재할 수 없다. 그 무엇이든 존재 실체는 머무름 없는 현상이다. 머무름 없는 작용에는 아성(我性)이 없어 무아(無我)다. 이것이 모든 존재의 현상이며 실상이다. 그러나, 상심(相心)으로 이 말을 헤아리는 것과 실상지혜로 성품을 보는 것은 다르다.

♣ 是福德 卽非福德性 是故 如來說福德多(시복덕 즉비복덕성 시고 여래설복덕다) 이 복덕은 즉, 복덕성이 아니므로, 이러한 까닭으로 여래께옵서는 설하시어 복덕이 많다고 하시었사옵니다.

● 복덕성(福德性)이 무아(無我)이므로 복덕 성품이 없다고 함이다. 복덕 성품이 자성(自性)이 없어 인연작용으로 복덕이 생성되는 것이다. 그러므로 수보리존자께서 여래(如來)께옵서 복덕이 많음을 물으신 연유의 뜻을 밝게 알아 말씀올린 것이다.

● 무아(無我)는 무자성(無自性)이며 만유(萬有)의 실체다.

● 실상(實相)을 모르면 복덕이 상(相)이 있다고 정(定)해 본다. 그러나 복덕의 성품이 없으므로 복덕인연(福德因緣)을 따라 복덕이 일어나는 것이다. 일체 현상은 무자성(無自性)이므로 생멸변화의 작용을 하게 된다. 일체 존재 현상 자체가 무자성(無自性)이다. 일체 현상이 머무름이 없고 그 실체 자성(自性)이 없으므로 존재하고, 존재해도 무자성(無自性)이므로 변화하는 것이다. 무자성(無自性)이란 실체가 없음이다. 의식이 끊임없는 작용의 흐름으로 존재의 변화와 흐름을 인식하게 된다. 존재 자체가 무자성(無自性)이다. 이것이 존재의 섭리며, 존재의 모습이며, 존재의 흐름이다.

若復有人 於此經中 受持 乃至 四句偈等 爲他人
약부유인 어차경중 수지 내지 사구게등 위타인

說 其福勝彼 何以故 須菩提 一切諸佛 及諸佛阿
설 기복승피 하이고 수보리 일체제불 급제불아

耨多羅三藐三菩提法 皆從此經出 須菩提 所謂佛
녹다라삼먁삼보리법 개종차경출 수보리 소위불

法者 卽非佛法
법자 즉비불법

만약 또 어떤 사람이 있어, 이 경 속에 어느 한 부분이든 받아 지니며, 또한 사구게 등을 타인을 위해 설한다면은, 그 복이 저보다 수승하느니라. 어떠한 연유이냐 하면은 수보리야, 일체 모든 부처님과 모든 부처님의 아뇩다라삼먁삼보리의 법이 모두 이 경에서 나오기 때문이니라. 수보리야, 이른바 불법이라는 것은 즉, 불법이 아니니라.

● 경(經)의 글과 실상이 다름은 글이 드러내는 실상을 모르기 때문이다. 글과 실상이 다를 바 없음은 글의 실상을 알기 때문이다. 아뇩다라삼먁삼보리를 깨달으면 글이 곧, 실상이며, 실상을 드러내는 법(法)이 글이므로, 글과 실상이 다르지 않다. 그러나 아뇩다라삼먁삼보리를 깨닫지 못하면 글이 드러내는 법(法)의 실체를 알 수 없어, 글이 경(經)이며 불법(佛法)으로 인식하게 된다. 글이 드러내는 법(法)의 실체를 모르면 경(經)의 진의(眞義)를 왜곡하게 된다.

♣ 於此經中 受持 乃至 四句偈等(어차경중 수지 내지 사구게 등) 이 경 속에 어느 한 부분이든 받아 지니며, 또한 사구게 등

● 경(經)이 곧, 실상세계며, 아뇩다라삼먁삼보리의 세계다. 경(經)이 실상과 아뇩다라삼먁삼보리의 세계가 아니면 이 경(經)의 지혜와 경(經)의 내용 바라밀 가르침은 파괴되는 유위(有爲)며, 생멸법이며, 불설(佛說)이 아니다.

● 경(經)을 받아(受) 지닌다(持) 함은, 아뇩다라삼먁삼보리를 수용(受用)하며 행(行)함을 뜻한다.

● 이 경(經) 전체가 사구게 내용이다. 사구게 내용은 실상을 드러낸다. 일체 사구게 뜻(義)이 법(法)의 실상을 드러내며, 이 경(經) 전체의 어느 한 부분이든 사구게 실상과 수용공덕(受用功德) 섭수행(攝受行)의 내용이다. 사구게라 하여 경(經)의 내용 어느 한 글귀보다 특별할 것 없고, 공덕이 더 있는 것이 아니다. 경(經)의 어느 한 부분이든 차별을 둠은 사구게의 뜻(義)과 실상과 공덕을 벗어나게 된다. 사구게를 상(相)으로 헤아리며, 법상(法相)을 가지면 사견(邪見)이다. 사구게는 실상자성게(實相自性偈)다. 사구게 실체가 곧, 자기 마음이다. 자기 마음을 깨닫지 못하면 사구게는 상(相)이며, 법상(法相)을 가지게 된다. 사구게 실체는 이 경(經) 안에 있는 것이 아니다. 자기 마음이 사구게 실체니 단지, 사구게를 모를 뿐, 사구게를 여읜 적이 없다. 왜냐면 보고 듣는 일체가 사구게 세계이기 때문이다. 보고 듣는 상(相)이 비상(非相)임을 깨달으며, 상(相)을 봄이 곧, 청정본성(淸淨本性) 여래(如來)를 봄이니 곧, 이 경(經) 내용과 사구게를 수지(受持)함이다. 사구게를 수지(受持)함은 글이 아니라 제상비상(諸相非相)임을 알아 상(相)에 머묾이 없고, 사상심이 없으면 법(法)의 실상 경(經)의 사구게를 수지(受持)함이라 한다. 경(經)의 뜻이 그러므로 대승(大乘)과 최상승(最上乘)의 지혜를 발(發)하지 못

하면 이 경(經)을 볼 수도, 들을 수도, 받아 지닐 수도, 읽고 외우며 독송(受持讀誦)할 수도 없으며, 남을 위해 설(說)할 수가 없다고 한다. 왜냐면, 이 경(經)의 법(法)과 실체와 실상을 알 수 없기 때문이다. 대승과 최상승 지혜가 곧, 아뇩다라삼먁삼보리다. 아뇩다라삼먁삼보리가 곧, 경(經)의 내용과 사구게를 수지(受持)하며 독송하는 지혜다.

● 복덕(福德)을 간절히 원(願)하는 자(者)는 삼천대천세계 가득한 칠보를 보시하는 복덕을 지어야 한다. 능히 이 복덕을 지을 선근근기(善根根機)와 심량(心量)이 부족하면 그 역량(力量)으로는 더 없는 공덕 가치의 생명이 될 수가 없고, 더 없는 공덕 가치의 삶을 성취할 수가 없다. 그것이 무엇이든 간절히 원(願)하는 바 있으면 그 사람의 선근근기(善根根機)와 심량(心量)의 역량(力量)과 열정의 노력 결과에 달렸다. 삼천대천세계에 가득한 칠보 보시행 속에 무아(無我)와 무상(無相)과 사구게와 아뇩다라삼먁삼보리의 지극한 보살지혜(菩薩智慧)의 도리(道理)가 있다. 이 길 외(外)에 둘러 가거나, 또 다른 길을 찾는 분별의 그 정신과 의지로는 원(願)의 장애(障碍)와 간절함의 정공(正攻)을 뚫어 하늘을 무너뜨릴 기개(氣概)와 심량(心量)이 부족하다. 이상을 향한 간절한 원(願)이 있으면 그 원(願)을 위해 나를 버릴 수 있어야 그 정신이 나를 새롭게 창조할 수 있고, 현재의 어린 모습을 벗어 더 없이 진화하는 나로 성장할 수가 있다. 나를 버릴만한 가치의 길을 찾지 못함이 진정한 자기 자신을 향한 내면의 아픔이며, 불행이다. 더 없는 가치의 길에는 그것이 무엇이든 반듯이 나 자신을 버려야 하는 선택의 순간을 맞게 된다. 불(佛)을 성취하는 길에는 분별과 사량은 금물(禁物)이다. 나의 진실함 속에

심원(心願)의 초점을 향해 명근(命根)이 다하도록 그 길을 향함에 한결같이 무너지지 않는 불퇴전(不退轉) 정신 가운데 허공도 하늘도 무너지게 된다. 바름을 향한 길에 무엇이든 한순간 분별과 사량(思量)은 나 자신이 파괴되고 무너지는 순간이다. 이는 의지가 굳지 못했고, 정신이 투철하지 못했으며, 내면 진실에는 분별 이(二)가 있어 한 생각 올곧지 못했기 때문이다. 분명하고 바른 심원(心願)의 초점을 향한 길에 분별은 나 자신 의지(意志)를 스스로 무너뜨리는 나약함이며, 어리석음이다. 그것이 나 자신 근기(根機) 역량의 한계성이다. 도(道)의 향상 길에 스스로를 돌아보는 바름(正)을 위한 분별은 정사(正邪)를 가리는 자기 점검이며, 자신의 이(利)를 위한 분별은 자기 분열(分裂)이다.

● 삼천대천세계 가득한 칠보를 보시하는 복덕보다, 이 경(經) 속에 어느 한 부분이든 받아 지니며 또한, 사구게 등을 타인(他人)을 위해 설(說)하는 복덕이 수승함은 유위복덕(有爲福德)보다 무위복덕(無爲福德)이 수승함을 말씀하심이다. 유위복덕은 상심(相心)의 복덕이며, 무위복덕은 상심(相心) 없는 복덕이다. 또한 유위(有爲)의 수승한 무량공덕보다 무위(無爲)의 공덕이 수승함을 일깨움이다.

● 유위(有爲)는 상(相)이며, 생멸 유무(有無)의 세계다. 무위(無爲)는 무상(無相)이며, 무아(無我)며, 실상(實相) 세계다. 그러나 유위(有爲)와 무위(無爲)가 따로 있지 않다. 무위(無爲)는 유위(有爲)의 본성 세계며, 유위(有爲)는 무위(無爲)의 현상세계다. 아뇩다라삼먁삼보리심을 발하면 일체유위(一切有爲)가 일체무위(一切無爲)임을 깨닫게 된다. 일체유위(一切有爲)가 일체무위(一切無爲)임을 깨달음이 아뇩다라삼먁삼보

리심을 발함이다. 그러므로 삼천대천세계 가득한 칠보를 보시하는 복덕과 이 경(經) 속에 어느 한 부분이든 받아 지니며, 또한, 사구게 등을 타인(他人)을 위해 설하는 복덕이 차별이 있으면 사상(四相)의 중생이며, 만약, 차별이 없으면 곧, 이 경(經)을 수지(受持)하는 자(者)다. 유위자(有爲者)는 무위(無爲)를 유무(有無)의 상(相)으로 인식하며, 무위자(無爲者)는 상(相)의 생멸 없는 자성(自性)에 듦으로 유무(有無)의 상(相)이 없으며, 머무르고 집착할 사상(四相)이 없다. 일체상 그대로 무위(無爲)며 자성청정상(自性淸淨相)이다. 유위(有爲)의 지식과 분별과 사량과 지혜로 무위(無爲)에 들 수가 없다. 유위(有爲)가 무위(無爲)임을 깨닫는 무위지혜를 통해 무위(無爲)에 들게 된다. 무위(無爲)의 제상(諸相)을 모르는 분별이 사상심이다. 사상(四相)이 실체 없는 실상(實相)을 깨달으므로 무위(無爲)의 지혜를 얻게 된다. 무위(無爲) 지혜가 곧, 실상(實相) 지혜며, 본성(本性) 지혜며, 무자성(無自性) 지혜다. 무위(無爲) 지혜는 곧, 나 없는 지혜며, 나 없음이 곧, 반야지혜다. 나 없는 그 자체가 곧, 실상이며, 본성이며, 사상심(四相心)이 없음이다.

● 깨달음이란 본래 나 없으니 나 없음을 깨닫게 되고, 본래 모든 현상이 실체가 없으므로 모든 현상의 실체 없음을 깨닫게 된다. 깨달음이란 사실과 실체와 실상을 사상심 업식(業識)과 견해가 아닌 제법(諸法) 실상의 지혜로 바로 보는 것이다. 즉, 나와 모든 존재의 실체와 실상을 바로 보는 것이다. 나의 실체와 실상이 없으니 나 있음에 의한 일체 생각과 견해는 업식(業識)이며, 실상을 벗어난 사상심이며, 자기 업력에 물든 자아의 심리와 좋고 싫음의 감정과 견해와 앎에 의

한 분별심이다. 이것이 상심(相心) 사상심이다. 그러므로 제법의 실상과 무아를 깨달아 나의 본성과 제법의 실상 무위 본성에 들게 된다. 의식(意識)의 세계는 상(相)의 분별세계이므로 유무견(有無見) 사상심 의식세계며, 깨달음은 무아무상(無我無相)의 실상세계이다. 의식은 상심(相心)이라 상(相) 없는 원융한 본심을 알지 못하고 업식(業識)의 상념인 좋고 싫음에 물든 자아의식을 자신이라고 생각하며, 나 없는 깨달음을 얻어 나의 실체에 들게 되면 자아의식은 사라지고 원융무애한 본심이 나임을 깨닫게 된다. 이 본래 본심은 무위각성(無爲覺性)이라 생사 생멸이 없고 무한 법계에 두루 밝게 깨어있는 대각(大覺)이다. 원융각성(圓融覺性)이 나임을 깨닫지 못하면 사상심 의식을 나로 알아 사상심 의식에 의지해 살아야하며, 원융각성(圓融覺性)이 나임을 깨달으면 사상심 없는 본심 원융각성(圓融覺性)의 삶을 살게 된다. 이것은 지혜의 차원적 세계이므로 나 존재 인식과 지혜의 차원에 따라 현상을 수용하고 섭수하는 정신차원과 세계가 달라진다. 자아의식을 나로 알고 있는 경계에서는 의식이 나로 알고 있으므로 삶의 일체가 자아의식에 의지해 사상심의 분별 속에 삶이 이루어지고, 상(相) 없는 무위 본심이 나임을 깨달은 세계에서는 나의 존재 상(相)이 없어 무엇에도 물듦 없는 원융한 본심을 깨닫고 있어 사상심도 없고 상(相)의 분별심도 없는 원융한 일성심(一性心)이다. 원융한 일성심(一性心)이 곧, 나이기 때문이다. 이것이 아뇩다라삼먁삼보리심이다.

● 자성(自性)은 제상(諸相)의 성품을 일컬음이다. 각각의 상(相)은 차별있으나 그 실체성품 자성(自性)은 상(相)이 없어 무자성(無自性)이니 제상(諸相)의 자성(自性)은 차별이 없

다. 무자성(無自性)이 제상(諸相)의 자성(自性)이다. 차별 없는 자성(自性)인 무자성(無自性)이 제상(諸相)의 본성(本性)이다. 제상(諸相)이 상(相)이 없음은 인연을 따르는 머무름 없는 흐름의 현상이기 때문이다. 그러므로 제상(諸相)의 자성(自性)을 깨달아 무위(無爲)에 들게 된다. 무위(無爲)란 상(相) 없는 자성(自性)을 일컬음이다. 자성(自性)이 무자성(無自性)이며, 무자성(無自性)이 자성(自性)이다. 자성(自性)은 상(相)의 성품이며, 무자성(無自性)은 자성(自性)의 실체다. 그러므로 자성(自性)이 무자성(無自性)이며, 무자성(無自性)이 자성(自性)이다. 그러므로 자성(自性)을 깨달음이 무자성(無自性)을 깨달음이며, 무자성(無自性)을 깨달음이 자성(自性)을 깨달음이다. 상(相)의 자성(自性)을 깨달아 상(相)에 머묾인 일체상(一切相)을 벗어남이 해탈이며 아뇩다라삼먁삼보리심다. 이 법(法)이 실상법(實相法)이다. 실상법(實相法)은 무자성법(無自性法)이며, 무아무상법(無我無相法)이다. 이것이 제상(諸相)의 본성이다. 무자성(無自性)이 곧, 본성이다. 자성(自性)이 없어 무자성(無自性)이므로 실체 없음을 일러 공(空)이라고 한다. 공(空)은 빈 것이 아니라 실체 없음을 일컬음이다. 빈 것은 공(空)이 아니라 상(相)이다. 왜냐면, 실체 없는 것에는 빈 것 또한 없기 때문이다. 이것을 깨달음이 발아뇩다라삼먁삼보리심이다. 즉, 대각(大覺)이다. 대각(大覺)은 큰 깨달음이 아니다. 깨달음에는 깨달음뿐, 크고 작음이 없다. 크고 작음이 있으면 그것은 차별경계의 깨달음일 뿐 바른 깨달음이 아니다. 본성 무자성(無自性)에 들게 되면 일체상을 벗어 상(相) 없는 무량무한(無量無限) 각성계(覺性界)에 들게 되므로 대각(大覺)이라고 한다. 대각(大覺)을 큰 깨달음으로 알고 있으면 깨달음의 미혹상(迷惑相)이다. 깨달음, 각(覺)은 각(覺)일 뿐 크고 작음이 없다. 각(覺)은 상(相)이 아니니 크고 작음이 있을 수 없다. 깨달음 그 자체가 크고 작음의 상(相)을 벗어난 상(相) 없는 각성(覺性)이기 때문이다. 대각(大覺)이라고 함은 일체상을 벗어남과 각(覺)의 무한성(無限性) 원융(圓融)에 듦을 일컬음이다. 각(覺)은 깨달음이 아니다. 미혹 경계에서는 깨달음이라 일컬을 수 있으나 그것은 미혹 경계의 분별일 뿐 각(覺)의 실제(實際)는 깨달음이 없고, 깨달았다는 생각과 상(相)이 없다. 왜냐면, 깨달음 자체가 상(相)이 없고 깨달음의 실체가 없기 때문이다. 눈을 감고 어둠 속에 있다가 눈을 떠 사방(四方)이 밝아져도 밝음과 밝음을 보는 눈을 얻은 것이 아니기 때문이다. 단지, 본래 잃은 바 없는 자기 본심(本心) 그대로다. 각(覺)에 소각(小覺)과 대각(大覺)이 있다면 그것은 바른 깨달음이 아니다. 대각(大覺)이라 함은 일체상을 여읨과 각(覺)의 무한성(無限性)에 들기 때문이다. 대각성(大覺性)은 만 생명(萬生命) 본심(本心)이며 생명(生命)의 본성(本性)이다. 그런즉 깨달음을 얻어도 구(求)하였거나 얻은 것이 아니다. 그러므로 아뇩다라삼먁삼보리심을 발(發)해도 그대로 자기 본 모습일 뿐이다. 이곳은 불(佛)과 중생이 차별 없고, 불(佛)을 논(論)하고 중생을 논(論)함도 분별이며, 티끌이다. 그 어떤 무엇이든 일으킴이 상(相)이며, 자성(自性)의 밝음을 가리는 작은 일렁임도 사상(四相)이며 생사생멸(生死生滅)에 떨어진다.

● 진리(眞理)의 실상은 본심이니 언어(言語)가 없다. 부처님께옵서 설(說)하신 경(經)은 불지혜(佛智慧) 교화방편(敎化方便)이다. 불설(佛說)의 가르침은 제식(諸識)을 진리로 인도

하는 가르침이다. 진리는 말과 글이 아니라 말과 글을 벗어났다. 그러나 중생을 위해 말과 글에 의지해 진리를 드러내고, 말과 글에 의지해 진리에 이르게 한다. 진리는 일체생명(一切生命) 본성이다. 일체생명 본성이 왜, 진리인가? 그 본성으로부터 만유(萬有)가 생성되며, 만물만상 섭리와 운행이 그 본성의 섭리를 따라 운행하기 때문이다. 일체 만물작용이 곧, 본성의 섭리다. 본성은 일체 만물만상의 본성이며 생멸운행 주체(主體)이므로 본성을 일러 진리라고 한다. 본성이 곧, 이 경(經)의 본체(本體)며, 본성이 실상이며, 본성섭리가 사구게며, 사구게 실체가 본성이다. 본성에 대한 실상지혜의 말씀이 부처님의 가르침이다. 이 실상 실체가 곧, 진여(眞如)며, 진여(眞如)의 본체가 본심이며, 그 성품이 본성이며 곧, 법성(法性)이다. 이에 대한 작용의 말씀이 상(相)과 제법실상(諸法實相), 상(相)의 작용과 흐름의 실체, 섭리와 운행, 무상(無常)과 무아(無我), 청정부동(淸淨不動) 자성(自性)과 무자성(無自性), 인연과(因緣果), 업(業) 등 본성을 밝게 보는 불지혜(佛智慧)로 널리 설(說)하시었다. 경(經)의 실체는 진여(眞如) 청정성(淸淨性)이니 말과 글이 아니며, 말과 글이 드러내고자 하는 실체는 일체 존재의 본성 진여성(眞如性)이다. 이는 곧, 마음이다. 마음이 경(經)의 실체다. 만약, 마음을 깨달으면 경(經)의 실체를 깨달음이며, 청정진여(淸淨眞如) 나 없는 본심 지혜가 반야다. 반야의 말과 글은 청정진여(淸淨眞如)를 일컬으며, 본성을 깨달음으로 청정진여 반야의 말과 글의 뜻(義)과 법(法)의 실상을 비로소 알게 된다. 실상은 청정진여(淸淨眞如) 성품이다. 금강경은 곧, 마음 본성과 만물 실상에 대한 지혜며 가르침이다.

♣ 何以故 須菩提 一切諸佛 及諸佛阿耨多羅三藐三菩提法 皆從此經出 須菩提 所謂佛法者 即非佛法(하이고 수보리 일체 제불 급제불아뇩다라삼먁삼보리법 개종차경출 수보리 소위불 법자 즉비불법) 어떠한 연유이냐 하면은 수보리야, 일체 모든 부처님과 모든 부처님의 아뇩다라삼먁삼보리의 법이 모두 이 경에서 나오기 때문이니라. 수보리야, 이른바 불법이라는 것 은 즉, 불법이 아니니라.

● 일체제불(一切諸佛)과 제불(諸佛)의 아뇩다라삼먁삼보리 법이 이 경(經)으로부터 나온다 함은 이 경(經)은 곧, 본성을 일컬음이다. 본성 성품을 발(發)함이 아뇩다라삼먁삼보리심이 다. 일체제불(一切諸佛)과 제불(諸佛)의 아뇩다라삼먁삼보리 가 본성이며, 일체제불(一切諸佛)과 제불(諸佛)의 아뇩다라삼 먁삼보리법이 본성으로부터 나오기 때문이다. 본성이 곧, 일 체제불(一切諸佛)과 제불(諸佛)의 아뇩다라삼먁삼보리의 체 성(體性)이다. 본성심(本性心)이 금강반야바라밀이며, 본성이 금강반야바라밀경 실체다. 금강반야바라밀경은 본성을 따라 상(相)에 걸림 없고 상(相)에 머묾 없는 사상(四相) 없는 마음 과 실천으로 본성심을 행(行)하는 것이다.

● 불법(佛法)이 불법(佛法)이 아님은 불법(佛法)이 상(相) 이 없기 때문이며, 상(相) 없는 실상이 곧, 불법(佛法)이기 때 문이다.

● 상(相) 없음이 불법(佛法)이다. 상(相) 없는 지혜가 반야 며, 상(相) 없어 무량삼매며, 상(相) 없어 해탈이며, 상(相) 없 어 중도(中道)며, 상(相) 없음이 정견(正見)이며, 상(相) 없어 열반이며, 상(相) 없어 성불(成佛)이며, 상(相) 없어 대각(大 覺)이며, 상(相) 없어 아뇩다라삼먁삼보리며, 상(相) 없어 무

아(無我)며, 상(相) 없어 무상(無相)이며, 상(相) 없어 공(空)
이며, 상(相) 없어 자성(自性)이며, 상(相) 없어 청정(淸淨)이
며, 상(相) 없어 무애(無碍)며, 상(相) 없어 무염(無染)이며,
상(相) 없어 구경(究竟)이며, 상(相) 없어 실상이며, 상(相) 없
어 본심이며, 상(相) 없어 본성이며, 상(相) 없어 각성(覺性)이
며, 상(相) 없어 본각(本覺)이며, 상(相) 없어 깨달음이며, 상
(相) 없어 불성(佛性)이며, 상(相) 없어 불지(佛智)며, 상(相)
없어 무상(無上)이며, 상(相) 없어 지혜다.

● 만약 상(相) 있으면 불법(佛法) 아니다. 상(相) 있으면 반
야 아니며, 상(相) 있으면 삼매(三昧) 아니며, 상(相) 있으면
해탈 아니며, 상(相) 있으면 중도(中道) 아니며, 상(相) 있으
면 정견(正見) 아니며, 상(相) 있으면 열반 아니며, 상(相) 있
으면 성불(成佛) 아니며, 상(相) 있으면 대각(大覺) 아니며, 상
(相) 있으면 아뇩다라삼먁삼보리 아니며, 상(相) 있으면 무아
(無我) 아니며, 상(相) 있으면 무상(無相) 아니며, 상(相) 있으
면 공(空) 아니며, 상(相) 있으면 자성(自性) 아니며, 상(相)
있으면 청정(淸淨) 아니며, 상(相) 있으면 무애(無碍) 아니며,
상(相) 있으면 무염(無染) 아니며, 상(相) 있으면 구경(究竟)
아니며, 상(相) 있으면 실상(實相) 아니며, 상(相) 있으면 본심
(本心) 아니며, 상(相) 있으면 본성(本性) 아니며, 상(相) 있으
면 본각(本覺) 아니며, 상(相) 있으면 깨달음 아니며, 상(相)
있으면 불성(佛性) 아니며, 상(相) 있으면 불지(佛智) 아니며,
상(相) 있으면 무상(無上) 아니며, 상(相) 있으면 지혜(智慧)
아니다. 그럼 상(相)이란 무엇인가? 상(相)이란 곧, 나(我)다.

● 내가 있음이 상(相)이다. 내가 있으므로 상심(相心) 분별
이 일어난다. 상심(相心)을 여의면 일체불법(一切佛法)을 성

취한다. 만약 심중(心中)에 상(相)이 있거나 내가 있다면 비록 그 경계가 불가사의하고 불(佛)에 버금간다 하여도 환(幻)이며 파괴되는 생멸심이며, 인위(人爲)며, 환(幻)이며, 조작(造作)일 뿐이다. 상(相)이 없다 하니 사상(四相)의 경계에서 분별하여 그것이 그런 것이려니 자기 경계에서 헤아릴 수가 있다. 그것도 상(相)이다. 상(相) 없음은 나도 없고, 내가 없는 것도 없는 일체 분별이 끊어진 생멸 없는 청정성(淸淨性)이다. 이 실상법이 곧, 진여일성(眞如一性) 만유청정계(萬有淸淨界)다. 이 경(經) 내용이 상(相) 없는 세계를 부처님께서 설(說)하신 것이니 경(經)의 뜻(義)을 사유하면 분별의 허구(虛構)를 제거할 수 있다. 상(相) 없는 세계가 아뇩다라삼먁삼보리며, 곧, 일체 생명 청정본성(淸淨本性)이다.

一相無相分 第九
일 상 무 상 분 제 구

성문사과(聲聞四果)를 설하심이다.

須菩提 於意云何 須陀洹 能作是念 我得須陀洹
수 보 리 어 의 운 하 수 다 원 능 작 시 념 아 득 수 다 원
果不 須菩提言 不也世尊 何以故 須陀洹 名爲入
과 부 수 보 리 언 불 야 세 존 하 이 고 수 다 원 명 위 입
流 而無所入 不入色聲香味觸法 是名須陀洹
류 이 무 소 입 불 입 색 성 향 미 촉 법 시 명 수 다 원

수보리야, 어떻게 생각하느냐? 수다원이 능히 이러한 생각을 하되, 나는 수다원과를 얻었다 하겠느냐? 수보리가 말씀

드리되, 아니옵니다. 세존이시여. 어떠한 연유인가 하오면, 수다원은 이름함이 입류이오나 들어간 바가 없사옵니다. 색성향미촉법에 들어감이 없으므로, 이를 이름함이 수다원이라 하옵니다.

● 수다원(須陀洹)은 성문사과(聲聞四果)의 초위(初位)로 실상(實相) 정견(正見)을 발(發)하여 성도(聖道) 무위도(無爲道)에 들므로 입류(入流)라고 한다. 입류(入流)는 성인(聖人)의 무위도(無爲道)에 처음 듦(初入)을 뜻한다. 만약 무위(無爲)에 들어 수다원과(須陀洹果)를 얻었다는 생각을 일으키면 수다원이 아니다. 왜냐면 상(相)을 벗어난 상심(相心)과 무위(無爲)에 들은 무위상(無爲相)을 지니기 때문이다. 무위(無爲)에 들면 무위(無爲)가 무자성(無自性)이므로 머무를 상(相)이 없고, 무위(無爲)를 일컬을 실체가 없어 머무를 나(我)와 대상(對相)이 둘 다 없다. 상(相)의 실상 무위(無爲)에 들면 그대로 청정본성(淸淨本性)이 드러난다. 그러므로 아뇩다라삼먁삼보리심을 발(發)하며 반야지혜를 열게 된다. 반야지혜는 지혜를 발(發)하여 얻는 것이 아니다. 나 없는 지혜가 곧, 반야며, 본심 청정심(淸淨心)이 곧, 반야다. 청정본성 무위(無爲)에 들면 바로 본성 각성(覺性)을 열게 된다. 반야가 정견(正見)이며, 정견(正見)이 무위견(無爲見)이며, 무위견(無爲見)이 무위심(無爲心) 곧, 본성각(本性覺)이다. 깨어있는 각(覺)이 본심이며, 본심이 무위심(無爲心)이며, 무위심(無爲心)이 반야다. 반야, 무위, 본심, 정견, 아뇩다라삼먁삼보리심이 다른 것이 아니다. 곧, 무위(無爲)며 본심이다. 상법(相法)에는 일체상이 있으나 무위(無爲)에 들면 일체상이 소멸하여 일체가 무위본

심(無爲本心) 하나로 귀결(歸結)되어, 일체가 상(相) 없이 청
정(淸淨)하여 원융(圓融)하다.

● 수다원(須陀洹)을 입류(入流)라 이름하나 상(相)을 여의
어 무위에 들어도 무위(無爲)가 상(相)이 아니니 무위(無爲)에
듦의 상(相)이 없고, 무위(無爲)에 듦으로 나 없어 사상심이
없으니 무위(無爲)에 든 자(者)가 없다. 또한, 무위(無爲)에 듦
이 사상심이 끊어져 색성향미촉법(色聲香味觸法)이 없으니 색
성향미촉법에 듦이 없어 수다원이라 한다. 사상심이 끊어져
무위에 들면 나뿐만 아니라 색성향미촉법 상(相)도 없으니 청
정무위도(淸淨無爲道)를 행(行)하게 된다. 수다원을 입류(入
流)라 이름하나 색성향미촉법 상(相)뿐만 아니라 무위(無爲)
에도 듦이 없다. 나와 대상(對相)이 둘 다 없기 때문이다.

須菩提 於意云何 斯陀含 能作是念 我得斯陀含
수보리 어의운하 사다함 능작시념 아득사다함
果不 須菩提言 不也世尊 何以故 斯陀含 名一往
과부 수보리언 불야세존 하이고 사다함 명일왕
來 而實無往來 是名斯陀含
래 이실무왕래 시명사다함

**수보리야, 어떻게 생각하느냐? 사다함이 능히 이러한 생각
을 하되, 나는 사다함과를 얻었다 하겠느냐? 수보리가 말씀
드리되, 아니옵니다. 세존이시여. 어떠한 연유인가 하오면,
사다함은 이름함이 일왕래이오나 실로 가고 옴이 없으므로,
이를 이름함이 사다함이라 하옵니다.**

● 사다함(斯陀含)은 성문사과(聲聞四果)의 이위(二位)로

238

천계(天界), 또는 인계(人界)에 태어나 미세업(微細業)을 끊어 욕계윤회(欲界輪廻)에 들지 않으므로 일왕래(一往來)라 일컫는다. 그러나 무위(無爲)에 들어 사상심이 없고 상(相)에 머무름 없으니 가고 옴의 상(相)이 없다. 그러므로 일왕래(一往來)라 이름한다.

● 사다함(斯陀含)이 사다함과(斯陀含果)를 얻어도 사다함과를 얻었다는 생각을 일으키지 않음은 무위(無爲)에 들면 사상심이 없을 뿐만 아니라, 무위(無爲) 또한 상(相)이 아니니 머무를 상(相)이 없다. 상(相) 없는 무위(無爲)의 실(實)에 이르기 때문이다. 일체상 그대로 상(相) 없는 무자성(無自性) 무위(無爲) 청정성(淸淨性)이다. 무위(無爲)에 머무를 나도 없고, 머무를 대상(對相) 무위(無爲)도 없다. 그러므로 사다함을 일왕래(一往來)라 하나 사다함은 가고 옴의 상(相)이 끊어졌다.

須菩提 於意云何 阿那含 能作是念 我得阿那含
수 보 리 어 의 운 하 아 나 함 능 작 시 념 아 득 아 나 함
果不 須菩提言 不也世尊 何以故 阿那含 名爲不
과 부 수 보 리 언 불 야 세 존 하 이 고 아 나 함 명 위 불
來 而實無不來 是故名阿那含
래 이 실 무 불 래 시 고 명 아 나 함

수보리야, 어떻게 생각하느냐? 아나함이 능히 이러한 생각을 하되, 나는 아나함과를 얻었다 하겠느냐? 수보리가 말씀드리되, 아니옵니다. 세존이시여. 어떠한 연유인가 하오면, 아나함은 이름함이 불래이오나 실은 오지 않음이 없으므로, 이러한 연고로 이름함이 아나함이라 하옵니다.

● 아나함(阿那含)은 성문사과(聲聞四果)의 삼위(三位)로 욕계(欲界)에 태어나지 않으므로 아나함을 불래(不來)라 한다. 아나함이 아나함과 얻었다는 생각을 하지 않음은 무위에 들면 일체상이 소멸하여 자타(自他)와 내외(內外)의 일체상이 끊어져 청정(淸淨)이니 무위(無爲)에 들어도 무위(無爲)에 든 자(者)도 없고 무위(無爲)에 이르러도 무위(無爲) 또한 상(相)이 아니니 일체가 원융(圓融)이며 일체가 청정(淸淨)이다.

● 아나함(阿那含)이 욕계생사(欲界生死)에 들지 않아 불래(不來)라고 하나, 가고 옴의 상(相)이 끊어져 오지 않음의 상(相)이 없으므로 아나함이라고 한다.

須菩提 於意云何 阿羅漢 能作是念 我得阿羅漢
수보리 어의운하 아라한 능작시념 아득아라한
道不 須菩提言 不也世尊 何以故 實無有法 名阿
도부 수보리언 불야세존 하이고 실무유법 명아
羅漢
라한

수보리야, 어떻게 생각하느냐? 아라한이 응당 이러한 생각을 하되, 나는 아라한도를 얻었다고 하겠느냐? 수보리가 말씀드리되, 아니옵니다. 세존이시여. 어떠한 연유인가 하오면, 실로 법이 있는 바가 없어 이름함이 아라한이라 하옵니다.

● 아라한(阿羅漢)은 성문사과(聲聞四果)의 사위(四位)로 응공(應供), 불생(不生)이라고 한다. 응공(應供)은 인(人)과 천

(天)의 중생으로부터 공양(供養)을 받을 공덕(功德)을 갖추었으므로 응공(應供)이라고 한다. 불생(不生)은 심생(心生)이 없으므로 불생(不生)이라 한다. 불생(不生)은 곧, 심부동(心不動)이며, 적멸부동심(寂滅不動心)다.

● 아라한(阿羅漢)이 아라한과(阿羅漢果) 얻었다는 상(相)을 일으키지 않으므로 아라한과에 든 것이다. 아라한이 아라한과에 듦은 일체상이 끊어져 불생(不生)에 이르니 아라한과를 얻었다는 상(相)이 없다. 그러므로 아라한(阿羅漢)이라고 한다.

● 아라한(阿羅漢)의 응공(應供)과 여래(如來)의 응공(應供)은 같을 수가 없다. 아라한(阿羅漢)은 청정적멸부동(淸淨寂滅不動) 아라한 응공(應供)이며, 여래(如來)는 여래십호공덕(如來十號功德) 여래(如來)의 응공(應供)이다. 무위(無爲)에 들면 성문사과(聲聞四果)의 무위(無爲)와 제불(諸佛)의 무위(無爲)가 다를 바가 없다. 단지, 무위(無爲)를 수용(受用)하고 섭수(攝受)하는 용심일기(用心一機)의 차별상이다. 그러나 각성(覺性)을 수용 섭수하는 용심일기(用心一機)의 차별상은 불(佛)에 이르기까지 무량하다. 또한 불(佛)이 되어도 불각(佛覺)의 묘용(妙用) 제불(諸佛) 부사의심행(不思議心行)에 따라 무량의(無量義) 공덕세계가 있다.

● 성문사과(聲聞四果)의 과위(果位)가 있어 증득(證得)하는 것이 아니다. 무위자성(無爲自性)에 들면 상(相)을 초월하므로 과위(果位)에 들고 증득(證得)할 세계가 없다. 다만 미세업력(微細業力) 무위용심(無爲用心)의 차별일 뿐, 증득(證得)도 상(相)이 없고, 과위(果位) 또한 경계가 없다. 단지, 무위각력(無爲覺力)으로 무위심(無爲心)을 섭수(攝受)할 뿐이다. 무위심(無

爲心) 용심차별(用心差別)에 성문사과(聲聞四果)와 보살과위
(菩薩果位)의 부사의(不思議) 차별이 있다. 그러나 이것이 무위
(無爲)의 차별이 아니다. 무위(無爲)에 차별이 있다면 그것은
무위(無爲)가 아니다. 다만, 무위용심(無爲用心)의 차별이다.

世尊 若阿羅漢 作是念 我得阿羅漢道 卽爲着我
세존 약아라한 작시념 아득아라한도 즉위착아

人衆生壽者 世尊 佛說 我得無諍三昧人中 最爲
인중생수자 세존 불설 아득무쟁삼매인중 최위

第一 是第一離欲阿羅漢 世尊 我不作是念 我是
제일 시제일이욕아라한 세존 아부작시념 아시

離欲阿羅漢 世尊 我若作是念我得阿羅漢道 世尊
이욕아라한 세존 아약작시념아득아라한도 세존

卽不說須菩提是樂阿蘭那行者 以須菩提 實無所
즉불설수보리시요아란나행자 이수보리 실무소

行 而名須菩提是樂阿蘭那行
행 이명수보리시요아란나행

　　세존이시여, 만약 아라한이 이러한 생각을 하되, 나는 아
라한 도를 얻었다 하면 곧, 아 인 중생 수자가 생기는 것이
옵니다. 세존이시여, 부처님께옵서 말씀하시기를 저를 무쟁
삼매를 얻은 사람 중에 으뜸이며 제일이라고 하시었사옵니
다. 이는, 제일 욕망을 여읜 아라한이라는 것이옵니다. 세
존이시여, 제가 이러한 생각을 아니 하므로 저를 일러 욕망
을 여읜 아라한이라 하시었사옵니다. 세존이시여 제가 만약
나는 아라한 도를 얻었다는 이러한 생각을 하였다면, 세존
께옵서는 곧, 수보리는 이 아란나행을 즐기는 자라고 말씀
하시지 않았을 것이옵니다. 수보리는 실로 행한 바가 없으

므로, 이를 일컬어 수보리는 이 아란나행을 즐긴다고 하시
었사옵니다.

● 아라한도(阿羅漢道)는 생멸(生滅) 없는 무여열반도(無
餘涅槃道)다. 무여열반(無餘涅槃)이 생멸(生滅) 없는 아란나
행(阿蘭那行)이다. 만약, 아라한도(阿羅漢道)가 있다거나 무
여열반(無餘涅槃)의 도(道)가 있다 하거나, 아란나행(阿蘭那
行)이 있다면 그것은 아라한도(阿羅漢道)가 아니다. 아라한
도(阿羅漢道)가 있으면 아라한과(阿羅漢果)를 얻을 수가 없
다. 아라한도(阿羅漢道), 아란나행(阿蘭那行) 이 모두가 무위
(無爲) 법(法)이다. 무위(無爲)에 드는 도(道)와 법(法)은 없
다. 다만, 사상심을 멸(滅)하면 무위(無爲)에 들게 된다. 무
위(無爲)가 본성이며, 본심이다. 아라한도뿐만 아니라 성불
(成佛)의 도(道)와 법(法)도 없다. 만약, 있다면 그것은 사도
(邪道)다. 성불(成佛)의 도(道)와 법(法)이 없기에 성불(成佛)
한다. 성불(成佛)이란 마음 본성에 듦을 성불(成佛)이라 한
다. 자기가 자기 본성(本性)에 드는데 무슨 도(道)가 필요하
고, 법(法)이 필요하겠는가? 단지, 사상심이 없으면 그대로
본성이다. 본성이 따로 있는 것이 아니다. 사상심이 본성작
용이니, 단지, 사상심 없으면 그대로 청정본성(淸淨本性)이
드러난다. 상(相)이 자성(自性)이 없는데 상(相)이 실체 있는
것으로 생각하니 사상심을 망(妄)이라고 한다. 얻을 것이 있
음이 상(相)이며, 성취할 것이 있음이 상(相)을 가짐이다. 다
만, 사상심을 여의면 무엇을 얻지 않아도 본성이 드러난다.
상(相)을 멸(滅)하려 해도 멸(滅)할 상(相)이 없다. 사상(四
相)의 무아(無我)를 깨달아 사상(四相)이 없음을 일러 상(相)

의 멸(滅)이라 한다. 무생(無生)이란 그대로 본성(本性)이며, 본심(本心)이다. 무생(無生)이라 하여 일으키지 않는 내가 있거나, 일으키지 않는 마음이 있는 것이 아니다. 나도 없고 마음도 없으니 무위(無爲)며, 본성(本性)이며, 본심(本心)이다. 무생(無生)이라는 말에 사상심이 있으면 유심부동(有心不動), 유심무생(有心無生), 무기(無記), 단멸(斷滅), 무(無)로 생각할 수도 있다. 사상심이 있으면 무생(無生)을 알 수 없다. 왜냐면, 무생(無生)은 본심(本心)이며 나 없기 때문이다. 생(生)이 나며, 상(相)이 나다. 사상심이 없으면 바로 무생(無生)에 들게 된다. 무생(無生)은 유심부동(有心不動)이나 유심무심(有心無心)이나 무심부동(無心不動)이나 무심무생(無心無生)도 없다. 무생(無生)에 들면 일체상(一切相) 형형색색(形形色色) 그대로 바로 무생(無生)에 들게 된다. 무생(無生)은 바로 자성(自性)이다. 이는 청정원융(淸淨圓融) 걸림 없는 진여(眞如) 법계심(法界心)이다.

● 아라한(阿羅漢)이 아란나행(阿蘭那行)을 하면 아라한(阿羅漢)이 아니다. 그것은 무생(無生)이 아니라 생(生)이다. 아라한도(阿羅漢道)가 없으며, 아란나행(阿蘭那行)이 없다. 다만, 본성 본심에 응(應)한 각성(覺性) 무위행(無爲行)이며, 무자성행(無自性行)이다. 만약, 무생(無生)을 행(行)하거나, 지키거나(守), 지음(作)이 있으면 생(生)이며 사상행(四相行)이다. 아라한(阿羅漢)이 생(生)이 없어 그대로 무여열반(無餘涅槃)이며, 그대로 각(覺)이다. 이것이 본심(本心)의 부사의사(不思議事)다. 이사무애(理事無碍)며, 사사무애(事事無碍)다. 무생(無生)은 각성원융(覺性圓融)이며 심자재(心自在)며 무위심(無爲心)이다. 이는 아뇩다라삼먁삼보리심이다.

불토(佛土)를 장엄(莊嚴)함을 설하심이다.

佛告 須菩提 於意云何 如來 昔在燃燈佛所 於法
불고 수보리 어의운하 여래 석재연등불소 어법
有所得不 不也世尊 如來 在燃燈佛所 於法實無
유소득부 불야세존 여래 재연등불소 어법실무
所得
소득

부처님께옵서 이르시되, 수보리야, 어떻게 생각하느냐? 여래가 옛적에, 연등부처님 처소에 있을 때에 법을 얻은 바가 있느냐? 아니옵니다. 세존이시여. 여래께옵서 연등부처님 처소에 계실 때에, 법을 실로 얻은 바가 없사옵니다.

● 제불(諸佛) 중 어느 일불(一佛)이든 법(法)을 가진 불(佛)이 없고, 어느 일불(一佛)이든 깨달음을 성취한 법(法)이 없다. 왜냐면, 법(法)이 있으면 상(相)이며, 생(生)이므로 불(佛)이 아니다. 법(法)이 없어 불(佛)이며, 법(法)이 없어 불법(佛法)이라 한다. 왜냐면, 불법(佛法)은 상(相)이 없고, 실체가 없기 때문이다. 상(相) 없고 실체 없는 법(法)도 또한 없다. 왜냐면, 어떠한 법(法)도 없기 때문이다. 그것이 불법(佛法)이다. 중생은 불법(佛法)의 법상(法相)을 일으켜 분별하여 불법(佛法)을 얻고, 성취하고, 구(求)해야 할 법(法)이 있는 것으로 생각한다. 무위(無爲)는 상(相)이 없어 상(相)을 여의면 바

로 무위(無爲)다. 무위(無爲)는 얻고, 성취하고, 구(求)하는 소
득법(所得法)이 아니다. 만약, 불설(佛說)에 불법(佛法)을 얻
어야 하고, 성취해야 하며, 구(求)해야 한다 함이 있음은 상
(相) 외는 모르는 중생법을 수용한 말이다. 중생심(衆生心)은
상심(相心)이며, 중생견(衆生見)은 상견(相見)이며, 중생식(衆
生識)은 상식(相識)이며, 중생계는 상(相)의 세계다. 그러므로
중생은 상심(相心)을 일으켜도 내가 있고, 상심(相心)을 일으
키지 않아도 내가 있다. 유심(有心)이어도 내가 있고, 무심(無
心)이어도 내가 있다. 내가 있는 이 자체가 곧, 사상심(四相
心)이며, 사상견(四相見)이며, 사상식(四相識)이며, 사상계(四
相界)다. 왜냐면 나 있으므로 대상인 타(他)도 있고 안팎의 일
체상(一切相)이 존재하는 것이다. 그러므로 유심(有心)이어도
자타(自他)와 안팎 일체상(一切相)이 있고, 무심(無心)이어도
자타(自他)와 안팎 일체상(一切相)이 있다. 사상심(四相心)이
있으면 유심(有心)이든 무심(無心)이든 나를 벗어나거나 내가
없는 것이 아니다. 그러므로 사상심(四相心) 속에 이루어지
는 일체(一切)가 상(相)이다. 사상심(四相心) 속에 아상(我相)
을 드러내지 않고 행(行)하여도 내가 없지 않으므로 나 있는
상태에서는 상(相)을 벗어날 수가 없다. 사상심(四相心) 속에
무량복덕(無量福德)을 지어도 상(相) 없는 무위복덕행(無爲福
德行)의 수승(殊勝)함을 따를 수가 없다. 사상심(四相心)을 여
의어 깨닫고 보면 일체불법(一切佛法)이 얻을 것 없는 무소득
법(無所得法)임을 깨닫게 된다. 왜냐면 일체불법(一切佛法)이
무위(無爲)이기 때문이며, 곧, 본연(本然) 본심이기 때문이다.
 ● 무소득(無所得)이 불법(佛法)이며, 대각(大覺)이며, 불
지(佛智)며, 아뇩다라삼먁삼보리며, 무여열반(無餘涅槃)이며,

바라밀이다. 이 모두가 상(相) 없는 세계다. 곧, 마음 본성(本性)이다. 마음을 잃은 바가 없는데 어찌 마음 본성(本性)에 들었다 하여 마음을 얻었다고 하겠는가? 무소득(無所得)일 뿐이다. 무소득(無所得)이 바로 본심(本心)이며 불법(佛法)의 요체(要體)다.

須菩提 於意云何 菩薩 莊嚴佛土不 不也世尊 何
수보리 어의운하 보살 장엄불토부 불야세존 하
以故 莊嚴佛土者 卽非莊嚴 是名莊嚴
이고 장엄불토자 즉비장엄 시명장엄

수보리야, 어떻게 생각하느냐? 보살이 불토를 장엄하느냐? 아니옵니다. 세존이시여. 어떠한 연유이온가 하오면, 불토를 장엄하는 것은 즉, 장엄이 아니오니, 이를 이름함이 장엄이라 하옵니다.

● 불토(佛土)는 마음이다. 상(相) 없는 마음이 제불토(諸佛土)다. 상(相) 없는 마음은 제불(諸佛)과 일체각(一切覺)과 일체불법(一切佛法)을 수용 섭수하며 그 무량공덕을 유출(流出)한다.
● 불토장엄은 청정본심(淸淨本心) 공덕행(功德行)이다. 이 공덕행(功德行)에 일체제불(一切諸佛)과 일체불법(一切佛法)이 출현하고, 만법만상(萬法萬相)을 수용 섭수하는 공덕을 행(行)한다. 이는 상(相) 없는 본심묘용(本心妙用)이다.
● 불토장엄이 장엄이 아님은 무염청정(無染淸淨)이 불토(佛土)며, 무상청정(無相淸淨)이 불토(佛土)며, 본심청정(本心淸淨)이 불토(佛土)며, 각성원융(覺性圓融)이 불토(佛土)다.

247

무상행(無相行)이 불토장엄이며, 무아행(無我行)이 불토장엄이며, 무주행(無住行)이 불토장엄이며, 반야행(般若行)이 불토장엄이다. 장엄은 상(相) 없음일 뿐, 무엇을 더하고 가꾸는 것이 아니다. 하늘은 구름 한 점 없음이 하늘장엄이며, 허공은 티끌 하나 없음이 허공장엄이며, 마음은 상(相) 없음이 마음장엄이다. 하늘은 상(相) 없어 자기 아닌 해와 달, 별들을 수용하고 섭수함이 하늘장엄이며, 허공은 상(相) 없어 만물만상을 수용하고 섭수함이 허공장엄이며, 마음은 상(相) 없어 삼라일체와 일체불법(一切佛法)을 수용하고 섭수함이 마음장엄이다. 그것이 무엇이든 상(相)이 있으면 상(相)의 시비(是非)와 한계성이 있으며, 상(相)의 한계성은 무엇이든 수용하고 섭수하는 자기 틀이 되어 무한(無限) 원융성(圓融性)을 잃게 된다. 하늘은 상(相) 없어 우주삼라(宇宙森羅) 차별없이 수용 섭수함이 원융하고, 허공은 상(相) 없어 만물만상 차별없이 수용 섭수함이 원융하고, 본심(本心)은 상(相) 없어 차별없이 일체제불각(一切諸佛覺)과 제불일체법(諸佛一切法)과 일체천허공계(一切天虛空界)와 우주삼라와 만물만상과 일체무량선법(一切無量善法)을 수용 섭수하며, 또한, 그 공덕자재(功德自在)를 유출한다. 본심공덕(本心功德)은 사상심(四相心) 의식으로 추측할 수 없고 사량할 수 없는 불가사의하여 상상(想像)을 초월하고 무한한계(無限限界)를 초월한 무위(無爲)의 불가사의사(不可思議事) 공덕세계다. 하늘과 허공천(虛空天) 세계가 한계를 벗어나 무한(無限)하여도 본심(本心)에 비하면 무한허공일체천(無限虛空一切天)이 작은 모래알보다 더 작다. 이 경(經) 중에 여래(如來)께옵서 사상심(四相心) 의식으로는 상상(想像)을 초월한 비유의 말씀이 조금도 거짓이 아님은, 깨달음을 통해 본심(本心)에 듦으로 여래(如來)께옵서 중생들 앞에 여래(如來)는 거짓 없는 자며 허황한 말을 하지 않는 자임을 드러내며 그토록 간절했든 그 진실한 지혜의 말씀이 거짓이 아님을 깨닫게 된다.

● 불토는 마음이니 이 세계는 청정본심(淸淨本心), 청정본성(淸淨本性), 청정본각(淸淨本覺) 상(相) 없는 청정세계다. 이 세계가 제불국토(諸佛國土)며, 이 공덕을 유출함이 일체불법(一切佛法)이다. 금강경도 이 공덕을 드러내는 상(相) 없는 가르침이다. 금강경뿐만 아니라 모든 경(經)의 사구게(四句偈)와 경(經)의 내용이 상(相) 없는 본성세계를 드러내는 실상(實相)의 가르침이다. 중생이 상(相)을 분별하고 헤아리는 상심(相心)이므로 상(相)을 집착하고 탐착하니 상(相)과 업(業)의 인연과(因緣果)를 드러내어 인과(因果)의 지혜를 일깨워 삶과 의식을 구제하여 인과복덕(因果福德)의 길을 열고, 상(相)의 자성(自性)과 무아(無我)를 드러내어 사상심(四相心)의 미혹을 구제하여 본심(本心)의 길을 열고, 본성청정(本性淸淨)과 법성원융(法性圓融)으로 지혜상(智慧相)을 구제하여 유위(有爲)와 무위(無爲) 없는 원융일여(圓融一如)에 이르게 한다. 차별상에 장애되어 조도법(助道法)과 믿음의 방편문(方便門)으로 업식정화와 선근성숙과 근기향상으로 불법(佛法)에 눈을 뜨고 불법지혜에 들도록 길을 연다. 불법(佛法)은 상(相) 없는 본성(本性)으로 사상심 중생을 구제하니 이법(二法)이 있을 수 없고, 일법(一法)도 있을 수 없는 것은 사상심의 본성(本性)이 상(相)이 없기 때문이다. 여래(如來)께옵서 본성법(本性法)으로 중생을 구제하는 것은 본성법(本性法)이 아니면 어떤 무엇으로도 사상(四相)을 벗을 수 없기 때문이다. 왜냐면 본성(本

性)을 벗어나면 일체(一切)가 상(相)이기 때문이다. 상(相)으로는 상(相)을 벗을 수가 없다. 상(相) 없는 본성(本性)만이 사상(四相)을 벗을 수 있는 유일한 길이기 때문이다. 본성법(本性法)은 사상(四相)을 파괴하거나 멸(滅)하는 것이 아니다. 사상(四相)은 본래 없으므로 사상(四相)의 실체(實體)와 실상(實相), 자성(自性)과 본성(本性)을 깨닫게 하므로 사상(四相)을 벗어나게 된다. 사상(四相)이 무아(無我), 무상(無相), 무자성(無自性)임을 깨달아 사상(四相)을 벗어나게 한다. 사상(四相)을 파괴하는 것은 불법(佛法)이 아니다. 사상(四相)은 파괴할 수 없다. 왜냐면 일합상(一合相)이 아니며 실체가 없기 때문이다. 그러나 파괴(破壞)나 멸(滅)의 언어(言語)를 사용하는 것은 중생의 사상심(四相心) 중생법(衆生法)을 수용한 것이다. 사상(四相)을 파괴하거나 멸(滅)하는 것이 아님은 사상(四相)은 본래 그 실체가 없으므로 파괴할 것이 없다. 파괴는 유위법(有爲法)이다. 그러므로 사상(四相)의 실상을 깨닫는 깨달음이란 과정을 통해 사상(四相)의 파괴 없이 사상(四相)을 벗어나게 되는 것이다. 무아(無我)와 무상(無相), 무자성(無自性)은 사상(四相)이 본래 없음을 깨달음이다. 상(相)에 물든 업력(業力) 상심(相心)이 스스로 타파됨으로 본래청정(本來淸淨)한 자기 본연 본심이 바로 드러나 본심에 들게 된다. 사상(四相)의 실체와 실상, 자성과 본성을 깨달아 물심불이(物心不二)의 본성심(本性心)에 들게 되므로 상(相)을 파괴하거나 멸(滅)하지 않는 여기에 법성원융(法性圓融) 일성(一性)에 들게 되는 것이다. 파괴와 멸(滅)은 상(相)의 세계며, 법성원융(法性圓融)은 불생불멸(不生不滅) 절대중(絕對中)에 들게 된다. 절대중(絕對中)이란 곧, 원융일성(圓融一性)이다. 불법(佛法)은 법성(法

性)을 깨달아 사상심(四相心) 없는 바라밀, 무여열반(無餘涅槃), 본심(本心)에 이르게 한다. 아뇩다라삼먁삼보리도 절대중(絕對中)이며 법성원융심(法性圓融心)이다. 절대중(絕對中) 원융(圓融)은 무유정법(無有定法) 무자성(無自性)인 본성원융(本性圓融)으로 존재의 본성 절대성(絕對性) 극명(極明)을 넘어서게 한다. 참으로 심오(深奧)한 불가사의(不可思議)다.

실상(實相)은 참으로 이법(二法)이 있을 수 없고, 일법(一法)도 있을 수 없다. 차별 이(二)와 차별 없는 일(一)도 벗어남이 불법(佛法)이다. 그러므로 무유정법(無有定法)이다. 만약, 불설(佛說)이 이를 벗어나 있다면 미혹에 젖은 실상지혜 없는 중생들을 이끌기 위한 조도(助道)의 문(門)이며, 자비(慈悲)의 방편법(方便法)이다. 일체법(一切法) 중에 본심(本心)이 각(覺)이며 실상이니, 최상(最上)이며 무상법(無上法)이므로 무엇이든 본심을 벗어난 것은 차별법(差別法)이다. 본심에 들면 일체 차별이 끊어져 일체 차별법과 일체 차별상을 벗어나게 된다. 무엇이든 법(法)이 본래(本來) 둘일 수 없고 차별이 있을 수가 없다. 만약, 법(法)이 차별과 상중하(上中下)가 있다면 그것은 일체차별을 벗어버린 최고최상의 지고한 불각(佛覺) 본심(本心)으로 이끌기 위한 중생업식을 수용하고 섭수하는 조도(助道)며 방편(方便)이다.

● 상(相) 없어 불토장엄이며, 상(相) 없는 일체행이 불토장엄이다. 만약, 반야, 아뇩다라삼먁삼보리심, 실상, 바라밀, 등 지음(作)이나, 수심(守心)이 있으면 불토장엄이 아니다. 본심에 들면 지음과 수심(守心)이 없다. 지음(作)이란 인위적 노력으로 얻으려 함이며, 구하려 함이며, 성취하려 함이다. 수심(守心)은 증득(證得)과 자증(自證)을 집착하거나 지키려 함이다. 지음과

수심(守心)이 없는 상(相) 없는 일체행이 불토장엄이다. 만약, 지음이나 수심(守心)이 있으면 그 수행이 어떤 수행이든 깨달음과 본심 각력증진(覺力增進)을 위한 조도행(助道行)이다. 불토장엄은 본심의 상(相) 없는 일체공덕행(一切功德行)이다. 이 구절에서 여래(如來)께옵서 불토장엄을 물으신 것은 아뇩다라삼먁삼보리심을 발한 보살심과 보살행의 경계와 지혜를 물은 것이다. 이 또한 여래(如來)의 선호념선부촉 물음이다.

是故 須菩提 諸菩薩摩訶薩 應如是生淸淨心 不
시고 수보리 제보살마하살 응여시생청정심 불
應住色生心 不應住聲香味觸法生心 應無所住 而
응주색생심 불응주성향미촉법생심 응무소주 이
生其心
생기심

이러한 까닭으로 수보리야, 모든 보살마하살은 응당 이와 같이 청정한 마음을 내어야 하느니라. 응당 색에 머무르므로 일어난 마음이 아니어야 하며, 응당 성향미촉법에 머무르므로 일어난 마음이 아니어야 하느니라. 응당 머무른 바 없는 그 마음을 내어야 하느니라.

● 위의 말씀은 보살지혜와 보살행인 각성장엄(覺性莊嚴) 불토장엄(佛土莊嚴)은 상(相)이 없으니 아뇩다라삼먁삼보리심을 발(發)한 모든 보살마하살은 응당 상(相) 없는 각성행(覺性行)을 하라는 말씀이시다.
♣ 應無所住 而生其心(응무소주 이생기심) 응당 머무른 바 없는 그 마음을 내어야 하느니라.

● 아뇩다라삼먁삼보리심을 행(行)해야 하며, 그 마음을 씀이 곧 불토장엄(佛土莊嚴)임을 일컬어심이다.

● 응무소주 이생기심(應無所住 而生其心)의 응(應)은 아뇩다라삼먁삼보리심에 응(應)함이니 이는 무위본심(無爲本心)에 응(應)함이다. 무소주(無所住)는 아뇩다라삼먁삼보리심이니 이는 상(相) 없는 무위본심(無爲本心)이다. 이생기심(而生其心)은 아뇩다라삼먁삼보리심을 냄이니 이는 무위본심(無爲本心)을 행(行)함이다. 응무소주 이생기심(應無所住 而生其心)은 아뇩다라삼먁삼보리심에 응하여 그 마음을 행하라. 는 말씀이시다. 즉, 무위(無爲) 본심행(本心行)이다.

● 응무소주 이생기심(應無所住 而生其心)은 나 없는 마음을 행함이다. 그러므로 사상심 없는 마음을 씀이다. 사상심이 있으면 나와 상(相)에 머묾이 없는 마음을 행할 수가 없다. 응무소주 이생기심(應無所住 而生其心)이 곧, 아뇩다라삼먁삼보리심을 행함이며, 반야행이며, 이 경(經)의 수지독송(受持讀誦) 행이다. 만약, 상심(相心) 나 있으면 사상심이니 응무소주 이생기심(應無所住 而生其心) 각성행(覺性行)을 할 수가 없다. 응무소주 이생기심(應無所住 而生其心)은 곧, 무위심행(無爲心行) 발보리심행(發菩提心行)이기 때문이다. 유위무심행(有爲無心行)은 사상심행(四相心行)이다. 이는 곧, 나와 대상이 있는 차별심의 상심행(相心行)이다. 응무소주 이생기심(應無所住 而生其心)은 나와 대상이 없는 본심본각행(本心本覺行)이다. 이는 곧, 무유정행(無有定行)이다.

● 혹시, 상심(相心)인 분별심(分別心)에는, 아뇩다라삼먁삼보리심은 나도 없고 대상(對相)도 없는데 어떻게 마음을 쓰고 행(行)할까를 궁금하거나 의아할 수도 있다. 깨달음을 얻

고 무위(無爲)에 들며, 아뇩다라삼먁삼보리심을 발(發)해도 단지, 본래 없는 환(幻)인 사상심(四相心)과 상(相)의 무명과 미혹만 사라질 뿐 본연(本然) 본심(本心)은 멸(滅)하지 않는다. 사상심(四相心)을 여의면 본연(本然) 본심(本心)이 바로 드러난다. 그 본심(本心)이 무위(無爲)며, 아뇩다라삼먁삼보리심이다. 상(相) 없는 이 마음을 행(行)한다.

● 이 경(經)의 내용이 무위본심(無爲本心) 아뇩다라삼먁삼보리심을 행(行)하는 법(法)을 설(說)함이니 무위(無爲)에 들지 못하였다면 이 경(經)의 내용과 뜻(義)을 깨닫고자 노력해야 한다. 무위본심(無爲本心) 각성(覺性)을 발(發)하기 전에는 이 경(經)의 내용과 뜻(義)을 사유함에 분별과 사량을 벗어날 수가 없다. 사상심(四相心)이 없어 내가 사라지면 일체가 무위(無爲)며 본심(本心)이다. 일체 분별과 사량이 곧, 미혹(迷惑)의 환(幻)임을 깨닫게 된다.

須菩提 譬如有人身如須彌山王 於意云何 是身爲
수보리 비여유인신여수미산왕 어의운하 시신위
大不 須菩提言 甚大世尊 何以故 佛說非身 是名
대부 수보리언 심대세존 하이고 불설비신 시명
大身
대신

수보리야, 비유하여 몸이 수미산왕과 같은 사람이 있다면 어떻게 생각하느냐? 이 몸이 크지 않겠느냐? 수보리가 말씀드리되, 심히 크옵니다. 세존이시여. 어떠한 연유인가 하오면, 부처님께옵서 설하신 것은 몸이 아니므로, 이를 이름함이 큰 몸이옵니다.

● 부처님과 수보리존자는 그 지혜와 마음이 무위일심(無爲一心)으로 서로 통(通)하여 이심전심(以心傳心)이니, 부처님께옵서 수보리존자의 마음을 알며, 수보리존자는 부처님께서 물으시는 뜻(義)을 알아 아뇩다라삼먁삼보리심을 발(發)한 자(者)를 헤아리고, 미래중생(未來衆生)의 선근(善根)과 지혜근기(智慧根機)의 심근(心根)을 헤아리는 지혜 속에 이루어지는 지혜청법(智慧請法)이며 응기설법(應機說法)이다.

● 부처님께옵서 비유로 수미산왕과 같은 환(幻)의 몸을 드러내심은 실재(實在)로 사람의 몸이 수미산왕만한 사람의 몸이 없다. 그러나 그 실체는 없으나 비유의 말은 있듯, 일체경설(一切經說)과 일체상(一切相)이 말은 있으되 그 실체 없음을 깨우치게 함이다. 수보리존자 또한 부처님의 의중(意中)을 아시어 부처님께옵서 설(說)하신 몸이 몸이 아니라 함은 말은 있되 실체가 없음을 말함이다.

● 佛說非身 是名大身(불설비신 시명대신)은 경설(經說)의 법(法)과 일체상(一切相)을 설함에 말(言語)은 있으나 그 실체와 실상이 없음을 비유의 큰 몸을 들어 일깨움이다.

無爲福勝分 第十一
무 위 복 승 분 제 십 일

이 경(經)을 지니고 설(說)하는 공덕을 설하심이다.

須菩提 如恒河中所有沙數 如是沙等恒河 於意云
수보리 여항하중소유사수 여시사등항하 어의운
何 是諸恒河沙 寧爲多不 須菩提言 甚多世尊 但
하 시제항하사 영위다부 수보리언 심다세존 단

諸恒河 尙多無數 何況其沙
제 항 하 상 다 무 수 하 황 기 사

수보리야, 항하 중에 있는 바의 모래의 수와 같이, 이 모래 같이 항하가 있다면 어떻게 생각하느냐? 이 모든 항하의 모래가 매우 많지 않겠느냐? 수보리가 말씀드리되, 심히 많사옵니다. 세존이시여. 다만 모든 항하만 하여도 오리려 수없이 많사온데 어찌 하물며 그 모래이겠사옵니까.

● 불가사의한 사유(思惟)며, 의식(意識) 경계와 한계를 벗어버린 비유다. 생각으로 헤아리지 말고 사유(思惟)로 관(觀)해 보라. 여래(如來)의 뜻이 어디에 있는가를 알 수도 있다. 생각은 생각일 뿐, 생각은 사물(事物)을 보지 못하고, 보는 것은 생각이 없으나 사물(事物)을 본다.

須菩提 我今實言告汝 若有善男子善女人 以七寶
수 보 리 아 금 실 언 고 여 약 유 선 남 자 선 여 인 이 칠 보
滿爾所恒河沙數三千大千世界 以用布施 得福多
만 이 소 항 하 사 수 삼 천 대 천 세 계 이 용 보 시 득 복 다
不 須菩提言 甚多世尊 佛告 須菩提 若善男善女
부 수 보 리 언 심 다 세 존 불 고 수 보 리 약 선 남 자 선
子人 於此經中 乃至 受持 四句偈等 爲他人說
여 인 어 차 경 중 내 지 수 지 사 구 게 등 위 타 인 설
而此福德 勝前福德
이 차 복 덕 승 전 복 덕

수보리야, 내가 이제 실다운 말로 너에게 이르노니, 만약 선남자 선여인이 있어, 그 많은 항하 모래의 수와 같은 삼천대

천 세계를 가득 채운 칠보를 보시한다면, 복을 얻음이 많지 않겠느냐? 수보리가 말씀드리되, 심히 많사옵니다. 세존이시여. 부처님께옵서 이르시되, 수보리야, 만약 선남자 선여인이, 이 경 속에 어느 한 부분이라도 받아 지니며, 사구게 등을 타인을 위해 설한다면, 이 복덕이 앞의 복덕보다 더 수승하느니라.

● 항하 모래의 수처럼 많은 항하가 있고, 그 많은 모든 항하 모래의 수처럼 많은 삼천대천세계(三千大千世界)를 가득 채운 칠보를 보시한 복덕보다 금강경(金剛經) 어느 한 부분이라도 받아 지니며, 사구게 등을 타인(他人)을 위해 설(說)하는 복덕이 더 수승하다는 말씀이시다.

● 이 구절 말씀이 무위지혜(無爲智慧)에서는 불가사의 복덕이 한 무위경계(無爲境界)에 섭수된다. 그러나 무위 본성에 들지 못하면 이 구절을 믿을 뿐 이해할 수 없다. 왜냐면, 상(相)으로 헤아릴 수 있는 한계를 벗어났기 때문이다. 무위 본성에 들면 이 말씀이 거짓이 아님을 깨닫게 된다.

● 부처님께옵서 중생들이 불지혜(佛智慧) 말씀이라도 중생 분별로서는 상상(想像)을 초월한 말씀이므로 이성적(理性的)으로 믿기도 어렵고, 도저히 이해할 수 없어 믿지 아니할 것이므로 그러나 이것이 사실임을 부처님께서 말씀하심이다. 상상을 초월한 무량무한 칠보 보시복덕보다 이 경(經)의 한 글귀 공덕이 수승함이 사실임을 말씀하신다. 항하 모래 수와 같은 항하도 사량(思量)과 분별을 벗어났는데, 그 많은 무한 항하 모래수와 같은 삼천대천세계 가득한 칠보 보시복덕보다 이 경(經)의 한 글귀를 지니는 복덕이 수승하다는 말씀은

참으로 중생 식견으로 믿기도 어렵고, 부처님의 지혜와 말씀을 믿는 사람이라도 참으로 수용하고 믿기 어려운 한계를 벗어난 불가사의함이나 이것이 사실이니 믿으라는 말씀이시다. 여기에 이성(理性)과 이해와 분별과 사량과 상상을 초월해 완전한 티 없는 의심 없는 청정한 믿음을 발(發)하면 상상을 초월한 불가사의 그 공덕 실상(實相)에 바로 들게 된다. 그러나 한순간 여래(如來)의 이 말씀에 분별을 일으키면 믿음의 기연(機緣)을 놓쳐, 믿음을 벗어나 수행을 통해 자력(自力)으로 사상심(四相心)을 멸(滅)하는 인위적 무량시간과 무한노력으로 기약 없는 깨달음을 향한 숱한 방황과 혼돈을 거듭하며 고행 속에 그곳에 이르게 된다. 분별과 사량이 중생이며, 분별과 사량이 상(相)이며, 분별과 사량이 사상심(四相心)이다. 깨달음은 믿음의 기연(機緣) 한순간을 놓쳤든 그 자리, 분별과 사량이 끊어진 그 자리가 곧, 깨달음 자리임을 세월이 끝없이 흘러버린 연후에야 비로소 깨닫게 된다. 깨달음은 유위법(有爲法)이 아니므로 시간과 세월과 노력으로 완성되는 것이 아니다. 깨달음은 한순간 깨달음을 맞는 기연(機緣)에 있다. 수많은 시간과 세월의 노력은 한순간 깨달음의 기연(機緣)을 만나기 위한 노력이다. 깨달음은 수많은 세월의 수행이 있어야만 한다는 것은 법상(法相)을 가진 분별과 사량의 사견(邪見)이다. 수행은 깨달음을 얻기 위한 과정이 아니라 분별과 사량을 끊기 위한 노력이다. 왜냐면, 모든 생명(生命)이 바로 각성(覺性)이며, 아뇩다라삼먁삼보리기 때문이다. 분별과 사량이 본심본각(本心本覺)을 가리는 환(幻)이다. 반드시 수행으로 깨달음을 얻는다는 생각도 사견(邪見)이며, 소득심(所得心)의 법상(法相)이다. 깨달음은 얻어야 하는 소득법(所得法)으로 생각하는 분별과 사량이 법상(法相)이며, 유심(有心)이며, 상심(相心)이며, 사견(邪見)이며, 망념(妄念)이다. 그것은 생명(生命) 자체가 아녹다라삼먁삼보리며, 각성(覺性)이기 때문이다. 깨달음의 기연(機緣)을 놓치면 기약 없는 유심(有心)의 세월과 노력 속에 깨달음의 기연(機緣)을 위해 노력해야 한다. 깨달음을 얻기 위한 수행은 분별과 사량을 쉬게 하는 기연(機緣)의 계기가 될 뿐이다. 깨달음 자체가 마음을 깨닫는 것이니 반드시 수행을 해야만 마음이 얻어지는 것이 아니다. 마음이 생명성(生命性)이며, 생명성(生命性)이 마음이니 생명있는 자(者)와 마음 있는 자(者)는 그 생명성(生命性)과 마음을 깨닫는 것이니 수행으로 그것을 얻는다는 것이 허황한 말이며 헛된 생각이다. 단지, 분별과 사량이 무명이며 미혹이므로 찾겠다는 그 생각이 환(幻)이며 망념(妄念)이다. 그러나 본심(本心)을 깨닫지 못하면 무명과 미혹의 유심(有心) 분별심과 사량을 벗지 못했으니 본심(本心)을 가리는 분별과 사량을 끊어야 한다. 분별과 사량을 떠나 무명과 미혹이 있는 것이 아니다. 무명과 미혹이 분별심 사상심(四相心)이다. 무명과 미혹은 다름 아닌 나 있음이 곧, 무명이며 미혹이다. 나 있다는 분별과 사량이 끊어지면 아녹다라삼먁삼보리 나의 본심(本心)이 드러난다. 생각을 일으킨 유심(有心)의 분별심으로 자기가 있다는 분별심을 없애려고 하면 오히려 분별심이 본심을 가리는 장애가 되어 상심(相心)인 나를 벗어나지 못한다. 단지, 나 없는 나의 실체 나의 본성을 관(觀)하여 무아(無我)를 체달(體達)해 본성을 깨달음으로 유심(有心)의 분별과 사량이 사라져 본심(本心)을 깨닫게 된다. 생명성(生命性)이 아녹다라삼먁삼보리며, 마음이 곧, 아녹다라삼먁삼보리다. 의심 없이 믿고 자아(自我)가 실체가 없음과 마음이 실체 없음과 생명성(生命性)이 실체 없음을 깨달으면 된다. 생멸심이 자성(自性)이 없음을 관(觀)해도 된다. 유심(有心)인 상심(相心)이 있으면 본심(本心)은 알 수 없으니 생멸심을 관(觀)하여 생멸심이 끊어지면 본심(本心)을 깨닫게 된다. 생멸심을 관(觀)하며 생멸심이 멈추거나 생멸심이 쉬게 되면 이것이 본심(本心)인가 하는 분별심을 가질 수도 있다. 어떤 무엇이든 본심(本心)이 아니다. 본심(本心)에 이르면 나(我)와 보고 듣는 대상(對相)이 모두 끊어져 분별심이 없다. 내가 있고 남이 있고, 내 아닌 보고 듣는 밖의 세계가 있으면 분별심이니 본심(本心)이 아니다. 어떠한 분별심으로도 본심(本心)은 알 수 없다. 단지, 본심(本心)은 깨달음으로 알 뿐이다. 혹시 관행(觀行)으로 맑음의 경계가 있어도 이것이 깨달음인가? 또는, 이것이 본심(本心)인가? 또는, 이것이 아뇩다라삼먁삼보리인가? 하는 그 자신이 있으면 곧, 사상심(四相心) 분별심(分別心)이다. 일체 분별은 인위적으로 사라지는 것이 아니다. 본래 없으니 없음을 깨달아야 한다. 본래 없다고 생각한다고 내가, 상대가, 일체 상이 사라지는 것이 아니다. 본심을 깨달으면 이 우주 삼라만상과 하늘과 허공과 내가 흔적없이 사라져 안팎 없는 상(相) 없는 무한 마음만 온 우주 허공이 사라진 일체에 오롯할 뿐이다. 깨달음에 들면 본래 일체가 상(相)이 없어 환영(幻影)인 망(妄)이 사라짐이 나쁠만 아니라 마음도 흔적 없이 사라지고 일체가 흔적 없이 사라져 상(相) 없고 걸림 없는 원융한 청정 성품을 깨닫게 된다. 분별과 사량은 수행에 도움이 되지 않으니 잠시 의식이 맑은 것으로 삿된 분별을 일으키지 말아야 한다. 깨달음은 분별이 아니다. 깨닫는 순간 일체 분별의식과

260

無爲福勝分 第十一(무위복승분 제십일)

나와 마음까지 흔적 없이 사라지니 무엇이든 인위적으로 없애려 하면 오히려 산란심이 일어나 상심(相心)을 더하게 된다. 단지 실체 없음을 보는 관행력으로 다스리면 된다. 기연(機緣)을 맞아 깨달음을 얻어 본심(本心)에 들면 여래(如來)께옵서 하신 일체 말씀이 사실이며, 믿으라고 하신 바로 그 실체가 불가사의함을 깨닫게 된다. 끊어야 할 유위(有爲)와 상(相)과 사상심(四相心)과 무명과 미혹과 중생심과 일체업력(一切業力), 만물만상(萬物萬相) 일체상(一切相)이 곧, 분별과 사량의 다른 이름임을 깨닫게 된다. 분별과 사량이 끊어지면 그대로 아뇩다라삼먁삼보리심이다. 즉, 각(覺)이다. 무량무한(無量無限) 시방허공천(十方虛空天) 무량세계와 무량공덕 그 근원이 본심(本心)이며, 그 세계가 무한(無限)하여도 본심(本心)을 벗어나 있지 않다.

● 항하사 무량수의 항하사수 삼천대천세계 칠보 보시공덕과 삼라만상 일체만물이 실상(實相), 각(覺), 반야(般若), 무아(無我), 무상(無相) 이 단어(單語) 중에 어느 한 단어(單語)든 그 공덕(功德)에 들면 항하사 무량수의 항하사수 삼천대천세계 칠보 보시공덕뿐만 아니라 일체천(一切天) 삼라만상만물(森羅萬象萬物) 일체 존재가 흔적 없이 사라진다. 이것이 유위공덕(有爲功德)과 무위공덕(無爲功德)의 차이다. 부처님의 불지혜(佛智慧)의 말씀이 거짓일 수 없고 허황한 것이 아니다. 금강경 어느 한 구절이든 믿음으로 수용하고 받아 지니면 그 공덕은 항하사 무량수의 항하사수 삼천대천세계 칠보 보시공덕보다 수승하다. 본성의 지혜가 없는 어둠 속에서 자기 앎에 의지해 불설(佛說)도 믿지 못하는 어리석은 중생들에게 부처님께서 불지혜(佛智慧)의 각력(覺力)으로 입증하고 증

261

명하시는 말씀이시다. 불가사의한 불지혜(佛智慧)로 드러내어 말씀하신 소중한 반야바라밀 지혜의 말씀은 중생들은 본성의 지혜가 없어 부처님을 통해 얻어들을 수밖에 없는 불가사의 하고 희유한 공덕의 말씀이시다. 이 말씀에 의지해 중생들이 미혹과 윤회와 생명의 고통을 벗어나는 생명같이 귀하고 더 없이 소중한 불지혜(佛智慧)의 말씀이시다.

● 경(經)의 수지(受持)는 금강반야 무위지혜(無爲智慧)니, 받음(受)은 무위지혜에 응(應)하여 무위를 수용(受用)함이다. 지님(持)은 무위지혜(無爲智慧) 금강반야의 행(行)이다. 깨달음에 들면 금강반야바라밀 이 구절이 거짓이 아님을 깨닫게 된다. 수지(受持)는 사상심 없는 아뇩다라삼먁삼보리심 반야행이다.

● 이 경(經)의 어느 한 부분이나 사구게 등을 받아 지니고자 하면 무위지혜(無爲智慧)가 있어야 한다. 수지(受持)는 아뇩다라삼먁삼보리 무위지혜를 수용(受用)하여 받아 지님이니, 이는 사상심 없는 아뇩다라삼먁삼보리심이다. 무량항하(無量恒河) 모래 수처럼 많은 삼천대천세계 칠보를 가득 채워 보시한 복덕보다 이 경(經)의 어느 한 글귀든 받아지니는 복덕이 수승함은 이 경(經) 어느 한 글귀든 무위실상(無爲實相)의 말씀이기 때문이다. 한 글귀에 경(經) 전체의 뜻이 담겨있고, 한 글귀가 본심(本心)과 삼라만상의 무위실상(無爲實相) 진리이기 때문이다.

● 이 구절을 보는 것만 해도 환희심이며, 이 구절을 새기는 것만 해도 가슴이 벅차다. 이 구절을 사유(思惟)하는 것만으로도 무진 업장이 무르녹으며 기쁨과 환희심이 샘솟는 위대한 말씀이시다. 여래(如來)만이 할 수 있는 상상을 뛰어넘는 희유한 지혜다. 중생의 의식과 가슴으로는 담을 수 없는 불가사의하고 희유한 말씀이다. 먹지 않아도 의식이 배고프

지 않으며, 채우지 않아도 의식이 배부르다. 여래(如來)의 지혜에 감탄하며, 상상을 초월한 희유한 말씀이다. 중생의 의식과 사유로는 담을 수 없는 불가사의(不可思議)다. 그리고 이 말씀의 경계가 불가사의한 믿음의 기연(機緣)으로 실상(實相)에 바로 들 수 있는 희유의 길이다. 생각으로, 분별로 이 구절을 헤아리려 하지 말고 항하사 무량수와 삼천대천세계 칠보를 사유(思惟)를 벗어나 관(觀)을 해보라. 여래(如來)의 뜻을 조금이라도 느끼고 알 수가 있다.

● 이 경(經) 어느 한 부분이나 사구게(四句偈)의 말씀은 금강반야바라밀 세계로 중생을 이끌기 위한 부처님 무상지혜(無上智慧)의 대비심(大悲心)이다.

尊重正敎分 第十二
존 중 정 교 분 제 십 이

이 경(經)은 세간(世間)의 복전(福田)으로 공경(恭敬)하고 공양(供養)함을 설하심이다.

復次 須菩提 隨說是經 乃至 四句偈等 當知此處
부차 수보리 수설시경 내지 사구게등 당지차처

一切世間 天 人 阿修羅 皆應供養 如佛塔廟 何
일체세간 천 인 아수라 개응공양 여불탑묘 하

況有人 盡能受持讀誦
황유인 진능수지독송

그리고 또 수보리야, 이 경 설함을 따라 어느 한 부분이나, 사구게 등은 마땅히 알지니라. 이곳은, 일체 세간 하늘과 사람과 아수라 등이, 모두가 응당 공양 올리기를 부처님의 사리탑과 같거늘 어찌 하물며 사람이 있어 능히 받아 지니며, 읽고 독송함을 다함이겠느냐.

● 이 경(經)은 세간을 벗어난 최상(最上) 불지혜(佛智慧) 금강반야며, 수승한 무상(無上) 불지혜(佛智慧)의 최고최상 수승한 공덕경(功德經)이니 일체 세간 하늘 사람과 인간 사람과 일체 세간 중생들이 공경하고 공양 올리기를 불신(佛身)의 사리탑(舍利塔)과 같거늘 하물며 능히 받아 지니며 읽고 독송함을 다함이겠느냐. 는 말씀이시다.

● 진능수지독송(盡能受持讀誦)은 진(盡)은 상(相) 없는 실상을 수순하는 무위심(無爲心)이다. 능(能)은 무위(無爲)를 수용하고 섭수함이 부족함이 없음이다. 수(受)는 무위(無爲)를 수용하고 섭수함이다. 지(持)는 무위행(無爲行)이다. 독(讀)은 무위(無爲)를 세밀히 살피고 사유(思惟)하며 관(觀)함이다. 송(誦)은 무위행(無爲行)의 실천이다.

● 글과 법(法)이 둘이 아님(不二)은, 글의 실체가 무위(無爲)기 때문이며, 글이 무위(無爲)를 벗어나지 않기 때문이다. 글의 실체 실상을 알지 못하면 경(經)을 이해하거나 뜻(義)을 알 수가 없어, 무엇을 수지(受持)해야 하는지, 어떻게 독송(讀誦)해야 하는지를 알 수가 없다. 금강경의 실체는 아뇩다라 삼먁삼보리심 무위본심(無爲本心) 금강반야다. 경(經)의 내용 글은 무위실상(無爲實相)을 드러냄이니 실체가 없다. 그러나 무위(無爲)를 알면 글과 실체가 둘이 아니다. 글이 무위(無爲)의 실체를 드러내며, 무위(無爲)의 실체가 여래(如來)의 지혜 설(智慧說)을 벗어나 있지 않다. 무위(無爲)의 실체를 알면 경(經)을 수지독송(受持讀誦)해도 글과 말에서 단지, 무위(無爲)

실체를 볼 뿐 언어(言語)의 법상(法相)을 가지지 않는다.

須菩提 當知是人 成就最上第一希有之法 若是經
수 보 리 　 당 지 시 인 　 성 취 최 상 제 일 희 유 지 법 　 약 시 경
典 所在之處 卽爲有佛若尊重弟子
전 　 소 재 지 처 　 즉 위 유 불 약 존 중 제 자

수보리야, 당연히 알아라. 이 사람은 최상 제일 희유한 법을 성취함이니, 만약 이 경전이 있는 곳의 처소는 곧, 부처님과 존중한 제자가 계심이니라.

● 항하 모래 수처럼 많은 항하가 있고, 그 모든 항하 모래 수와 같은 삼천대천세계가 있어 그 모든 삼천대천세계에 칠보로 가득 채워 보시하는 복덕보다 이 경(經)의 어느 한 부분이든 받아 지니는 복덕이 더욱 수승하며, 이 경(經)을 능히 수지독송하는 자(者)는 최상제일 희유한 법(法)을 성취함이니, 이 경전(經典)이 있는 곳은 위대한 스승 부처님과 그 뜻을 따르는 존중한 제자가 있음이니라. 는 뜻이다.
● 최상제일(最上第一) 희유한 법(法)은 무위실상 무량공덕이며, 깨달음의 불각(佛覺) 아뇩다라삼먁삼보리를 성취함이다.

如法受持分 第十三
여 법 수 지 분 제 십 삼

이 경명(經名)을 설하시고, 상(相) 없는 경(經)을 지녀야 함과 세계를 이룬 물질과 물질이 결합한 세계와 몸을 이룬 형상이 실체가 없음을 설하심이다.

爾時 須菩提白佛言 世尊 當何名此經 我等云何
이시 수보리백불언 세존 당하명차경 아등운하

奉持 佛告須菩提 是經名爲金剛般若波羅蜜 以是
봉지 불고수보리 시경명위금강반야바라밀 이시

名字 汝當奉持 所以者何 須菩提 佛說般若波羅
명자 여당봉지 소이자하 수보리 불설반야바라

蜜 卽非般若波羅蜜 是名般若波羅蜜
밀 즉비반야바라밀 시명반야바라밀

그때에 수보리가 부처님전에 사뢰어 말씀드리되, 세존이시여, 마땅히 이 경의 이름을 무엇이라 해야 하오며, 저희들은 어떻게 받들어 가져야 하옵니까? 부처님께옵서 이르시되, 수보리야, 이 경을 이름하여 금강반야바라밀이며, 이 이름답게 너희들은 받들어 가져야 하느니라. 어떠한 까닭이냐 하면은 수보리야, 불이 설한 반야바라밀은 즉, 반야바라밀이 아니므로, 이를 이름함이 반야바라밀이니라.

● 이 경(經) 이름이 금강반야바라밀(金剛般若波羅蜜)이며, 반야바라밀은 반야바라밀이라 일컬을 법(法)과 상(相)이 없어, 법(法) 없고 상(相) 없음을 이름하여 반야바라밀이라 하느니라. 는 말씀이다.

● 반야바라밀 법(法)이 있거나 상(相)이 있으면 그것은 반야가 아니며, 바라밀아니다. 만약, 반야바라밀 법(法)이나 상(相)이 있으면 실상(實相)이 아니므로 파괴되는 법(法)이다. 반야는 상(相) 없고, 바라밀 또한 상(相) 없어 금강반야바라밀이다.

● 반야바라밀이 반야바라밀 아님은 반야는 상(相) 없는 무

위지혜며, 상(相) 없는 무위본심이 바라밀이기 때문이다. 금강반야와 바라밀이 다른 것이 아니다. 금강반야가 바라밀 지혜며, 바라밀이 금강반야 세계다. 이름은 있으나 그 성품이 실체가 없다. 왜냐면, 무위각성(無爲覺性)이기 때문이다.

● 금강반야바라밀경 또한 글과 말이 무위(無爲) 실상을 드러냄이니 그 실체가 없다. 부처님께옵서 금강반야바라밀 이름답게 받들어 지니라고 하시니 금강반야바라밀이라 함이 상(相) 없고 실체 없음을 일컬음이다. 상(相) 없고 실체 없는 경(經)을 이름의 법(法)답게 어떻게 받들어 지녀야 할까? 반야바라밀은 상(相) 없음이니, 일체행에 상(相) 없음이 금강반야바라밀 법(法)을 지님이며, 금강반야바라밀 법(法)을 받들어 가짐이다. 이는 상(相) 없음이 금강반야바라밀이기 때문이다. 금강반야바라밀경은 글과 말을 받아 지닐 수가 없다. 경전(經典)을 몸에 지니고 입으로 경(經)을 외운다고 금강반야바밀이 되는 것이 아니다. 몸에 경(經)을 지니고 입으로 경(經)을 외우는 것은 유위심(有爲心)이며 상심(相心)이며 유심행(有心行)이다. 단지, 보고 듣고 행위함에 상(相) 없는 본심을 여의지 않아 상(相)에 머묾과 상심(相心)이 없으면 그것이 경(經)을 지님이며, 수지독송(受持讀誦)함이다. 반야바라밀은 사상(四相) 없는 무위(無爲)니, 무위(無爲) 실상은 형상이 아니며 글이 아니다. 상(相) 없는 마음이 금강반야바라밀이며, 상(相) 없는 행(行)이 금강반야바라밀을 지님이며 행함이다. 이는 사상(四相)이 없어 금강반야바라밀이며, 마음이라는 상(相)이 없어 금강반야바라밀이며, 행(行)이 상(相)이 없어 금강반야바라밀이다. 이것이 아뇩다라삼먁삼보리심이며 무여열반이며 바라밀이다. 곧, 무상심행(無相心行)인 본심행(本心行)이다.

● 반야바라밀은 반야바라밀이라 일컬을 상(相)과 법(法)이 없다. 만약, 마음에 상(相)이 있거나 법(法)이 있으면 반야바라밀이 아니다. 상(相) 없고 법(法)이 없어 반야바라밀이다. 반야바라밀이 상(相)이 있거나 법(法)이 있다고 하면 반야바라밀이 아니다. 나 없고, 대상 없는 실상세계가 반야바라밀법이다. 이 경(經)은 무상무아경(無相無我經)이다. 실상 무위본심을 행(行)함이 반야바라밀이다. 반야바라밀은 실상지혜의 무위행(無爲行)이다. 반야바라밀은 실상심(實相心)이니 상심(相心)이 없어 상(相) 없고 법(法)이 없어 깨어지지 않고, 깨어질 것도 없다. 상(相) 없어 티 없는 청정(淸淨)한 그 마음이 금강(金剛)이다. 금강(金剛)은 생명의 본연 실체며, 무엇에도 물듦 없는 원융한 본심이다. 참으로 그 지혜와 마음이 불가사의며, 고귀한 가치와 공덕을 가진 불가사의한 부처님 마음이다. 너도나도 상(相) 없어 티 없는 생명본성(生命本性) 무상심(無相心)이다. 사상(四相)과 생사와 윤회 없는 때 묻음 없는 초월이다. 티 없으니 무엇에도 물듦 없고, 상(相) 없으니 삼라일체(森羅一切)를 담아도 물듦이나 장애가 없고, 지혜로 밝으니 무엇에도 걸림이 없다. 나 없고 상(相) 없고 분별과 사량이 끊어져 생멸 없어 바라밀이다. 사상심이 있으면 내가 있어 의식으로 대상(對相) 만물만상을 육근(六根)으로 받아들이고 수용하게 된다. 이것이 사상심이다. 이는 사상심 분별이다. 몸 안에 자아의식이 있어 육근(六根)으로 내가 대상(對相) 만물만상을 받아들이는 것이 아니다. 만물만상은 대상(對相)이 아니라 마음이 상(相)이 없어 원융(圓融)하여 본심(本心)의 부사의 작용으로 만물만상을 바로 수용하고 섭수하는 무위(無爲) 본심(本心) 공덕이다. 무위(無爲) 본심(本心)은 상(相)이 없어 두

루 일체천(一切天) 삼라(森羅) 일체상을 원융으로 바로 수용하고 섭수한다. 사상심이 있으면 육체를 나로 알거나 대상(對相)을 인식하는 인식자(認識者)를 나로 알고 있다. 이것이 사상심이다. 사상심을 여의면 인식자(認識者)가 사라지므로 대상(對相)의 개념이 사라진다. 일체가 마음이며 일체천(一切天) 만물만상이 원융(圓融)한 불이(不二), 나 없는 마음의 부사의 작용이다. 그렇다고 서로 겹치거나 부딪히는 것도 아니며, 서로 하나되는 것도 아니며, 서로 각각 다른 것도 아니다. 나도 없고 남도 없고 없는 것도 없는 원융(圓融)한 부사의사(不思議事)다. 그리고 머무를 상(相)이 없고, 머무를 나도 없다. 일체원융(一切圓融)이며 일심법계(一心法界) 청정각성원융일심(淸淨覺性圓融一心)이다. 일심(一心)이란 한 마음이 아니다. 일체가 마음이므로 일심(一心)이라고 하며, 일(一) 이외는 없다. 일(一)이 곧, 본성(本性)이며, 원융(圓融)이다. 그러므로 일심(一心)이라고 한다. 일체가 생멸생사(生滅生死)가 없고 너, 나, 대상(對相)이 없는 원융일심(圓融一心)이다. 이것이 반야의 세계다. 사상심은 상(相)의 마음이므로 그 수용공덕(受用功德)이 마음을 일으키는 그것밖에 되지 않는다. 그리고 그것도 분별과 사량에 의함이니 상심(相心)과 심탁(心濁)과 선악(善惡)과 자타(自他)와 집착과 탐욕에 물들어 인과(因果) 인성(因性)에 사(邪)와 탐진치 독(毒)까지 들어 있어 그 복덕의 과(果)에 낙(樂)보다 고(苦)와 장애와 마장(魔障)이 많다. 모든 인과(因果)는 그 인성(因性)을 따라 피어나기 때문이다. 그러므로 일체행에 심공덕(心功德) 인성(因性)이 중요하다. 부처님전에 가난한 여인이 기름을 구걸하여 올린 등불은 꺼지지 않는 빈자일등(貧者一燈) 심공덕(心功德) 인연사(因緣

事)가 아사세왕수결경(阿闍世王授決經)과 현우경(賢愚經) 빈
녀난타품(貧女難陀品)에 전해진다.

● 사위성(舍衛城)에 가난한 노파(老婆)가 살고 있었다. 너
무 가난하기에 이집저집 밥을 빌어 겨우 목숨을 이어나갔다.
어느 날 온 성안이 떠들썩하여 사람에게 무슨 일인가를 물었
다. 아사세왕이 석달 동안 부처님과 그 제자들을 청하여 공양
을 올리고 오늘 밤에는 왕궁에서 기원정사까지 부처님 가시
는 길에 수만개의 등불을 켜 밝힌다고 하였다. 이 여인은 항
상 부처님에게 공양 올리려는 마음이 지극하였으나 가난으
로 못해오다가 왕이 이러한 공덕을 지음을 보고 가진 것이 없
어도 등불을 하나 부처님전에 밝혀야겠다는 생각을 했다. 구
걸하여 동전 두닢으로 기름을 사려고 기름집에 갔다. 기름집
주인은 형색이 남루한 여인을 보며 동전으로 먹을 것을 사먹
지 않고 동전 두닢의 기름으로 어디에 무엇할 것인가를 물었
다. 부처님은 백겁(百劫)에도 만나기 어려운데 나는 너무 가
난해 공양 올릴 것이 없으니 비록 가난하지만 초라한 등불 하
나라도 부처님 가시는 길을 밝히려 한다고 했다. 기름집 주인
은 감동하여 기름을 돈보다 더 주었다. 여인은 부처님 다니
시는 길목에 등불을 밝히며 이 적은 기름으로는 반야(半夜)도
못 가겠구나 생각을 했다. 여인은 서원(誓願)하기를 보잘것
없는 초라한 등불이지만 이 공덕으로 내세에는 저도 부처님
이 되어지이다. 간절한 서원을 세웠다. 왕이 밝힌 등불은 새
벽에 거의 다 꺼져갔으나 노파가 밝힌 등은 기름이 조금도 줄
지 않았다. 날이 밝아 노파의 불을 끄려 하였으나 불은 꺼지
지 않고 오히려 등불의 불빛은 더욱 밝았다. 부처님께서 말씀
하시기를, 부질없이 끄려고 애쓰지 마라. 그것은 가난하지만

마음 착한 여인의 넓고 큰 서원과 정성으로 켜진 등불이다. 미래불(未來佛)의 광명공덕(光明功德)이니 결코 꺼지지 않을 것이다. 그 등불의 공덕으로 그 여인은 오는 세상 30겁(三十劫) 후에 부처가 되어 수미등광여래(須彌燈光如來)라고 하리라. 하셨다. 이 말을 전해들은 아사세왕은 부처님께, 자기는 석달 동안이나 부처님과 스님에게 큰 보시하고 수만개의 등불을 밝혔으니 자기에게도 수기(授記) 주시기를 원했다. 부처님께옵서는, 불법은 그 뜻이 매우 깊어 헤아리기 어렵고 알기 어려우며 깨우치기도 어렵습니다. 그것은 하나의 보시로써 얻을 수 있기도 하지만 백천의 보시로도 얻을 수 없는 경우가 있습니다. 그러므로 불법을 얻기 위해서는 먼저 여러 가지로 보시하여 복을 짓고 많이 배우며 스스로 겸손하여 남을 존경해야 합니다. 자기가 쌓은 공덕을 내세우거나 자랑해서는 안됩니다. 이와 같이 하면 뒷날에는 반듯이 불도를 이루게 될 것입니다. 왕은 속으로 부끄러워하며 물러났다.

● 금강경은 상(相)이 없으니 어떻게 수지독송(受持讀誦)해야 할까? 상(相) 없음이 반야바라밀이니 보는 것, 듣는 것, 만나는 사람에게 나 없고 상(相) 없는 지혜의 행이 수지독송(受持讀誦)이다. 이것이 상(相) 없는 금강반야바라밀을 받들어 상(相) 없이 가짐이다. 상(相) 없는 금강반야바라밀의 위타인설(爲他人說)은 경(經)의 뜻(義)과 뜻(義)이 드러내는 법(法)의 실체와 실상에 즉한 정지견(正智見)으로 경(經)의 뜻(義)을 따라 요별(了別)하여 설(說)한다. 법(法)을 듣는 자(者)는 법(法)에 대한 진실한 믿음과 존중이 중요하다. 법(法)에 대한 존중과 진실한 믿음은 자신이 법(法)을 담을 수 있는 법연(法緣)의 깊이와 선근의 역량이기 때문이다. 법(法)을 듣는 진실한 믿

음과 존중의 깊이가 자기의식이 깨어날 수 있는 결정적 인성(因性)의 역할을 하게 된다. 법연(法緣)은 진실한 믿음과 존중이 중요하다. 법(法)은 믿음과 진실만이 자기를 구제하고 제도할 수 있다. 자기 구제와 제도는 법(法)은 단지, 자기 구제의 계기일 뿐 구제의 인성(因性)은 믿음과 진실이며, 자신을 구제하고 제도하는 결정적 계기와 바탕은 법(法)에 대한 존중과 자신의 믿음과 진실이다. 구제(救濟)와 제도(濟度)는 지식(知識)과 이해(理解)와 이성(理性)과 판단(判斷)과 논리(論理)가 아니다. 그것은 단지, 진정한 법(法)의 믿음에 드는 스스로 어리석음을 일깨우는 이해 과정일 뿐이다. 지식과 논리는 깨달음에 도움이 되지 않는다. 단지, 믿음으로 법(法)을 수용하고 관(觀)을 수반한 실천의 수행만이 깨달음에 드는 인성(因性)이 된다. 바른 깨달음에 들기 전에는 지식과 이해와 이성과 판단과 논리로 헤아리고 분별하며 법(法)에 대해 접근하게 된다. 그러나 실상은 분별로 헤아려 알 수 있는 것이 아니다. 실상을 깨닫는 실천 수행으로 이해와 지식을 벗어난 실상자증(自證)으로 법(法)을 체달(體達)해야 한다. 법(法)은 이해가 아니라 자기가 법(法)의 실체가 되는 것이다. 금강경 이해가 중요한 것이 아니라 자신이 금강반야바라밀이 되는 것이다. 자신이 금강반야바라밀이 되는 실천 수행 실상행(實相行)이 경(經)의 수지독송(受持讀誦)이며, 이 경(經)의 요지(要旨)다. 실상을 깨달으면 지식과 이해와 이성과 판단과 논리는 자연히 사라진다. 깨닫고 보면 많은 글과 말이 오직 하나 실상을 드러내는 다양한 이끎이나, 실상을 모르면 글과 말에 의지해 분별하게 된다. 법(法)을 들음에는 법(法)과 법사(法師)에 대한 진실한 믿음과 존중은 법(法)을 수용하며 자기를 구제하고 제도하는 근기(根機)의 깊이가 된다. 깨끗한 물을 담으려면 그릇이 더러움이 없어야 하고, 법(法)은 수용할 수 있는 그릇에 담아야 하며, 씨앗은 싹트고 꽃필 수 있는 땅에 심어야 한다. 법연(法緣)의 믿음과 존중이 없으면 법(法)까지 믿지 아니하고, 사람까지 불신(不信)하여 법(法)과 멀어진다. 법(法)은 믿음이 땅이 되고, 법(法)은 씨가 되어 믿음의 땅에서 법(法)의 꽃이 피어난다. 무엇이든 자기 선입견(先入見)이나 법(法)에 대한 교만심이나 남을 존중하지 않는 아상(我相)이 있는 자(者)는 자기 구제의 선근(善根)과 자기를 제도할 근기(根機)가 성숙하지 못한 상태다. 그릇에 무엇을 담고자 하며는 먼저 그릇부터 깨끗이 씻어야 한다. 무엇이든 그릇의 크기와 깊이에 따라 물건의 양을 담을 수가 있다. 선근(善根)과 근기(根機)가 성숙하지 못하면 선입견이나 아견(我見)이 굳어, 법(法)을 수용하는 선근(善根)과 공덕심(功德心)이 메말라 법(法)을 수용할 선근적 수용력이 없다. 또한, 분별과 사량이 많은 자(者)는 작은 이(利)를 탐착(貪着)하므로 유위복(有爲福)에 치우칠 뿐, 무위(無爲)를 수용하거나 무위복(無爲福)을 담을 그릇이 되지 못하며, 대승(大乘)의 근기(根機)가 되지 못한다. 법연(法緣)은 숙세(宿世) 선근인연(善根因緣)을 따르고, 근기(根機)를 따라 피어난다. 선근(善根)의 믿음이나 근기(根機)가 성숙한 인연은 상(相) 없는 마음 그대로 전하면 된다. 깨달음은 이성(理性)과 논리(論理)가 아니다. 금강반야바라밀은 상(相) 없는 마음과 각성(覺性)의 밝음일 뿐, 법(法)에 대한 이성(理性)과 논리의 분별세계가 아니다. 이해를 돕기 위해 관행(觀行)의 지혜를 더불어 상(相) 없는 반야와 그 공덕세계에 들 수 있도록 이끌어야 한다. 그러나 깨달음까지 줄 수는 없다. 깨달음은 스스로 체달(體達)해야 한다. 꽃 나무에 꽃이 필 수 있도록 물을 줄 수는 있다. 그러나 꽃과 꽃향기는 꽃나무 스스로 완성해야 하는 부분이다.

須菩提 於意云何 如來 有所說法不 須菩提白佛
수 보 리 어 의 운 하 여 래 유 소 설 법 부 수 보 리 백 불
言 世尊 如來無所說
언 세 존 여 래 무 소 설

수보리야, 어떻게 생각하느냐? 여래가 설한 바 법이 있느냐? 수보리가 부처님전에 사뢰어 말씀드리되, 세존이시여, 여래께옵서는 설하신 것이 없사옵니다.

● 여래(如來)께서 설한 바 법(法)이 없음은, 설한 법(法)이 상(相) 없는 실상(實相)이며, 무유정법(無有定法)이므로 실체 없고 상(相)이 없기 때문이며, 여래(如來) 또한 설한 법(法)과 설한 상(相)이 없기 때문이다.

須菩提 於意云何 三千大千世界 所有微塵 是爲
수 보 리 어 의 운 하 삼 천 대 천 세 계 소 유 미 진 시 위
多不 須菩提言 甚多世尊 須菩提 諸微塵 如來說
다 부 수 보 리 언 심 다 세 존 수 보 리 제 미 진 여 래 설
非微塵 是名微塵 如來說 世界 非世界 是名世界
비 미 진 시 명 미 진 여 래 설 세 계 비 세 계 시 명 세 계

수보리야, 어떻게 생각하느냐? 삼천대천세계가 소유한 미세한 티끌들이 많다 하겠느냐? 수보리가 말씀드리되, 심히 많사옵니다. 세존이시여. 수보리야, 모든 미세한 티끌들이

여래가 설한 바 미세한 티끌들이 아니므로, 이를 이름함이 미세한 티끌이라 하느니라. 여래가 설한 바 세계도 세계가 아니므로, 이를 이름함이 세계라 하느니라.

● 삼천대천세계는 수 없는 종류의 미진(微塵)으로 이루어져 있으며, 이것은 삼천대천세계를 이루는 요소(要素)가 된다.

● 불교 물질관은 원소적(元素的) 개념이 아니라 사람 감각기관의 특성에 따라 인지되는 물질성품 성질적 개념이다. 불교 물질관은 지대(地大), 수대(水大), 화대(火大), 풍대(風大), 공대(空大) 오대성(五大性)과 오대성(五大性)의 인연화합물(因緣化合物) 색성향미촉(色聲香味觸)의 물질성(物質性) 개념이다. 지대(地大), 수대(水大), 화대(火大), 풍대(風大), 공대(空大)를 대(大)라고 함은 눈에 보이지 않고 인식할 수 없으나 온 우주에 그 성품, 법성(法性)이 충만하고 가득하며, 인연(因緣)을 따라 나타나기 때문이다. 이 오대(五大)가 인연 따라 서로 섞이고 화합하며, 그 물성(物性)이 색성향미촉(色聲香味觸)의 무수무한(無數無限)으로 변화하여 만물만상이 생성되고 인연화합과 변화의 특성에 따라 각각 개체들이 그 성질적 특성을 드러낸다.

● 지대(地大)는 땅 성품이며, 굳는 특성이다. 땅 성품 굳는 특성은 모든 물질(物質)과 의식(意識)이 굳어지고 형태를 이룸은 지대(地大) 성품 작용이다. 물질뿐 아니라 의식(意識)과 감정(感情)이 굳어지는 것도 지대(地大) 성품 작용이다.

● 수대(水大)는 물 성품이며, 젖는 특성이다. 물 성품 젖는 특성은 화합하고 결합하며, 젖어들고 하나 되는 특성이다. 모든 물질과 의식(意識)이 젖고 물들며, 서로 흡수하고 끌어당

김과 의식(意識)이 감정에 젖으면 눈물을 흘리고, 맛있는 음식 생각에 젖으면 입에 침이 고임 또한 수대(水大) 성품 작용이다.

● 화대(火大)는 불(火) 성품이며, 빛(光)과 열(熱)의 특성이다. 불 성품 열(熱) 특성은 모든 것에 빛(光)과 열(熱)을 주기도 하고, 태우기도 한다. 자연과 생명세계가 빛과 열(熱)에 의지해 살아가고 성장하며 기온(氣溫)과 체온(體溫)이 있음은 화대(火大) 성품 작용이다.

● 풍대(風大)는 바람 성품이며, 움직임 작용의 특성이다. 바람 성품은 모든 존재와 의식(意識) 세계를 움직이고 작용하게 하며 변화하게 한다. 풍대(風大)는 움직이는 성품이니 가만히 있지를 못하고 무엇이든 작용하고 변화하게 한다. 모든 존재와 의식(意識) 작용은 풍대(風大) 성품 작용이다.

● 공대(空大)는 빈 성품이며, 무엇이든 수용하고 받아들이는 특성이다. 빈 성품은 서로 수용하고 자유롭게 하며, 빈 성품에 의지해 모든 존재(存在)들이 자유롭게 활동하며 공간성(空間性)을 유지한다. 모든 존재와 의식(意識)이 자유롭고 공간성을 가지는 것은 공대(空大) 성품 작용이다.

● 땅이라고 지대(地大)만 아니다. 땅은 오대(五大) 성품이 혼합되어 있다. 땅이 형태를 이루어 굳어짐은 지대(地大) 성품 작용이며, 땅이 엉김과 흙에 습기와 물이 있음은 수대(水大) 성품 작용이며, 땅이 온도(溫度)와 따뜻함이 있음은 화대(火大) 성품 작용이며, 땅이 움직이고 작용함은 풍대(風大) 성품 작용이며, 땅이 공간 속에 존재하며, 땅 또한, 공간성(空間性)을 가짐은 공대(空大) 성품 작용이다.

● 물이라고 수대(水大)만 아니며, 물은 오대(五大) 성품이

혼합되어 있다. 물의 형상을 이룸은 지대(地大) 성품 작용이며, 물이 서로 끌어당김과 무엇이든 젖게 하는 것은 수대(水大) 성품 작용이며, 물의 움직임은 풍대(風大) 성품 작용이며, 물 온도는 화대(火大) 성품 작용이며, 물 형태와 부피, 공간성(空間性)을 가짐은 공대(空大) 성품 작용이다.

● 불이라고 화대(火大)만 아니며, 불은 오대(五大) 성품이 혼합되어 있다. 불이 형상을 이룸은 지대(地大) 성품 작용이며, 불이 서로 끌어당기고 엉김은 수대(水大) 성품 작용이며, 빛과 불이 열(熱)을 가지며, 사물을 태우는 것은 화대(火大) 성품 작용이며, 불이 움직이며 가만있지 않음이 풍대(風大) 성품 작용이며, 불의 형태가 공간성을 가지는 것은 공대(空大) 성품 작용이다.

● 바람이라고 풍대(風大)만 아니며, 바람은 오대(五大) 성품이 혼합되어 있다. 바람이 어떤 형태와 세력을 가짐은 지대(地大) 성품 작용이며, 바람이 습기를 가짐은 수대(水大) 성품 작용이며, 바람이 온도를 가짐은 화대(火大) 성품 작용이며, 바람이 움직임은 풍대(風大) 성품 작용이며, 바람이 공간성을 가짐은 공대(空大) 성품 작용이다.

● 빈 것이라고 공대(空大)만이 아니다. 빈 것은 오대(五大) 성품이 혼합되어 있다. 빈 것이 물질에 속하며, 빈 것 속에는 눈에 보이지 않으나 오대(五大) 성품 법성(法性)이 충만해 있다. 인연(因緣)의 특성에 따라 오대(五大) 성품 중 인연 섭리의 특성과 작용변화에 따라 존재 특성과 성질이 차별화된다. 하나의 씨앗에서 존재의 몸체 각각 차별특성 성질을 형성하는 것과 같다.

● 미진(微塵)이 미진 아니며 이 이름이 미진이며, 세계

가 세계 아니며 이 이름이 세계다. 모든 존재는 인연을 따르는 작용과 흐름의 현상이다. 모든 현상 흐름이 머무름 없으니 현상의 모습 또한 잠시도 머무름이 없다. 머무름 없는 것에는 그것이 무엇이든 그 모습과 성질을 보유할 수가 없다. 그러므로 무엇이든 실체와 상(相)을 갖지 못한다. 사람 촉각과 인지감각 한계성으로 존재 흐름의 세밀함을 인지할 수가 없다. 그러므로 모든 사물 모습이 정지해 있는 것처럼 인식하게 된다. 사물의 실체는 무아(無我)며, 실상은 무상(無相)이다. 모든 사물의 현상이 실체 없으므로 공(空)이다. 공(空)은 실체 없음을 일컬음이다. 만유(萬有)가 자성(自性)을 갖지 못하므로 색즉공(色卽空)이며, 공즉색(空卽色)이다. 색(色)을 떠나 공(空)이 없고, 공(空)을 떠나 색(色)이 없다. 색(色)이 그대로 공(空)이며, 공(空)이 그대로 색(色)이다. 이것이 제상비상(諸相非相)이다. 상(相)의 자성(自性)이 없음을 깨달음이 생멸 없는 제법(諸法)의 실상 불생불멸(不生不滅) 성품을 깨달음이다. 불생불멸(不生不滅)은 공(空)의 실체다. 그러므로 상(相) 없는 자성(自性)이 곧, 무자성(無自性)이다. 상(相)의 성품은 생멸이 끊어져 무위(無爲)다. 무위(無爲)는 제상비상(諸相非相)이며, 제법실상(諸法實相)이다. 자성(自性)을 깨달아 상(相) 없는 본성의 삶을 사는 것이다. 상(相) 없는 제법실상(諸法實相) 무아지혜(無我智慧)가 반야다. 반야는 곧, 상(相) 없는 본성지혜. 만유만상(萬有萬相)이 본성 성품으로 발현된 상(相)이다. 실상이 제법(諸法)의 실상이며 본성이다. 제법(諸法)과 본성과 실상은 다른 것이 아니다. 깨닫고 보면 일체(一切)가 둘 없는 성품이다. 아뇩다라삼먁삼보리도 곧, 본성지혜. 본성의 상(相) 없는 지혜가 곧, 반야다.

● 미진(微塵)이 미진이 아니며, 세계(世界)가 세계가 아님은 그 실체가 무아(無我)며 자성(自性)이 없기 때문이다. 자성(自性) 없는 비상(非相)을 일러 미진(微塵)이라 하며, 세계(世界)라 한다. 그러므로 이름은 있으나 그 실체는 없다. 이것이 존재의 섭리며, 존재의 실상이며, 존재의 현상 실제(實際)다.

須菩提 於意云何 可以三十二相見如來不 不也世
수보리 어의운하 가이삼십이상견여래부 불야세

尊 不可以三十二相得見如來 何以故 如來說三十
존 불가이삼십이상득견여래 하이고 여래설삼십

二相 卽是非相 是名三十二相
이상 즉시비상 시명삼십이상

수보리야, 어떻게 생각하느냐? 가히 삼십이상으로 여래를 보겠느냐? 아니옵니다. 세존이시여. 가히 삼십이상으로는 여래를 보지 못하옵니다. 어떠한 연유인가 하오면, 여래께옵서 설하신 삼십이상은 즉, 이것은 상이 아니오니, 이를 이름함이 삼십이상이라 하옵니다.

● 여래(如來) 복덕지혜(福德智慧)의 길상(吉相) 32신상(三十二身相) 또한, 법성섭리(法性攝理)를 따르는 자성(自性) 없는 무상무아(無相無我) 성품이므로 비상(非相)이며, 이 비상(非相)을 일러 이름하여 32상(三十二相)이라 한다.
● 최상(最上) 공덕신(功德身), 길상(吉相)인 여래신(如來身)이 비상(非相)임을 드러내어 무아(無我)를 드러내심이다.

279

須菩提 若有善男子善女人 以恒河沙等身命布施
수보리 약유선남자선여인 이항하사등신명보시

若復有人 於此經中 乃至 受持 四句偈等 爲他人
약부유인 어차경중 내지 수지 사구게등 위타인

說 其福甚多
설 기복심다

수보리야, 만약 선남자 선여인이 있어, 항하의 모래와 같은
몸과 목숨을 보시하여도, 만약 또 사람이 있어, 이 경 속에
어느 한 부분이든 받아 지니며, 사구게 등을 타인을 위해 설
하면은 그 복이 심히 더 많으니라.

● 항하에 있는 무량수(無量數) 모래와 같이 몸과 목숨을 보
시하여도 이 경(經) 어느 한 부분이든 받아 지니며 타인(他人)
을 위해 설(說)하는 그 복(福)이 심히 많음을 설(說)하심이다.

● 만약, 이 경(經) 말씀에 믿음을 일으키고 수행심을 가진
다면 이 경(經) 어느 부분에 믿음을 일으키며, 그 법(法)을 어
떻게 수용 섭수하고, 어떻게 실천하는가를 점검하고 사유해야
한다. 그 믿음과 행(行)이 항하사 무량수 몸과 목숨을 보시하
는 그 마음과 정신을 사유해봐야 한다. 혹시, 구절(句節)의 뜻
(義)을 믿음이 아닌 탐착인가를 사유해봐야 한다. 항하사 무량
수 몸과 목숨을 보시하는 사람의 불퇴전(不退轉) 선근과 근기
와 심량(心量)을 사유해봐야 한다. 항하사 무량수 몸과 목숨을
보시하는 그 정신과 심량(心量)과 근기가 아니면, 그 심근(心
根)의 미약(微弱)으로 짧은 한 생(生) 몸과 목숨으로 나는 무
엇하는지 사유해봐야 한다. 지혜 완성자의 길이 항하사 무량
수 몸과 목숨을 보시하는 불퇴전(不退轉) 일념심근(一念心根)

근기보다 결코 미약(微弱)하지 않다. 그 사람을 뛰어넘는다면 이 우주와 생명을 구제하는 불가사의 일불(一佛)의 길이다.

● 심명일결(心命一結) 몸과 목숨을 보시하는 공덕 지음에 망설임이 있다면 그것이 무엇이든 의지의 미약함으로 뜻을 이루기 어렵다. 보편적 삶에는 어떤 길이든 자기희생 앞에는 망설이게 된다. 만약, 망설임이 없다면 그 길에 두 마음이 없음이다. 마음에 둘(二)이 있으면 항상 자신의 행(行)함과 가는 길에 분별과 헤아림의 사량을 벗어날 수가 없다. 마음에 하나(一)가 있어도 자기 욕망에 지치게 된다. 마음에 이(二)와 일(一)이 둘 다 없으면 마음이 평안하며 안정되고, 삶이 그 속에 이루어진다. 만약, 물러설 수 있다면 길이 아니다. 왜냐면, 마음속에 두 생각이 있기 때문이다. 이(二)와 일(一)이 없는 진정한 길은 선택이 아니라 운명의 외길이다. 삶은 보시(布施)의 길이다. 진정한 보시는 거기에 내가 없다. 진정한 보시는 거기에 나와 남이 없다. 보시는 남에게 하는 것만을 일컫는 것이 아니다. 상(相) 없이 자기를 위해 선근공덕(善根功德)을 지음도 보시다. 사상(四相) 없는 청정심으로 자기 무명(無明)과 미혹(迷惑)과 악도(惡道)에 들지 않거나 떨어지지 않도록 하는 것도 자성공양(自性供養)이다. 자타(自他) 분별은 이(二)며, 오로지 자기만 있으면 일(一)이며, 자타 분별과 자기 또한 없으면 이(二)와 일(一)이 없음이다. 이것이 불법(佛法)이며 청정심(淸淨心)이다.

離相寂滅分 第十四
이 상 적 멸 분 제 십 사

실상(實相)이 상(相) 아님과 이 경(經)을 믿음으로 실상(實相)에 듦과 불(佛)께옵서 과거 자신의 행적을 드러내시어 거짓이 아님을 설하심이다.

爾時 須菩提 聞說是經 深解義趣 涕淚悲泣 而白
이시 수보리 문설시경 심해의취 체루비읍 이백

佛言 希有世尊 佛說如是甚深經典 我從昔來 所
불언 희유세존 불설여시심심경전 아종석래 소

得慧眼 未曾得聞如是之經
득혜안 미증득문여시지경

　　그때에 수보리가 이 경을 설하심을 듣고, 깊은 뜻을 깨달아
사무쳐 눈물을 흘리어 슬피 울며, 부처님전에 사뢰어 말씀드
리되, 희유하옵니다. 세존이시여. 부처님께옵서 설하신 이와
같이 심히 깊은 경전은 제가, 옛적부터 섬기어 따르며 얻은
바 혜안으로는, 일찍이 이와 같은 경을 얻어듣지를 못하였사
옵니다.

　　● 이 경(經)이 이 땅 생명세계에 여래(如來)께옵서 설하시
기 전에는 전무후무(前無後無)한 없었든 경(經)이며, 있을 수
없는 경(經)이다. 상(相)도 없고, 법(法)도 없는, 다만, 여래
(如來)의 불지혜(佛智慧)로 피어난 생명을 구제하는 지혜며,
무엇에도 물듦 없는 부사의(不思議) 무상경(無相經)이다. 여
래(如來)의 지혜가 아니면 얻어들을 수 없는 여래(如來)의 대
비(大悲)며 불지혜(佛智慧)의 불가사의 무상(無相)의 지혜다.
어찌 여래(如來)의 은혜에 감사하지 않을 수 있으며, 여래(如
來)의 청정지혜(淸淨智慧)에 예경(禮敬)하지 않을 수 있으랴.
여래(如來)께서 설하지 않으셨다면 어찌 이 경(經)이 무명(無
明)의 생명세계에 존재할 수 있을까? 이 법(法)이 중생심 탐
착의 박복함을 끊어 무한 무량복덕에 들게 하며, 사상심 미혹
을 끊어 심성의 선근과 근기를 상승하여 윤회를 벗어 해탈하

게 하며, 중생이 무명으로 알지 못하는 자기 본성을 깨달아 원융무애한 본심에 들게 하니, 그 불가사의함이 여래(如來) 대비(大悲)의 공덕이며, 여래(如來) 지혜의 공덕이다.

世尊 若復有人 得聞是經 信心淸淨 卽生實相 當
세존 약부유인 득문시경 신심청정 즉생실상 당
知是人 成就第一希有功德 世尊 是實相者 卽是
지시인 성취제일희유공덕 세존 시실상자 즉시
非相 是故 如來說名實相
비상 시고 여래설명실상

세존이시여, 만약 또 사람이 있어 이 경을 얻어듣고, 믿음의 마음이 청정하면 즉, 실상을 깨달은 것이옵니다. 당연히 이 사람은, 제일 희유한 공덕을 성취하였음을 아옵니다. 세존이시여, 이 실상이라는 것은 즉, 이것은 상이 아니옵니다. 이러한 까닭으로 여래께옵서 설하시어, 이름하여 실상이라 하시었사옵니다.

● 득문(得聞)은 얻어듣다. 는 뜻이다. 왜 얻어듣는가? 상(相) 없는 실상이 있음을 스스로 증득(證得)하지 못했으니 상(相)을 벗어난 세계가 있음을 모르는 것은 당연하다. 누구나, 생멸 없고, 생사 없는 나의 참모습 본심이 있는 줄을 몰랐고, 내 본성이 더럽고 깨끗함에 물들지 않는 청정성(淸淨性)의 실체가 있는 줄을 몰랐고, 만물 일체상이 생멸 없는 본성 실상이 있음을 깨닫지 못했고, 나와 일체가 둘이 아님을 알지 못했고, 나의 실체를 보는 지혜가 없으니 나라고 알고 있는 이것이 참나가 아님을 알지 못했기 때문이다. 사상심이 있으면

실상을 드러내는 불지혜(佛智慧) 말씀의 경(經)을 보아도 실상을 믿을 수 없고, 알 수 없고, 이해할 수 없어 오직 말과 글만을 살필 뿐이다. 여래(如來)께옵서는 무상정각(無上正覺) 실상 무위지혜(無爲智慧)에 계시니 부처님의 실상지혜 말씀에 의지해 그 세계에 대한 것을 얻어들을 뿐이다.

● 믿음의 마음이 청정(淸淨)하다 함은, 믿음으로 분별과 헤아림, 사량 의식(意識)이 끊어진 상(相) 없는 마음 본심의 깨끗한 믿음을 뜻한다. 상(相)이 없다는 실상의 말씀에 의심 없는 진실한 믿음으로 사상심이 사라져 바로 실상을 깨달으니, 이 사람은 믿음으로 제일 희유한 실상공덕을 성취하였음을 알게 된다는 것이다.

● 믿음에도 깊이와 차원이 있다. 믿음의 특성에 따라 정신적 깊이와 심리적 반응상태가 다르다. 세상 삶 속에 믿음은 사회적 믿음과 자연적 믿음이 있다. 사회적 믿음은 서로 신뢰 속에 규정(規定)한 법(法)과 약속을 이행하고 실천함이다. 세상 삶에도 신뢰와 규정한 법을 지키지 않으면 인간관계와 사회적 혼란으로 안정과 평화가 깨어진다. 신뢰와 믿음으로 규정한 법을 지키는 것이 개인과 사회의식 성숙도와 정신의식 향상과 삶의 가치관 향상의 측도다. 인간관계와 사회안정과 평화는 서로 신뢰와 믿음으로 규정한 법을 서로 존중하고 지키는 성숙한 의식과 가치관 확립이다. 자연적 믿음은 자연의 운행과 섭리다. 이것은 자연의 섭리 속에 생활하는 삶의 환경 속에 경험을 바탕한 자연적 믿음이다. 불법(佛法)의 믿음은 사회적 믿음과 다르다. 불법(佛法)에 대한 믿음은 상대적 신뢰가 아니며, 규정한 법이 아니다. 단지, 자기의 실상(實相) 무아(無我)에 대한 믿음이다. 이 믿음이 인(因)이 되어 깨

달음을 통해 스스로 실상 본심(本心)의 참 지혜에 들게 된다. 촉각과 감각과 생각 속에 살아있는 자아(自我)를 느끼고, 자아(自我)를 위한 삶을 사는 자(者)에게 실상 무아(無我)의 믿음은 쉽지 않다. 불법(佛法)을 믿어도 이성적(理性的)이나 지식적(知識的)으로 이해하려 할 뿐, 실상에 대한 참다운 믿음을 가지지 않는다. 이성적이나 지식적으로 이해하거나 인정(認定)하는 것은 경(經)의 이해일 뿐, 경(經)의 믿음이 아니다. 이성(理性)의 기본가치는 바름과 옳음인 정(正)이다. 이성적(理性的) 정(正)이 섭수하는 기본가치는 생명존중이며 이 가치의 이성적 세계는 생명(生命)의 안정(安定)과 조화(調和)와 평화(平和)다. 이성(理性)의 기본가치 정(正)이 추구하는 절대적 가치는 생명(生命)의 행복(幸福)이다. 불법적(佛法的) 이성(理性)의 기본가치는 중(中)이다. 불법(佛法)의 중(中)은 인간의 정신과 의식의 최고가치인 인간 사회적 생명 행복과 안정을 추구하는 이성(理性)의 기본가치를 초월한 절대 본성세계다. 인간 사회적 이성(理性)의 가치를 초월한 것이 불법(佛法) 중(中)의 세계다. 중(中)은 생명 실상인 본성(本性)이다. 인간 사회적 이성(理性)의 바람직한 가치추구의 의식세계를 초월한 생명일성(生命一性) 생명 실상이다. 지식(知識)은 단지, 지식일 뿐 이성(理性)적 가치관을 따르는 것이 아니다. 이성(理性)은 정(正)을 추구하는 인간 자연본성 기본가치관을 가지고 있지만, 지식은 지식일 뿐 이성(理性)이 아니다. 지식은 좋은 방향으로 활용하면 좋은 결과를 얻을 수 있어도, 나쁜 방향으로 활용하면 인간과 세상을 병들고 파괴하는 악(惡)이다. 인간관계와 인간사회의 문제는 자기의 이익과 탐욕을 바탕한 지식의 활용이다. 지식의 활용에도 냉철한 이성적 가치관과 판단

이 중요하다. 믿음은 이성(理性)도 아니며 지식도 아니다. 이
유 없이 그냥 바로 믿는 것이다. 믿음에 이유와 분별이 필요
없다. 이유와 분별이 필요한 믿음은 사회적 관계의 믿음이다.
본래 그러한 자연적 현상은 받아들이고 수용할 뿐, 자연적 현
상을 바로보지 못하는 분별은 오히려 자연적 현상과 사실을
왜곡하게 된다. 이것이 전도몽상(顚倒夢想)이며, 사상심(四相
心)이다. 본래(本來) 자연적 그러한 것은 바로 수용할 뿐, 선
택과 분별과 수용하고 수용하지 못함의 어떤 이유의 대상이
아니다. 본래 그러한 자연적 현상은 단지 수용하고 믿을 뿐,
믿고 믿지 않음의 무슨 이유와, 옳고 그름의 이성과, 알고 모
름의 지식과, 따지고 헤아려야 할 분별의 대상이 아니다. 다
만, 이해할 수 없고 모름이 있다면 그것은 스스로 안목의 지
혜를 밝혀 자신의 미혹과 어리석음을 벗어야 할 따름이다. 하
늘을 보고 그것이 하늘임을 알 뿐, 그것이 하늘임을 수용하고
받아들이는 것에 선택의 이유와 이성과 지식과 분별로 논쟁
해야 할 상황과 문제가 아니다. 자연적 본래 그러한 것은 그
사실을 그냥 이유 없이 받아들이는 것뿐, 그 어떤 이유와 이
성과 지식과 분별로 선택해야 할 분별의 대상이 아니다. 자기
얼굴을 보며 그것이 자기 얼굴임을 알 뿐, 자기 얼굴을 자기
얼굴로 인식하고 받아들이는 것에 무슨 이유와 취사선택해야
할 문제와 상황이 아니다. 본래 그냥 그 사실이 그러한 것임
을 수용할 뿐이다. 만물 각각의 색깔이 그러함은 본래 그러함
임을 받아들이고 인식하며 사물에 대해 깊이 있게 알고 깨달
으며 배워나갈 뿐, 본래 자연적 사실은 오직 수용함일 뿐, 옳
고 그름의 논쟁과 취사선택의 대상과 상황을 벗어난 것이다.
또한, 땅을 보며 이것이 땅임을 알며, 땅에 대해 느끼고 삶을

살아가며 땅에 대해 배우고, 땅의 성질과 특성을 터득하며 삶에 이롭게 수용하고 조화로운 삶을 가꾸며 정신의 진화(進化)와 심신행복 조화의 삶을 가꾸어 나가면 된다. 이유와 이성과 지식은 믿음의 차원이 아닌 분별이며 사량이다. 이유(理由)는 심신(心身) 환경과 다양한 조건에 의한 자기 생각과 판단이다. 이성(理性)은 가슴의 순수한 양심적 인간성과 선(善)을 지향하는 현명한 이성적(理性的) 지성(知性)으로 판단하고 정의(定義)한다. 지식(知識)은 앎의 인지작용(認知作用)이다. 불법(佛法)을 이유(理由)의 믿음을 가지는 자도 있고, 이성(理性)의 믿음을 가지는 자도 있고, 지식(知識)의 믿음을 가지는 자도 있다. 이와 같이 분별과 사량의 믿음으로 불법(佛法)에 드는 선근인연(善根因緣)도 있다. 그러나 이 믿음으로 드는 과정의 심리상태가 법(法)에 접근하는 생명 본연성(本然性)의 자연 순수성이 메마른 일반심리적 믿음이다. 관행(觀行)이 깊어지면 분별하고 헤아리는 사량의 습기가 제거됨으로 심성이 본연성(本然性)을 순응해 순수해진다. 그 이유는 자연성에 순응하고 본연성(本然性)을 따르는 정신과 의식과 심리와 마음이 정화되기 때문이다. 믿음이 이해 없이 그냥 바로 믿음이 쉽게 이해되지 않을 수도 있다. 관행(觀行)이나 수행이 익숙할수록 무엇이든 분별하지 않고 마음으로 바로 받아들이는 것에 익숙해진다. 그것은 정신감성이나 정신의식이 열려있거나 의식이 순화되거나 각성(覺性)이 열려있기 때문이다. 그냥 바로 믿음이란 눈과 같고 귀와 같다. 눈과 귀는 사물과 소리를 분별없이 그냥 바로 받아들인다. 보고 듣는 것에 걸림 없이 원융하게 있는 그대로 보고 들을 뿐이다. 만약 분별없이 바로 사물과 소리를 보게 되면 무아(無我)를 깨닫게 된다. 무엇이든 의식으로 분별함이 사상심(四相心)이다. 이 경(經)을 얻어듣고 믿음이 상(相) 없이 깨끗하면 바로 실상(實相)에 들게 된다. 이러한 깨끗한 믿음을 일으키는 것도 정신희유분 제육(正信希有分 第六)에서 무량제불(無量諸佛)의 처소에서 중생식(衆生識)을 맑히며, 지혜의 무량선근(無量善根)을 심었기 때문임을 부처님께서 말씀하셨다. 그만치 무량생(無量生)의 사상심(四相心) 분별습관을 쉬기 어렵다는 것이다. 그렇게 되는 까닭은 마음이 너무 맑고 맑아 청정함이 신령스럽기 때문이며, 각(覺)이 너무 밝고 밝아 일체상(一切相)에 걸림없이 원융무애(圓融無碍)하기 때문이다. 원융무애청정(圓融無碍清淨)한 본심본각(本心本覺)이 분별의식 작용의 사상심(四相心)으로 자아의식이 형성되어 자아를 집착하고 상심(相心)에 속박되어 장애 속에 있기 때문이다. 상(相)의 무아(無我)를 깨달아 자아(自我)가 없으므로 본연(本然) 원융무애청정(圓融無碍清淨)한 본심본각(本心本覺)에 듦이 해탈이며 의식초월이다. 자아(自我)는 의식(意識) 상념체(想念體)이므로 깨달음과 동시에 흔적없이 사라진다.

● 부처님 말씀이 정법(正法)임은 본성 실상의 각성(覺性) 속에 계시기 때문이다. 불지정견(佛智正見)으로 실상(實相)을 드러내는 믿음에도 믿음의 깊이에 따라 잡신(雜信)과 청정신(清淨信)과 결정신(結定信)이 있다. 잡신(雜信)은 믿음에 분별과 사량으로 진실하지 못한 두뇌적 건조(乾燥)한 믿음이다. 청정신(清淨信)은 진실한 믿음으로 의식(意識)과 삶이 항상 믿음으로 향해있어 의식과 삶을 정화한다. 결정신(結定信)은 대(對)가 끊어진 불이(不二)의 믿음이다. 대(對)가 끊어져 결정성(結定性)에 들었는데 이를 믿음이라 할 수 있을까? 이

것이 법(法)의 진정한 믿음이다. 진리(眞理)와 법(法)에 대한 믿음은 대(對)의 믿음으로 믿음이 점차 성숙하여 불이신(不二信)에 들게 된다. 대(對)의 믿음은 불이(不二)의 믿음에 이르는 성장 과정이다. 그러므로 대(對)의 믿음은 불이(不二), 자신이 법(法)의 실체(實體)가 되는 성장 과정의 선근(善根)과 근기(根機)의 믿음이다. 선근(善根)과 근기(根機)의 기연(機緣)에 따라 바로 결정신(結定信) 불이(不二)에 드는 선근(善根)과 근기(根機)도 있다. 대(對)가 있는 믿음은 항상 그 믿음이 변화하며, 자기업식(自己業識)의 분별과 사량의 변화 정도만 다를 뿐 완전한 믿음이 될 수가 없다. 왜냐면, 대(對)의 믿음이기 때문이다. 대(對) 없는 믿음이 완전한 믿음이며, 믿음의 완전한 결정성(結定性)을 이룬 것이다. 결정신(結定信)에는 그 믿음 속에 대(對)가 없어 자기가 없다. 무엇이든 믿음에 대(對)가 있을 때에는 항상 분리의식(分離意識)을 가지며, 그 분리의식(分離意識)은 벽(壁)과 격(隔)이 되어 자기 자신의 유리함을 선택하는 분별 속의 믿음은 완전한 믿음이라 할 수가 없다. 벽(壁)과 격(隔)이 없음이 완전한 믿음이다. 잡신(雜信)은 분별의 믿음이며, 청정신(淸淨信)은 마음의 믿음이며, 결정신(結定信)은 나 없는 불이(不二)다.

♣ 若復有人 得聞是經 信心淸淨 卽生實相 當知是人 成就第一希有功德(약부유인 득문시경 신심청정 즉생실상 당지시인 성취제일희유공덕) 만약 또 사람이 있어 이 경을 얻어듣고, 믿음의 마음이 청정하면 즉, 실상을 깨달은 것이옵니다. 당연히 이 사람은, 제일 희유한 공덕을 성취하였음을 아옵니다.

● 믿음으로 실상을 깨달아 아뇩다라삼먁삼보리를 성취하게 되는 것은 실상의 말씀에 분별없고 의심 없는 청정하고 진

실한 믿음의 인연으로 곧 사상심이 타파되어 아뇩다라삼먁삼보리를 성취하여 바로 본심(本心)에 드는 것이다. 오직 믿음으로 바로 실상을 깨달아 아뇩다라삼먁삼보리 본심에 드는 이것이 가능할까? 가능하다. 상심(相心)에는 부처님의 실상 지혜의 말씀을 경(經)으로 듣게 되거나 보게 되면 믿음보다 이해할 수 없어 습관적으로 먼저 그것을 헤아리거나 이해하려는 분별심을 가지게 된다. 그러므로 이해하지도 못하는 실상의 말씀을 듣고 바로 믿음으로 실상을 깨달아 아뇩다라삼먁삼보리를 성취하는 이 구절을 분별심으로는 이해할 수가 없다. 그러나 이것은 사실이다. 본심을 깨닫기 전에는 이 구절이 이해가 되지 않았다. 불가사의며 희유한 일이라 도저히 알 수가 없었고 이해할 수가 없어 참으로 불가사의라 믿기가 어렵고, 이 구절을 감당할 수가 없었다. 너무나 엄청나고 수승한 지혜근기(智慧根機) 선근의 믿음이었기 때문이다. 수행의 많은 시간이 흐른 연후에 본심을 알게 되므로 이 구절이 사실임을 깨닫게 되었다. 불설(佛說)이 스스로 지혜가 부족해 이해하지 못할 뿐, 허황하지 않고 거짓이 없음을 다시 한 번 깨닫게 되었다. 믿음으로 깨달음에 드는 그것은 순수한 아주 간단한 문제며 기연(機緣)을 통해 이루어진다. 세상 삶의 믿음이란 분별과 사량 속에 서로 관계의 이해와 신뢰 속에 믿음이지만, 법(法)의 믿음은 관계와 분별과 사량의 믿음이 아닌 관계와 분별과 사량이 끊어진 의심 없는 순수한 진실의 믿음이 바로 본심에 들게 한다. 본심이 불성(佛性)이며, 아뇩다라삼먁삼보리 본각(本覺)이며, 바라밀이며, 금강반야다. 중생이 이 세계에 들려면 사상심을 끊어야 하며, 일체상을 끊어야 하며, 일체심식을 끊어야 하며, 중생 일체업성을 끊어야 하며, 무여열반을 성취해야 하며, 실상을 깨달아야 하며, 아뇩다라삼먁삼보리를 성취해야 하며, 대오각성(大悟覺醒) 큰 깨달음을 얻어야 하며, 불(佛)을 성취해야 하며 등등 이루 말할 수 없는 수많은 불법지혜(佛法智慧)의 말씀이 있다. 그러나 이것이 환(幻)이며 망념(妄念)이라는 사실을 본심을 깨달으므로 알게 된다. 이 모든 것이 사실이라면 그것은 유심(有心)의 상법(相法)이다. 그러나 깨달음을 얻어 본심에 들기 전에는 불법(佛法)에 대한 법상(法相)을 가질 수밖에 없다. 왜냐면 상심(相心)에는 불법(佛法)의 실상을 모르니 일체불법(一切佛法)을 법상(法相)으로 분별하고 헤아릴 수밖에 없기 때문이다. 불법(佛法)의 실상을 모르면 불법에 대한 환(幻)의 꿈을 꾸게 된다. 깨닫고 보면 환(幻)이며 망(妄)이지만, 상심(相心)에는 해탈을 성취하는 일체불법(一切佛法) 외는 중생을 벗는 길이 없기 때문이다. 부처님께옵서는 상심(相心)의 분별과 사량에 젖어버린 중생들에게는 그 길, 그 법(法)밖에 없었음을 사유해보면 사상심에 젖어 상(相)을 쫓는 너무 어린 중생들이기에 측은한 대비의 눈빛으로 바라볼 수밖에 없는 부처님 자신 내면의 아픔이었을 수도 있다. 왜냐면 중생들은 상심(相心)에 젖어 상(相) 외는 모르기 때문에 본심에 들게 하는 방법이 분별과 사량 속에 상(相)을 탐착하고 집착하는 중생들에게는 그 방법밖에는 길이 없었기 때문이다. 왜냐면 중생들은 상(相) 외는 모르니 상(相) 없는 세계를 이해시킬 방법이 도무지 없었기 때문이다. 자아의식을 자기로 생각하며 상(相) 이외는 모르는 중생들에게 상(相) 없는 세계로 이끌 방법이 없었다. 상심(相心)에는 일체불법(一切佛法)이 얻어야 할 소득법(所得法)이나, 깨닫고 보면 일체불법(一切佛法)이 무소득법(無所得

法)임을 깨닫게 된다. 무위(無爲)며 무소득법(無所得法)을 상심(相心)으로 헤아리니 일체불법(一切佛法)이 얻어야 할 소득(所得)의 법상(法相)이 된다. 불법(佛法)의 실상을 모르니 얻어야 하고 성취해야 하는 소득(所得)의 불법상(佛法相)을 가질 수밖에 없다. 그러므로 유심원력(有心願力)과 시간적 세월의 깊은 수행정진(修行精進)과 인위적 노력으로 성취해야만 할 것으로 법상(法相)의 사견(邪見)을 가지게 된다. 깨닫고 보면 그것이 허황한 환상(幻想)이며 꿈(夢)이라는 것을 깨닫게 된다. 불법(佛法)이 무슨 허물이 있는 것이 아니라 불법(佛法)의 실상을 깨달으므로 불법(佛法)의 법상(法相)을 벗어나게 되는 것이다. 깨닫고 보면 감은 눈만 뜨면 되는 간단한 문제다. 그러나 잠에서 깨어난 자는 눈을 뜨면 되는 간단한 것을 알지만, 꿈속에서는 꿈속 환(幻)을 어떻게 제거할 수가 없다. 만물만상 일체(一切)가 무상(無相)이며, 자기 자신이 무아(無我)라 하여도 사상심(四相心) 속에는 이것을 어떻게 할 수 없기 때문이다. 중생의 미혹은 실체가 없는 것을 있다고 집착하는 상심(相心)이다. 그것이 사상심(四相心)이다. 나 있고 대상인 너 있고, 세상이 있고, 자연이 있고, 만물만상이 있고, 생각이 있고, 좋고 싫음이 있고, 업(業)이 있고, 생사가 있고, 윤회가 있고, 불법이 있고, 깨달음이 있고, 아뇩다라삼먁삼보리가 있고, 삼매가 있고, 선정이 있고, 해탈이 있고, 바라밀이 있고, 이것을 말로 이루 다 헤아릴 수가 없다. 무상대각자(無上大覺者) 부처님께옵서는 없다고 하신다. 무엇도 없고, 무엇도 없고, 일체가 없다고 하신다. 불안(佛眼)은 정안(正眼)이니 부처님 말씀이 사실이다. 그러나 부처님께옵서 없다는 것은 중생들이 분별로 헤아리는 없는 무(無)와 다르다. 중생들이 없다는 것은 있는 것이 없다는 것이며, 부처님께서는 있는 것도 없고 없는 것도 없는 참으로 없는 것을 일컬음이다. 중생들은 상심(相心)에 젖어 제법실상(諸法實相) 이곳으로 이끌 수가 없었기에 많은 불법에 대한 가르침을 펴셨다. 부처님께옵서 없다는 말씀은 그럼 무엇일까? 실체가 없다는 것이다. 실체 없는 것은 그럼 실체가 없어도 있는 것이 아닌가 이렇게 생각할 수도 있다. 그러나 깨닫고 보면 실체 없는 것이 참으로 없음을 깨닫게 된다. 이 세계가 진여(眞如) 세계며 공(空)이다. 다른 말로 하면 불생불멸(不生不滅)이며 적멸부동(寂滅不動) 세계다. 상(相)의 유무(有無)만 아는 사람은 공(空)을 자기 나름으로 이해해도 제상(諸相)의 불생불멸(不生不滅)과 적멸부동(寂滅不動)을 모르면 공(空)을 이해한 것이 아니다. 왜냐면, 상(相)이 곧, 공(空)이며 불생불멸이며 적멸부동이기 때문이다. 상(相)이 그대로 공(空)이며 불생불멸 적멸부동인 세계가 반야며 아뇩다라삼먁삼보리다. 이 세계가 팔정도(八正道) 정견(正見)이며 무여열반(無餘涅槃)이며, 불지혜(佛智慧)다. 실체 없는 실상 세계다. 정(動)과 동(靜)이 하나며, 하나 그 자체 또한 없는 진여(眞如)의 세계다. 이를 불이(不二)라고 한다. 불이(不二)는 이(二)도 아니며, 일(一)도 아니며, 이(二)와 일(一)이 아닌 그것도 아니다. 이는 즉, 본심 무아지혜(無我智慧) 반야다. 그런데 중생들은 이 사실의 실상을 왜 모를까? 나의 실체가 청정본성(淸淨本性)임을 모르기 때문이며, 자아의식(自我意識) 상심(相心)이 나 아님을 모르기 때문이다. 중생들은 그럼 실상을 깨달으려면 어떻게 해야 할까? 중생의 모든 업(業)과 상(相)을 벗어야 한다. 업(業)은 상(相)의 행위며, 상(相)은 곧, 분별과 사량이다. 상(相)과 분별과 사량과 중생이 따로 있는 것이 아니다. 분별이 상(相)이며, 상(相)이 분별이며, 중생이 사량이며, 사량이 중생이며 상(相)이다. 분별이 끊어지면 바로 업(業)과 중생의 일체상(一切相)이 끊어진다. 여기에 법(法)에 진실하고 깨끗한 믿음으로 실상에 바로 드는 깨달음의 기연(機緣)이 있다. 분별과 사량은 쉬려 하지 않고 생각을 일으킨 수행이나 선정(禪定), 또는 공(空)의 지혜로 상(相)을 끊으려 한다. 그러나 이것이 환(幻)이며 망(妄)이다. 닦고 수행으로 얻어야 할 깨달음이 없고, 얻어야 할 선정(禪定)이 없으며, 지혜를 닦아 공(空)에 들거나, 무여열반(無餘涅槃)을 얻거나, 반야를 성취하거나, 견성(見性)과 대각(大覺)과 아뇩다라삼먁삼보리를 성취해야 한다고 생각하는 것은 법상(法相)인 분별과 사량이다. 불법(佛法)은 상(相) 없는 법(法)이니 구하고 얻어야 하며 성취해야 할 것이 하나도 없다. 본심이 바로 아뇩다라삼먁삼보리며, 대각(大覺)이며, 지혜며, 공(空)이며, 무여열반이다. 본심에 듦이 견성(見性)이며, 반야다. 본심이 불각(佛覺)이며 바라밀이며 무량의(無量義) 불법(佛法) 일체지혜와 일체공덕의 본체다. 중생은 의식작용을 자기 마음으로 알고 있으나, 생멸심 없는 참마음이 본심이다. 물듦 없이 청정하고 상(相) 없어 원융한 본심이 참마음이다. 참마음은 일체만법(一切萬法)과 일체불법(一切佛法)을 수용하고 섭수하는 공능(功能)을 행하는 무량공덕의 체(體)다. 깨달음으로 사상심이 끊어져, 분별과 사량을 쉬면 바로 본심에 들어 일체불법(一切佛法)이 구족(具足)하다. 중생이 본심 공능(功能) 무량공덕을 모르므로 아뇩다라삼먁삼보리를 인위적 수행으로 얻으려거나 성취하려고 한다. 이것이 환(幻)이며 망(妄)이며, 사견(邪見)의 분별과 사량이다. 수행으로 깨달음을 얻어 중생업력이 소멸하여 중생심이 끊어지고 무여열반에 들어 생멸심과 상(相)을 벗어난다고 생각하므로 중생업력과 상(相)이 끊어지지 않는다. 왜냐면, 분별과 사량이 상(相)을 일으키는 사상심 의식의 주체(主體)이기 때문이다. 수행으로 지혜를 얻으려 함도 분별과 사량을 끊는 수단이며, 방편의 방법이다. 단박, 분별과 사량이 끊어지면 바로 사상심 의식이 끊어진다. 여기에 믿음으로 실상에 드는 기연(機緣)의 비결(秘訣)이 있다. 믿음은 분별 두뇌작용이 아니다. 분별이 끊어진 의심 없이 진실하고 순수한 청정한 믿음이다. 부처님께서 실상을 드러내는 말과 글의 기연(機緣)으로 진실한 믿음이나 맑은 정신이 응(應)하면 단박, 분별과 사량이 끊어져 바로 실상에 든다. 분별과 사량이 끊어지면 바로 본심이며, 아뇩다라삼먁삼보리며, 불각(佛覺)이다. 분별과 사량으로는 이것을 이해하거나 믿을 수가 없다. 반듯이 수행해야만 깨달음을 얻으며, 깨달음을 얻고도 많은 시간의 수행을 해야 원만한 불각(佛覺)을 얻는 것으로 분별하는 법상(法相)에 물이 들어 있다. 분별과 사량을 쉬면 그대로 불각(佛覺)이다. 상(相)에 대한 것이나 불법(佛法)에 대한 것이나 모든 것은 분별과 사량이니 분별과 사량을 끊으면 곧, 본심에 바로 들어 일체불법공덕(一切佛法功德)을 성취하게 된다. 그러므로 법(法)에 대한 의심 없는 진실한 믿음 순간에 단박 분별과 사량이 끊어져 본심에 들어 불(佛)을 성취하게 된다. 수행이나 어떤 계기로 깨달음의 기연(機緣)을 맞을 정도의 정신의식이 맑아지거나 절정(絶頂)을 이루었을 때 어떤 계기로 부딪히는 경계(境界)의 순간에 단박, 분별과 사량이 끊어져 상(相) 없는 깨달음을 얻게 된다. 본래 일체상이 실체가 없으니 단박, 분별과 사량이 끊어지는 순간 당연히 상(相)의 실상을 깨닫게 된다. 중생이 상(相) 없는 실체를 보지 못하는 것은 분별과 사량 때문이니 단지, 분별과 사량이 끊어지면 당연히 깨달음을 얻게 된다. 깨달음을 위한 모든 수행은 깨달음의 그 순간에 단박, 분별과 사량이 끊어지는 기연(機緣)을 맞게 된다.

♣ 是實相者 卽是非相 是故 如來說名實相(시실상자 즉시비상 시고 여래설명실상) 이 실상이라는 것은 즉, 이것은 상이 아니옵니다. 이러한 까닭으로 여래께옵서 설하시어, 이름하여 실상이라 하시었사옵니다.

● 실상이 실상 아님은 실상은 상(相)이 아니기 때문이다. 실상은 상(相)의 실(實)이니, 상(相) 없는 그 자체를 일러 실상이라 한다. 실상은 상(相)이 아니니 상(相)을 여의면 그대로 실상이 드러난다. 실상이 무위(無爲)니 실상을 깨달으면 상(相) 없는 무위(無爲)에 든다. 무위에 듦이란 사상(四相) 없는 그 자체를 일컬음이다. 실상의 실(實)은 파괴됨이 없고, 생멸함이 없으며, 변(變)함이 없으므로 실(實)이라고 한다. 그 모습이 상(相) 없는 청정(淸淨)이니, 실상(實相)은 실(實)의 상(相)이 아니라 상(相) 없는 청정성(淸淨性)을 일러 실상이라 한다.

● 실상은 곧, 일체생명(一切生命)과 유정무정(有情無情)의 본성이다. 파괴됨이 없고, 생멸함이 없으며, 변함이 없다. 일체 생명과 유정무정의 본성을 일컫는 실상은 여래(如來)께서 출현하기 전에는 이 세상에는 없었든 법(法)의 지혜다. 여래(如來)께서 출현하시어 무위본성(無爲本性)을 드러내시므로 비로소 이 세상에 상(相) 없는 실상(實相), 무위(無爲), 본심(本心), 청정(淸淨), 불성(佛性), 자성(自性), 법성(法性), 반

離相寂滅分 第十四(이상적멸분 제십사)

야(般若) 등의 상(相) 없는 무위(無爲)의 세계를 비로소 중생들이 듣게 되고, 알게 되며, 깨달음으로 그 세계에 들게 되었다. 이 일체가 불(佛)의 출현과 불지혜(佛智慧) 각성공덕(覺性功德)이다.

● 실상(實相) 즉, 불(佛)이다.

世尊 我今得聞 如是經典 信解受持 不足爲難 若
세존 아금득문 여시경전 신해수지 부족위난 약

當來世 後五百歲 其有衆生 得聞是經 信解受持
당래세 후오백세 기유중생 득문시경 신해수지

是人 卽爲第一希有
시인 즉위제일희유

세존이시여, 제가 지금 얻어듣고, 이와 같은 경전을 믿고, 이해하며 받아 지니기는 족히 어렵지 아니하오나 만약, 당연히 오는 세상 후 오백세 그 중생들이 있어 이 경을 얻어듣고, 믿으며 이해하고 받아 지닌다면 이 사람은 즉, 제일 희유함이옵니다.

● 수보리존자는 아뇩다라삼먁삼보리심을 발(發)하여 부처님의 말씀을 얻어듣고 믿음(信)과 이해(解)와 수용(受)과 온전히 가짐(持)은 부족함이 없어 어렵지 않으나 불법선근(佛法善根)과 불법지혜근기(佛法智慧根機)가 미약(微弱)한 여래(如來)께옵서 계시지 않는 미래세상 중생들이 이 경(經)을 얻어듣고 믿음과 이해와 수용과 온전히 가진다면 이 사람은 제일 희유함이다. 는 뜻이다.

● 믿음은 불법(佛法)의 수승한 선근근기(善根根機)와 지혜

근기(智慧根機)의 믿음이다. 선근(善根)은 본심(本心)을 일컫기도 하며, 사람에 따라 불법(佛法)을 수용하고 섭수하는 역량을 일컫는다. 근기(根機)는 법(法)을 수용하고 섭수하며 행(行)하는 심근(心根)의 성숙도 즉, 기틀이다.

● 수승한 선근근기(善根根機)는 마음을 일깨우며 성장하게 하는 말이나 행위를 보면, 바로 마음을 일으키는 근기(根機)다. 수승한 근기(根機)의 불설(佛說) 믿음은 의심 없는 믿음으로 법(法)에 들어 깨닫거나, 그 뜻을 사유하며 추구하게 된다.

● 수승한 지혜근기(智慧根機)는 식(識)이 밝게 열려있어 무엇이든 쉽게 이해하고 알며, 어려운 뜻을 깨닫는 능력이 탁월하다. 수승한 이 근기(根機)의 불설(佛說) 믿음은 바로 뜻을 깨달아 그 뜻의 실체에 들어 파괴되지 않는 믿음의 결정신(結定信)에 바로 들게 된다.

● 선근근기(善根根機) 성품의 근본은 심근(心根) 진성(眞性)이 발달한 성숙도며, 지혜근기(智慧根機) 성품의 근본은 지성(智性) 혜명(慧明)이 발달한 성숙도다.

何以故 此人 無我相 無人相 無衆生相 無壽者相
하이고 차인 무아상 무인상 무중생상 무수자상
所以者何 我相 卽是非相 人相 衆生相 壽者相
소이자하 아상 즉시비상 인상 중생상 수자상
卽是非相 何以故 離一切諸相 卽名諸佛
즉시비상 하이고 이일체제상 즉명제불

어떠한 연유인가 하오면, 이 사람은 아상도 없고, 인상도 없으며, 중생상도 없고, 수자상도 없기 때문이옵니다. 어떠하므로 그러한 것인가 하오면, 아상은 즉, 이는 상이 아니며,

離相寂滅分 第十四(이상적멸분 제십사)

인상 중생상 수자상도 즉, 이것은 상이 아니기 때문이옵니다. 어떠한 까닭인가 하오면, 일체 모든 상을 여의면 곧, 모두를 이름하여 부처라 하옵니다.

● 미래(未來) 중생들이 이 경(經)을 얻어듣고 신해수지(信解受持)함이 제일 희유함임은 이 사람은 실상을 깨달아 아상(我相)도 없고, 인상(人相)도 없고, 중생상(衆生相)도 없고, 수자상(壽者相)도 없사옵니다. 왜냐하면, 깨달은 실상에는 사상(四相)이 상(相) 아니기 때문이옵니다. 미래 중생들이 이 경을 얻어듣고 신해수지(信解受持)하면 이 사람이 제일 희유함임은 사상(四相) 없는 모두가 불(佛)이기 때문이옵니다. 는 뜻이다.

● 앞 구절에 이은 구절의 뜻은 이 경(經)을 얻어듣고 믿음이 청정(淸淨)하면 실상을 깨달으며, 미래 중생들이 이 경(經)을 얻어듣고 신해수지(信解受持)함이 실상을 깨달음이니 사상(四相)이 없으며, 사상(四相) 없는 부처를 이룬 이것이 제일 희유한 공덕을 성취함이다. 는 뜻이다.

● 신해수지(信解受持) 법(法)의 세계가 곧, 사상(四相)이 없는 실상지혜의 세계다. 사상(四相) 없는 실상에 듦이 신(信)이며, 실상을 앎이 해(解)며, 실상을 수용하고 섭수함이 수(受)며, 실상에 안주(安住)함이 지(持)다. 즉, 인(忍)의 세계다. 사상(四相) 없는 실상에 들어 능히 실상을 수용 섭수함이 신해수지(信解受持)임이 이 구절의 뜻이다.

● 신(信)은 사상(四相)의 삶에는 자타(自他)와 내외(內外) 대법(對法) 관계 속에 이루어지는 관계성이지만, 법신(法信)은 자신 실체의 믿음이므로 대(對)가 성립하지 않는다. 만약 법(法)의 대(對)가 성립한다면 그 또한 상심(相心)의 유견(有

見)이다. 이는 여래(如來) 무상정각지혜(無上正覺智慧)를 수용할 수 없는 사상심(四相心) 미혹의 분별심이다.

佛告 須菩提 如是如是 若復有人 得聞是經 不驚
불고 수보리 여시여시 약부유인 득문시경 불경
不怖 不畏 當知是人 甚爲希有
불포 불외 당지시인 심위희유

부처님께옵서 이르시되, 수보리야, 그렇고 그러하니라. 만약 또 사람이 있어 이 경을 얻어듣고 놀라지 아니하고, 겁내지 아니하며 두려워하지도 않으면, 당연히 이 사람은 심히 희유함임을 알아야 하느니라.

● 이 경(經)을 얻어듣고 믿음이 청정하면 바로 실상을 깨달으며, 미래 중생도 이 경(經)을 얻어듣고 신해수지(信解受持)하면 실상에 들어 사상(四相)이 없으며, 사상(四相) 없음이 곧, 불(佛)이니 믿음으로 불(佛)을 성취하는 제일 희유공덕을 얻음을 부처님께서 말씀하심이다.
● 이 경(經)을 얻어듣고 만약 놀라지 아니하고, 겁내지 않으며, 두려워하지 않으면 이 사람은 사상(四相) 없는 심히 희유한 자(者)임을 알아야 한다는 뜻이다.
● 이 경(經)을 보거나 듣고 놀라지 아니하고, 겁내지 않으며, 두려워하지 않는 경우는 네 종류의 사람이 있다. 첫째는 무위지혜(無爲智慧)에 의함이니 이는, 실상을 깨달아 이 경(經) 법(法)의 실상에 들었기 때문이다. 둘째는 경(經)을 믿으나 무명(無明)이 견고(堅固)하여 흔들림이 없기 때문이다. 셋째는 경(經)을 믿지 않으며, 부처님보다 자신이 옳다고 생각

하는 악견(惡見)이 굳어있기 때문이다. 넷째는 이 경(經)이 무슨 말인지를 모르기 때문이다.

● 이 경(經)을 보거나 듣고 참으로 놀라고, 겁내며, 두려움이 일어난다면 이 사람은 상(相)과 사상(四相) 없는 말씀에 의식의 혼란이다. 이는 자기 촉각과 감각과 관념의 실존세계가 실체 없다는 말에 혼란과 두려움이다. 이는 근기(根機)가 보통을 넘어선 예리함이다.

何以故 須菩提 如來說 第一波羅蜜 卽非第一波
하 이 고 수 보 리 여 래 설 제 일 바 라 밀 즉 비 제 일 바
羅蜜 是名第一波羅蜜 須菩提 忍辱波羅蜜 如來
라 밀 시 명 제 일 바 라 밀 수 보 리 인 욕 바 라 밀 여 래
說 非忍辱波羅蜜 是名忍辱波羅蜜
설 비 인 욕 바 라 밀 시 명 인 욕 바 라 밀

어떠한 연유이냐 하면은 수보리야, 여래가 설한 제일바라밀은 즉, 제일바라밀이 아니므로, 이를 이름함이 제일바라밀이라 하느니라. 수보리야, 인욕바라밀도 여래가 설한 바 인욕바라밀이 아니므로, 이를 이름함이 인욕바라밀이라 하느니라.

● 위의 내용은, 이 경(經)을 얻어듣고 놀라지 않고, 겁내지 않으며, 두려움이 없다면 심히 희유함이니 이는 여래가 설한 제일바라밀은 제일바라밀이 아니며 그 이름이 제일바라밀이며, 인욕바라밀 또한 인욕바라밀이 아니며 그 이름이 인욕바라밀이다. 는 뜻이다.
● 제일바라밀이 무엇이며, 이 경(經)을 얻어듣고 놀라지

301
離相寂滅分 第十四(이상적멸분 제십사)

않음과 무슨 상관이 있을까?

● 바라밀은 제일바라밀, 제이바라밀이 등이 없다. 불지혜 (佛智慧)와 본심(本心)과 무위(無爲)에는 두 법(二法)이 없고 한 법(一法)도 없다. 불지혜(佛智慧)를 분별할 수 없고, 본심 (本心)을 분별할 수 없으며, 무위(無爲)를 분별할 수 없다. 상 (相) 없음이 바라밀이니 바라밀에는 제일과 제이가 없다. 무엇이든 논하고 분별함이 있으면 차별이며 상(相)이니 바라밀이 아니다. 육바라밀(六波羅蜜)도 제일이 없는 바라밀의 경계 (境界)다. 무위(無爲)에 한 법(一法)도 없거늘, 이법(二法)이 있을 수가 없다. 중생의 차별경계를 따라 방편을 열뿐, 또 다른 법(法)과 길이 있을 수가 없다. 팔정도(八正道) 또한 일법 일도(一法一道)도 없는 정도(正道)일 뿐, 여덟 가지의 도(道)가 따로 있을 수가 없다. 마음이 육근(六根)으로 응(應)하나, 마음은 육문(六門)이 끊어졌다. 보는 자가 따로 있고, 듣는 자가 따로 있다면 육문(六門)을 따라 내가 여섯이어야 한다. 보는 자나 듣는 자가 다를 바 없다. 분별은 차별을 낳으니 분별이 끊어지면 보는 자도 듣는 자도 없는 일체차별이 사라진다. 일체차별이 사라진 그것도 없음이 바라밀법이다. 법(法)이 있어 행(行)하는 것이 아니다. 없는 마음이 눈과 귀를 따라 작용할 뿐이다. 분별이 사상심(四相心)이며, 분별없음이 바라밀이다. 사상심(四相心)도 바라밀도 없는 것이 참 바라밀이다. 분별은 법(法)을 만들고, 무명(無明)은 환(幻)을 쫓으며, 미혹은 윤회를 벗는 토끼 뿔을 찾아 불법윤회(佛法輪廻)에 든다.

● 불법(佛法)과 여래지혜(如來智慧)와 실상(實相)과 공(空)은 상(相)을 파괴하는 것이 아니며, 상(相)을 멸(滅)하는 것이 아니며, 상(相)을 벗어나는 것이 아니다. 파괴할 상(相)이 있

으면 유위법(有爲法)이며, 멸(滅)할 상(相)이 있어도 생멸법이며, 벗어나야 할 상(相)이 있으면 유견(有見)이다. 불법지혜(佛法智慧)는 단지, 상(相)의 성품을 깨달아 실상에 들 뿐, 파괴할 상(相)이 없고, 멸(滅)할 상(相)이 없으며, 벗어나야 할 상(相)이 없다. 사상심 상견(相見)이 타파됨으로 상(相)을 파괴한다고 하며, 상(相)이 없으므로 상(相)의 멸(滅)이라고 하며, 상심(相心)이 없으므로 상(相)을 벗어났다고 할 뿐이다. 구(求)함도, 여읨도, 멸(滅)함도, 벗어남도 유위(有爲)며 상(相)이며 분별이다. 실상과 무위와 본심에는 본래 취(取)하고 여읠 것이 없다.

● 색(色)이 공(空)이어도 색(色)을 파괴하지 않고, 공(空)이 색(色)이어도 공(空)을 벗어나지 않는다. 그러므로 색즉공(色卽空)이며, 공즉색(空卽色)이다. 색(色)이 그대로 진여(眞如)며, 공(空)이 그대로 만법(萬法)을 드러낸다. 있는 그대로 실상이다. 분별이 사상심이며 상(相)이다. 분별이 끊어지면 일체상(一切相) 그대로 생멸 없는 진여(眞如)다.

● 여래(如來)께서 설(說)한 제일바라밀 실상의 말씀을 얻어듣고 믿음으로 실상을 깨달아 제일바라밀에 들어도 제일바라밀이 없어 놀라지 않고, 겁내지 않으며, 두려움이 없어 심히 희유함임을 알게 된다.

● 상(相)을 여읨이 있고, 실상(實相)에 듦이 있고, 상(相)을 여의어 실상에 든 자(者)가 있다면 상심(相心)에 놀라거나 겁내거나 두려움이 있겠으나 실상에 들어 상(相)이 없으니 상(相)을 여읨과 상(相)을 여읜 자(者)도 없고, 실상을 깨달음과 실상에 든 자(者)도 없으니 놀라고 겁내거나 두려워할 상(相)과 자(者)도 없다. 제일바라밀이 상(相) 없으니 무상무아청정

(無相無我淸淨)일 뿐이다. 상(相)을 여읨과 실상이 듦이 둘 다 없다. 만약 상(相)을 여읨과 실상에 듦이 있다면 상(相)을 여읜 자(者)가 아니며, 제일바라밀 무상실상(無相實相)에 든 자(者)가 아니다. 유위(有爲)와 무위(無爲), 상(相)과 무상(無相) 둘 다 없는 것이 으뜸의 바라밀인 제일반야바라밀이며, 자성청정(自性淸淨)에 든 무아무상자(無我無相者)다.

● 상(相)을 여의면 상(相)만 여의는 것이 아니라 무상(無相)까지 여의게 된다. 유위(有爲)를 여의면 무위(無爲)까지 벗어나게 된다. 심히 희유함이다. 무위(無爲)에 들면 무위(無爲)까지 끊어진다. 상(相)을 여의면 무상(無相)까지 끊어진다. 상(相)을 여의어 무상(無相)에 든 자(者)가 무상(無相)이 있으면 그 또한 상(相)에 머묾이다. 유위(有爲)를 여의어 무위(無爲)에 든 자(者)가 무위(無爲)가 있으면 그 또한 상(相)을 벗어나지 못함이다. 실상(實相)은 유위(有爲)와 무위(無爲)와 상(相)과 무상(無相)과 머무를 곳도, 머물 자(者)도 없다. 그러므로 자타(自他) 내외(內外)의 일체상(一切相)이 끊어진다. 실상은 일체상을 벗어나고 상(相)과 무상(無相)도 벗고, 유위(有爲)와 무위(無爲)를 벗어나 분별할 것도 없고, 분별할 자(者)도 없으니 자타내외(自他內外)가 끊어져 동요(動搖)나 움직임이 있을 수가 없다.

● 제일바라밀이 제일바라밀이 아님은 제일바라밀은 나(我) 없고, 상(相) 없고, 실체 없기 때문이다. 나 없고, 상(相) 없고, 실체 없음을 제일바라밀이라 이름한다. 제일바라밀은 곧, 본심이며 무상심(無相心)이다. 인욕바라밀이 인욕바라밀이 아님은 인욕바라밀 또한, 실체가 없기 때문이다. 나 없고, 상(相) 없고, 실체 없음을 인욕바라밀이라 한다. 인욕바라밀

도 본심이며 무상심(無相心)이다. 무상심(無相心)은 상(相) 없
는 마음이니 일컫고 이름할 것이 없어 인연을 따라 이름하고
경계를 따라 수용하게 된다. 만약 참고 견디며 인욕함이 있
으면 인욕바라밀이 아니다. 왜냐면 나 있음이 상(相)이기 때
문이다. 만약 마음 다스리는 인욕행이면 조도법(助道法)이다.
일체 바라밀법은 나 없고 상(相)이 없다. 왜냐면 일체 바라밀
법은 청정본심(淸淨本心)이며 무상실상(無相實相)이기 때문
이다. 만약, 실상지혜에 들지 못했다면 일체불법(一切佛法)을
유위유심(有爲有心) 조도법(助道法)으로 수용하고 섭수할 수
밖에 없다. 이 또한 선근(善根)을 증장하는 것이며 일체선법
(一切善法)의 섭수행(攝受行)이다.

何以故 須菩提 如我昔爲歌利王割截身體 我於爾
하이고 수보리 여아석위가리왕할절신체 아어이

時 無我相 無人相 無衆生相 無壽者相 何以故
시 무아상 무인상 무중생상 무수자상 하이고

我於往昔 節節支解時 若有我相人相衆生相壽者
아어왕석 절절지해시 약유아상인상중생상수자

相 應生瞋恨
상 응생진한

어떠한 까닭이냐 하면은 수보리야, 옛적에, 가리왕에게 몸
을 베이고 끊힘을 당한 나와 같기 때문이니라. 나도 그때에
아상도 없었고, 인상도 없었고 중생상도 없었고, 수자상도 없
었느니라. 어떠한 연유이냐 하면은, 내가 과거 옛적, 팔과 다
리의 마디마디를 찢길 때에 만약, 아상 인상 중생상 수자상이
있었다면은 응당 성을 내고 원망함이 일어났을 것이니라.

● 이 경(經)을 신해수지(信解受持)하거나, 이 경(經)을 얻어든고 놀라지 아니하고, 겁내고 두려워하지 않으면 실상(實相)을 깨달아 사상(四相)이 없어, 여래(如來)께서 전생(前生)에 가리왕에게 몸을 베이고 끊힘을 당하며 팔과 다리 마디마디 찢길 때에 사상(四相)이 없었든 여래(如來)와 같음을 말씀하심이다.

須菩提 又念過去於五百世 作忍辱仙人 於爾所世
수보리 우념과거어오백세 작인욕선인 어이소세
無我相 無人相 無衆生相 無壽者相
무아상 무인상 무중생상 무수자상

수보리야, 또, 과거 오백세를 생각해보니, 인욕행을 하는 선인이었든 그 세상에서도 아상도 없었고, 인상도 없었으며, 중생상도 없었고, 수자상도 없었느니라.

● 여래(如來)께서 과거 오백세 인욕행의 선인이었을 때에도 사상심(四相心)이 없었음을 말씀하심이다. 인욕바라밀이 인욕심(忍辱心) 없는 상(相) 없는 인욕바라밀을 드러내시며, 사상(四相) 없는 인욕바라밀임을 말씀하심이다. 이는 상(相) 없음이 인욕바라밀이기 때문이다.

是故 須菩提 菩薩 應離一切相 發阿耨多羅三藐
시고 수보리 보살 응리일체상 발아뇩다라삼막
三菩提心 不應住色生心 不應住聲香味觸法生心
삼보리심 불응주색생심 불응주성향미촉법생심
應生無所住心 若心有住 卽爲非住
응생무소주심 약심유주 즉위비주

이러하듯이 수보리야, 보살은 응당 일체상을 여읜 아뇩다라삼먁삼보리심을 내어야 하느니라. 응당 색에 머무른 마음을 내지 아니하며, 응당 성향미촉법에 머무른 마음을 내지 아니하여, 응당 머무른 바 없는 마음을 내어야 하느니라. 만약 마음이 머무름이 있으면 곧, 머무름이 없도록 해야 하느니라.

● 과거 인욕행 시절에 사상심(四相心)이 없었듯, 무위(無爲)에 들어 아뇩다라삼먁삼보리심을 발(發)한 자(者)는 일체행에 상(相) 없는 마음이어야 하며, 응당 색성향미촉법에 머무름이 없는 마음을 내어야 한다. 만약, 마음이 상(相)에 머묾이 있으면 곧, 상(相) 없는 아뇩다라삼먁삼보리심을 내어야 함을 일깨우심이다.
● 보살은 상(相) 없는 청정본심(淸淨本心)에 든 자(者)이니 일체에 청정본심(淸淨本心)을 행(行)해야 함을 일깨우심이다.

是故 佛說 菩薩心 不應住色布施 須菩提 菩薩
시고 불설 보살심 불응주색보시 수보리 보살
爲利益一切衆生 應如是布施
위이익일체중생 응여시보시

이러한 까닭으로 불이 설하기를, 보살의 마음은 응당 색에 머무른 보시가 아니어야 하느니라. 수보리야, 보살은 일체중생의 이로움과 유익함을 위해 응당 이와 같이 보시해야만 하느니라.

● 보살은 아뇩다라삼먁삼보리심을 발(發)하였으니 상(相)

에 머무른 보시가 아니어야 하며, 보살은 일체중생(一切衆生)의 이로움과 유익함을 위해 응당 상(相) 없는 보시(布施)를 해야 하느니라.

● 보살이 중생구제에서 일체중생의 차별특성 선악경계(善惡境界)와 일체행(一切行)에 차별상을 가질 수가 있으니 일체중생의 이로움과 유익함을 위해 차별 없고 상(相) 없는 보시행(布施行)을 일깨움이다.

如來說 一切諸相 卽是非相 又說一切衆生 卽非
여래설 일체제상 즉시비상 우설일체중생 즉비

衆生
중생

여래가 설한 일체 모든 상은 즉, 이것은 상이 아니며, 또, 설한 일체중생도 즉, 중생이 아니니라.

● 여래(如來)께옵서 상(相)을 말하고, 중생을 말해도 상(相)이 아니며, 중생이 아님을 말씀하심이다.

● 실제(實際)는 상(相)과 중생이 없다. 있다고 생각함이 사상심 분별이며 실상을 모르는 무명(無明)이다. 상(相) 없고 중생 없음이 실상이며, 이것이 깨달음이며, 아뇩다라삼먁삼보리심이며, 무여열반이며, 무아무상(無我無相)이며, 불지혜(佛智慧)며, 반야며, 무사상심(無四相心)이다. 중생은 사상심이니 일체가 상(相)이나, 사상심 없는 불각(佛覺)에서는 무엇을 보고 무엇을 들어도 일체가 상(相) 없는 청정실상이니, 부처님께옵서 무슨 말씀을 하셔도 불(佛)의 경계에서는 일체가 상(相) 없을 뿐이다. 그러나 사상심의 중생은 불(佛)의 일체

설(一切說)을 상심(相心) 유견(有見)의 법상(法相)으로 수용하고 섭수하게 된다. 이것이 실상을 모르는 유무(有無)의 상견(相見)이며, 불지혜(佛智慧)를 상심(相心)으로 헤아리는 미혹이다.

須菩提 如來 是眞語者 實語者 如語者 不狂語者
수 보 리 　 여 래 　 시 진 어 자 　 실 어 자 　 여 어 자 　 불 광 어 자

不異語者
불 이 어 자

수보리야, 여래는 이같이 진실한 말을 하는 자며, 실다운 말을 하는 자며, 같은 말을 하는 자며, 허황한 말을 하지 않는 자며, 다른 말을 하지 않는 자이니라.

● 여래(如來)는 실상에 들어 제일바라밀 아뇩다라삼먁삼보리심 사상(四相) 없는 일체행으로 불(佛)이 되기까지 과거 전생(前生) 나의 수행을 돌아보며 증명하듯이, 수보리야 여래(如來)는 이같이 거짓 없는 진실한 말을 하는 자(者)며, 가식과 꾸밈이 없는 실다운 말을 하는 자(者)며, 파괴되거나 차별 없어 변함없고 한결같은 말을 하는 자(者)며, 사리(事理)에 맞지 않는 진실을 벗어난 허황한 말을 하지 않는 자(者)며, 이럴 때에는 이 말 하고 저를 때에는 저 말하는 그와 같이 다른 말을 하지 않는 자(者)이니라. 는 뜻이다.

● 여래(如來)의 마음, 선호념선부촉의 진실함과 이 법(法)으로 사상심 없는 실상의 깨달음을 성취하며, 아뇩다라삼먁삼보리 불가사의 무량공덕에 들어 불(佛)을 성취함이 거짓이 아님은, 자신이 불(佛)이 되기까지 이 법(法)에 의지해 수행했

든 자신의 전생(前生)을 돌아보며 이 법(法)이 사실임을 드러내는 진실한 말씀이시다. 중생을 생각하는 대비(大悲)의 진실함이 묻어나는 마음의 말씀이시다.

● 여래께옵서 아뇩다라삼먁삼보리를 성취하여 불이 되시기까지 과거의 자신을 돌아보시며, 무명과 미혹 어리석음으로 지혜 없고 믿음이 부족한 중생들에게 이 법(法)이 사실임을 부처님의 과거 생을 드러내며 스스로 증명하여, 여래는 거짓 없는 진실한 자며, 허황한 말을 하지 않는 자이므로 이 법(法)이 진실임을 어린 중생들에게 말씀하시는 여래의 마음 중생을 향한 측은심(惻隱心)과 지극한 대비심 진실에 마음이 숙연해진다.

須菩提 如來所得法 此法無實無虛
수보리　여래소득법　차법무실무허

수보리야, 여래가 얻은 바 법은, 이 법은 실도 없고 허도 없느니라.

● 여래(如來)께옵서 얻은 법(法)은 상(相) 없고, 실체 없어 실(實)이 없다. 그러나 또한 없는 것이 아니니 단멸(斷滅)과 허무(虛無)가 아니므로 또한 허(虛)도 아니다.

● 여래(如來)의 얻은 법(法)이 없음은 상(相) 없고, 실체 없기 때문이다. 상(相) 없고 실체가 없음은 무유정법(無有定法)이기 때문이다. 실(實)이 없음은 없는 것이 아니라 무자성(無自性)이기 때문이다. 또한 허무(虛無)나 단멸(斷滅)이 아님은 제불(諸佛)의 출현(出現)과 일체 바라밀법이 이로부터 나오기 때문이며, 또한 일체 삼라만상(森羅萬象)이 이로부터

나오며, 무유정법(無有定法) 만물만상(萬物萬相)이 없지 않기 때문이다.

● 일체불법(一切佛法)과 여래(如來)께서 얻은 법(法)과 삼라만상(森羅萬象)이 실(實)도 없고 허(虛)도 없음은 정(定)한 법(法)과 상(相)이 없기 때문이다.

須菩提 若菩薩 心住於法 而行布施 如人入闇 卽
수보리 약보살 심주어법 이행보시 여인입암 즉

無所見 若菩薩 心不住法 而行布施 如人有目 日
무소견 약보살 심불주법 이행보시 여인유목 일

光明照 見種種色
광명조 견종종색

수보리야, 만약 보살이 법에 머무른 마음으로 보시를 행하면은, 사람이 어두운 곳에 들어가 곧, 보이는 바가 없는 것과 같으니라. 만약 보살이 법에 머무르지 아니한 마음으로 보시를 행하면은, 눈이 있어 햇빛이 밝게 비치어 가지가지의 색을 보는 사람과 같으니라.

● 상(相)과 법(法)은 마음의 일체상(一切相)이다.
● 상(相)에 머무른 마음으로 보시하면 무명장애(無明障碍)로 원융무애(圓融無碍) 본심 각성(覺性)의 밝음을 잃어 일체상에 장애되어 실상의 밝음을 잃게 되고, 상(相)에 머무름이 없는 보시는 본심(本心) 각성(覺性)의 밝음을 잃지 않아 원융무애각성(圓融無碍覺性)으로 일체상에 걸림 없이 실상을 밝게 보게 된다. 는 뜻이다.

須菩提 當來之世 若有善男子善女人 能於此經
수보리 당래지세 약유선남자선여인 능어차경

受持讀誦 卽爲如來 以佛智慧 悉知是人 悉見是
수지독송 즉위여래 이불지혜 실지시인 실견시

人 皆得成就無量無邊功德
인 개 득 성 취 무 량 무 변 공 덕

수보리야, 미래의 세상에 만약 선남자 선여인이 있어, 능히
이 경을 받아 지니며 읽고 외우면은 곧, 여래가 불지혜로 이
사람을 다 알고, 이 사람을 남김없이 다 보나니, 한량없고 끝
없는 공덕을 다 성취함을 얻느니라.

● 미래 중생이 이 무위무상(無爲無相) 경(經)을 능히 받아
수용하고, 지니어 행하며, 읽고 그 뜻(義)을 사유하고, 외우며
실천한다면 곧, 여래가 불지혜(佛智慧)로 이 사람을 다 알고,
이 사람을 남김없이 다 보나니 무량 무변공덕을 다 성취하여
얻느니라. 는 뜻이다.

● 수지독송(受持讀誦)은 경(經)의 실상행(實相行)이며, 금
강반야행이며, 아뇩다라삼먁삼보리심 행(行)이다. 상(相) 없
는 무위실상을 수용하고 섭수함이 받음인 수(受)며, 상(相) 없
는 무위실상 행(行)이 가짐인 지(持)며, 상(相) 없는 무위실상
을 살피고 사유하며 관(觀)함이 읽음인 독(讀)이며, 상(相) 없
는 무위실상을 행(行)하며 실천함이 외움인 송(誦)이다.

● 이 경(經)의 수지독송은 아뇩다라삼먁삼보리심 무위 본
성을 수용하고 섭수하는 반야지혜 보살행이다.

● 미래 중생들이 이 경(經)을 수지독송하면 무량무변공덕

312

을 빠짐없이 다 성취한다 하니 이 경(經)을 수지독송함으로 빠짐없이 다 성취하는 무량무변공덕은 무엇일까? 이는 본심 무위공덕이다. 이는 불법(佛法) 일체공덕인 아뇩다라삼먁삼보리, 반야(般若), 무여열반(無餘涅槃), 해탈(解脫), 정견(正見), 불지혜(佛智慧), 무아(無我), 무상(無相), 실상(實相), 본심(本心), 본성(本性), 본각(本覺), 자성(自性), 원융무애(圓融無碍), 무염(無染), 불성(佛性), 일체 바라밀법 등 불가사의 무량무변공덕을 빠짐없이 다 성취한다. 이 일체는 별상법(別相法)으로 하나하나를 따로따로 성취하는 것이 아니다. 무위실상 아뇩다라삼먁삼보리를 성취함으로 두루 한목 꿰뚫어 통하게 되는 본성 실상법이다. 일체 차별은 유위상법(有爲相法)이며, 무위(無爲)에 들면 일체 차별을 벗어나므로 일체 불법지혜를 한목 꿰뚫어 두루 통하게 된다. 그것은 무위본심(無爲本心)이 일체 불법의 실체이기 때문이다.

● 이 경(經) 수지독송(受持讀誦)은 아뇩다라삼먁삼보리행 제불공덕(諸佛功德)에 드는 반야행(般若行)이다.

持經功德分 第十五
지 경 공 덕 분 제 십 오

수지독송설(受持讀誦說)의 공덕과 대승(大乘)과 최상승(最上乘)을 위해 이 경(經)을 설함과 일체세간(一切世間)이 이 경(經)을 공경(恭敬)하고 공양(供養)하며 예(禮)를 다함을 설하심이다.

須菩提 若有善男子善女人 初日分 以恒河沙等身
수 보 리 약 유 선 남 자 선 여 인 초 일 분 이 항 하 사 등 신

布施 中日分 復以恒河沙等身布施 後日分 亦以
보시 중일분 부이항하사등신보시 후일분 역이

恒河沙等身布施 如是無量百千萬億劫 以身布施
항하사등신보시 여시무량백천만억겁 이신보시

若復有人 聞此經典 信心不逆 其福勝彼 何況書
약부유인 문차경전 신심불역 기복승피 하황서

寫受持讀誦 爲人解說
사수지독송 위인해설

　수보리야, 만약 선남자 선여인이, 아침에 항하의 모래와 같
은 몸을 보시하고, 점심때에 다시, 항하의 모래와 같은 몸을
보시하고, 저녁에도 또, 항하모래와 같은 몸을 보시하여, 이
와 같이 한량없는 백천만억겁을 이렇게 몸을 보시하여도, 만
약 또 어떤 사람이 있어 이 경전을 듣고, 믿음으로 마음이 어
긋나지 아니하면은, 그 복이 저보다 수승하거늘 어찌 하물며
글로서 새기고, 받아 지니며 읽고 외우며, 사람들이 깨닫도
록 설함이겠느냐?

　● 삼천대천세계 칠보는 무한무량(無限無量)이며, 항하의
모래수는 무한무량수(無限無量數)며, 아침, 점심, 저녁 항하
의 모래수 몸과 목숨 보시 백천만억겁(百千萬億劫)은 무한무
량심(無限無量心)이다. 이 경(經)에 듦의 공덕은 무한무량(無
限無量), 무한무량수(無限無量數), 무한무량심(無限無量心)보
다 수승한 불가사의 공덕계다.
　● 문차경전 신심불역(聞此經典 信心不逆) 이 경전을 듣고
믿음으로 마음이 어긋나지 않음의 뜻은 이 경전을 듣고 믿음
으로 아뇩다라삼먁삼보리인 무위실상에 들어 사상(四相)이 없

어 무위본성(無爲本性)을 거역하지 않음이 신심불역(信心不逆)이다.

● 이 경(經)은 무아무상경(無我無相經)이며, 이 경(經) 믿음의 뜻은 사상(四相) 없는 청정무아신(淸淨無我信)이며, 이 경(經)의 수지독송(受持讀誦)과 위타인설(爲他人說)은 금강반야 무위지혜다.

● 수지독송(受持讀誦)과 위타인설(爲他人說)과 사경(寫經)의 불가사의 공덕을 경(經)의 내용 중 많은 곳에 간곡하게 드러내심은 여래(如來)께서 이 세상에 계시지 않아도 이 경(經) 지혜가 여래(如來)를 대신하며, 여래(如來) 없는 세상에 불지혜(佛智慧)가 되어 무명중생(無明衆生) 무명식(無明識)를 밝히는 일체 중생의 일월(日月)이기를 바라는 선호념선부촉의 염원(念願)이시다. 불가사의 무량무한 복덕을 설(說)하심은 여래(如來) 없는 세상에도 중생들이 이 경(經)의 불가사의 무량복덕 법(法)의 세계로 이끌기 위함이다. 여래(如來) 없는 세상에도 지혜근기(智慧根機)들이 무위실상 깨달음을 얻어 이 경(經)에 의지하여 보살지혜를 밝히는 삶을 살며, 무위실상 깨달음을 얻은 자(者)는 여래(如來)의 아뇩다라삼먁삼보리 반야대각성(般若大覺性)의 실상법을 수용하여 감당하므로 여래(如來) 없는 세상에 여래(如來)를 대신해 아뇩다라삼먁삼보리 실상법으로 중생구제의 보살행을 당부하시고 이끄시는 선호념선부촉 여래(如來)의 지극한 대비심이다. 이 경(經) 내용에는 불법선근(佛法善根)과 근기(根機)가 미약한 미래세상 중생들도 무명 미혹을 벗어 실상 아뇩다라삼먁삼보리 무량공덕 실상법(實相法)에 들도록 하려고 지극한 대비심에 여래(如來) 없는 미래세상 중생들을 염려하시고 염려하였음을 경(經)의

내용 여러 곳에서 알 수가 있다.

須菩提 以要言之 是經 有不可思議 不可稱量 無
수보리 이요언지 시경 유불가사의 불가칭량 무
邊功德 如來 爲發大乘者說 爲發最上乘者說
변공덕 여래 위발대승자설 위발최상승자설

수보리야, 중요함을 말하면 이 경은 불가사의함이 있어, 가히 한량없고 끝없는 공덕이 있느니라. 여래는, 대승을 발한 자를 위해 설하였으며, 최상승을 발한 자를 위해 설하였느니라.

● 이 경(經)이 불가사의함이란 일체상을 벗어난 무위실상 법(法)이므로 어떠한 분별과 사량으로도 헤아릴 수 없어 불가사의다.

● 여래(如來)께옵서 대승(大乘)을 발한 자(者)와 최상승(最上乘)을 발한 자(者)를 위해 설하셨다 하심은, 대승(大乘)과 최상승(最上乘)을 발한 자(者)가 아니면 무위실상 반야지혜가 없어 이 경설(經說)의 뜻(義)과 법(法)의 실상을 알 수 없기 때문이다.

● 대승(大乘)을 발함은 무위실상 아뇩다라삼먁삼보리심을 발하여 반야 혜안(慧眼)을 가짐이다, 대승지혜(大乘智慧)를 발함이 아뇩다라삼먁삼보리심이며, 아뇩다라삼먁삼보리심 지혜가 반야다. 즉, 무위실상에 듦이다. 대승지혜(大乘智慧)를 발하므로 불법(佛法)의 무아(無我), 무상(無相), 실상(實相), 무유정법(無有定法)을 깨닫게 된다. 성문사과(聲聞四果) 초과(初果) 수다원과에 들어도 아뇩다라삼먁삼보리심을 발하여 대승지혜(大乘智慧)의 반야 혜안(慧眼)을 열게 된다.

● 대승(大乘)을 왜, 대승(大乘)이라고 할까? 그것은 상
(我) 없는 본심에 들어 자타(自他)와 내외(內外) 일체상이 사
라져 상(相) 없어 원융(圓融)하여 그 각력(覺力)에 일체불법
(一切佛法)과 일체상 일체만법을 수용하고 섭수하기 때문이
다. 상(相)이 있으면 사상심(四相心)에 내가 있다는 상심(相
心)에 갇혀 무위(無爲) 일체불법(一切佛法)과 일체만법(一切
萬法)의 본성(本性) 공덕을 수용하고 섭수할 수가 없다. 아
뇩다라삼먁삼보리 대승(大乘) 지혜를 발하면 비로소 동체대
비(同體大悲) 불이(不二)의 진리에 들게 된다. 구제할 중생과
내가 불이(不二)임을 비로소 깨닫게 되어 중생구제 보살심의
기틀이 된다. 대승(大乘) 지혜 반야는 자타(自他) 없는 무위
실상지혜다.

● 최상승(最上乘)을 발함은 아뇩다라삼먁삼보리심을 발
(發)하여 무상청정부동심(無相淸淨不動心)에 듦이다. 최상승
을 왜, 최상승이라고 할까? 그것은 승(乘)의 최상(最上)이기
때문이다. 승(乘)의 최상이 뭘까? 성문승(聲聞乘), 연각성(緣
覺乘), 보살승(菩薩乘)에 이르기까지 최상승(最上乘) 지혜에
들었기 때문이다. 최상승 지혜는 각성원융부동지(覺性圓融不
動智)다.

若有人 能受持讀誦 廣爲人說 如來 悉知是人 悉
약유인 능수지독송 광위인설 여래 실지시인 실
見是人 皆得成就 不可量 不可稱 無有邊 不可思
견시인 개득성취 불가량 불가칭 무유변 불가사
議功德
의 공덕

만약 사람이 있어 능히 받아 지니어 읽고 외우며, 사람을 위해 널리 설한다면은 여래는 이 사람을 다 알고, 이 사람을 다 보나니 가히 한량없고 가히 칭할 수 없으며, 끝없는 불가사의 공덕을 모두 성취함을 얻느니라.

● 여래(如來)께서는 이 경(經)을 대승(大乘)과 최상승(最上乘)을 발한 자(者)를 위해 설하였으니, 만약 능히 받아 수용하여 지니어 행하며 읽으므로 그 뜻(義)을 살피고 사유하고 관(觀)하며, 외우고 실천하며 사람을 위해 널리 설한다면은 여래(如來)가 이 사람을 다 알고 다 보나니 가히 한량없고 가히 칭할 수 없으며, 끝없는 불가사의 공덕을 모두 성취함을 얻느니라.

● 능수지독송 광위인설(能受持讀誦 廣爲人說)의 능(能)은 이 경(經) 반야바라밀 실상법(實相法)을 능히 수용하고 행(行)함에 부족함이 없음을 일컬음이다. 아뇩다라삼먁삼보리 지혜로 능히 반야바라밀 법을 수용하여 가지며, 경(經)을 읽음으로 반야바라밀 뜻(義)을 깊이 살피고 사유하며, 반야바라밀의 법을 외우고 실천하며, 반야바라밀 경(經)의 뜻(義)을 자세히 살피어 능히 많은 사람이 알아듣고, 이 법(法)을 깨닫고 이해하며 수용하도록 널리 해설함을 일컬음이다.

如是人等 卽爲荷擔 如來阿耨多羅三藐三菩提 何
여 시 인 등 즉 위 하 담 여 래 아 뇩 다 라 삼 먁 삼 보 리 하
以故 須菩提 若樂小法者 着我見人見衆生見壽者
이 고 수 보 리 약 요 소 법 자 착 아 견 인 견 중 생 견 수 자
見 卽於此經 不能聽受讀誦爲人解說
견 즉 어 차 경 불 능 청 수 독 송 위 인 해 설

이와 같은 사람들은 곧, 여래의 아뇩다라삼먁삼보리를 수용하느니라. 어떠한 연유이냐 하면 수보리야, 만약 작은 법을 즐거워하는 자는 아견, 인견, 중생견, 수자견이 있어 곧, 이 경을 능히 듣지도, 받지도, 읽지도, 외우지도, 사람들을 위해 깨닫도록 설하지도 못하기 때문이니라.

● 이 경(經)을 수지독송하고 사람을 위해 설한다면은 이 사람은 여래(如來)의 아뇩다라삼먁삼보리를 수용함이니라. 그 까닭은 작은 법을 즐거워하는 자는 아견 인견 중생견 수자견이 있어 곧, 이 경을 능히 듣지도 못하고, 받지도 못하고, 읽지도 못하고, 외우지도 못하고, 사람들을 위해 이해하고 깨닫도록 설하지도 못하기 때문이니라. 는 뜻이다.

● 작은 법을 즐기는 자(樂小法者)는 사상심(四相心)이 있어 법상(法相)을 가지는 자(者)다. 요소법자(樂小法者)는 아뇩다라삼먁삼보리심을 발(發)하지 못하여 아상(我相)이 있어 사상심으로 불법(佛法)의 법상(法相)을 가지며, 불법(佛法)을 성취하고 얻으려는 상법(相法)을 즐기는 자(者)다. 이는 상(相)을 벗지 못해 법상(法相)에 의지해 자신의 해탈을 구하는 요소법자(樂小法者)다. 지혜의 차별 대승(大乘)과 소승(小乘)을 벗어난 단순 구분인 소승(小乘)과 대승(大乘)을 논(論)함은 이 구절과 합당하지 않다. 이 구절의 뜻(義)은 실상을 깨닫지 못해 사상(四相)이 있음과 실상을 깨달아 사상(四相) 없는 지혜적 차별일 뿐, 소승(小乘)과 대승(大乘)을 논(論)함이 아니다. 왜냐면, 성문사과(聲聞四果)에만 들어도 아뇩다라삼먁삼보리 반야 대승지(大乘智)를 발하니, 요소법자(樂小法者)는 사상(四相)를 벗지 못해 자아의식이 있으므로 아상(我相)으로 해

탈을 구하는 법상(法相)을 가진 자(者)다. 일반적으로 소승(小乘)을 사성체(四聖諦)의 법(法)에 의지하여 고(苦)를 벗어 열반을 구하는 것으로 알고 있으나 그렇지만은 않다. 아뇩다라삼먁삼보리심을 발(發)하여 성문사과(聲聞四果) 중 수다원과 입류(入流)에만 들어도 반야의 지혜로 벗을 고(苦)가 없음을 알며, 구(求)할 열반이 없는 지혜에 바로 들게 된다. 성문사과 입류(入流)인 수다원과에만 들어도 고집멸도(苦集滅道)가 없음을 알아 사성체(四聖諦)의 지혜를 벗어난다.

● 요소법자(樂小法者)는 무위(無爲)를 깨닫지 못해 자아(自我) 존재의식 아상(我相)이 있으므로 자신의 해탈을 구하게 된다. 무위각(無爲覺) 아뇩다라삼먁삼보리를 발하지 못하면 상심(相心)이 있어 불법(佛法)의 법상(法相)을 가지므로 반야지혜인 이 경(經)의 실상(實相)인 법(法)의 실체를 알 수가 없다. 그러므로 무위실상을 드러내는 반야바라밀 법(法)의 경설(經說)을 듣거나 받거나 지니거나 읽거나 외우거나 남을 위해 해설하지 못한다. 왜냐면, 사상(四相) 없는 실상 본성지혜 아뇩다라삼먁삼보리 반야지혜가 없기 때문이다.

● 상심(相心)이 있으면 상(相) 이외에는 알 수가 없다. 유무(有無)의 분별과 사량으로 구하려 하고, 얻으려 하고, 성취하려 하는 일체가 상심(相心)이다. 상심(相心)이 있으면 상(相) 없는 세계는 상심(相心)으로는 상상(想像)과 추측으로도 알 수가 없다. 상심(相心)으로는 상(相)을 벗지 못한다. 사상심(四相心)이 사라지면 일체 그대로 상(相) 없는 무위 세계다.

須菩提 在在處處 若有此經 一切世間 天 人 阿
수보리 재재처처 약유차경 일체세간 천 인 아

持經功德分 第十五(지경공덕분 제십오)

修羅 所應供養 當知此處 卽爲是塔 皆應恭敬 作
수라 소응공양 당지차처 즉위시탑 개응공경 작

禮圍繞 以諸華香而散其處
례위요 이제화향이산기처

수보리야, 어느 곳이나 만약 이 경이 있으면, 일체 세간 하늘과 사람과 아수라 등이 응당 공양을 올리는 바이니라. 마땅히 알라. 이곳은 곧, 불탑과 같이 모두 응당 공손히 공경하며, 주위를 돌며 예를 올리고, 모든 꽃과 향을 올리며, 그곳에 예를 다하느니라.

● 이 경(經)이 있는 곳은 일체 세간 천 인 아수라 등이 응당 공양 올리며, 불신(佛身) 부처님의 사리탑(舍利塔)과 같이 모두 응당 공손히 공경하며, 주위를 돌며 예를 올리고, 모든 꽃과 향을 올리며 예를 다하느니라. 하심이다.
● 이 경(經)에 일체 세간이 공양(供養) 올림과 최고최상 예경(禮敬)을 올림을 말씀하심이다.
● 탑(塔)은 부처님 사리(舍利)를 모신 곳으로, 불신(佛身)으로 받들어 공경(恭敬)하는 예경(禮敬)의 대상이다.

能淨業障分 第十六
능 정 업 장 분 제 십 육

수행(修行)의 장애(障碍)와 이 경(經)의 공덕이 불가사의(不可思議)하여 믿지 않음을 설하심이다.

復次 須菩提 善男子善女人 受持讀誦此經 若爲
부차 수보리 선남자선여인 수지독송차경 약위

人輕賤 是人 先世罪業 應墮惡道 以今世人輕賤
인경천 시인 선세죄업 응타악도 이금세인경천
故 先世罪業 卽爲消滅 當得阿耨多羅三藐三菩提
고 선세죄업 즉위소멸 당득아뇩다라삼먁삼보리

다시 또 수보리야, 선남자 선여인이 이 경을 받아 지니며 읽고 외움으로 만약, 사람들이 가볍게 보고 천시 여기면은, 이 사람은 선세 죄업으로 응당 악도에 떨어질 것이나, 지금 세상에서 사람들이 가볍게 보고 천시한 연고로, 선세의 죄업이 곧 소멸하여, 마땅히 아뇩다라삼먁삼보리를 얻으리라.

● 이 경(經)을 수지독송(受持讀誦)하는데 왜, 사람들이 가볍게 보며 천시 여길까? 수행경계(修行境界)와 견해차별(見解差別)의 두 가지 경우가 있다.

● 법(法)을 수용하고 섭수하는 실상 일체행 수지독송(受持讀誦) 수행경계는 수행과 지혜의 경계에 따라 수행지혜가 깊어지거나, 경계가 끊어지거나, 경계에 무심하다 보면 주위 상황에 민감하지 못하여, 주위 사람들이 보기에는 의식 없는 바 보인 듯, 감각 잃은 사람인 듯, 옳고 그름을 모르는 어리석은 듯, 정신 나간 사람인 듯, 겉으로 보기에는 비정상으로 보일 수 있는 상황이 있을 수도 있다. 수행경계와 내면의 정신상황에 따라 몸의 촉각과 감각이 무디어지는 상황도 있다. 이 경우 주위 사람들이 비정상적으로 보거나, 무시하거나, 이상하게 생각하거나, 천시할 수도 있다.

● 견해차별(見解差別)은 모든 사람은 대개 자기의 생각과 견해가 옳다는 관념을 버리지 못한다. 자기 생각과 견해에 의지해 모든 상황의 옳고 그름을 생각하고 가름하게 된다. 자기

견해는 모든 상황을 가름하고 측정하는 측도며 잣대가 된다. 이것이 관념이다. 상(相)을 벗어나면 관념과 견해가 사라지고 사상(四相) 없는 지혜만 있다. 관념과 견해가 상(相)이다. 관념과 견해는 의식분별과 사량과 고정관념이다. 관념과 견해가 사라지면 나 없는 즉각즉지혜(卽覺卽智慧) 삶을 살게 된다.

 ● 상(相)에 대한 고정관념과 의식으로 집착과 꿈의 삶을 사는 자(者)에게 자신이 이해할 수 없는 지혜의 말이나 상(相) 없는 말을 하면 비정상으로 볼 수도 있고, 어리석은 바보 취급하거나, 너무나 황당하여 정신 나간 사람으로 생각할 수도 있다. 사람은 대개 자기 생각과 다르거나 반대되는 견해를 가진 자를 회피하거나, 미워하거나, 싫어하거나, 무시하거나, 험담과 비방을 할 수도 있다. 이것이 자기보호 방어본능이다. 생각과 견해도 자기를 닮거나 관념의 색깔이 같거나 서로 동질의 사람을 좋아한다. 이것이 자기보호 상생본능이다. 대개 자신이 옳다고 생각하는 고정관념을 벗어나면 인정하지 않으려는 자기 보호본능 반응을 보이게 된다. 생각과 관념과 의식과 고정관념이 파괴되거나 부서지는 것을 싫어하며 두려워한다. 왜냐면, 그것이 자기 가치관이며 그 속에 자기를 보호하는 보호본능 자기관념이 있기 때문이다. 이 가치관이 자신 행복과 삶을 판단하는 눈이며, 사물과 상황의 옳고 그름을 판단하고 선택하며 결정하는 자기 가치의 주체며 자기 세계이기 때문이다. 생각과 관념이 바뀌면 세상을 바꾸지 않아도 세상이 달라진다. 모두가 자신의 관념과 앎에 의지해 살아가고 있다.

須菩提 我念過去無量阿僧祇劫 於燃燈佛前 得値
수 보 리 아 념 과 거 무 량 아 승 지 겁 어 연 등 불 전 득 치

八百四千萬億那由他諸佛 悉皆供養承事 無空過
팔백사천만억나유타제불 실개공양승사 무공과

者
자

수보리야, 내가 과거 무량 아승지겁을 생각해보니, 연등부처님 이전에 팔백사천만억 나유타의 모든 부처님전에, 빠짐없이 다 공양 올리기를 끊임이 없었으며, 헛되이 그냥 지낸 적이 없었느니라.

● 수(數)는 의식(意識)으로 인식할 수 있는 한계(限界)의 수(數)와 의식으로 셀 수가 없는 불가사량(不可思量)의 수(數)가 있다. 불설(佛說)에는 의식 한계를 넘어선 불가사량 수(數)가 나온다. 이는 의식으로는 인식하거나 사유할 수 없는 의식과 사량 한계를 벗어난 수(數)다. 부사의사(不思議事) 각력(覺力)과 혜력(慧力)과 관력(觀力)의 지혜세계다. 아승지(阿僧祇)는 무량수(無量數)며, 나유타(那由他)가 1,000억(億)의 수(數)라는 설(說)이 있으나 그 개념은 확실하지 않다. 단지, 관행(觀行)과 사유(思惟) 속에 그 세계와 실상을 수용하고 섭수하므로 사유와 정신이 승화하고 진화하며, 관행의식(觀行意識)이 무한으로 확장된다. 무량(無量)이든, 무한(無限)이든, 불가사의(不可思議)든 수용하고 섭수하지 못할 것이 없다. 그것이 무엇이든 심(心)의 능력과 심(心)의 공능(功能)을 벗어난 것은 없다. 심(心)은 불가사의하고, 불가사의기 때문이다. 하늘과 우주 천태만상이 무량 무한이어도 마음을 벗어난 것이 없고, 무위 본성을 깨달으면 무한(無限) 하늘도 각력(覺力)에 그 실체 흔적을 찾을 수가 없다. 심(心)은 무시무종(無始無終),

무생무멸(無生無滅)이니 이를 능가할 그 무엇은 상(相)의 세계에는 없다. 셀 수 있다면 그것이 무량무한(無量無限)이어도 심(心)을 벗어난 세계가 아니다. 나유타가 무한(無限) 수(數)이어도 그 수(數)가 무엇이냐가 중요한 관건이 아니라 그 수(數)를 수용하고 담을 수 있는 심근(心根)과 근기(根機)의 성숙함이 중요하다. 수(數)가 곧, 존재니 수(數)를 쫓으면 분별과 생각이 분분하다. 그 수(數)가 무량무한이어도 눈을 뜨면 바로 그것이며, 귀를 열면 바로 그것이다.

● 상심(相心) 의식의 세계는 차별세계이므로 무엇이든 차별을 분별하고 헤아리려 하며, 관행(觀行)과 무위지혜(無爲智慧)는 차별 없는 본성의 세계에 들므로, 무엇이든 수용하고 섭수하는 무위본심력(無爲本心力)을 갖게 된다. 현상의 세계가 무량하여도, 무위각성력(無爲覺性力)에는 일체차별이 끊어지며, 일체차별이 끊어진 무위심(無爲心)에는, 일체차별의 공덕을 수용하고 섭수하는 능행자제력(能行自在力)을 갖게 된다. 차별세계는 서로 융통하지 못하여 수용할 수 없는 차별성을 가지며, 무위(無爲)에 들면 일체차별을 무위(無爲) 한 경계에 수용하고 섭수하게 된다. 이것이 유위공덕(有爲功德)와 무위공덕(無爲功德)의 차별이다.

若復有人 於後末世 能受持讀誦此經 所得功德
약 부유인 어후말세 능수지독송차경　소득공덕

於我所供養 諸佛功德 百分不及一 千萬億分 乃
어아소공양 제불공덕 백분불급일　천만억분 내

至 算數譬喩 所不能及
지　산수비유　소불능급

만약 다시 어떤 사람이 있어, 이후 말세에 능히 이 경을 받아 지니며, 읽고 외우므로 얻은 바의 공덕은, 내가 모든 부처님전에 공양올린 바의 공덕으로는 백분의 일도 미치지 못하며, 천만억분 내지 숫자의 비유로는 능히 미치지 못하는 바이니라.

● 부처님께서 팔백사천만억 나유타 모든 부처님전에 빠짐없이 다 공양한 공덕으로는 이 경(經)을 능히 받아 지니며 읽고 외우므로 얻은 공덕에는 천만억분 내지 숫자의 비유로는 능히 미치지 못함을 설(說)하심이다.

● 능히 이 경(經)의 수지독송(受持讀誦)이 무엇이기에 어떠한 수승한 공덕으로도 천만억분 내지 숫자의 비유로는 능히 미치지 못할까? 이 경(經) 수지독송이 곧, 무위실상(無爲實相) 공덕세계이기 때문이다. 무위실상은 무엇이기에 사의(思議)할 수 없는 불가사의 공덕일까? 여래(如來)의 아뇩다라삼먁삼보리법과 일체제불(一切諸佛) 출현과 제불(諸佛) 일체법 그 자체가 곧, 무위실상이며, 삼라일체(森羅一切) 만물만상을 수용 섭수하고 그 공덕을 유출하기 때문이다.

須菩提 若善男子善女人 於後末世 有受持讀誦此
수보리 약선남자선여인 어후말세 유수지독송차

經 所得功德 我若具說者 或有人聞 心卽狂亂 狐
경 소득공덕 아약구설자 혹유인문 심즉광난 호

疑不信 須菩提 當知是經義 不可思議 果報亦不
의불신 수보리 당지시경의 불가사의 과보역불

可思議
가사의

수보리야, 만약 선남자 선여인이 이후 말세에 이 경을 받아 지니며, 읽고 외우므로 얻은 바의 공덕을 내가 만약 모두 설할 것 같으면, 혹시 사람이 있어 듣고는 마음이 곧 미쳐 혼란하여 날뛰며, 여우같이 의심하며 믿지 않을 것이다. 수보리야, 마땅히 알아라. 이 경의 뜻은 불가사의며, 과보 역시 또한, 불가사의하느니라.

● 이 말씀이 사실일까? 사실이다. 어떤 사량과 분별로도 이 경(經)의 수지독송(受持讀誦) 공덕을 헤아릴 수가 없다. 수지독송이 사상(四相) 없는 실상세계며, 아뇩다라삼먁삼보리 원융대각해(圓融大覺海)며, 무량공덕 제불공능(諸佛功能)의 불지혜(佛智慧)와 불가사의 무위본성(無爲本性) 공덕세계이기 때문이다.

● 이 경(經)의 뜻(義)과 실상을 몰라도, 깊은 수행신심(修行信心)으로 이 경(經)의 뜻(義)을 사유하며, 이 경(經)의 어느 한 부분이나 구절에 신심을 발(發)하여 귀의(歸依)하고, 그 뜻(義)을 능히 수용하고 섭수하며 관조(觀照)하고, 사유하여 행(行)하고, 경(經)을 읽으며 그 뜻(義)을 지혜로 실천하고, 자기 의식과 행위가 경(經)의 실천이 아니라 바로 경(經)이게 하면 곧, 자신이 금강반야바라밀경이 되는 것이다. 모든 경(經)이 마음과 행위를 벗어나 있지 않으니 마음이 경(經)이며, 행위가 경(經)이면 그 속에 여래(如來)의 깊은 뜻(義)과 불법(佛法)의 불가사의 무량 공덕세계를 심신으로 체달(體達)하여 깨달으며, 이 경(經) 수지독송(受持讀誦) 불가사의 법(法)의 공덕에 들게 된다.

보살이 중생구제에 상(相)이 없어야 하며, 여래(如來)는 상(相) 없어 아뇩다라삼먁삼보리를 성취하여 연등불(燃燈佛)에게 수기(授記)를 받았으며, 사상(四相) 없는 무아(無我)를 통달(通達)한 자(者)가 보살임을 설하심이다.

爾時 須菩提白佛言 世尊 善男子善女人 發阿耨
이 시　수 보 리 백 불 언　세 존　선 남 자 선 여 인　발 아 뇩

多羅三藐三菩提心 云何應住 云何降伏其心
다 라 삼 먁 삼 보 리 심　운 하 응 주　운 하 항 복 기 심

그때에 수보리가 부처님전에 사뢰어 말씀드리되, 세존이시여, 선남자 선여인이 아뇩다라삼먁삼보리심을 발하였으면, 어떻게 응당 머무르며, 어떻게 그 마음을 항복해야 하옵니까?

● 발아뇩다라삼먁삼보리심이 무엇이며, 아뇩다라삼먁삼보리심을 발(發)하였는데 왜, 그 마음 머무르는 법과 그 마음 항복 받는 법을 물을까?

● 아뇩다라삼먁삼보리심은 자기 본연(本然) 본심(本心)이다. 어떻게 하여 자기 본연 본심을 발하게 되는가? 사상심이 없으면 본래본연(本來本然) 자기 본심이 드러난다. 사상심에 가리어 본연 본심을 깨닫지 못해 미혹해 있다. 사상심이 끊어지면 자연히 상(相) 없는 본심이 드러난다. 이것이 깨달음이며, 무여열반이며, 발아뇩다라삼먁삼보리심이다. 무여열반은 생멸심이 없기 때문이다. 아뇩다라삼먁삼보리는 본심 원융각

성(圓融覺性)을 일컬음이다. 청정본성(淸淨本性)은 상(相) 없는 본심의 성품이다. 아뇩다라삼먁삼보리는 본심본각(本心本覺)이다. 본심(本心)과 본각(本覺)은 둘이 아니다. 본심은 상(相) 없고 생멸 없는 마음이며, 본각은 본심 성품이 밝게 깨어 있어 원융무애(圓融無碍) 걸림 없어 밝고 밝은 각(覺)의 성품이다. 상(相) 없는 성품이 무위(無爲)니, 무위(無爲) 체성(體性)이 본심이며, 무위(無爲) 각성(覺性)이 본각(本覺)다. 본심의 본성이 일체심(一切心)과 만유(萬有)의 본성이다. 본심과 본성이 자성(自性)이 없고, 상(相)이 없어 무위(無爲)이니 무위(無爲)가 곧, 무유정법(無有定法)이다. 무위(無爲)는 일체차별이 끊어진 무자성(無自性) 성품이다.

● 본심은 상(相)이 없고, 정(定)함이 없어, 본심 자체가 무위정(無爲定)이므로 생멸 없는 무여열반이다. 무여열반은 단지, 사상심이 없으므로 본래(本來) 무여열반 본심에 들 뿐이다. 이루어야 할 무여열반이 없다. 본심정(本心定) 무상청정성(無相淸淨性)이 곧, 무여열반이다. 아뇩다라삼먁삼보리 무상각(無相覺)을 또한, 얻거나 성취하는 깨달음이 아니다. 아뇩다라삼먁삼보리 무상각(無相覺)은 곧, 본심각성(本心覺性)이다. 아뇩다라삼먁삼보리 무상각(無相覺)은 또한, 단지 상심(相心)을 여의므로 본심 원융무애(圓融無碍) 청정각성(淸淨覺性)에 들게 된다. 무여열반은 본심 원융무애(圓融無碍) 청정무상정(淸淨無相定)이며, 무상정각(無上正覺) 아뇩다라삼먁삼보리는 본심 원융무애(圓融無碍) 청정무상각(淸淨無相覺)이다. 무여열반과 무상정각(無上正覺)은 곧, 본심 원융무애(圓融無碍) 성품 무상정(無相定)과 무상각(無相覺)이다. 본심이 곧, 마음이다. 사상심이 있으면 분별의식을 마음으로 알고 있으므로 생

329

멸 없는 본연심(本然心)을 생멸의식과 구분하여 본심이라 한다. 본심은 곧, 생멸심의 근본심(根本心)이다. 본심을 벗어나 생멸심이 따로 있는 것이 아니다. 생멸심을 여의면 바로 생멸 없는 본심이 드러난다. 본심 성품이 무여열반이며, 본심 각성(覺性)이 무상정각(無上正覺) 아뇩다라삼먁삼보리다.

● 중생을 본래본심(本來本心) 청정본성(淸淨本性)에 들게 하려고 상(相)과 사상심을 멸(滅)하고자 제상비상(諸相非相)과 제법실상(諸法實相)과 자성무아(自性無我)을 깨닫도록 한다. 상(相)의 실상을 깨달아 사상심이 멸(滅)하여 본연(本然) 청정무염(淸淨無染) 본심에 들게 한다. 파괴되지 않는 금강이 심(心)의 본성이다. 반야는 본심지혜다. 바라밀은 생멸 없는 심(心)의 성품이다. 금강반야바라밀은 심(心)의 본성 상(相) 없는 원융무애(圓融無碍) 청정지혜다. 이 경(經)은 본심 공덕과 상(相) 없는 본심을 행(行)하도록 가르침이다. 중생구제 또한, 무여열반 본심에 이르도록 이끎이다. 이것이 해탈이며, 성불(成佛)이며, 생사초월이며, 금강반야바라밀이다.

● 아뇩다라삼먁삼보리심을 발하였는데 왜, 그 마음 머무르는 법(法)과 그 마음 항복 받는 법(法)을 묻느냐면, 상(相) 없는 무위에 들어 상(相)이 없으니, 상(相) 없는 그 마음을 어떻게 행해야 하는가를 물으며, 상(相) 없는 무위에 들었으나 자증상(自證相)과 증득상(證得相)이 있거나, 무위상(無爲相)을 가지거나, 무상청정(無相淸淨)에 머무르거나, 미세업력(微細業力)이 있으면 그 마음을 어떻게 멸(滅)하는가를 물음이다.

● 경(經)에는 아뇩다라삼먁삼보리심으로 중생구제 보살행과 아뇩다라삼먁삼보리심 상(相) 없는 무상행(無相行)으로 상(相)에 머묾 없는 무량복덕을 설하신다.

佛告 須菩提 若善男子善女人 發阿耨多羅三藐三
불고 수보리 약선남자선여인 발아뇩다라삼먁삼

菩提心者 當生如是心我應滅度一切衆生
보리심자 당생여시심아응멸도일체중생

부처님께옵서 이르시되, 수보리야, 선남자 선여인이 아뇩
다라삼먁삼보리심을 발한 자는, 내가 응당 일체중생을 멸도
하리라. 당연히 이와 같은 마음을 내어야 하느니라.

● 아뇩다라삼먁삼보리심을 발(發)한 자(者)는 당연히 중생
구제 보살행에 듦은, 아뇩다라삼먁삼보리심을 발(發)하면 일
체가 불이(不二)의 동근(同根)이기 때문이며, 사상심(四相心)
이 끊어지므로 대승(大乘)의 지혜를 발(發)하기 때문이다.

● 아뇩다라삼먁삼보리심을 발(發)하여 상(相)이 없으면 나
와 남뿐만 아니라 의식과 관념, 사물(事物)의 일체상이 끊어진
다. 상(相)이 없으면 무상(無相)까지 끊어진다. 아상(我相)이
없으면 무아(無我)까지 끊어진다. 생멸상이 없으면 불생불멸
(不生不滅)까지 끊어진다. 유위(有爲)가 없으면 무위(無爲)까
지 끊어진다. 사상(四相)이 없으면 공(空)까지 끊어진다. 실체
없으면 실상까지 끊어진다. 중생 없으면 불(佛)까지 끊어진다.
생멸심 없으면 열반까지 끊어진다. 무명(無明)이 없으면 아뇩
다라삼먁삼보리까지 끊어진다. 심생(心生)이 없으면 심멸(心
滅)까지 끊어진다. 상심(相心)이 없으면 심생일체(心生一切)
제상(諸相)과 중생법(衆生法)과 불법(佛法)까지 끊어져 그 흔
적을 찾을 수가 없다. 취(取)할 것도 없고, 취(取)하지 않은 것
도 없고, 놓을 것도 없고, 놓은 것도 없고, 여읠 것도 없고, 여
읜 것도 없다. 속박이 없으면 해탈까지 끊어진다. 머묾이 없으

면 집착을 끊은 것까지 끊어진다. 물듦이 없으면 물듦 없는 깨끗한 청정(淸淨)까지 끊어진다. 구(求)할 것 없으면 성취한 것까지 끊어진다. 본심(本心)과 각(覺)은 참으로 불가사의다.

● 무엇이든 얻으려 하고 구하려는 것이 있으면 법상(法相)이며, 불법(佛法)이 아니다. 단지, 나 없고 무엇에도 머묾 없으면 진불(眞佛)이다. 나 있으면 생각을 쉰다고 되는 것이 아니다. 나 있으면 생각을 일으켜도 망(妄)이며, 생각을 쉬어도 망(妄)이다. 왜냐면, 나 있음이 상(相)이며, 망(妄)이기 때문이다. 나 있음이 의식이니, 깨닫고 보면 실체 없는 망식(妄識)이다. 사상심(四相心)에는 일으킴도 사상심이며, 쉼도 사상심이다. 나 없으면 일체중생법(一切衆生法)과 일체불법(一切佛法)이 끊어진다. 나는 일체중생법(一切衆生法)과 일체불법(一切佛法)을 건립하는 상념(想念) 본체(本體)이기 때문이다. 청정본심(淸淨本心)은 나도 없고, 업(業)과 사상업식(四相業識)도 없고, 일체상(一切相)과 일체불법(一切佛法)이 끊어졌다. 본심에는 구할 것도, 여읠 것도, 구할 자(者)도, 여읠 자(者)도, 구할 불법(佛法)도, 여읠 중생법(衆生法)도, 중생도, 부처도 끊어진 물듦 없는 원융무애(圓融無碍) 청정성품이다.

滅度一切衆生已 而無有一衆生實滅度者 何以故
멸 도 일 체 중 생 이 이 무 유 일 중 생 실 멸 도 자 하 이 고

須菩提 若菩薩 有我相人相衆生相壽者相 卽非菩
수 보 리 약 보 살 유 아 상 인 상 중 생 상 수 자 상 즉 비 보

薩 所以者何 須菩提 實無有法 發阿耨多羅三藐
살 소 이 자 하 수 보 리 실 무 유 법 발 아 뇩 다 라 삼 먁

三菩提心者
삼 보 리 심 자

일체중생을 멸도하여 마치어도, 한 중생도 실로 멸도한 자가 없느니라. 어떠한 연유이냐 하면은 수보리야, 만약 보살이 아상 인상 중생상 수자상이 있다면은, 곧 보살이 아니기 때문이니라. 어떠한 까닭인가 하면은 수보리야, 아뇩다라삼먁삼보리심을 발한 자는 실로 법이 없기 때문이니라.

● 일체중생을 멸도(滅度)하여도 한 중생도 실(實)로 멸도자(滅度者)가 없음은 중생이 본래 없기 때문이며, 중생이라는 상(相)이 없기 때문이며, 멸도행(滅度行)이 멸도상(滅度相)이 없기 때문이며, 멸도(滅度) 하였어도 멸도(滅度)한 실체가 없기 때문이다.

● 중생이 본래(本來) 없음은 중생이 청정불성(淸淨佛性)이기 때문이다. 중생이라는 상(相)이 없음은 중생이 실체가 없기 때문이다. 멸도행(滅度行)이 멸도상(滅度相)이 없음은 멸도(滅度)가 상(相)이 아니기 때문이다. 멸도(滅度) 하였어도 멸도(滅度)가 없음은 무여열반이 상(相)이 없기 때문이다. 무여열반이 상(相) 없고 무여열반에 든 실체 멸도자(滅度者)가 없다. 일체상이 실체가 없으며, 사상(四相)을 벗어났기 때문이다.

● 보살이 일체중생을 멸도(滅度)하였어도 멸도상(滅度相)이 없음은, 보살심 아뇩자라삼먁삼보리심은 상(相)이 없기 때문이며, 보살지혜 반야는 상(相)에 머묾이 없기 때문이다.

● 아뇩다라삼먁삼보리심을 발(發)한 자(者)는 실(實)로 법(法)이 없음은, 아뇩다라삼먁삼보리심이 상(相) 없는 무위청정심(無爲淸淨心) 청정각(淸淨覺)이기 때문이다.

須菩提 於意云何 如來 於燃燈佛所 有法得阿耨
수보리 어의운하 여래 어연등불소 유법득아뇩

多羅三藐三菩提不 不也世尊 如我解佛所說義 佛
다라삼먁삼보리부 불야세존 여아해불소설의 불

於燃燈佛所 無有法得阿耨多羅三藐三菩提 佛言
어연등불소 무유법득아뇩다라삼먁삼보리 불언

如是如是 須菩提 實無有法 如來得阿耨多羅三藐
여시여시 수보리 실무유법 여래득아뇩다라삼먁

三菩提
삼보리

　수보리야 어떻게 생각하느냐? 여래가 연등부처님 처소에
서 아뇩다라삼먁삼보리를 얻은 법이 있느냐? 아니옵니다.
세존이시여. 부처님께옵서 설하신 바의 뜻을 제가 아는 바
같아서는, 부처님께옵서는 연등부처님 처소에서 아뇩다라삼
먁삼보리를 얻은 법이 없사옵니다. 부처님께옵서 말씀하시
되, 그렇고 그러하니라. 수보리야, 실로 법이 있는 바가 없어
여래는 아뇩다라삼먁삼보리를 얻었느니라.

　● 아뇩다라삼먁삼보리는 법상(法相)이 없고, 유위법(有爲
法)이 아니므로 얻는 법(法)이 아니며, 구하는 법(法)이 아니
며, 성취하는 법(法)이 아니다. 아뇩다라삼먁삼보리를 얻었다
면 아뇩다라삼먁삼보리가 아니며, 구하였다면 아뇩다라삼먁
삼보리가 아니며, 성취하였다면 아뇩다라삼먁삼보리가 아니
다. 아뇩다라삼먁삼보리는 얻을 법(法)이 없고, 구할 법(法)이
없고, 성취할 법(法)이 없다. 아뇩다라삼먁삼보리는 마음 본
심이며, 생명 본성(本性)이니, 구하고, 얻고, 성취함이 상(相)

이며, 법상(法相)이다. 단지, 상심(相心)을 여의면 아뇩다라삼
먁삼보리 본심본각(本心本覺)이 드러난다. 상(相) 없음이 아
뇩다라삼먁삼보리니, 아뇩다라삼먁삼보리에는 일체상이 없는
본연(本然) 청정본각(淸淨本覺)이다. 본심(本心)은 일체의 근
본이다. 본성(本性)은 본심(本心)의 상(相) 없는 성품이다. 본
각(本覺)은 본심(本心)의 각성(覺性)이다. 본심(本心)은 상(相)
없고 생멸 없어 원융무애(圓融無碍)로 온 우주(宇宙)를 섭수
(攝受)하며, 방(方) 없고 상(相)에 걸림 없이 열려 있다. 마음
본성(本性)은 상(相) 없고 실체 없어 물듦 없는 청정진여(淸淨
眞如)다. 마음 본각(本覺)은 상(相) 없고 생멸 없이 원융무애
(圓融無碍)로 물듦 없어 걸림 없고, 방(方) 없이 청정각성(淸
淨覺性)이 두루 깨어있다. 본심(本心), 본성(本性), 본각(本覺)
이 곧, 일심(一心)이다. 일심(一心)은 만유법계(萬有法界) 성
품으로 만유법계(萬有法界)는 곧, 일심(一心)이다. 일심(一心)
은 만유법계(萬有法界)가 심(心) 하나 뿐이기에 일심(一心)이
라고 하며, 방(方)이 없이 원융하여 일심(一心)이라고 하며,
무한(無限)이므로 일심(一心)이라고 하며, 일체 만유(萬有) 법
계(法界)와 만물(萬物)이 이를 벗어나 있지 않으므로 일심(一
心)이라고 한다. 일심(一心) 즉, 청정진여(淸淨眞如) 실체다.

須菩提　若有法　如來　得阿耨多羅三藐三菩提者
수보리　약유법　여래　득아뇩다라삼먁삼보리자
燃燈佛　卽不與我授記　汝於來世　當得作佛　號釋
연등불　즉불여아수기　여어래세　당득작불　호석
迦牟尼　以實無有法　得阿耨多羅三藐三菩提　是故
가모니　이실무유법　득아뇩다라삼먁삼보리　시고

燃燈佛 與我授記作是言 汝於來世 當得作佛 號
연등불 여아수기작시언 여어래세 당득작불 호
釋迦牟尼
석 가 모 니

수보리야, 만약 법이 있어 여래가 아뇩다라삼먁삼보리를
얻은 것이라면은, 연등부처님께옵서는 너는 내세에 마땅히
부처를 이루어 호가 석가모니라고, 곧 나에게 수기를 주지
않으셨을 것이다. 아뇩다라삼먁삼보리를 얻은 법이 실로 없
어, 이러한 연유로 연등부처님께옵서 나에게 수기를 주시는
말씀을 이르시되, 너는 내세에 마땅히 부처를 이루어 호를
석가모니라 하리라고 하셨느니라.

● 아뇩다라삼먁삼보리 법(法)이 있어 그 법(法)을 얻어 아
뇩다라삼먁삼보리를 얻은 것이 아니다. 아뇩다라삼먁삼보리
를 얻음이 실(實)로 없음은 상(相) 없는 마음이 아뇩다라삼먁
삼보리며, 본연(本然) 본심(本心)이 곧, 아뇩다라삼먁삼보리
이기 때문이다. 그러므로 아뇩다라삼먁삼보리는 단지, 사상
심 없는 마음일 뿐, 아뇩다라삼먁삼보리를 얻는다거나, 구한
다거나, 법(法)이 있다거나, 성취한다고 하면 이는 망(妄)이며
환(幻)이며 미혹의 분별심이다. 마음이 곧, 아뇩다라삼먁삼보
리이니, 마음이 마음을 구하고 성취한다함이 망(妄)이며, 미
혹의 분별심이다. 그러나 사상심이 있으면 본심을 깨닫지 못
하니 단지 상심(相心)을 여의면 본연본심을 깨닫게 된다.
● 수기(授記)는 부처님께서 수행자(修行者)에게 미래세(未
來世)에 불(佛)을 성취할 인연사(因緣事)를 밝히는 것이다.

何以故 如來者 卽諸法如義 若有人言 如來 得阿
하이고 여래자 즉제법여의 약유인언 여래 득아

耨多羅三藐三菩提 須菩提 實無有法 佛得阿耨多
뇩다라삼먁삼보리 수보리 실무유법 불득아뇩다

羅三藐三菩提 須菩提 如來所得 阿耨多羅三藐三
라삼먁삼보리 수보리 여래소득 아뇩다라삼먁삼

菩提 於是中 無實無虛 是故 如來說一切法 皆是
보리 어시중 무실무허 시고 여래설일체법 개시

佛法 須菩提 所言一切法者 卽非一切法 是故名
불법 수보리 소언일체법자 즉비일체법 시고명

一切法
일체법

　어떠한 연유이냐 하면은, 여래라는 것은 즉, 모든 법이 차
별 없는 뜻이니, 만약 사람들이 있어 말하기를, 여래는 아뇩
다라삼먁삼보리를 얻었다고 하여도 수보리야, 불이 성취한
아뇩다라삼먁삼보리는 실로 법이 없느니라. 수보리야, 여래
가 성취한 바 아뇩다라삼먁삼보리 이 중에는 실도 없고 허도
없느니라. 이러한 까닭으로 여래가 설한 일체법은 다 이 불
법이니라. 수보리야, 말한 바 일체법이라는 것은 즉, 일체법
이 아니니, 이러한 연고로 이름함이 일체법이라 하느니라.

　♣ 如來者 卽諸法如義(여래자 즉제법여의) 여래라는 것은
즉, 제법(諸法) 여(如)의 뜻(義)이다.
　● 여(如)가 곧, 각(覺)이다. 여(如)는 동(動)함 없고, 원융
하여 일체차별에 물듦 없고, 상(相) 없어 일체상에 걸림이 없
어 여여(如如)함으로 여(如)라고 한다. 여(如)는 곧, 진여(眞
如)며, 본심본각(本心本覺)이다. 래(來)는 곧, 여(如)의 능행

(能行)이니, 본심본각(本心本覺)의 상(相) 없고, 물듦 없는 부사의사(不思議事)다. 진여(眞如)의 성품은 상(相) 없고 동(動)함 없으나 그 작용이 부사의하여 일체만상을 두루비추고 수용섭수하며, 부사의 능행(能行) 공덕을 행하니 래(來)라고 한다. 본심, 본성, 본각의 원융무애 일체 부사의사(不思議事)가 곧, 여래(如來)의 부사의 공덕(功德) 능행(能行)이며 작용이다.

● 여(如)라는 말에 법상(法相)을 일으켜 지혜가 반야(般若)의 밝음으로 나아가지 못하고, 청정법상(淸淨法相) 경계에서 그것이 각(覺)이며, 공(空)이며, 여(如)며, 청정(淸淨)으로 사견(邪見)을 벗어나지 못하는 자(者)도 있다. 여(如)는 차별(差別)도, 같음(如)도, 차별 있음도 차별 없음도 없다. 차별(差別)도 상(相)이며, 차별 없음도, 상(相)이다. 차별과 차별 없음과, 상(相)과 무상(無相)과, 공(空)과 여(如) 모두를 벗어나야 각(覺) 여(如)를 알게 된다.

● 중생은 사상심으로 유무(有無)의 상(相)에 묶이고, 깨달음의 법상(法相)을 가진 자(者)는 공(空)과 여(如)에 묶여 있다. 각성(覺性)이 밝으면 여(如)는 같음이 아니라 일체차별상과 공(空), 여(如)까지 없어 일체불법(一切佛法)까지 벗어버린 원융무애(圓融無碍) 물듦 없는 심(心)이며, 각(覺)임을 깨닫게 된다. 여(如)를 깨닫게 되면 온 우주 만물만상(萬物萬相)이 자성(自性) 없는 일여(一如)임을 깨달으면 이것이 곧, 진여일심(眞如一心)임을 깨닫게 된다. 각성(覺性)이 밝지 못하여 법상(法相)이 일어나면 일체차별을 벗어난 공(空)과 여(如)가 있거나, 법(法)으로 잘못 헤아릴 수도 있다. 유무(有無)도 망(妄)이며, 유무(有無) 없는 일체차별 없는 여(如)도 또한 망(妄)이다. 심(心)을 바로 깨달으면 유무(有無)도, 공

(空)도, 여(如)도 일체불법(一切佛法)도 바로 벗어나게 된다. 여(如) 즉, 심(心)에는 본심도 없고, 현재심도 없다. 본심도 현재심도 없는 그 자체가 바로 여(如)며, 각(覺)이다. 각(覺), 심(心)은 일체상과 제불제각(諸佛諸覺)과 일체불법(一切佛法)도 없고, 무엇에도 물듦 없어 일러 여(如)라고 한다. 여(如)는 무엇에도 걸림 없는 청정독존(淸淨獨尊)이며, 무상존(無上尊)이며, 무유정(無有定) 원융무애각(圓融無碍覺)이다. 차별에 머물거나 차별 없음에 머물어도 미혹의 차별을 벗지 못함이니 여(如)가 아니다. 여(如)는 일체를 벗어난 무상각(無上覺) 아뇩다라삼먁삼보리다.

여래(如來)는 일체(一切)에 물듦 없고 상(相) 없어 원융무애(圓融無碍)를 드러내어 여(如)라고 하였으나, 여래(如來)의 뜻(義)을 등지고 여(如)라는 말에 법상(法相)을 가져 지혜(智慧)의 눈이 멀고, 여(如)라는 말에 공(空)과 무위(無爲)와 무상(無相)과 반야(般若)를 법(法)으로 알아 얻고자, 헤아릴 수 없는 사람들이 환(幻)에 매달리거나, 스스로 미혹과 잘못으로 눈이 먼 사람이 과거와 현재뿐 아니라, 미래 또한, 그 수(數)를 헤아리지 못할 것이다. 단지, 분별이 끊어지면 무유정법(無有定法)이 바로 공(空)의 실(實)이며, 무위(無爲)의 실(實)이며, 무상(無相)의 실(實)이며, 반야(般若)의 실(實)이며, 차별도 같음도 없는 각(覺)의 실(實) 여(如)가 드러난다. 여(如)는 곧 진여(眞如)의 체(體)며 실(實)이다. 여(如)에는 상(相)과 무상(無相)도 없고, 아(我)와 무아(無我)도 없고, 불각(不覺)과 각(覺)도 없고, 불여(不如)와 여(如)도 없고, 허(虛)와 실(實)도 없고, 중생과 불(佛)도 없고, 높고 낮음도 없고, 차별과 평등도 없고, 무엇에도 걸림 없고 물듦 없는 원융이며, 불변이므로 여(如)라고 한다. 여(如) 즉, 심인(心印)이며 불인(佛印)이다.

● 여(如)는 불법(佛法)의 실(實)이며, 실체며, 아뇩다라삼
먁삼보리다. 여(如)가 곧, 불(佛)이며, 불(佛) 지혜를 얻는 일
체불법(一切佛法)의 체성(體性)이다. 여(如)를 왜곡하는 계기
는 불법(佛法)의 법상(法相)을 가짐과, 심(心)과 제상(諸相)
을 둘로 봄과, 제법공일여(諸法空一如)의 법상(法相)때문이
다. 여(如)에는 심(心)과 제상(諸相)이 둘이 아니다. 심(心)과
제상(諸相)을 둘로 보므로 여(如)를 구할 내가 있고, 내가 얻
어야 할 여(如)가 있는 것으로 법상(法相)을 가지게 된다. 여
(如)를 얻어야 할 내가 있고, 내가 얻어야 할 여(如)가 있으면
그것이 나 있음이며, 법상(法相)이 있음이다. 불법상(佛法相)
과 일체상(一切相)이 나를 벗어나 따로 있는 것이 아니다. 나
의 분별이 법상(法相)이며, 나의 분별이 일체상(一切相)이다.
제법공일여(諸法空一如)의 실공(實空)에는 상(相)과 가(假)와
공(空)이 없다. 제법공일여(諸法空一如)도 법상(法相)이며 환
(幻)이니 벗어야 한다. 그러므로 아뇩다라삼먁삼보리는 일체
불법(一切佛法)을 벗어난다. 아뇩다라삼먁삼보리에 들면 아
뇩다라삼먁삼보리도 없다. 그러므로 아뇩다라삼먁삼보리에
들게 된다. 내가 없으면 불법상(佛法相)과 일체상(一切相)이
끊어진 여(如)이다. 여래자 즉제법여의(如來者 卽諸法如義)
는 일체분별(一切分別)이 끊어진 각(覺)이다. 마음은 본심본
각(本心本覺)도, 현재심(現在心)도, 아뇩다라삼먁삼보리도 없
다. 이것이 본심(本心)이며, 여(如)며, 아뇩다라삼먁삼보리다.
여(如)는 차별과 같음도 없고, 색(色)과 공(空)도 없고, 주(住)
와 무주(無住)도 없고, 동(動)과 부동(不動)도 없고, 아(我)와
심(心)도 없고, 불각(不覺)과 각(覺)도 없고, 무명(無明)과 명

(明)도 없고, 중생(衆生)과 불(佛)도 없어 여(如)다. 만약, 색(色)과 공(空), 아(我)와 심(心), 불각(不覺)과 각(覺), 무명(無明)과 명(明), 중생(衆生)과 불(佛)이 있으면 여(如)가 아니다. 여(如)는 실(實) 없는 실(實)이며, 각(覺) 없는 각(覺)이다. 상(相) 없고, 아(我) 없어 차별과 같음을 벗어났고, 벗어난 것도 또한 없는 여(如)다. 이는 제불제각(諸佛諸覺)을 초탈(超脫)한 부사의 실(實)이다. 곧, 여(如)다.

♣ 若有人言 如來 得阿耨多羅三藐三菩提 須菩提 實無有法 佛得阿耨多羅三藐三菩提(약유인언 여래 득아뇩다라삼먁삼보리 수보리 실무유법 불득아뇩다라삼먁삼보리) 만약 사람들이 있어 말하기를, 여래는 아뇩다라삼먁삼보리를 얻었다고 하여도 수보리야, 불이 성취한 아뇩다라삼먁삼보리는 실로 법이 없느니라.

● 아뇩다라삼먁삼보리는 아뇩다라삼먁삼보리의 실체가 없으며, 아뇩다라삼먁삼보리를 일컬을 법(法)이 없다. 무엇이라 일컬을 실체와 법(法)이 없어 아뇩다라삼먁삼보리다. 무상정등정각(無上正等正覺)을 초월해 무상정등정각의 상(相)이 없고, 무상정등정각에 물듦이 없으므로 아뇩다라삼먁삼보리다. 아뇩다라삼먁삼보리에는 나 없고, 헤아리는 마음 없고, 상(相) 없고, 실체 없어 아뇩다라삼먁삼보리다. 일컬을 실체와, 법(法)과, 마음과, 깨달음이 있으면 아뇩다라삼먁삼보리가 아니다. 왜냐면, 상(相) 없고, 실체 없고, 법(法) 없고, 마음 없어 아뇩다라삼먁삼보리다. 아뇩다라삼먁삼보리가 본심(本心)이며, 본각(本覺)이며, 여(如)며, 불(佛)이다. 곧, 일체에 물듦 없고, 따를 것 무엇 없어 홀로 청정(淸淨) 여여(如如)하여 독존(獨尊)이며, 무상존(無上尊)이며, 일체 차별을 벗어났으므

로 절대(絶對) 유일(唯一)이며, 일여(一如)다. 일체(一切) 차별과 분별을 완전히 벗었으므로 여(如)라 한다. 즉, 여각(如覺)이다. 여각(如覺)은 각(覺)과 같음이 아니라 여여(如如)의 각(覺)을 일컬음이니 여(如)는 불이(不二)며 원융(圓融)이며, 각(覺)은 밝게 깨어있는 각성(覺性)이다. 이는 여(如)가 각(覺)이며, 각(覺)이 여(如)다. 여(如)는 물듦 없는 청정불변(清淨不變)의 진여(眞如)며, 각(覺)은 원융명각(圓融明覺)이다. 이는 사유(思惟)를 벗어난 부사의 명각(明覺)을 일컬음이니 곧, 심(心)이다.

♣ 須菩提 如來所得 阿耨多羅三藐三菩提 於是中 無實無虛 (수보리 여래소득 아뇩다라삼먁삼보리 어시중 무실무허) 수보리야, 여래가 성취한바 아뇩다라삼먁삼보리 이 중에는 실도 없고 허도 없느니라.

● 아뇩다라삼먁삼보리 중에는 실(實)도 없고, 허(虛)도 없다 하심은, 아뇩다라삼먁삼보리가 실(實)이 없음은 상(相)이 없기 때문이며, 허(虛)가 없음은 아뇩다라삼먁삼보리가 아무것도 없는 허무(虛無)나 단멸(斷滅)이 아니기 때문이다. 아뇩다라삼먁삼보리 그 자체가 상(相) 없는 청정무상각(清淨無相覺) 즉, 심(心)이다. 사상심으로는 심(心)을 알 수가 없다. 일컫고 이름 할 수 없으나, 인연따라 수용하여 응(應)함이 있어 심(心)이라고도 하며, 일체의 근본이므로 성(性)이라고도 하며, 사상심이 없어 불(佛)이라고도 하며, 밝게 깨어 있으니 각(覺)이라고도 하며, 어둡지 않고 밝고 밝으니 명(明)이라고도 하며, 일체 차별이 없어 불이(不二)라고도 하며, 걸리고 맑힘이 없어 원융(圓融)이라고도 하며, 무엇에도 장애됨이 없어 무애(無碍)라고도 하며, 무엇에도 물듦이 없어 무염(無染)

이라고도 하며, 모양 없고 체성(體性)이 없으니 무상(無相)이
라고도 하며, 일체법의 성품이므로 법성(法性)이라고도 하며,
인연을 따라 흐르니 도(道)라고도 하며, 두루 밝아 걸림이 없
으니 원각(圓覺)이라고도 하며, 섭리를 따라 흐르고 만상(萬
相)을 드러내니 진리(眞理)라고도 하며, 그 모습 신령하고 무
엇에도 물듦 없어 생멸 없이 청정하니 진여(眞如)라고도 하
며, 무엇이라 이름할 바 없어 무명(無名)이라고도 한다.

♣ 是故 如來說一切法 皆是佛法 須菩提 所言一切法者 卽非
一切法 是故名一切法(시고 여래설일체법 개시불법 수보리 소
언일체법자 즉비일체법 시고명일체법) 이러한 까닭으로 여래
가 설한 일체법은 다 이 불법이니라. 수보리야, 말한 바 일체
법이라는 것은 즉, 일체법이 아니니, 이러한 연고로 이름함이
일체법이라 하느니라.

● 여래(如來)께서 설하신 일체법은 실(實) 없고, 상(相) 없
고, 법(法)이 없어 일컫고 이름할 것이 없다. 이러한 까닭으로
일체불법(一切佛法)이 무유정법(無有定法)이다. 일체불법(一
切佛法)이 무유정법(無有定法)이니 일체법이라 이름하나 그
실체가 없다. 불법(佛法)이 일체상(一切相)을 벗어나 따로 있
는 것이 아니다. 일체상이 불법(佛法)이니, 불법(佛法)은 일체
상의 실상과 본성인 제상비상(諸相非相)과 제법실상(諸法實
相)을 밝혀 본심 청정각력(淸淨覺力)으로 제법실상(諸法實相)
에 들게 한다. 불법(佛法)의 실상이 일체상의 실상이며, 불법
(佛法)의 본성이 일체상의 본성이다. 심(心)과 일체상과 불법
(佛法)이 둘이 아니니, 심(心)의 본성이 일체상과 불법(佛法)
의 본성이다. 깨닫고 보면 일체불법(一切佛法)과 일체상이 심
(心) 하나로 귀결된다. 그것은 일체불법(一切佛法)과 일체상

이 심(心)의 본성 작용이기 때문이다.

須菩提 譬如人身長大 須菩提言 世尊 如來說 人
수보리 비여인신장대 수보리언 세존 여래설 인
身長大 卽爲非大身 是名大身
신장대 즉위비대신 시명대신

수보리야, 비유하여 사람의 몸이 장대함과 같으니라. 수보
리가 말씀드리되, 세존이시여, 여래께옵서 설하신 사람의 몸
이 장대하다고 하심은 즉, 큰 몸이 아니오니, 이를 이름함이
큰 몸이옵니다.

● 이 구절은 불법(佛法)이 실체 없음을, 여래(如來)께서 실
체 없는 비유의 큰 몸을 드러내시니, 수보리존자가 여래(如
來)의 뜻을 알아 대답함이다.
● 비유하여 사람의 몸이 수미산왕과 같은 사람이 있다면
참으로 큰 몸이지만, 실체 없는 것을 비유한 것이니 큰 몸이
란 이름은 있으나 그 실체가 없다. 여래(如來)께옵서 설하신
법(法) 또한 이와 다를 바 없어, 말과 이름은 있으나 그 실체
가 없다. 왜냐면, 상(相) 없고 실체 없는 법(法)을 설하셨기 때
문이다. 이는 일체만유(一切萬有)가 사실(事實) 실제(實際)로
상(相)과 실체가 없어 그 실상(實相)을 여래(如來)께서 드러내
시기 때문이다. 그러므로 여래(如來)의 불지혜(佛智慧)로 설
하시는 일체는 이름과 말을 있으나 그 실체가 없다. 사상심이
있으면 상심(相心)의 분별을 벗지 못해, 상(相) 없는 실상을
드러내는 여래(如來)의 말씀에, 이름과 말을 따라 분별심 법
상(法相)을 일으킨다. 상(相) 없는 실상설(實相說)에 상심(相

心)의 분별은, 불법(佛法)의 법상(法相)을 가지게 된다. 불법 (佛法)의 법상(法相)은 사상심을 인위적으로 다스리는 조도법 의 도움은 될 수 있어도, 법상(法相)의 분별 또한 사상심이므 로 상심(相心)을 멸(滅)할 수가 없다. 불법(佛法)의 실상을 깨 달으면 일체불법(一切佛法)이 상(相) 없음을 깨닫게 된다.

● 비유의 인신장대(人身張大)는 이름과 말은 있으나, 그 실체가 없음을 드러냄이니, 이는 불법(佛法)이 이름과 말은 있으나, 그 실체가 없음을 깨우치게 함이다.

須菩提 菩薩亦如是 若作是言 我當滅度無量衆生
수보리 보살역여시 약작시언 아당멸도무량중생
卽不名菩薩 何以故 須菩提 實無有法 名爲菩薩
즉불명보살 하이고 수보리 실무유법 명위보살
是故 佛說一切法 無我 無人 無衆生 無壽者
시고 불설일체법 무아 무인 무중생 무수자

수보리야, 보살이 또 이와 같이 만약 이러한 말을 하되, 내 가 마땅히 무량중생을 멸도하였다고 하면은, 곧 보살이라 이 름할 수 없느니라. 어떠한 연유이냐 하면은 수보리야, 실로 법이 없어, 이름함이 보살이라 하느니라. 이러하기 때문에 불이 설한 일체법은, 무아 무인 무중생 무수자이니라.

● 보살(菩薩)은 아뇩다라삼먁삼보리심을 발(發)한 반야(般 若)의 혜안(慧眼)을 가진 무상지혜자(無相智慧者)다.

● 보살심(菩薩心)은 아뇩다라삼먁삼보리심이니 아뇩다라 삼먁삼보리심은 무아청정무상심(無我淸淨無相心)이다. 만약, 보살이 중생을 멸도(滅度)하였다 하면, 아상(我相)과 멸도상

(滅度相)을 가짐이다. 무아무상심(無我無相心)이 보살심이니 중생을 멸도(滅度)하였다 하면, 이는 곧, 사상심과 법상(法相)인 멸도상(滅度相)을 가짐이다.

● 실(實)로 법(法) 없는 그 자체가 아뇩다라삼먁삼보리심이다. 아뇩다라삼먁삼보리심은 보살지혜며, 아뇩다라삼먁삼보리심을 발(發)하여 보살이다. 불설(佛說) 일체법이 무아, 무인, 무중생, 무수자다. 여래(如來)의 불지혜(佛智慧)는 일체가 상(相)이 없다. 여래(如來)의 상(相) 없는 일체설(一切說)을 중생들은 상심(相心)으로 분별하여 불법(佛法)의 법상(法相)을 가짐으로 불법(佛法)을 얻고, 구해야 할 소득(所得)의 상법(相法)으로 수용하게 된다. 여래(如來)께서는 상(相)을 말씀해도 그것이 상(相)이 아니며, 무상(無相)을 말씀해도 상(相)과 차별 없는 말씀이다. 왜냐면, 여래지혜(如來智慧)는 본성본각(本性本覺) 원융무애청정지(圓融無碍淸淨智)이므로 상(相)과 무상(無相)을 벗어났기 때문이다. 상(相)과 일체차별을 말씀하셔도 그것이 상(相)과 무위(無爲)와 차별이 없으며, 어떤 말씀을 하셔도 불(佛)이 설(說)한 일체법은 상(相)을 벗어나 사상(四相) 없는 무아, 무인, 무중생, 무수자다.

● 아(我), 인(人), 중생(衆生), 수자(壽者)의 사법(四法), 사견(四見), 사상(四相), 사심(四心)은 상법(相法) 중생계(衆生界)다.

● 사법(四法)의 아(我)는 나다. 이것이다. 아(我)가 있으므로 인(人)이 일어난다. 인(人)은 타(他)다. 이것이 아닌 저것이다. 인(人)은 각각 다르며, 차별(差別)이 있으며, 같지 않음이다. 인(人)이 있으므로 중생(衆生)이 일어난다. 중생(衆生)은 머묾(住)과 욕심(欲心)과 집착(執着)과 탐(貪)이다. 중생(衆生)

이 있으므로 수자(壽者)가 일어난다. 수자(壽者)는 생멸(生滅)과 생사(生死)와 변화(變化)다.

● 사견(四見)의 아견(我見)은 내가 있다는 견해(見解)다. 이것이 있다는 견해(見解)다. 아견(我見)이 있으므로 인견(人見)이 일어난다. 인견(人見)은 타(他)가 있다는 견해다. 이것이 아닌 저것이 있다는 견해다. 각각 다르며 차별이 있으며 같지 않다는 견해다. 인견(人見)이 있으므로 중생견(衆生見)이 일어난다. 중생견(衆生見)은 머묾과 욕심과 집착과 탐(貪)의 견해다. 중생견(衆生見)이 있으므로 수자견(壽者見)이 일어난다. 수자견(壽者見)은 생멸(生滅)과 생사(生死)와 변화(變化)한다는 견해(見解)다.

● 사상(四相)인 아상(我相)은 내가 있음을 보는 상(相)이다. 이것이 있음을 보는 상(相)이다. 아상(我相)이 있으므로 인상(人相)이 일어난다. 인상(人相)은 타(他)가 있다는 상(相)이다. 이것이 아닌 저것이 있다는 상(相)이다. 각각 다르며, 차별이 있으며, 같지 않다는 상(相)이다. 인상(人相)이 있으므로 중생상(衆生相)이 일어난다. 중생상(衆生相)은 머묾과 욕심과 집착과 탐(貪)의 상(相)이다. 중생상(衆生相)이 있으므로 수자상(壽者相)이 일어난다. 수자상(壽者相)은 생멸변화를 보는 상(相)이다.

● 사심(四心) 아심(我心)은 내가 있는 마음을 씀이다. 이것이 있다는 마음을 씀이다. 아심(我心)이 있으므로 인심(人心)이 일어난다. 인심(人心)은 타(他)가 있다는 마음을 씀이다. 이것이 아닌 저것이 있다는 마음을 씀이다. 각각 다름을 인지하는 차별심을 가짐이다. 인심(人心)이 있으므로 중생심(衆生心)이 일어난다. 중생심(衆生心)은 머묾과 욕심과 집착과 탐

(貪)과 좋아하고 싫어하는 마음을 씀이다. 중생심(衆生心)이 있으므로 수자심(壽者心)이 일어난다. 수자심(壽者心)은 생멸심과 변화의 마음을 씀이다. 오래 살기를 원하며, 재앙이 빨리 지나가기를 원하며, 행복이 영원하기를 원하며, 좋은 것은 지속하기를 바라며, 싫은 것은 빨리 지나가기를 원하는 것으로 시간과 세월, 생멸변화와 관계된 마음이다.

● 아(我)는 나며, 이것이다. 인(人)은 아(我)와 다른 구별과 차별이다. 중생(衆生)은 집착이다. 수자(壽者)는 상(常)과 무상(無常)과 생멸상(生滅相) 작용과 변화 등이다.

● 실상(實相)을 모르므로 상(相)에 집착하는 미혹중생 사상심(四相心)을 벗어나 깨달음의 지혜를 얻으므로 생(生)하게 되는 지증사상(智證四相)인 깨달음의 상(相)이 있다. 이 지증사상(智證四相) 또한 여의어야 할 상(相)이며, 깨달음이 완전에 이르지 못한 또 다른 무명상(無明相)이며, 벗어나야 할 법상(法相)이다. 원각경(圓覺經) 정제업장보살장(淨諸業障菩薩章)에 지증사상(智證四相)에 대한 말씀이 있다.

● 아상(我相)인 심소증자(心所證者)는 깨달음을 얻음이 있는 각득상(覺得相)이다. 인상(人相)인 심오증자(心悟證者)는 아상(我相)인 각득상(覺得相)은 없으나, 깨달았다는 마음이 있는 증각상(證覺相)이다. 중생상(衆生相)인 심자증오 소불급자(心自證悟 所不及者)는 인상(人相)인 증각상(證覺相)은 없으나, 깨달음에 머묾이 있는 각주상(覺住相)이다. 수자상(壽者相)인 심조청정 각소요자(心照淸淨 覺所了者)는 중생상(衆生相)인 각주상(覺住相)은 없으나, 깨달음을 요(了)했다는 마음이 있는 각요상(覺了相)이다.

● 지증사법(智證四法)인 아(我)는 각득(覺得)이다. 인(人)

은 각증(覺證)이다. 중생(衆生)은 각주(覺住)다. 수자(壽者)는 각요(覺了)다.

● 지증사견(智證四見)인 아견(我見)은 각득견(覺得見)이다. 인견(人見)은 각증견(覺證見)이다. 중생견(衆生見)은 각주견(覺住見)이다. 수자견(壽者見)은 각요견(覺了見)이다.

● 지증사상(智證四相)인 아상(我相)은 각득상(覺得相)이다. 인상(人相)은 각증상(覺證相)이다. 중생상(衆生相)은 각주상(覺住相)이다. 수자상(壽者相)은 각요상(覺了相)이다.

● 지증사심(智證四心)은 아심(我心)은 각득심(覺得心)이다. 인심(人心)은 각증심(覺證心)다. 중생심(衆生心)은 각주심(覺住心)이다. 수자심(壽者心)은 각요심(覺了心)이다.

● 각(覺)에는 지증사상(智證四相) 아상(我相)인 각(覺)을 얻음이 없다. 각(覺)은 본연(本然)의 성품이니, 각(覺)에 들어도 얻음이 아니다. 각(覺) 또한 상(相) 아니니, 각(覺)에 들어도 각(覺) 또한 상(相)이 없다. 각(覺)을 얻음이 있어도 미혹(迷惑)의 분별 상심(相心)이다. 각(覺)을 얻음이 있어도 분별의 법상(法相)이며, 상(相)이며, 미혹(迷惑)이며, 망(妄)이다. 각(覺)을 얻음의 상(相)을 가짐은, 미혹(迷惑) 사상심(四相心)에서 상(相)을 여의어 각(覺)을 발(發)하니, 각(覺)을 얻었다는 미혹(迷惑)인 증득상(證得相)을 가지게 된다. 이 각(覺)의 증득상(證得相)은 상(相)의 사상심(四相心)을 벗으므로 반응(反應)하여 일어나는, 무명(無明) 사상심(四相心)을 바탕한 상심(相心)이다.

● 각(覺)에는 지증사상(智證四相) 인상(人相)인 각(覺)을 증득하여 얻은 자(者)가 없다. 각(覺)이 상(相)이 아니며, 깨달음이 상(相)이 없으며, 깨달은 자(者) 또한 의식(意識)이니 깨달음과 함께 사라진다. 자아(自我)가 없으니 각(覺)을 증득

(證得)한 증득상(證得相)을 가질 수가 없다. 각(覺)이 상(相) 아니며, 일체상(一切相) 없음이 각(覺)이다. 각(覺)에 듦으로 아상(我相)과 사상심이 흔적 없이 소멸하여, 각(覺)이 상(相)이 아니니 각(覺)도 없고, 각(覺)에 든 자(者)도 없고, 각(覺)을 얻은 자(者)도 없어 일체가 원융무애 청정이다. 증득상(證得相)을 가질 자(者)가 없고, 각(覺)이 상(相)이 없어, 증득(證得) 그 자체도 없다. 깨달음에는 깨달음을 얻은 내가 없다. 깨달음 그 자체가 나 없음을 깨달음이며, 각(覺)이 상(相) 없음을 깨달음이다. 나의 존재와 상(相)과 일체 개념과 자아의식은 깨달음과 함께 흔적 없이 소멸한다. 왜냐면, 나의 존재와 상(相)과 일체 개념과 자아관념은 사상심 미혹의 상(相)이니, 깨달음의 각(覺)에 의해 자타(自他)와 차별만물(差別萬物) 일체상심(一切相心)이 소멸한다. 그러므로 나의 존재뿐 아니라, 일체상이 끊어진다. 깨달음이란 나의 일체(一切)와, 상(相)의 일체(一切)와, 불법(佛法)의 일체(一切)가, 자아(自我)와 상심(相心)의 소멸로 일체상이 사라져, 흔적없이 끊어져 원융무애 청정진여 본성이 드러난다. 깨달음에 내 존재와 자아의식이 흔적이 없는데 깨달음의 증득상이 있다는 것은 아직 완전한 깨달음이 아니다. 깨달음은 사상심과 나의 존재와 자타일체상(自他一切相)이 소멸하므로, 원융무애(圓融無碍) 청정자성(淸淨自性)에 들게 된다. 이것이 원융각(圓融覺)이다.

● 각(覺)에는, 지증사상(智證四相) 중생상(衆生相)인 무위각성(無爲覺性)에 머묾인, 각(覺)에 주(住)할 수 없음은, 각(覺)은 상(相)이 아니니, 각(覺)은 머무를 각(覺)과 머무를 상(相)이 없다. 각(覺)에 든다고 말은 하나, 이는 미혹(迷惑) 상심자(相心者)의 이해를 돕기 위한 상심(相心)에 즉한 말이다.

각(覺)이 상(相)과 실체가 없으므로 머물 각(覺)이 없고, 머무를 상(相)이 없다. 머무를 상(相)과 머무를 자(者)가 없어 각(覺)이다. 각(覺)에 들면 머무를 각(覺)도 머무를 자(者)도 없다. 각(覺)에 머무를 자(者)가 있거나, 머무를 각(覺)이 있으면, 아직 망(妄)의 상(相)을 벗지 못했으며, 각(覺)에 들지 못했다. 이는 미혹(迷惑)의 분별, 나 있음의 상심(相心)이다.

● 각(覺)에는 지증사상(智證四相) 수자상(壽者相)인 각(覺)을 유지(維持)하거나, 보존(保存)하거나, 지키거나(守), 요(了)하거나, 각요청정(覺了淸淨)이나, 청정부동(淸淨不動)이나, 이 또한 나 있음의 분별인 망(妄)이며, 환(幻)이다. 각(覺)은 상(相) 없는 청정(淸淨)도 상(相)이며, 망(妄)이며 환(幻)이다. 각(覺)의 상념(想念)을 가지면 각(覺)의 법상(法相)을 가짐이니, 이는 나 있음의 분별 상심(相心)이다. 각(覺)의 청정상(淸淨相)이 없으니, 각(覺)의 각상(覺相)과 자증청정각(自證淸淨覺)과 증각아(證覺我)를 여의므로 환(幻)과 망(妄)의 미혹을 벗게 된다.

● 무명사상심(無明四相心)과 지증사상심(智證四相心)을 벗어나야 완전한 청정본성(淸淨本性) 본연본심(本然本心)에 이르게 된다.

須菩提 若菩薩作是言 我當莊嚴佛土 是不名菩薩
수보리 약보살작시언 아당장엄불토 시불명보살

何以故 如來說 莊嚴佛土者 卽非莊嚴 是名莊嚴
하이고 여래설 장엄불토자 즉비장엄 시명장엄

須菩提 若菩薩 通達無我法者 如來說名 眞是菩
수보리 약보살 통달무아법자 여래설명 진시보

薩
살

수보리야, 만약 보살이 이런 말을 하되, 내가 마땅히 불토를 장엄한다고 하면, 이는 보살이라고 이름 할 수 없느니라. 어떠한 연유이냐 하면, 여래가 설한 불토를 장엄하는 것은 즉, 장엄이 아니니, 이를 이름함이 장엄이라고 하느니라. 수보리야, 만약 보살이 법의 무아를 통달한 자이면, 여래가 설하여 이름함이 이를 참다운 보살이라 하느니라.

● 불토(佛土)는 무엇이며? 불토장엄(佛土莊嚴)은 무엇일까?

● 상(相) 없는 마음이 불토(佛土)며, 미혹 없는 각(覺)이 불토(佛土)다. 불토(佛土)는 상(相)이 없어 무염청정(無染淸淨)이며, 미혹 없어 각명원융(覺明圓融)이다. 청정각명(淸淨覺明)은 상(相)이 없고 원융하여, 만법만상(萬法萬相)과 본성을 섭수하고, 제불(諸佛) 무량공덕을 유출한다. 불토장엄은 상(相) 없는 본성(本性) 무위행(無爲行)이니, 장엄상(莊嚴相)이 없는 각성행(覺性行)이며 반야행(般若行)이다.

● 불토장엄은 장엄(莊嚴)의 상(相) 없으니 장엄(莊嚴)이 아니며, 상(相) 없는 각성(覺性)과 반야(般若) 일체공덕행(一切功德行)을 이름하여 불토장엄이라 한다. 즉, 일체상을 벗어난 아뇩다라삼먁삼보리행이다.

♣ 若菩薩 通達無我法者 如來說名 眞是菩薩(약보살 통달무아법자 여래설명 진시보살) 만약 보살이 법의 무아를 통달한 자이면, 여래가 설하여 이름함이 이를 참다운 보살이라 하느니라.

● 무엇이 무아(無我)를 통달(通達)함인가? 나 없음을 깨달음이 무아(無我) 통달이며, 일체상이 실체 없음을 깨달음이 무아(無我) 통달이며, 사상심이 없어 청정본심을 깨달음이 무

究竟無我分 第十七(구경무아분 제십칠)

아(無我) 통달이며, 아뇩다라삼먁삼보리심을 발(發)하여 깨달음이 무아(無我) 통달이며, 제법(諸法) 본성(本性)을 깨달음이 무아(無我) 통달이며, 제상(諸相)의 실상을 깨달음이 무아(無我) 통달이며, 유무(有無)를 벗어나 무위(無爲) 실상을 깨달음이 무아(無我) 통달(通達)이다.

● 상(相)을 두고 상(相)을 여읠 수가 없다. 사상심을 여의므로 무아(無我)에 이르게 된다. 무아(無我)에 이르면 아상(我相)인 내가 멸(滅)함과 동시에 타(他)도 멸(滅)하며, 내가 없으니 내외(內外)도 멸(滅)하고, 일체상이 멸(滅)하여 사상(四相) 없는 원융(圓融)한 무상각성(無相覺性) 아뇩다라삼먁삼보리심 본심을 발(發)하게 된다. 아뇩다라삼먁삼보리심은 상(相)이 없어 일체상이 끊어져 무아(無我) 통달(通達) 청정무위(淸淨無爲)에 들게 된다. 무아(無我) 통달하면 원융무애(圓融無碍) 본연각성(本緣覺性)을 열게 되며, 자타(自他)의 사상심이 끊어져 무소득(無所得) 무루지(無漏智)에 이르게 된다.

● 사상심(四相心) 자타 분별과 일체상의 차별심이 있으니 유심(有心) 유루심(有漏心)이며, 사상심이 끊어져 자타(自他)와 일체상이 끊어지니 무루지(無漏智)에 들게 된다. 무루지(無漏智)는 청정본심지(淸淨本心智)며 무위반야심(無爲般若心)이다.

● 무아지(無我智)가 보살지(菩薩智)며 반야지(般若智)다. 곧, 무위실상지(無爲實相智)며 본성지(本性智)다. 이는 아뇩다라삼먁삼보리심이며 본심이다. 이는 무아(無我)의 상(相) 없는 마음이다.

● 무아(無我)를 통달(通達)한 자(者)를 보살(菩薩)이라 이름한다. 무아(無我)를 통달(通達)함이 아뇩다라삼먁삼보리심

을 발함이다.

● 아뇩다라삼먁삼보리가 일체생명 본성이므로 일체생명이 차별이 있을 수가 없다. 그러나 깨닫지 못하면 아뇩다라삼먁삼보리가 있는 줄을 모르므로 그 각력(覺力)을 섭수하여 행(行)할 수가 없다. 사상심 없음이 아뇩다라삼먁삼보리심이다. 아뇩다라삼먁삼보리심에 들지 못하면 사상심을 여의거나 멸(滅)할 수가 없다. 왜냐면 사상심 없음이 곧, 아뇩다라삼먁삼보리심이기 때문이다. 아뇩다라삼먁삼보리심을 깨달음이 곧, 사상심(四相心)이 타파됨이며, 무아(無我)를 통달(通達)함이다.

● 아뇩다라삼먁삼보리가 본각성(本覺性)이므로 불(佛)과 보살(菩薩)이 본연각성(本然覺性)은 차별 없으나 각(覺)을 수순하는 각섭수행(覺攝受行)에서 완전함과 완전하지 못함의 차별이 있다. 또한, 각용능행(覺用能行)의 부사의(不思議) 인연사(因緣事) 차별에서 제불(諸佛)의 특성이 있다.

一切同觀分 第十八
일 체 동 관 분 제 십 팔

여래(如來)는 오안(五眼)이 있음과 일체(一切) 중생심(衆生心)이 실체(實體)가 없음을 설하심이다.

須菩提 於意云何 如來有肉眼不 如是世尊 如來
수보리 어의운하 여래유육안부 여시세존 여래

有肉眼
유 육 안

수보리야, 어떻게 생각하느냐? 여래가 육안이 있느냐? 그

러하옵니다. 세존이시여. 여래께옵서는 육안이 있사옵니다.

● 육안(肉眼)은 신안(身眼)이다. 신안(身眼)은 사물(事物)과 현상(現象)을 보는 시각(視覺)의 눈이다.

須菩提 於意云何 如來有天眼不 如是世尊 如來
수 보 리   어 의 운 하   여 래 유 천 안 부   여 시 세 존   여 래
有天眼
유 천 안

수보리야, 어떻게 생각하느냐? 여래가 천안이 있느냐? 그러하옵니다. 세존이시여. 여래께옵서는 천안이 있사옵니다.

● 천안(天眼)은 무애안(無碍眼)이다. 이는 상자재안(相自在眼)이다. 상자재안(相自在眼)은 육안(肉眼)의 한계성(限界性)을 초월(超越)한 상(相)에 걸림 없이 일체천(一切天)의 세계를 두루 밝게 볼 수 있는 눈이다. 천안(天眼)은 상(相)에 걸림 없이 일체천(一切天) 중생계(衆生界)와 제불세계(諸佛世界)를 걸림 없이 볼 수 있는 자재안(自在眼)이며, 무애심안(無碍心眼)이다.

須菩提 於意云何 如來有慧眼不 如是世尊 如來
수 보 리   어 의 운 하   여 래 유 혜 안 부   여 시 세 존   여 래
有慧眼
유 혜 안

수보리야, 어떻게 생각하느냐? 여래가 혜안이 있느냐? 그러하옵니다. 세존이시여. 여래께옵서는 혜안이 있사옵니다.

● 혜안(慧眼)은 실상안(實相眼)다. 이는 실상자재안(實相自在眼)이다. 실상자재안(實相自在眼)은 천안(天眼)을 벗어난 실상반야(實相般若) 지혜안(智慧眼)이다. 반야(般若)는 상(相)과 법(法)의 실체와 실상(實相)과 자성(自性)과 본성(本性)과 무자성(無自性)을 밝게 보는 혜안(慧眼)으로 불생불멸(不生不滅)과 제법청정(諸法淸淨)과 무위실상(無爲實相)을 밝게 보는 무상지혜(無相智慧) 청정실상안(淸淨實相眼)이다.

須菩提 於意云何 如來有法眼不 如是世尊 如來
수보리 어의운하 여래유법안부 여시세존 여래
有法眼
유법안

수보리야, 어떻게 생각하느냐? 여래가 법안이 있느냐? 그러하옵니다. 세존이시여. 여래께옵서는 법안이 있사옵니다.

● 법안(法眼)은 각안(覺眼)이다. 이는 각성자재안(覺性自在眼)이다. 각성자재안(覺性自在眼)은 혜안(慧眼)을 벗어난 본각원융안(本覺圓融眼)으로 각성원융무애안(覺性圓融無碍眼)이다. 각안(覺眼)은 청정각성(淸淨覺性)이 두루 밝아 일체에 걸림 없고, 원융무애(圓融無碍)하여 각성원만(覺性圓滿) 불가사의(不可思議)함은 일체도품(一切道品)을 구족(具足)하고, 일체지(一切智)를 총섭(總攝)하며, 일체종지(一切種智)를 구족(具足)하여, 청정무애원융대각성(淸淨無碍圓融大覺性) 능각능행(能覺能行) 부사의(不思議) 자재행(自在行)을 한다.

一切同觀分 第十八(일체동관분 제십팔)

須菩提 於意云何 如來有佛眼不 如是世尊 如來
수보리 어의운하 여래유불안부 여시세존 여래

有佛眼
유불안

수보리야, 어떻게 생각하느냐? 여래가 불안이 있느냐? 그
러하옵니다. 세존이시여. 여래께옵서는 불안이 있사옵니다.

● 불안(佛眼)은 원안(圓眼)이다. 이는 심자재안(心自在眼)
이다. 심자재안(心自在眼)은 법안(法眼)을 벗어난 원융불심안
(圓融佛心眼)으로 부사의 심능행자재안(心能行自在眼)이다.
원안(圓眼)은 각(覺)의 일체차별을 벗어버린 진여진성(眞如眞
性) 원융심여각안(圓融心如覺眼)이다. 이는 이(理)와 사(事)가
둘다 공(空)해 일여진성일심(一如眞性一心) 이사자재(理事自
在) 사사원융(事事圓融)의 심진성자재안(心眞性自在眼)이다.
부사의불능행심(不思議佛能行心)이 원융자재(圓眼自在)하여
사의(思議)할 수 없고, 불가사의 불심공능(佛心功能) 무원청
정일향(無圓淸淨一香) 부사의능행(不思議能行) 일체공덕을 유
출(流出)한다. 무원불심(無圓佛心) 무애대비(無碍大悲)와 무
원자비(無願慈悲)를 유출(流出)하며, 원안(圓眼)에서 불(佛)의
일체평등(一切平等)과 무한자비(無限慈悲) 능행자재(能行自
在)의 무한공덕(無限功德)을 유출(流出)하는 부사의원심능행
공덕안(不思議圓心能行功德眼)이다.

須菩提 於意云何 如恒河中所有沙 佛說是沙不
수보리 어의운하 여항하중소유사 불설시사부

如是世尊 如來說是沙 須菩提 於意云何 如一恒
여시세존 여래설시사 수보리 어의운하 여일항

河中所有沙 有如是沙等恒河 是諸恒河所有沙數
하중소유사 유여시사등항하 시제항하소유사수

佛世界 如是 寧爲多不 甚多世尊 佛告 須菩提
불세계 여시 영위다부 심다세존 불고 수보리

爾所國土中 所有衆生 若干種心 如來悉知 何以
이소국토중 소유중생 약간종심 여래실지 하이

故 如來說諸心 皆爲非心 是名爲心
고 여래설제심 개위비심 시명위심

수보리야, 어떻게 생각하느냐? 항하 중에 있는 바의 모래와 같음을 불이 이 모래를 설한적이 있느냐? 그러하옵니다. 세존이시여. 여래께옵서는 이 모래를 설하시었사옵니다. 수보리야, 어떻게 생각하느냐? 한 항하 중에 있는 바 모래와 같이 이 모래의 수처럼 항하가 있고, 이 모든 항하에 있는 바 모래의 수와 같이 불세계가 이와 같다면 매우 많지 않겠느냐? 심히 많사옵니다. 세존이시여. 부처님께옵서 이르시되, 수보리야, 이 국토 중에 있는 바 중생의 여러 가지 종류의 마음을 여래는 남김없이 아느니라. 어떠한 연유이냐 하면은, 여래가 설한 모든 마음은 다 마음이 아니니, 이를 이름함이 마음이라 하느니라.

● 무량무한국토(無量無限國土) 중생들이 자기 마음에 의지하여 삶을 살아가고 있다. 그러나 무량무한국토 중생의 어떤 마음이라도 실체 없어 허망(虛妄)하다. 그 마음이 실체 없음은 생멸(生滅)의 마음이며, 잠시도 머묾이 없으며, 일어나면 곧 사라져 아성(我性)이 없기 때문이다. 금방 생겨나도 사라져 없고, 있는 듯하나 그 흔적을 찾을 수 없다. 무량무한국토

중생들이 실체 없는 마음에 의지해 무량업(無量業)을 지으며, 환(幻)과 같은 삶을 산다.

● 여래(如來)께옵서 무량무한국토 중생들의 가지가지 일체 종류의 마음을 남김없이 아심은 한량없는 중생심(衆生心)이 모두 상(相)이기 때문이다. 또한, 마음이 마음이 아님은 그 마음이 금세 일어나도 실체 없고, 머묾 없어 흔적 없기 때문이며, 사라져도 실체가 없으니 사라진 자취가 없다. 중생들은 실체 없고, 일컬을 것 없는 환(幻)과 같은 것을 이름하여 마음이라 한다. 이 구절은 무량중생 마음은 참다운 마음이 아님과 생멸심(生滅心)은 상(相)이 없어, 마음이 마음이 아님을 일깨움이다.

● 본심(本心)이 마음이다. 그럼 왜, 마음이라 하지 않고 본심(本心)이라고 하는가? 중생들은 일으킨 생각 사상심(四相心)을 마음으로 인식(認識)하므로, 생멸 없는 본래 참 마음을 본심(本心)이라고 한다. 중생들이 생각하는 상심(相心)은 분별심이며 생멸심이니, 실체 없어 마음이 아니다. 본심(本心) 또한, 생멸없고 실체가 없어 상(相)이 아니며, 상(相) 없어 생멸 없고, 실체 없어 원융하여, 일체상에 걸림 없는 원융무애 청정심(圓融無碍淸淨心)이다. 본심(本心)이 제법제상(諸法諸相)의 본성이며 실체다. 본심(本心)과 제법제상(諸法諸相)은 둘이 아니다. 곧, 일체(一切)가 유심(唯心)이며, 일심(一心)이다. 이것이 아뇩다라삼먁삼보리심이다. 즉, 각(覺)이며, 여(如)며, 일체불이(一切不二)다. 불이(不二)는 차별의 이(二)도 차별 없는 일(一)도 없다. 그러므로 무우정법(無有定法)이라고 한다. 즉, 청정(淸淨) 그 자체를 일컬음이다.

所以者何 須菩提 過去心不可得 現在心不可得
소 이 자 하　수 보 리　과 거 심 불 가 득　현 재 심 불 가 득
未來心不可得
미 래 심 불 가 득

어떠한 까닭으로 그러한가 하면은 수보리야, 과거의 마음
도 가히 얻을 수 없고, 현재의 마음도 가히 얻을 수 없고, 미
래의 마음도 가히 얻을 수 없기 때문이니라.

♣ 過去心不可得 現在心不可得 未來心不可得(과거심불가득
현재심불가득 미래심불가득) 과거의 마음도 가히 얻을 수 없
고, 현재의 마음도 가히 얻을 수 없고, 미래의 마음도 가히 얻
을 수 없기 때문이니라.

● 마음은 본심이든, 생멸심이든, 과거심도 얻을 수 없고,
현재심도 얻을 수 없고, 미래심도 얻을 수 없다. 본심이 과거
심, 현재심, 미래심이 없음은 상(相) 없고 무위심(無爲心)이기
때문이며, 생멸심이 과거심, 현재심, 미래심이 없음은 환(幻)
이며, 아성(我性)이 없고, 실체(實體)가 없어 자성(自性)이 없
기 때문이다. 본심은 무위심(無爲心)이므로 과거심, 현재심,
미래심이 없고, 생멸심은 환(幻)이니 실체가 없어 과거심, 현
재심, 미래심이 없다.

● 과거심은 흘러가버렸으니 얻을 수 없고, 현재심은 머무
름 없으니 얻을 수 없고, 미래심은 오지 않았으니 얻을 수 없
다. 이것은 상심(相心)이며, 생멸심을 유심(有心)으로 분별함
이다. 생멸심은 자성(自性)이 없고, 실체가 없어 과거심, 현재
심, 미래심이 없다.

● 過去心不可得 現在心不可得 未來心不可得(과거심불가득

一切同觀分 第十八(일체동관분 제십팔)

현재심불가득 미래심불가득)이 아뇩다라삼먁삼보리심이다.

● 마음은 과거심도 얻을 수가 없고, 현재심도 얻을 수 없고, 미래심도 얻을 수 없다. 만약 마음이 과거심, 현재심, 미래심이 있다면 마음이 생멸체라 마음이 존재할 수 없고, 작용할 수 없고, 삼라만상 일체 존재를 수용 섭수할 수가 없다. 마음이 생멸체가 아니므로 마음작용이 있고, 나를 인식하고, 삼라만상 일체 존재를 수용 섭수하는 것이다. 나와 일체 존재는 별개가 아니다. 마음은 생멸체가 아니며, 상(相) 없는 성품으로 원융하여 삼라만상 일체 존재를 수용하고 섭수하는 것이다. 마음이 육근(六根)을 통해 받아들이고, 육식(六識)을 통해 인식하며, 마음이 일체 존재를 수용하고 섭수하는 것이 아니다. 마음은 상(相) 없고 생멸체가 아니니, 원융하여 온 우주를 두루하여 삼라만상 일체존재를 원융으로 수용하고 섭수한다. 마음은 각성작용(覺性作用)의 부사의 원융성으로 사물을 자각하고, 깨닫고, 인식하게 된다. 여기에 육근(六根)이 더불어 작용하니 사상심이 있으면 자타 일체 차별경계에 떨어져 분리의식, 육근(六根)의 사상(四相) 생멸심의 차별업을 짓게 되고, 사상심이 없으면 자아의식이 없어 자타 일체 차별경계 없는 원융일성(圓融一性)의 본각행(本覺行)을 하게 된다. 원융일성(圓融一性)의 본성작용으로 삼라만상 일체존재 하늘과 땅, 나무와 뭇 생명이 머무름 없는 본성 흐름을 따라 그렇게 흐르고 있고, 나 또한 인연작용으로 육근(六根) 감각을 가진 몸체와 인연되어 본성작용 인연을 따라 흐르고 있다. 상심(相心)을 가지면 나와 일체존재가 별개이나, 깨달음을 얻으면 나와 일체존재가 불이(不二)로 원융에 들어 다를 바 없음을 깨닫게 된다. 나와 일체존재가 다름은 분별의 사상심이다. 그러나 각

성원융(覺性圓融)에 들어도 본성원융(本性圓融) 불이(不二)의 차별 없는 성품에 들 뿐 내가 일체존재가 되는 것도 아니고, 일체존재가 내가 되는 것도 아니다. 이러한 분별과 생각은 나를 벗지 못한 사념(邪念)일 뿐이다. 이러한 생각 또한 개아심리(個我心理) 상심(相心)의 분별이다. 진성(眞性)은 나와 일체존재가 차별이 없다. 자타와 내외의 분별은 사상심이다. 각일여(覺一如)에 들게 되면 일체 차별경계가 사라진다. 그렇다고 섞이는 것도 아니며, 분리되는 것도 아니다. 원융일성(圓融一性)의 부사의(不思議) 작용이다. 일체가 상(相) 없는 마음의 원융일성(圓融一性) 법계(法界)다.

● 청정본심(淸淨本心)은 상(相) 없어, 과거, 현재, 미래가 없다. 생멸심 또한, 자성(自性)이 없고 실체가 없어, 과거심, 현재심, 미래심이 없다.

● 過去心不可得 現在心不可得 未來心不可得(과거심불가득 현재심불가득 미래심불가득)에서 진성체용(眞性體用)으로 살펴볼 수가 있다. 진성체심(眞性體心)은 무자성본심(無自性本心)이며, 진성용심(眞性用心)은 무자성생멸심(無自性生滅心)이다. 체(體)는 용(用)을 드러내고, 용(用)은 체(體)를 여의지 않는다. 이러한 작용이 있음은 체(體)가 상(相) 없는 무자성(無自性)이므로, 상(相) 없는 무자성(無自性) 용(用)을 드러내며, 용(用) 또한, 상(相) 없는 무자성(無自性)이므로, 용(用)의 자재한 작용이 있다. 체(體)와 용(用)이 불이(不二)임은 체(體)와 용(用)이 무자성(無自性) 성품이므로 체(體)가 인연을 따라 용(用)이 되어도 무자성(無自性)이며, 용(用)이 무자성(無自性)이므로 체(體)의 무자성(無自性) 본성을 여의지 않으니 이사무애(理事無碍)와 사사무애(事事無碍) 상(相)의 자재작용(自在作

用)이 있다. 그러나 사상심이 있으면 제상실상(諸相實相) 무자성(無自性) 각성지혜(覺性智慧)가 없어 상(相)을 집착하여 자아(自我)를 형성하며, 사상(四相) 분별과 집착과 감정이 결속하여 사상심 자아의식이 굳어진다. 원용심성(圓融心性)이 사상(四相) 분별심에 의해 일체 차별심과 차별현상 세계 속에 자아의식의 작용은 전체 속에 분리된 개아의식(個我意識)과 개아심리(個我心理)를 갖게 된다. 사상심 개아의식(個我意識) 형성은 무명의식 미혹으로 자기 본래 본연(本然) 원용일성청정각성(圓融一性清淨覺性) 본심을 여읜 생멸생사고(生滅生死苦)의 무명중생의 삶을 살게 된다. 사상심을 가진 중생을 본연 본성에 들도록 미혹인 사상심을 제거하고자 제상비상(諸相非相)의 실상을 깨닫게 하여 아뇩다라삼먁삼보리심 원용일성청정각성(圓融一性清淨覺性)의 본심에 들도록 한다. 그러므로 정견불지혜(正見佛智慧)로 제법실상(諸法實相) 사구게와 상(相)에 머묾 없는 자성지혜(自性智慧)의 경설(經說)로 사상심에 떨어지지 않도록 상(相)에 머묾 없는 상(相) 없는 청정한 본심을 행(行)하도록 한다. 제상비상(諸相非相)을 깨달아 제법실상(諸法實相)에 들어 용(用)과 체(體), 상(相)과 본성이 둘이 아닌 무자성(無自性) 한 성품 원용일성(圓融一性)임을 깨닫게 된다. 그러나 일성작용(一性作用)은 인연을 따르는 능행(能行)의 부사의 차별상이 없지 않으니 여기에서 부사의법성(不思議法性) 원용일성(圓融一性)의 부사의 법계(法界)가 벌어진다. 그러나 반야경(般若經)에는 일체(一切) 용(用)과 체(體), 상(相)과 본성이 일심(一心) 일각요의(一覺了義) 아뇩다라삼먁삼보리심 하나로 귀결(歸結)된다. 그러나 수행자 지혜근기(智慧根機)와 자증각력(自證覺力)에 따라 이사무변통(理事無變通)과 사사자재(事事自在)에 능(能)하지 못한 무위차별상(無爲差別相)이 있다. 이에 대승(大乘)의 길을 열어 중생구제 속에 자성원융(自性圓融)의 길을 열게 한다. 여래(如來)께옵서 일각요의(一覺了義) 아뇩다라삼먁삼보리심을 깨달은 자(者)로 하여금 그 각성(覺性)의 마음, 아뇩다라삼먁삼보리심에 응(應)하여 행(行)하는 법(法)과 이사원융(理事圓融)과 사사자재(事事自在)에 능(能)하지 못해 일어나는 마음 다스리는 항복법을 물음에 중생구제 파도가 거친 대승(大乘)의 대해(大海)로 이끄시는 그 연유(緣由)를 단순하게 생각하지 말고 수행자 각성(覺性) 원융무애청정(圓融無碍淸淨) 일각요의(一覺了義) 수행심에서 생각해봐야 한다. 일각요의(一覺了義) 원융무애(圓融無碍)에는 물심(物心)이 둘이 아니며, 진속(眞俗)이 차별 없고, 진여(眞如)와 생멸이 둘이 아니니, 홀로 청정(淸淨)은 외방인(外邦人)이며, 상(相) 없어 일체가 무상청정(無相淸淨)하여 더럽고 깨끗함이 없다면 그것이 무염(無染)의 본성이다. 중생구제는 부처님께서 일각요의(一覺了義) 상(相) 없는 아뇩다라삼먁삼보리를 깨달은 소중하고 소중한 자식들을 그 각성(覺性)이 더욱 밝고 빛나도록 더럽고 깨끗함이 없는 청황적백(淸黃赤白) 거친 파도의 중생대해(衆生大海)에 나투도록 이끄시며, 선(善)과 악(惡)에 물듦 없는 원융무애(圓融無碍) 일각요의(一覺了義) 아뇩다라삼먁삼보리심이 수승하고 뛰어나도록 소중하고 귀한 자식들을 수미산(須彌山) 바다(海)에 불각원만(佛覺圓滿) 절정(絶頂)을 향해 이끄신다. 이 이끄심의 뜻에는 무량중생을 구제하고자 하는 여래(如來) 무량대비심(無量大悲心) 공덕 바다(功德海)이기도 하며, 불(佛)께옵서 이 땅에 오신 출현사(出現事) 인연사(因緣事)이기도 하다.

法界通化分 第十九
법계통화분 제십구

복덕(福德)이 실체(實體)가 없음을 설하심이다.

須菩提 於意云何 若有人 滿三千大千世界七寶
수보리 어의운하 약유인 만삼천대천세계칠보

以用布施 是人 以是因緣 得福多不 如是世尊 此
이용보시 시인 이시인연 득복다부 여시세존 차

人 以是因緣得福甚多 須菩提 若福德有實 如來
인 이시인연득복심다 수보리 약복덕유실 여래

不說得福德多 以福德無故 如來說 得福德多
불설득복덕다 이복덕무고 여래설 득복덕다

수보리야, 어떻게 생각하느냐? 만약 사람이 있어 삼천대천
세계에 가득한 칠보로써 보시하면은, 이 사람이 이 인연으로
얻은 복이 많지 않겠느냐? 그러하옵니다. 세존이시여. 이 사
람은 이 인연으로 얻은 복이 심히 많사옵니다. 수보리야, 만
약 복덕이 실로 있는 것이라면은 여래가 복덕을 얻음이 많다
고 설하지 않았을 것이다. 복덕이 없는 연유로, 여래가 설하
여 복덕을 얻음이 많다고 하였느니라.

● 이 구절은 복덕(福德)이 무자성(無自性)임을 설하심이
다. 위에서 과거 현재 미래심이 없다 하니, 마음으로 짓는 일
체가 없다고 생각하는 허무(虛無)나, 무견(無見)을 가지거나,
단멸견(斷滅見)을 가지므로 복덕(福德)의 무자성(無自性)을
드러내어 무견(無見)과 단멸견(斷滅見)을 타파하여 구제(救

濟)함이다.

● 복덕이 실체가 없으며, 자성(自性)이 없으므로 복덕이 없다고 하시며, 복덕이 무자성(無自性)이므로 무위인연(無爲因緣)을 따라 과(果)가 있음을 드러내심이다.

● 만유(萬有)와 업(業)이 자성(自性)이 없어 만유(萬有)와 업(業)이 생성되며, 만유(萬有)와 업(業)이 상(相)이 실재(實在) 있다면 만유(萬有)와 업(業)은 생성되거나 존재할 수가 없다. 상(相) 없고 자성(自性)이 없어 인연을 따르고 변화하며 생멸상을 창출한다.

● 존재는 불변(不變)하거나 작용이 끊어진 고정(固定)된 상(相)은 존재하지 않는다. 이것은 존재의 섭리며, 법(法)이다. 존재는 작용하므로, 생성하고 변화하며 존재할 수 있다. 작용이 끊어진 존재는 존재할 수 없고, 존재세계에 존재하지 않는다. 이것이 존재의 실상, 존재섭리의 흐름 무주성(無住性)이다. 존재섭리의 흐름에는 그것이 무엇이든 상(相)을 가질 수가 없다. 사람의 촉각과 감각의 한계성(限界性)으로 머무름 없는 작용의 흐름을 인식할 수 없어 사람의 촉각과 감각인지에는 머묾의 모습으로 인식될 뿐이다. 사람의 촉각과 감각도 작용의 흐름을 따라 인식할 뿐, 촉각과 감각도 머무름 없는 작용의 흐름이 있으므로 가능한 것이다. 촉각과 감각도 작용의 흐름이 멈춤이 없으므로 촉각하고, 감각하며, 사물(事物)의 흐름을 인지하게 된다. 인연을 따르는 작용의 흐름이 없으면 촉각과 감각도 존재할 수가 없다. 촉각과 감각이 있음은 사물(事物)의 작용과 흐름이 끊임없음을 인지함이다. 모든 것은 인연따라 흐르는 흐름의 현상이다. 모든 존재의 흐름에는 머묾이 있거나, 변함없는 존재의 실체는 없다. 그러므로

모든 존재는 그 자성(自性)이 무자성(無自性)이다.

● 만유(萬有)와 사물(事物)과 인과(因果)와 업(業)이 실체가 있다면 법성(法性)의 인연작용이 끊어져 무엇이든 존재할 수가 없다. 그러나 실체 없고 자성(自性)이 없으며, 무자성(無自性)이므로 법성(法性) 인연의 흐름을 따라 그 현상이 드러난다. 모든 현상은 법성(法性)이 인연을 따르는 흐름의 현상이다. 이것이 제상비상(諸相非相)이다.

● 복덕(福德)이 실체가 있다면 복덕이 존재할 수가 없다. 모든 존재는 무자성(無自性) 법성(法性)이 인연을 따르는 작용으로 생성되고, 무자성(無自性) 인연의 흐름을 따라 변화하게 된다. 변함없는 실체가 있을 수 없음은 생성(生成)이 인연작용의 현상이며, 인연의 흐름을 따라 모든 현상이 드러나기 때문이다. 법성(法性)의 인연작용이 없으면 무엇이든 존재할 수가 없다. 복덕(福德)이 실체가 없으므로 인연작용을 따라 그 과보(果報)가 일어난다. 삼천대천세계에 가득한 칠보를 보시하면, 복덕성이 실체 없는 무자성(無自性)이므로 인연작용을 따라 복덕이 일어난다. 여래(如來)께옵서 없다 하심이 단멸(斷滅)과 허무(虛無)가 아니므로 무자성(無自性)의 인연을 따라 만유(萬有)가 드러나고, 만상(萬相)이 구족하다.

離色離相分 第二十
이 색 이 상 분 제 이 십

여래(如來)의 구족상(具足相)이 실체(實體)가 없음을 설하심이다.

須菩提 於意云何 佛可以具足色身見不 不也世尊
수 보 리 어 의 운 하 불 가 이 구 족 색 신 견 부 불 야 세 존

如來 不應以具足色身見 何以故 如來說 具足色
여래 불응이구족색신견 하이고 여래설 구족색
身 卽非具足色身 是名具足色身
신 즉비구족색신 시명구족색신

수보리야, 어떻게 생각하느냐? 불을 가히 구족한 색신으로
볼 수 있느냐? 아니옵니다. 세존이시여. 여래는 응당 구족한
색신으로 보지 못하옵니다. 어떠한 연유인가 하오면, 여래께
옵서 설하신 구족색신은 즉, 구족색신이 아니므로, 이를 이
름함이 구족색신이라 하옵니다.

● 구족색신(具足色身)은 복덕지혜(福德智慧) 상(相)이 구
족(具足)한 몸이다.
● 구족색신으로 여래(如來)를 볼 수가 없음은, 여래(如來)
는 생멸상이 아니며 형상이 아니니, 여래(如來)의 몸이 복덕
지혜 구족상(具足相)이어도 구족색신으로 여래(如來)를 볼 수
가 없다.
● 여래(如來)의 구족색신이 구족색신이 아님은 여래(如來)
의 구족색신 또한 자성(自性) 없는 비상(非相)이며, 머무름 없
는 무아색신(無我色身)이므로 구족색신이 아니며, 실체 없는
비상(非相)의 몸을 이름하여 구족색신이라 함이다.
● 만약 이 구절에서 구족색신(具足色身)은 화신(化身)이며,
여래(如來)의 법신(法身)은 눈으로 볼 수가 없으므로 구족색
신이 여래(如來)가 아니라고 하면 이것은 실상(實相)을 벗어난
사견(邪見)이며, 상심(相心)이며, 법상(法相)이며, 분별심 사상
심(四相心)이다. 반야 아뇩다라삼먁삼보리에는 법신(法身)도
없고, 보신(報身)도 없고, 화신(化身)도 없다. 불(佛)의 삼신

368

(三身)이 있다면 사견(邪見)이며, 상심(相心)이다. 나눌 것 있고, 분별할 것 있다면 그것은 불법(佛法)이 아니며, 불지혜(佛智慧)가 아니며, 실상(實相)이 아니며, 금강반야(金剛般若)가 아니다. 불신(佛身)은 삼신(三身)도 아니며, 일신(一身)도 아니며, 무형(無形)도 아니며, 상(相)도 아니다. 단지, 상(相)을 여의므로 불(佛)의 실상(實相)을 깨닫게 된다. 불(佛)은 각(覺)이다. 각(覺)을 깨달음으로 생각하면 미혹 분별심(分別心)인 상심(相心)이다. 각(覺)은 불(佛)의 삼신(三身)이 없다. 불(佛)은 깨달아 성취하는 것이 아니다. 각(覺)은 깨닫고 성취하는 미혹을 벗어났다. 각(覺)은 항상 상(相)과 식(識)에 걸림 없이 원융무애(圓融無碍) 작용하며 깨어있을 뿐이다. 제상(諸相)이 비상(非相)임을 깨달으면 각(覺)에 들게 된다. 또한, 사상심을 여의면 각(覺)을 깨닫게 된다. 불(佛)은 곧 생멸 없는 심(心)이다. 생멸상을 여의면 생멸 없는 본성이 드러난다. 이것이 불(佛)이며, 아뇩다라삼먁삼보리다. 이것이 불(佛)의 삼신(三身) 없는 법신(法身)이며, 보신(報身)이며, 화신(化身)이다. 불(佛)의 삼신(三身)이 원융(圓融)하여 일체에 걸림 없는 각(覺)일 뿐, 일(一)과 삼(三)을 분별함이 미혹의 상심(相心)이다. 법신(法身)은 상(相) 없는 청정성(淸淨性)이며, 보신(報身)은 미혹 없어 원융각(圓融覺)이며, 화신(化身)은 상(相) 없는 지혜자비(智慧慈悲)라 인연따라 응(應)하고, 자비(慈悲)따라 감응(感應)한다.

● 이 구절에서 중생의 미집상(迷執相)을 끊어 실상(實相)을 드러내심이다. 실상은 구족색신(具足色身)을 떠나 따로 있는 것도 아니다. 그렇다고 구족색신이 실상도 아니다. 실상(實相)이 불법(佛法)이며, 각(覺)이며, 불(佛)이니, 여래(如來)는 무엇으로도 알 수가 없다. 알았다 하면 상(相)이며 망(妄)

이다. 무엇으로 알 수 있다면 불(佛)이 아니다. 불(佛)은 깨달음으로 알 수 있을 뿐이다.

須菩提 於意云何 如來 可以具足諸相見不 不也
수보리 어의운하 여래 가이구족제상견부 불야
世尊 如來 不應以具足諸相見 何以故 如來說 諸
세존 여래 불응이구족제상견 하이고 여래설 제
相具足 卽非具足 是名諸相具足
상구족 즉비구족 시명제상구족

수보리야, 어떻게 생각하느냐? 여래를 가히 구족한 모든 상으로서 볼 수 있겠느냐? 아니옵니다. 세존이시여. 여래를 응당 구족한 모든 상으로 보지 못하옵니다. 어떠한 연유인가 하오면, 여래께옵서 설하신 모든 상이 구족함은 즉, 구족이 아니므로, 이를 이름함이 모든 상이 구족이라 하옵니다.

● 구족제상(具足諸相)이라 함은 복덕지혜(福德智慧)의 가지가지의 상서(祥瑞)로운 몸의 길상(吉相)이 구족함이다.
● 복덕지혜(福德智慧)의 가지가지의 상서(祥瑞)로운 몸의 길상(吉相)인 구족제상(具足諸相)으로 여래(如來)를 볼 수 없음은 여래(如來)는 몸의 촉각과 감각으로 알 수 없다. 상(相)은 몸의 촉각과 감각으로 알 수 있으나, 여래(如來)는 상(相)이 아니므로 상(相) 없는 각(覺)은 상(相) 없는 각(覺)으로만 알 수 있다. 상(相) 없는 각(覺)이 아뇩다라삼먁삼보리, 반야(般若)다.
● 구족제상(具足諸相)이 구족제상이 아님은 그 실체가 없고, 자성(自性)이 없으며, 머무름 없는 흐름의 현상이기 때문이다. 실체 없는 그 상(相)을 이름함이 구족제상이다.

非說所說分 第二十一
비 설 소 설 분 제 이 십 일

여래(如來)는 설(說)한 법(法)이 없으며, 중생(衆生)은 중생(衆生)이
아님을 설하심이다.

須菩提 汝勿謂如來作是念 我當有所說法 莫作是
수 보 리　여 물 위 여 래 작 시 념　아 당 유 소 설 법　막 작 시

念 何以故 若人言 如來有所說法 卽爲謗佛 不能
념　하 이 고　약 인 언　여 래 유 소 설 법　즉 위 방 불　불 능

解我所說故 須菩提 說法者 無法可說 是名說法
해 아 소 설 고　수 보 리　설 법 자　무 법 가 설　시 명 설 법

수보리야, 너는 여래가 이러한 생각을 한다고 여기지 말라.
내가 당연히 설한 바 법이 있다는 이러한 생각을 한다고 여
기지 말아야 하느니라. 어떠한 연유이냐 하면은, 만약 사람
이 말하기를 여래가 설한 바 법이 있다고 하면은, 곧 불을 비
방함이 되니, 내가 설한 바의 뜻을 능히 깨닫지 못하였기 때
문이니라. 수보리야, 설함의 법이란 것은 법이 없음을 가히
설함이니, 이를 이름함이 법을 설한다고 하느니라.

● 여래(如來)께옵서 설(說)하심은 법(法)이 없음을 설하심
이니, 여래(如來)께옵서 법(法)을 설하시어도 설한 법(法)이
없다. 또한, 여래(如來)께옵서 법(法)을 설함이 상(相) 없는 법
(法)을 설함이라, 설하여도 설한 법(法)의 상(相)이 없다. 여래
(如來)께옵서 설하신 법(法)은 일체(一切)가 무유정법(無有定
法)이니, 상(相) 없고, 실(實)없으며, 실체가 없다. 그러나 자
성(自性)을 여의지 않고, 본성(本性)을 여의지 않으니 허(虛)

도 아니며, 무(無)도 아니며, 단멸(斷滅)도 아니며, 아무것도 없는 것도 또한 아니니 설(說)한 법(法)이 또한 없는 것도 아니다. 무유정법(無有定法)은 상(相)이 없고, 실(實)이 없으며, 허(虛)가 아니며, 무(無)가 아니며, 단멸(斷滅)이 아니니 이름하여 무유정법(無有定法)이라 한다.

● 여래(如來)께서 설한 법(法)이 있다고 하면 불법상(佛法相)을 가짐이니 이는 상법(相法)이며, 정법(定法)이며, 유견(有見)이다. 만약 없다고 하면 무견(無見)이며, 허(虛)며, 단멸(斷滅)에 떨어진다. 여래(如來)께서 또한, 설한 법(法)이 없지 않음은 설(說)함과 법(法)이 실상을 드러내고, 무위(無爲)를 따르며, 자성(自性)을 밝히고, 본성을 설(說)했으니, 설하여도 설한 법(法)이 없고, 상(相)이 없다.

● 여래(如來)께서 설하시는 법(法)은 가히 설할 수 없는 것을 설하시며, 없는 법(法)을 설하심으로 설하는 법(法)이 법(法) 없음을 설하심이니, 이를 이름하여 법(法)을 설(說)함이라 한다. 설하여도 법(法)이 없고, 상(相)이 없는 실상 청정자성(淸淨自性)을 드러냄은 단지, 상(相)에 머무른 중생의 무명(無明)과 미혹을 멸(滅)하여 일체고(一切苦)와 생사를 벗고, 청정본심(淸淨本心)을 깨닫게 하고자 상(相) 없고 실체 없는 실상을 설(說)함이다.

● 중생은 유무(有無)의 상심(相心)을 벗어나지 못하므로 여래(如來)께옵서 상(相) 없고 실체 없는 법(法)을 설했으나 중생은 유견(有見)을 벗지 못해 상심(相心)으로 수용하여 법상(法相)을 가지며, 법(法)이 있다고 생각한다. 상심(相心)을 벗어나면 여래(如來)께옵서 설(說)하신 일체설(一切說)이 일법(一法)도 없음을 깨닫게 된다.

非說所說分 第二十一(비설소설분 제이십일)

● 상(相)의 존재를 유무(有無)로 분별하지만, 현상 존재의 실체는 사실 유무(有無)의 상(相)은 존재하지 않으며, 존재할 수도 없다. 유무(有無)의 상(相)은 존재 실체와 존재 섭리와 존재 진리와 원리(原理)에는 없다. 다만, 상심(相心) 무명심(無明心)의 상념(想念)일 뿐이다. 상(相)의 실상과 자성(自性)에는 유무(有無)의 상(相)은 사실 존재하지 않는다. 유무(有無)의 상(相)은 실체 없는 마음의 환(幻)이며, 상념(想念)의 그림자일 뿐이다. 자성(自性)과 실상과 본성을 깨달으면, 일체가 실체 없는 상(相)임을 깨닫게 된다. 깨달음이란, 일체가 상(相) 아니며 실체 없음을 깨달음이다. 이것이 상(相)의 실상을 깨달음이다. 나 또한 상(相)이다. 상(相)의 실상을 깨달으면 유무(有無)의 분별이 끊어져 자성(自性) 없는 일체청정(一切清淨)을 깨닫게 된다. 이것이 자기본연(自己本然) 상(相) 없는 본심이다.

爾時 慧命須菩提白佛言 世尊 頗有衆生於未來世
이시 혜명 수보리백불언 세존 파유중생어미래세

聞說是法 生信心不 佛言 須菩提 彼非衆生 非不
문설시법 생신심부 불언 수보리 피비중생 비불

衆生 何以故 須菩提 衆生衆生者 如來說非衆生
중생 하이고 수보리 중생중생자 여래설비중생

是名衆生
시명중생

그때에 혜명 수보리가 부처님전에 사뢰어 말씀드리되, 세존이시여, 미래의 세상에 상당한 중생들이 있어 이 법의 설함을 듣고, 믿음의 마음을 내겠사옵니까? 부처님께옵서 말씀하시되, 수보리야, 저들은 중생이 아니며, 중생이 아님도 아니니라. 어떠한 까닭이냐 하면은 수보리야, 중생을 중생이라 하는 것은 여래가 설한 바 중생이 아니므로, 이를 이름함이 중생이라 하느니라.

● 중생은 상심(相心) 유무(有無)의 상(相)이 있으며, 상심(相心)에 의지한 생각으로 옳고 그름을 가름하고 분별하며, 헤아림의 삶을 살아가니, 상(相)의 유무(有無) 이외는 보지도 않았고, 듣지도 않았고, 알지도 못하므로, 상(相) 없는 실상을, 생각과 상상(想像)과 추측으로도 알 길이 없다. 그런데 유무(有無)를 벗어나 자타와 일체상이 없는 실상의 말씀을 여래(如來)께옵서 계시지 않은 미래 그 세상 중생들이, 과연 이 말만 얻어듣고 그들이 믿을 수 있겠느냐는 수보리존자의 미래 세상 중생을 향한 염려다.

● 혜명(慧命)이란 지혜(智慧)의 삶을 사는 자(者)란 뜻이다.

● 중생이 중생이 아님은, 중생의 성품이 각(覺)이기 때문이며, 또한, 중생이 중생이 아님도 아님은, 사상심(四相心)이 있기 때문이다. 중생이란 분별심의 이름이다. 사상심이 곧, 중생이다.

● 금강경 말씀은 시(是), 비(非), 시명(是名)의 말씀이다. 시(是)는 상(相)이며, 비(非)는 상(相)의 실체(實體) 비상(非相)이며, 시명(是名)은 비상(非相)의 상(相)을 일컬어 이름함이다. 금강경 말씀은 상(相)이 비상(非相)인 본성을 깨달아 사상심 없는 본심 청정심(淸淨心)을 행함이다.

無法可得分 第二十二
무법가득분 제이십이

여래(如來)는 아뇩다라삼먁삼보리를 얻은 법(法)이 없음을 설하심이다.

須菩提白佛言 世尊 佛得阿耨多羅三藐三菩提 爲
수보리백불언 세존 불득아뇩다라삼먁삼보리 위

無所得耶 佛言 如是如是 須菩提 我於阿耨多羅
무소득야 불언 여시여시 수보리 아어아뇩다라

三藐三菩提 乃至 無有少法可得 是名阿耨多羅三
삼먁삼보리 내지 무유소법가득 시명아뇩다라삼

藐三菩提
먁삼보리

수보리가 부처님전에 사뢰어 말씀드리되, 세존이시여, 부처님께옵서 아뇩다라삼먁삼보리를 얻으심은, 얻은 바가 없다고 해야 하옵니까? 부처님께옵서 말씀하시되, 그렇고 그러하느니라. 수보리야, 나는 아뇩다라삼먁삼보리뿐만 아니라, 어떤 작은 법이라도 가히 얻은 바가 없으므로, 이를 이름함이 아뇩다라삼먁삼보리라 하느니라.

● 앞 구절에 여래(如來)께옵서 설한 법(法)이 없으며, 없는 법(法)을 설하시며, 만약, 여래(如來)께옵서 설한 법(法)이 있다 하면 여래(如來)의 뜻(義)을 몰라 여래(如來)를 비방(誹謗)함이라 하시니, 사상심이 있는 자와 미래 중생의 불법(佛法)의 법상(法相)을 끊고, 불법(佛法)이 상(相)이 없고, 실(實) 없음을 일깨우고자 수보리존자께서 청법자(請法者)로서 법상(法相)을 가진 청법대중(聽法大衆)을 생각하여 다시 여래(如來)

의 뜻(義)을 물음이다.

● 아뇩다라삼먁삼보리는 상(相)이 아니니 얻거나 취(取)할 수가 없다. 만약 법상(法相)을 가져 얻거나 취(取)하였다면 상법(相法)이다. 중생의 이해를 돕고자 상심(相心)의 경계에 응(應)하여 얻었다 함은 일체상을 여읨이다. 미혹의 사상심과 지혜의 지혜상(智慧相)을 멸(滅)하므로 본성본각(本性本覺)이 드러난다. 본성본각(本性本覺) 아뇩다라삼먁삼보리는 일체생명(一切生命)의 생명본성(生命本性)이며, 본심(本心)이다.

● 어떤 작은 법(法)이라도 얻음이 있으면 아뇩다라삼먁삼보리가 아니며, 아뇩다라삼먁삼보리를 얻지 못한다. 무엇이든, 어떤 수행이든 일체 수행경계에서 얻음이 있다면, 미혹인 나 있음이니 이는 곧, 상(相)이며, 상심(相心)이며, 사상심이며, 생멸심으로 곧, 파괴되고 사라진다. 작은 법(法)이라도 얻음과 성취함이 있으면 그것은 각(覺)이 아니다. 각(覺)이 깨달음이 아님은, 각(覺)은 깨달아 얻는 것이 아니며, 깨달음 또한 상(相)이 없기 때문이다. 깨달음은 상(相)과 나(我)와 각(覺)이 없음을 깨달음이다. 깨달아도 깨달은 각(覺)이 없고, 깨달은 내가 없으며, 깨달은 각(覺) 또한 상(相)이 없어 실체가 없다. 깨달아도 각(覺)이 얻음이 아님은 각(覺)이 본래 본심이기 때문이다. 마음이 마음을 깨달았는데 얻었다 함이 망(妄)이며, 상(相)이다. 깨달음은 중생의 이해를 돕고자 미혹 경계를 수용한 말이니, 미혹을 여읨을 깨달음이라 한다. 그러나 깨달음에는 깨달음의 실체와 상(相)이 없으므로 사상심 미혹을 벗어 깨달음에 들어도 깨달음이 없으며, 깨달은 자(者) 또한 없어 깨달아도 깨달음을 얻은 자(者)가 없다.

● 무엇이든 수행증득내자증(修行證得內自證)이 있거나, 일

걷고 지칭할 것이 있으면 그것은 사증(邪證)이며, 환각(幻覺)이며, 상심(相心)이다.

● 무엇이든 깨달음에 경계가 있거나, 자타가 있거나, 내외가 있거나, 상(相)이 있거나, 얻음이 있거나, 완전함이 있거나, 중생이 있거나, 불(佛)이 있거나, 법보화신(法報化身) 삼신(三身)이 있거나, 열반이 있거나, 삼매(三昧)가 있거나, 길상(吉祥)이 있거나, 무상(無相)이 있거나, 무아(無我)가 있거나, 무상(無上)이 있거나, 그 어떤 무엇이든 내세울 것이 있으면 상심(相心)이며, 사증(邪證)이며, 사각(邪覺)이며, 혹각(惑覺)이다.

● 아뇩다라삼먁삼보리는 무상정등정각(無上正等正覺)이다. 이는 차별심에 즉한 경계일 뿐, 무상정등정각(無上正等正覺)도 초탈(超脫)한 상(相) 없는 청정심(淸淨心)이며, 청정각(淸淨覺)이다. 무상정등정각(無上正等正覺)은 상심(相心)과 차별각(差別覺)에 의지한 말이다. 아뇩다라삼먁삼보리는 무상각(無相覺)이며 무상심(無相心)이다.

● 무상정등정각(無上正等正覺)의 무상(無上)은 상중상(上中上)의 무상(無上)을 일컬음이 아니다. 상중상(上中上)으로 보면 미혹 차별심이며, 분별심이다. 이는 상, 중, 하(上, 中, 下)의 상(相)이 없음을 일컬으니, 곧, 상(相) 없는 마음 일심(一心)이다.

● 무상정등정각(無上正等正覺)의 정등(正等)은 무량무수(無量無數) 중에 제일(第一)이며, 비교하여 견줄 바 없는 으뜸임을 일컬음이 아니다. 만약, 제일(第一)이며, 견줄 바 없는 으뜸으로 생각하면 이는, 미혹 차별심이며, 분별심이다. 정등(正等)은 자타내외상(自他內外相)이 끊어져 견주고 비교할 것이 없어 상(相) 없는 마음 일심(一心)이다.

● 무상정등정각(無上正等正覺)의 정각(正覺)은 바르고 삿됨이 없는 깨달음을 일컬음이 아니다. 만약, 정각(正覺)이 바르고 삿됨이 없는 깨달음을 생각한다면 이는, 미혹 차별심이며, 분별심이다. 정각(正覺)에는 바름(正)도 없고, 삿(邪)됨도 없고, 중도(中道)도 없다. 바름(正)과 삿(邪)됨과 중도(中道)도 상(相)의 분별심이다. 이는 바름(正)과 삿(邪)됨과 중(中)이 끊어진 상(相) 없는 마음 일심(一心)이다.

● 아뇩다라삼먁삼보리 무상정등정각(無上正等正覺)은 상(相) 없는 마음이다. 상(相) 없는 마음이라고 하니 상심(相心)이 있으면 의아(疑訝)해할 수도 있다. 상(相) 없는 불가사의 심(不可思議心)을 모르기 때문이다. 상(相) 없는 마음 일심(一心)이 아뇩다라삼먁삼보리며 곧, 제불(諸佛)의 각(覺)이다.

● 상(相) 없는 마음은 상중하(上中下)가 끊어져 없어, 이름하여 무상(無上)이라고 하며, 무량무수(無量無數) 일체차별상이 끊어져 없어, 더 견줄 것이 없으니 정등(正等)이라고 하며, 일체차별지혜와 일체차별각(一切差別覺)이 끊어져 일체사(一切邪)와 일체정(一切正)까지 끊어져 일체분별상(一切分別相)이 없는 원융각성(圓融覺性)이니 정각(正覺)이라 이름할 뿐이다. 이는 곧, 상(相) 없는 마음 일심(一心)이다.

● 일심(一心)이라고 함은 한 마음이 아니다. 한 마음은 두 마음, 세 마음의 한 마음이 아니다. 그 하나뿐이기에 일심(一心)이라 하며, 둘(二)이 없으므로 일심(一心)이라고 하며, 일체(一切)가 심(心)이므로 일심(一心)이라고 하며, 그 외(外)는 만물만심(萬物萬心)도 없기에 일심(一心)이라고 한다. 일심(一心)은 만법(萬法)의 근원(根源)이며, 만심(萬心)의 바탕이며, 만상(萬相)의 근본(根本)이다. 일심(一心)이 아뇩다라삼먁

삼보리며, 무상정등정각(無上正等正覺)이다. 즉, 불이심(不二心)이다.

● 만약, 마음이 자타(自他) 이(二)가 있거나, 내외(內外) 이(二)가 있거나, 대소(大小) 이(二)가 있거나, 상하(上下) 이(二)가 있거나, 생멸(生滅) 이(二)가 있거나, 생사(生死) 이(二)가 있거나, 유무(有無) 이(二)가 있거나, 심신(心身) 이(二)가 있거나, 중생불(衆生佛) 이(二)가 있거나, 명암(明暗) 이(二)가 있으면 일심(一心)이 아니며, 아뇩다라삼먁삼보리가 아니며, 청정심이 아니며, 보살심이 아니며, 깨달음이 아니며, 각(覺)이 아니며, 분별심이며 사상심이다. 일심(一心)은 원융일성(圓融一性)이며 청정각성(淸淨覺性)이다. 곧, 진여(眞如)를 일컬어 일심(一心)이라 한다. 일(一)은 원융불이(圓融不二)며, 심(心)은 부사의 자재(自在)다

淨心行善分 第二十三
정 심 행 선 분 제 이 십 삼

무사상행(無四相行)이 곧 아뇩다라삼먁삼보리임을 설하심이다.

復次 須菩提 是法平等 無有高下 是名阿耨多羅
부 차 수 보 리 시 법 평 등 무 유 고 하 시 명 아 뇩 다 라
三藐三菩提
삼 먁 삼 보 리

다시 또 수보리야, 이 법은 평등하여 높고 낮음이 있는 바가 없으므로, 이를 이름함이 아뇩다라삼먁삼보리라 하느니라.

● 앞 구절에서, 아뇩다라삼먁삼보리를 얻음은 아뇩다라삼
먁삼보리뿐만 아니라 어떤 작은 법이라도 얻은 바가 없으므
로 이를 아뇩다라삼먁삼보리라 함을 이은 말씀이다.

● 이 법(法)은 평등하여 높고 낮음이 없음은 일체상을 벗
어났으므로 높고 낮음이 없다. 일체상을 벗어났다 하여 상
(相)을 두고 벗어난 것이 아니다. 벗어날 상(相)이 없으니, 상
(相)을 벗어나 또 다른 어느 곳이나, 또 다른 무엇이 있는 것
이 아니다. 단지, 상(相)이 상(相) 아님을 깨달음으로 상심(相
心)이 타파되어 상(相)을 벗어나게 된다.

● 아뇩다라삼먁삼보리의 평등은 상(相)의 평등이 아니며,
차별 없는 평등도 아니며, 상(相)과 차별이 끊어진 자성평등
(自性平等)이다. 상(相)은 평등할 수 없으며, 상(相) 그 자체가
차별이다. 그러므로 중생심은 차별심이며, 현상계는 차별계
다. 상(相)을 두고 평등할 수가 없다. 상(相)이 상(相)이 아니
므로 자성평등(自性平等)에 들게 된다. 자성평등(自性平等)이
곧, 아뇩다라삼먁삼보리다. 아뇩다라삼먁삼보리 각성(覺性)
에는 인연을 따르는 만상(萬相)의 차별상이 생멸이 끊어진 불
생불멸상(不生不滅相)으로 청황적백(淸黃赤白), 대소장단(大
小長短) 그대로 차별 없는 평등이며, 일체차별이 그대로 일체
차별이 끊어진 진여(眞如)의 세계다. 그러므로 일체차별이 법
성평등에 차별심이 끊어져 분별심이 일어나지 않는다.

● 상(相)의 세계는 상대적 차별과 평등이며, 아뇩다라삼먁
삼보리는 상(相)과 일체차별이 끊어진 법성(法性)의 절대평등
(絶對平等)이다. 이것이 자성평등(自性平等)이며 법성평등(法
性平等)이다.

以無我 無人 無衆生 無壽者 修一切善法 卽得阿
이무아 무인 무중생 무수자 수일체선법 즉득아

耨多羅三藐三菩提 須菩提 所言善法者 如來說
녹다라삼먁삼보리 수보리 소언선법자 여래설

卽非善法 是名善法
즉비선법 시명선법

무아 무인 무중생 무수자로 일체선법을 닦아 곧 아뇩다라
삼먁삼보리를 얻느니라. 수보리야, 말한 바 선법이라는 것은
여래가 설한 바 즉, 선법이 아니니, 이를 이름함이 선법이라
고 하느니라.

● 사상(四相) 없는 일체선법(一切善法)을 닦음이 곧, 아뇩
다라삼먁삼보리를 얻음이니라. 일체선법(一切善法)은 곧, 선
법(善法)이 아니므로 이 이름이 일체선법(一切善法)이니라.
하심이다.

● 상(相)을 두고 상심(相心)을 벗을 수가 없다. 나 없음이 사
상심이 없음이다. 사상심이 있으면 상심(相心)을 가지지 않아도
나를 여읜 것은 아니다. 나 그 자체가 상심(相心)이다. 아뇩다라
삼먁삼보리에 들면 사상심이 끊어진다. 내가 멸(滅)하면 더불어
타(他)도 멸(滅)하며, 아상(我相)이 멸(滅)하니 내외상(內外相)이
멸(滅)하며, 더불어 사상(四相)이 멸(滅)하여 일체차별상이 끊어
져 무위자성(無爲自性) 법성(法性) 절대평등(絶對平等)에 들게
된다.

● 사상(四相)을 여의려면 상(相)의 자성(自性)을 깨달아야
한다. 자성(自性)을 깨달음이 발아뇩다라삼먁삼보리심이다.
상(相)의 자성지혜(自性智慧)가 반야다. 즉, 무위본성(無爲本

性) 지혜다.

● 사상(四相) 없이 닦는 일체선법(一切善法)은 무엇일까? 아뇩다라삼먁삼보리심으로 상(相) 없는 반야의 일체행이다. 곧, 응무소주 이생기심(應無所住 而生其心)이다. 깨달음으로 본심본각(本心本覺)에 들면 일체 수행심과 일체 수행성취가 흔적 없이 사라진다. 만약, 일체 수행심과 일체 수행성취가 티끌 마침이라도 남아 있거나, 그림자의 흔적이라도 있다면 상(相)을 벗지 못한 것이다. 그 어떤 수승한 공덕이 무엇이든 청정본심(淸淨本心)을 가리는 티끌이기 때문이다. 그 어떤 수승한 수행법과 무한 무량공덕이 뛰어난 수행공덕도 본심각력(本心覺力)에는 미치지 못하는 티끌이며, 버려야 할 탐착(貪着) 중생심이다. 본심공덕(本心功德)을 모르니 수행에 의한 티끌 같은 공덕이라도 소중하고 귀(貴)하게 생각하나, 티끌 같은 작은 것을 탐착하는 습관이 짙으면 심안(心眼)이 어두워 본심각명(本心覺明) 불지혜(佛智慧)의 불가사의 청정대각(淸淨大覺)에 들 수가 없다. 본심각명(本心覺明)의 불지혜(佛智慧)는 작은 티끌도 없는 무소득심(無所得心)이어야 들 수가 있다. 상(相) 없고, 얻음 없는 청정무소득(淸淨無所得)이 아뇩다라삼먁삼보리심이다. 아뇩다라삼먁삼보리의 상(相) 없는 청정본심행이 일체선법행이다.

● 아뇩다라삼먁삼보리에 드는 수행길은 정해진 길이 없다. 깨달음을 향한 그 수행이 무엇이든 상심(相心) 아(我)를 멸(滅)하는 수단과 방법이다. 무상지혜(無上智慧)를 발(發)하여 깨달음에 드는 일체 수행법은 상심(相心) 아(我)를 멸(滅)하는 법(法)과 행(行)에 이름을 붙였을 뿐이다. 깨달음을 위한 어떤 수행이든 이름과 행위는 다를지라도 상심(相心) 아(我)를 멸

(滅)하는 수단과 방법임은 다를 바 없다. 깨달음의 지혜는 수행으로 얻어지는 지혜가 아니다. 단지, 상심(相心) 아(我)가 멸(滅)하므로 상(相) 없고, 아(我) 없는 본연(本然) 각성(覺性)이 드러나게 된다. 그러므로 불지혜(佛智慧)의 깨달음과 바라밀에 드는 일체 수행법은 사상심 상(相)과 아(我)를 여의는 수행이다. 깨달음에 드는 여러 수행법이 각각 이름이 다르고, 그 수행법이 차별이 있어도 그 향(向)함의 목적이 다르지 않으며, 그 일체수행이 상심(相心) 아(我)를 멸(滅)하는 법(法)을 벗어나 있지 않다. 깨달음을 향한 어떤 수행법이든 깨달음의 지혜를 인위적으로 완성하여 없는 것을 개발하거나 창조하는 것이 아니니, 깨달음을 향한 일체 수행이 상심(相心) 아(我)를 여의어 본래(本來) 본연(本然)의 상(相) 없는 본심(本心)에 드는 아(我)와 상심(相心)의 미혹을 제거하는 과정의 행위다.

● 무엇이든 정해져 있는 것은 중생을 섭수하는 방편(方便)이다. 불법(佛法)은 무유정법(無有定法)이라 상(相) 없음이 정(正)이며, 머묾 없음이 길(道)이다. 상(相) 없는 일체행이 일체선법(一切善法)이다. 삼라만상 일체만물이 무위섭리의 인연을 따라 흐를 뿐, 만들어져 있는 길을 따르지 않는다. 무위일심(無爲一心)이 일체선법이며, 일체선법은 상(相) 없는 일체행(一切行)이다. 일체선법은 무위행(無爲行)일 뿐, 정(定)함이 없는 법이다. 만약 법(法)을 정(定)해 이것이 일체선법(一切善法)이라고 하면 유위(有爲)며, 상(相)이니, 일체선법(一切善法)이 아니다. 일체(一切)는 만행(萬行)이며, 선법(善法)은 상(相) 없는 행(行)이다. 이는 각(覺)을 여의지 않은 아뇩다라삼먁삼보리행이다. 일체선법(一切善法)은 무사상행(無四相行)이며, 무아무상행(無我無相行)이다. 이것이 사상(四相) 없이 일

체선법(一切善法)을 닦음이다. 즉, 상(相)과 아(我) 없는 아뇩다라삼먁삼보리 반야지(般若智) 무위 보살행이다.

● 일체선법(一切善法)이 선법(善法)이 아님은 법(法) 없고, 정(定)함 없고, 상(相) 없고, 아(我) 없기 때문이다. 무위(無爲) 일체행(一切行)을 이름하여 일체선법이라고 한다. 일체선법은 상(相) 없는 일체행(一切行)이다. 반야의 보살이 중생을 일체선법에 수용(受用)하므로 말과 법(法)의 이름은 있으나 그 실체가 없다. 일체선법은 사상심 없는 무아무상행(無我無相行)이다. 즉, 본심행(本心行)이며 반야행(般若行)이다. 이것이 일체선법 일체불법행(一切佛法行)이다.

福智無比分 第二十四
복 지 무 비 분 제 이 십 사

이 경(經)의 수지독송설(受持讀誦說)의 공덕이 수승(殊勝)함을 설하심이다.

須菩提 若三千大千世界中 所有諸須彌山王 如是
수 보 리　약 삼 천 대 천 세 계 중　소 유 제 수 미 산 왕　여 시
等七寶聚 有人持用布施 若人以此般若波羅蜜經
등 칠 보 취　유 인 지 용 보 시　약 인 이 차 반 야 바 라 밀 경
乃至 四句偈等 受持讀誦 爲他人說 於前福德 百
내 지　사 구 게 등　수 지 독 송　위 타 인 설　어 전 복 덕　백
分不及一 百千萬億分 乃至 算數譬喩 所不能及
분 불 급 일　백 천 만 억 분　내 지　산 수 비 유　소 불 능 급

수보리야, 만약 삼천대천세계 중에 있는 바 모든 수미산왕처럼, 이와 같이 칠보를 쌓아 모은 것을 가지고 보시를 하는

사람이 있어도, 만약 사람이 이 반야바라밀경의 어느 한 부분이나 사구게 등을 받아 지니며, 읽고 외우며 타인을 위해 설한다면은 앞의 복덕으로는 백분의 일도 미치지 못하며, 백천만억분 내지 산수의 비유로는 능히 미칠 바가 못 되느니라.

● 이 구절은 앞의 구절에서 설하신 아뇩다라삼먁삼보리로 사상(四相) 없는 일체선법(一切善法)을 닦는 공덕이 수승함을 설하심이다.

● 이 경(經) 내용 어느 곳이나 전체가 아뇩다라삼먁삼보리심으로 사상(四相) 없는 일체선법(一切善法)을 행하는 가르침이다. 삼천대천세계 수미산왕처럼 쌓은 무량칠보를 보시한 복덕보다 이 경(經)의 내용 중 어느 한 부분이나 사구게 등을 받아 지니고, 읽고, 외우며, 타인(他人)을 위해 설하면은 그 복덕이 무량칠보 보시복덕보다 숫자의 비유로 능히 미칠 수가 없음을 설하심이다.

● 수지독송(受持讀誦)과 위타인설(爲他人說)이 아뇩다라삼먁삼보리심으로 사상(四相) 없이 일체선법을 닦음이다. 수지독송이 곧, 사상(四相) 없는 아뇩다라삼먁삼보리 행(行)인 일체선법을 닦음이며, 위타인설이 사상 없이 아뇩다라삼먁삼보리심으로 중생을 구제하는 일체선법 보살행이다.

化無所化分 第二十五
화 무 소 화 분 제 이 십 오

여래(如來)는 중생제도상(衆生濟度相)이 없으며 중생(衆生) 또한 없음을 설하심이다.

須菩提 於意云何 汝等勿謂如來作是念 我當度衆
수보리 어의운하 여등물위여래작시념 아당도중

生 須菩提 莫作是念 何以故 實無有衆生如來度
생 수보리 막작시념 하이고 실무유중생여래도

者 若有衆生如來度者 如來 卽有我人衆生壽者
자 약유중생여래도자 여래 즉유아인중생수자

　

수보리야, 어떻게 생각하느냐? 너희들은 여래인 내가 당
연히 중생을 제도한다는 이러한 생각을 한다고 여기지 말라.
수보리야, 이러한 생각을 하지 말아야 하느니라. 어떠한 연
유이냐 하면은, 여래가 제도한 자 중생이 실로 없기 때문이
니라. 만약 여래가 제도한 자 중생이 있다면, 여래는 곧, 아
인 중생 수자가 있느니라.

● 이 구절은 각(覺)에 이르지 못한 중생들이 스스로 중생
상(衆生相)을 가짐을 멸(滅)함이다.

● 모든 부처님 제자나 수행자나 중생들이 스스로 중생이
라는 상(相)을 가지므로, 부처님께옵서 중생을 제도한다는 생
각을 하게 된다. 이 생각은 법상(法相)을 지어 환(幻)과 같은
부사의(不思議) 무량법계(無量法界) 불법장엄(佛法莊嚴)을 이
룬다. 스스로 중생이 되어 불(佛)의 상(相)을 지으며, 중생구
제 불설(佛說)과 불법(佛法)의 무량바라밀법과 무량선법(無量
善法)과 무량삼매(無量三昧)와 구경열반법(究竟涅槃法)과 일
체지혜각성법(一切智慧覺性法)과 해탈무위법(解脫無爲法)과
일체조도법(一切助道法)을 가지며, 배우고 닦으며 불법장엄
(佛法莊嚴)을 이룬다. 법상(法相)을 가지므로, 중생상과 사상
(四相)을 멸(滅)하려거나, 벗으려거나, 지혜를 얻으려거나, 불

(佛)을 성취하려거나, 열반삼매(涅槃三昧)를 구하려거나, 무량불법(無量佛法)을 성취하려는 유위법상(有爲法相)을 가진다. 사상심을 여의어 청정본성에 들면 유위법상(有爲法相) 일체환(一切幻)이 흔적 없이 사라진다. 왜냐면, 본래 없으며, 아(我)를 뿌리로 한 실체 없는 망(妄)이며, 환(幻)이기 때문이다. 청정본심에 들면 청정본심은 상(相)이 없으니, 아(我)에 의지한 환(幻)이 의지할 곳이 없어 아(我)가 무너질 때 상심(相心)에 의지한 일체환(一切幻)이 흔적 없이 사라진다. 잠을 자면 꿈속이 호화찬란해도, 잠을 깨면 흔적 없이 사라지듯, 나 있음이 꿈이니, 내가 사라지면 내가 의지했든 일체불법(一切佛法)과 일체바라밀법과 일체수행과 수승한 증과(證果)의 세계가 흔적 없이 사라져 찾을 수가 없다. 그때에 비로소 일체(一切)가 환(幻)임을 깨닫게 된다.

● 깨달음은 다름 아니라 나 없음을 깨달음이며, 상(相) 없음을 깨달음이다. 깨달음을 얻지 못하면 나와 상심(相心)을 벗어날 수가 없다. 깨달음으로 나 있음과 상심(相心)과 일체유위심(一切有爲心)인 사상심이 흔적 없이 사라진다. 깨달음으로 나 없고 상(相) 없는 청정본심이 드러난다. 그러므로 상심(相心) 유위심(有爲心)으로 각(覺)에 들 수가 없다. 나 없음을 깨달음으로 나와 일체상이 없어 청정본심 본각(本覺)의 밝음이 드러난다.

♣ 實無有衆生如來度者 若有衆生如來度者 如來 卽有我人衆生壽者(실무유중생여래도자 약유중생여래도자 여래 즉유아인중생수자) 여래가 제도한 자 중생이 실로 없기 때문이니라. 만약 여래가 제도한 자 중생이 있다면, 여래는 곧, 아 인 중생 수자가 있느니라.

● 여래(如來)께옵서 제도한 중생이 실로 없음은 중생이 중생이 아니기 때문이며, 제도 또한 멸도상(滅度相)이 없기 때문이다.

● 여래(如來)께옵서 제도(濟度)한 중생이 실로 있다면, 상법(相法)이므로 중생이 제도될 수가 없다. 중생이 중생을 벗어남은 중생이 본래 중생이 아님과, 사상심이 본래 없기 때문이다. 그러므로 일체상과 사상심이 실체 없음을 깨달으면 사상심이 사라져 바로 무상본심(無相本心)이 드러난다. 만약, 중생이 있고, 멸도(滅度)한 중생이 있다면 법성(法性)과 본성(本性)을 벗어난 유위(有爲)의 상법(相法)이므로 중생이 중생을 벗어날 수가 없다. 중생이 중생을 벗어나는 것은 사상심이 본래 없기 때문이며, 중생의 본성이 곧, 각(覺)인 아뇩다라삼먁삼보리기 때문이다.

● 만약, 여래(如來)께서 제도한 중생이 있다고 하면 여래(如來)께옵서 사상심(四相心)을 가짐이다. 그러나 여래각력(如來覺力)은 상청정무상각(常淸淨無相覺)이니 중생상이 없을 뿐만 아니라, 여래상(如來相)까지 없는 각성원융(覺性圓融) 무상청정심(無相淸淨心)이다.

須菩提 如來說 有我者 卽非有我 而凡夫之人 以
수보리 여래설 유아자 즉비유아 이범부지인 이
爲有我 須菩提 凡夫者 如來說 卽非凡夫 是名凡
위유아 수보리 범부자 여래설 즉비범부 시명범
夫
부

수보리야, 여래가 설함에 있어 아라는 것은 즉, 아가 있음이 아님이나, 범부의 사람들은 아가 있다고 하느니라. 수보리야, 범부라는 것은 여래가 설한바 즉, 범부가 아님이니, 이를 이름함이 범부라 하느니라.

♣ 須菩提 如來說 有我者 卽非有我 而凡夫之人 以爲有我(수보리 여래설 유아자 즉비유아 이범부지인 이위유아) 수보리야, 여래가 설함에 있어 아라는 것은 즉, 아가 있음이 아님이나, 범부의 사람들은 아가 있다고 하느니라.

● 여래(如來)께옵서는 청정각성(淸淨覺性) 무위본성(無爲本性)의 지혜이므로 여래(如來)의 경계에서는 일체(一切)가 상(相)이 없고, 언어(言語) 또한 상(相) 없는 실상을 드러냄이나 범부들은 상심(相心)의 유견(有見)으로 받아들이므로 무엇이든 있다는 법상(法相)을 가짐을 말씀하심이다.

● 아(我)는 나(我), 상(相), 존재(存在)를 뜻한다.

● 여래(如來)께서는 아(我)의 실체가 없다고 하고, 범부는 아(我)의 실상을 보지 못하므로 아(我)가 있다는 유견(有見)을 가진다.

● 범부는 상(相)의 유견(有見)을 가지며, 여래(如來)께서는 상(相)의 무견(無見)을 가지는 것이 아니다. 유견(有見)과 무견(無見)은 둘 다 상견(相見)이다. 유견(有見)은 무견(無見)에 의지한 상견(相見)이며, 무견(無見)은 유견(有見)에 의지한 상견(相見)이다. 유견(有見)과 무견(無見)이 상심(相心)이다. 범부가 아(我)가 있다 함은 상(相)의 유견(有見)이며, 여래(如來)께옵서 아(我)가 없다 함은 무견(無見)이 아니라 존재의 실상 무자성(無自性)이다. 무자성(無自性)은 일체 현상이 머무름 없는 성품이며, 현상이 인연을 따르는 흐름의 실상이다. 현상의 성

품은 머무름 없어 무자성(無自性)이며, 무자성(無自性) 현상의 실체를 실상이라 한다. 실상은 현상의 머묾 없는 성품을 일컬음이다. 무자성(無自性) 성품이 인연작용으로 드러나는 것이 현상이다. 모든 존재는 그 모양 그대로 머물러 있지 않고 인연을 따라 변화한다. 인연을 따라 변화하는 것에는 그 모양, 그 모습이 없다. 이것은 그 모양, 그 모습 없는 머무름 없는 법성(法性)의 작용이다. 현상을 인지하는 촉각과 감각도 머무름 없는 흐름 속에 가능하며, 촉각과 감각이 있음은 머무름 없는 흐름 속에 있는 자신을 발견하는 것이다. 모든 존재가 그 모습 그대로 머물러 있으면 존재할 수 없고, 나 또한 머물러 있으면 촉각과 감각이 있을 수가 없다. 사상심으로 보는 일체상은 상(相)의 참모습이 아니다. 상(相)을 정(定)해 보는 분별상이다. 실상을 깨달으면 상(相)의 무자성(無自性)을 깨닫게 된다. 사상심을 여의어 실상 무아지혜(無我智慧)가 무상지혜(無相智慧)며 반야다. 무상지혜(無相智慧)로 일체상이 끊어진 청정지(清淨智)에 들게 된다. 상(相)의 무자성(無自性)을 깨달음과 동시에 바로 상(相) 없고 일체에 물듦 없는 본심이 드러난다. 이 청정본심(清淨本心)이 아뇩다라삼먁삼보리심이다. 상(相)에 걸림 없고, 머묾 없는 무아무상청정심(無我無相清淨心)에 듦이 발심(發心)이며, 아뇩다라삼먁삼보리심이다. 아뇩다라삼먁삼보리심은 일체상에 걸림 없고 원융무애(圓融無碍) 청정각성심(清淨覺性心)이다. 이것이 본심능각(本心能覺)이니 곧, 청정본심(清淨本心) 각성(覺性)인 본각(本覺)이다. 원융무애자재(圓融無碍自在)하며, 상(相) 없어 방(方) 없고, 온 우주 삼라만상 걸림없이 원융(圓融)하다. 본심은 불가사의 공덕이 있어 그 능행자재(能行自在)는 불가사의하고 불가사의하여 그 성품 작용으로 삼라만상 일체만유(一切萬有)를 창출(創出)하여 천지(天地) 허공계(虛空界)에 그 공덕이 구족(具足)하고, 제불각성(諸佛覺性)과, 부사의 제불일체법(諸佛一切法)이 이로부터 나온다. 깨닫고 보면 온 우주(宇宙) 일체존재가 심(心) 하나로 이루어져 있다. 그러므로 일심(一心)이라고 한다. 일심(一心)은 일체허공계(一切虛空界)와 일체만물존재계(一切萬物存在界)가 심(心) 하나뿐이므로 일심(一心)이라고 한다. 일심(一心) 즉, 심진여(心眞如)다. 심진여(心眞如)를 여각(如覺)이라고 한다. 여각(如覺)이라고 함은 일체차별이 없고, 상(相)이 없으므로 원융무애청정각(圓融無碍淸淨覺)이다. 이사무애(理事無碍)와 사사무애(事事無碍)가 원융(圓融)한 진성진여계(眞性眞如界)다. 진성진여계(眞性眞如界)는 상(相) 없고 원융(圓融)하여 걸리거나 막힘이 없다. 그 성품이 무자성(無自性)이므로 삼라만상만물이 자성(自性) 없는 법성(法性) 무자성(無自性)으로 이사(理事)와 사사(事事)가 원융무애자재(圓融無碍自在)하다. 법성원융(法性圓融)의 무자성(無自性)이 인연따라 생성(生成)과 흐름의 변화를 거듭하며 만물이 성장하고, 꽃이 피고 열매를 맺으며, 만 생명은 여여(如如) 속에 차별장엄(差別莊嚴)을 이루어 삼라만상 우주는 법성원융(法性圓融) 무자성(無自性)의 섭리를 따라 운행하며 흐른다. 이 법성섭리(法性攝理)가 삼법인(三法印) 무자성(無自性) 법성원융(法性圓融)의 세계다. 삼법인(三法印)이 제불(諸佛) 일체불법(一切佛法)의 법계(法界)며, 사법계(四法界)가 삼법인(三法印)에 수용(受用)되며, 깨달음을 얻어 법성원융(法性圓融) 아뇩다라삼먁삼보리에 든 일체수행자(一切修行者) 지혜경계(智慧境界)를 원융무애(圓融無碍) 일성사법계(一性四法界)로 심자재(心自在)의 자기점검(自己點檢)을 할 수가 있다.

완전한 완성자(完成者) 본연(本然)을 향(向)한 향도(向道)가 사법계(四法界)에 걸림 없는 원융(圓融)한 일각요의(一覺了義) 완전(完全)한 부사의(不思議) 원융성(圓融性)에 있다. 일각요의(一覺了義)의 일(一)은 상(相) 없는 각(覺)의 진여(眞如) 일심원융자재성(一心圓融自在性)이며, 의(義)는 각요실(覺了實)이다.

♣ 須菩提 凡夫者 如來說 卽非凡夫 是名凡夫(수보리 범부자 여래설 즉비범부 시명범부) 수보리야, 범부라는 것은 여래가 설한바 즉, 범부가 아님이니, 이를 이름함이 범부라 하느니라.

● 이 경(經) 중 여래(如來)께옵서 설(說)하시며 스스로 여래설(如來說)이란 표현을 하시는 구절(句節) 중에는 불지견(佛智見)에 의한 정견(正見)이며, 실견(實見)이므로 그것이 사실이며, 틀림없음을 여래(如來) 스스로 입증(立證)하고, 증명(證明)하는 바임을 드러내심이다. 중생지견(衆生智見)이 어두워 실상(實相)을 드러내어도 혜안(慧眼)과 실상지(實相智)가 없어 이해하지 못하여 믿지 아니함이니, 여래(如來)를 믿는 그 마음에 의지해 법(法)에 믿음을 가지며, 실상(實相)에 들도록 이끎의 무량자비(無量慈悲)다. 순수 정(情)가진 중생의 시야에는 여래설(如來說)이라는 말씀에 여래(如來)의 깊은 대비(大悲)와 중생을 향한 여래(如來)의 아픔을 보게 된다.

● 범부(凡夫)가 범부(凡夫)가 아님은 사상심(四相心)이 상(相) 없기 때문이며, 범부(凡夫)의 실체가 각(覺)이기 때문이다.

法身非相分 第二十六
법 신 비 상 분 제 이 십 육

여래(如來)를 상(相)이나 음성(音聲)으로 볼 수 없음을 설하심이다.

須菩提 於意云何 可以三十二相 觀如來不 須菩
수 보 리 어 의 운 하 가 이 삼 십 이 상 관 여 래 부 수 보

提言 如是如是 以三十二相 觀如來 佛言 須菩提
리 언 여 시 여 시 이 삼 십 이 상 관 여 래 불 언 수 보 리

若以三十二相 觀如來者 轉輪聖王 卽是如來 須
약 이 삼 십 이 상 관 여 래 자 전 륜 성 왕 즉 시 여 래 수

菩提白佛言 世尊 如我解佛所說義 不應以三十二
보 리 백 불 언 세 존 여 아 해 불 소 설 의 불 응 이 삼 십 이

相觀如來
상 관 여 래

수보리야, 어떻게 생각하느냐? 가히 삼십이상으로써 여래
를 보느냐? 수보리가 말씀드리되, 그렇고 그러하옵니다. 삼
십이상으로 여래를 뵈옵니다. 부처님께옵서 말씀하시되, 수
보리야, 만약 삼십이상으로 여래를 볼 것 같으면은 전륜성왕
도 곧 이 여래이리라. 수보리가 부처님전에 사뢰어 말씀드리
되, 세존이시여, 제가 부처님께옵서 설하신 바의 뜻을 아는
바 같아서는, 응당 삼십이상으로는 여래를 보지 못하옵니다.

● 앞 구절에서 범부(凡夫)가 실체가 없음을 설하였으며,
이어, 또한 불신(佛身)도 실체가 없음을 설하심이다.
● 불신(佛身)도 32길상(三十二吉相)이며, 전륜성왕(轉輪聖
王)도 32길상(三十二吉相)을 지니고 있다.
● 불신(佛身)이 길상(吉相)이어도 불신(佛身)이 여래(如來)
가 아님을 설(說)하심이다.
● 불신(佛身)으로 여래(如來)를 볼 수 없음은, 몸의 촉각
과 감각으로 여래(如來)를 볼 수 없기 때문이다. 그러면 무엇
으로 여래(如來)를 볼 수가 있는가? 여래(如來)는 상(相) 아니

며, 실체가 없으니 실상(實相) 지혜를 발(發)하므로 여래(如來)를 알 수가 있다. 불(佛)만이 불(佛)을 아니 어떤 무엇을 일컫고 말하여도 불(佛)이 아니다. 자신이 불(佛)임을 깨닫게 되면 그때에는 의심 없으리라.

爾時 世尊 而說偈言 若以色見我 以音聲求我 是
이 시 세 존 이 설 게 언 약 이 색 견 아 이 음 성 구 아 시
人行邪道 不能見如來
인 행 사 도 불 능 견 여 래

그때에 세존께옵서 게를 설하시어 말씀하시기를, 만약 색으로 나를 보거나 음성으로 나를 구한다면은, 이 사람은 사도를 행함이니 능히 여래를 보지 못하리라.

● 무엇이 여래(如來)일까? 몸의 촉각과 감각으로 여래(如來)를 알 수가 없으니 촉각과 감각의 사상심을 여의면 여래(如來)를 깨닫게 된다. 무엇으로 일컫고 이름할 수가 있다면 여래(如來)가 아니다. 왜냐면, 여래(如來)는 상(相)이 아니며, 실체가 없기 때문이다. 만유(萬有)의 본성이며, 일체생명 본심(本心)이라 하여도 이름 또한 공(空)할 뿐이다. 실체 없어도 만법만상(萬法萬相)을 수용하고 섭수하며, 무한천(無限天)을 감싸고도 남음이 있으나, 무엇이라 일컫고 이름하려 하면 털끝에 감추어져 보이지를 않는다.
● 사도(邪道)는 무엇일까? 옳지 않고 삿된 것이다. 금강경이 법(法) 중에는 촉각과 감각과 의식과 사상심으로 머무르고, 구하고, 성취하려면 사도(邪道)다. 촉각과 감각과 의식의 눈에는 실상은 보이지 않는다. 상심(相心)의 분별심 없으면

각안(覺眼)이 열리어 여래(如來)의 본성(本性)이 드러난다.

● 여래(如來)만이 색(色)의 형상이나, 말씀의 음성으로 여래(如來)의 실체를 찾고 구하는 것만이 사도(邪道)가 아니다. 나의 실체를 몸의 형상이나, 말을 하는 자아(自我)를 나의 실체로 알고 있는 것도 미혹이며, 사견(邪見)이니 능히 나를 보지 못함이다.

● 상(相) 없고, 실체 없어 이름할 수 없고 지칭할 수 없어 불법(佛法)이며, 무유정법(無有定法)이다. 육근(六根)으로 찾을 수 없어도 깨달으면 몸을 뒤척이지 않아도 그대로 실상(實相)이다.

無斷無滅分 第二十七
무단무멸분 제이십칠

여래(如來)는 법(法)의 단멸상(斷滅相)을 설하지 않음을 말씀하심이다.

須菩提 汝若作是念 如來不以具足相故 得阿耨多
수보리 여약작시념 여래불이구족상고 득아뇩다

羅三藐三菩提 須菩提 莫作是念 如來不以具足相
라삼먁삼보리 수보리 막작시념 여래불이구족상

故 得阿耨多羅三藐三菩提 須菩提 汝若作是念
고 득아뇩다라삼먁삼보리 수보리 여약작시념

發阿耨多羅三藐三菩提心者 說諸法斷滅 莫作是
발아뇩다라삼먁삼보리심자 설제법단멸 막작시

念 何以故 發阿耨多羅三藐三菩提心者 於法不說
념 하이고 발아뇩다라삼먁삼보리심자 어법불설

斷滅相
단멸상

수보리야, 너는 여래가 구족한 상이 아닌 연고로, 아뇩다라삼먁삼보리를 얻었다는 이와 같은 생각을 하느냐? 수보리야, 여래는 구족한 상이 아닌 연고로, 아뇩다라삼먁삼보리를 얻었다는 이러한 생각을 하지 말아라. 수보리야 너는 이러한 생각을 하되, 아뇩다라삼먁삼보리심을 발한 자는, 모든 법의 단멸을 설한다는 이러한 생각을 하지 말아야 하느니라. 어떠한 연유이냐 하면은, 아뇩다라삼먁삼보리심을 발한 자는, 법의 단멸상을 설하지 않느니라.

● 구족색신(具足色身)과 삼십이상(三十二相)과 색(色)과 음성(音聲)이 여래(如來)가 아니라고 하니, 미래 중생 등 사상심(四相心)을 가진 자의 분별심을 끊기 위하여 청법자(請法者) 수보리존자를 대상삼아 부처님께옵서 대기설법(對機說法)을 하심이다.

● 사상심을 가진 자는 부처님의 실상 말씀에 유견(有見)으로 분별하여, 중생도, 범부도, 여래(如來)도 아니다. 아니다. 아니다 하니, 무엇이든 아니므로 아뇩다라삼먁삼보리를 얻었거나, 아무것도 아닌, 무엇이든 아닌 단멸(斷滅)이 불법(佛法)이며, 아뇩다라삼먁삼보리임을 생각하는 상심(相心)의 분별심을 제거하여 구제(救濟)하심이다.

● 여래(如來)가 구족(具足)한 상(相)이 아니므로 아뇩다라삼먁삼보리를 얻었다는 이러한 생각을 하지말라 하심은, 사상심을 가진 자는 상심(相心)으로 분별하며, 헤아리어 알 것 같기도 하면서 모르겠고, 혹시 단정(斷定)하거나, 그것이 아닐까 하는 분별심을 일으키므로, 여래(如來)께옵서 그 마음을 아시어 분별심을 제거하여 구제함이다. 왜냐면, 단멸상(斷滅相)을

가지면 불법(佛法)에 들 수 없고, 깨달음을 얻을 수 없으며, 실상을 성취할 수가 없고, 아뇩다라삼먁삼보리심을 발(發)할 수 없기 때문이다. 단멸상(斷滅相)의 식견(識見)은 불성(佛性)의 인성(因性)을 끊어 불종자(佛種子)의 싹이 틀 수 없기 때문이다. 왜냐면, 단멸상(斷滅相)은 사견(邪見)이며 법성(法性)과 각성(覺性)이 끊어진 법(法)의 단멸(斷滅)이기 때문이다.

● 상심(相心)을 벗지 못하면 유무(有無)의 무(無)와 단멸(斷滅)과 무위(無爲)를 명료히 분별할 수가 없다. 지혜가 없어 이것을 밝게 분별할 수가 없다면, 사상심 없는 마음 없는 목석(木石)과 사상심 없는 불(佛)이 같은가 다른가를 분별할 수가 없다. 왜냐면, 불법(佛法)이 무엇인지를 모르며, 상(相)이 끊어짐이 무엇인지를 모르며, 깨달음이 무엇인지를 모르니, 생각과 분별심이 끊어진 돌과 나무같이 마음이 경계심과 생멸심이 없는 단멸무심((斷滅無心)이 불법(佛法)이며, 부처라고 생각하기 때문이다. 불법(佛法)을 단멸(斷滅)로 헤아리면 실상의 깨달음 성불(成佛)의 불종자(佛種子)를 끊은 사법사견(死法死見)이다.

● 상(相) 없다는 말과 일체상 끊어졌다는 말과 분별심 없다는 말과 적멸부동(寂滅不動)이라는 말과 동(動)함 없는 마음이라는 말과 상(相)에 걸림 없는 마음이라는 말과 상(相) 없는 청정하다는 말과 무상심(無相心)이라는 말과 열반적정이라는 말과 무심(無心)이라는 말과 일체상(一切相) 일체처(一切處)에 머묾 없다는 말과 상청정(常淸淨)이라는 말과 여여부동(如如不動)이라는 말과 무아(無我)라는 말 등은 무위심(無爲心)을 일컬음이나 이 말에 상심(相心)의 분별에는 목석(木石)과 불(佛)이 이에 같은가 어떻게 다른가를 분별할 수 없으며, 유무(有無)의 무(無)와 단멸(斷滅)과 무위(無爲)가 어떤 차별

이 있는가를 분별할 수 없고 그 차별이 명료하지 않다.

● 만약 목석(木石)과 같이 되는 것이 도(道)의 성취로 알고 있거나, 무심(無心)을 동(動)함 없는 목석(木石)과 같이 생각하거나, 청정부동(淸淨不動)이나 무생심(無生心)이 목석(木石)의 마음이라고 생각하면 불법(佛法)이 끊어진 단멸견(斷滅見)이며, 사견(邪見)이며, 불성(佛性)이 끊어진 사도(死道)다.

● 유무(有無)는 상(相)의 분별이므로 사실 존재하지 않는 사상심식(四相心識)의 허상(虛相)이다. 유무(有無)는 상(相)이 사실 존재하지 않음은 모든 일체상 존재는 무위작용(無爲作用)에 의한 인연섭리를 따르는 현상이다. 유(有)와 무(無)는 인과섭리가 끊어진 것이므로 상(相)의 집착에 의한 관념(觀念)과 식(識)의 허상(虛相)일 뿐, 사실 존재하지 않는다. 유무(有無)는 존재섭리 현상과 자성(自性) 인연섭리를 따르는 만물만상(萬物萬相)에는 없는 법(法)이다. 단지, 사상심 분별의 허상(虛相)일 뿐이다. 중생심과 중생식에는 이 망(妄)의 허상(虛相)이 파괴되지 않고 견고(堅固)하다. 몸의 촉각과 감각이 머무름이 없는 현상의 흐름을 인지하나, 상(相)의 집착심 사상심에 의해 깨닫지를 못한다. 상(相)에 머묾으로 자타와 내외와 만물 일체상의 차별세계가 벌어진다. 사심(四心)인 사상심이 멸하면, 자타와 내외와 만물 일체상 차별세계가 흔적 없이 사라진다. 이 상(相)들은 사상심 속에 형성된 환영(幻影)이므로 상심(相心)이 멸함과 함께 흔적 없이 사라짐은, 본래 뿌리가 없는 식(識)의 환영(幻影)이기 때문이다. 꿈꾸는 자(者)가 사라지니 꿈속 환영(幻影)이 흔적 없이 사라진다. 여래(如來)의 불지혜(佛智慧)에 의한 일체상의 실상을 드러내는 정견(正見)의 말씀처럼 일체가 비상(非相)이며, 상(相)이 아니니, 상(相)이 상(相) 아님을 보면

바로 망(妄)의 환영(幻影)을 벗어나 여래(如來)인 본심에 들어 여래(如來)가 곧, 일체청정심(一切淸淨心) 여(如)의 뜻(義)임을 깨닫게 된다. 일체상이 비상(非相)임을 깨달으면 내가 사라진 아뇩다라삼먁삼보리심을 발(發)하였음을 깨닫게 된다. 아뇩다라삼먁삼보리심을 발(發)하였다 하여도 끝난 것이 아니다. 아뇩다라삼먁삼보리심을 발(發)하여 미세업력(微細業力)에 이끌림이 있으면 아뇩다라삼먁삼보리심 각력(覺力)으로 미세업력(微細業力)을 다스려야 한다. 그러나 아뇩다라삼먁삼보리심에는 어떤 업력(業力)과 상(相)도 존재하지 않는 청정불성(淸淨佛性)이다. 아뇩다라삼먁삼보리심을 발(發)하면 각성(覺性)을 더 밝히는 것이 아니라, 더 밝힐 각성(覺性)이 없으니, 본심각성(本心覺性)을 수순하지 못하는 이끌림의 미세업력(微細業力)을 아뇩다라삼먁삼보리심으로 맑힐 뿐이다. 이 행로(行路) 속에 일체현성(一切賢聖)의 무위도(無爲道)인 성문사과(聲聞四果)과 보살지위(菩薩地位)의 차별과 완전함에 이른 불(佛)의 과정이 있을 뿐이다. 아뇩다라삼먁삼보리심을 발(發)하면 이 각성(覺性)은 일체생명과 중생과 불(佛)뿐만 아니라, 또한 만물만상이 차별 없다. 그러므로 여래(如來)의 뜻(義)을 여(如)라고 하며, 여(如)는 제불제각(諸佛諸覺)의 각성(覺性)이며, 일체생명의 본성이며, 일체심식의 본심청정성(本心淸淨性)이다.

● 단멸(斷滅)은 무위법성(無爲法性)과 일체심식(一切心識) 존재가 죽어 끊어진 사멸법(死滅法)이며, 인과(因果)와 만물만상 존재가 죽어 끊어진 사멸법(死滅法)이며, 유무(有無)의 상(相)과 환영(幻影)까지도 죽어 끊어진 사멸법(死滅法)이며, 생멸생사 존재도 죽어 끊어진 사멸법(死滅法)이니, 즉, 일체(一切)가 죽은 법(死法)이다. 단멸(斷滅)은 말은 있으나 존재섭리

와 법성(法性)에 존재하지 않는 법(法)이며, 존재할 수 없는 법(法)이다. 그러나 무명미혹(無明迷惑) 중생심에는 단멸(斷滅)을 진리(眞理)로 잘못 생각하거나, 아무것도 없는 무위(無爲)로 잘못 생각하거나, 심청정부동(心淸淨不動)이 단멸(斷滅)로 생각하는 미혹견(迷惑見)을 가질 수도 있다. 단멸(斷滅)에는 부처뿐만 아니라 삼라만상과 일체생명도 존재할 수 없고, 존재하지 않으며, 그렇게 생각하는 자신도 존재할 수 없는 악법(惡法)이다. 제불제각(諸佛諸覺)뿐만 아니라 중생미혹도 존재할 수 없는 악견(惡見)이다. 자신과 만물만상이 존재함이 일체가 단멸(斷滅)이 아님을 드러냄이며, 증명함이다. 단멸(斷滅)은 법성(法性)과 성불(成佛) 길을 끊어버리는 사견(邪見)이며, 일체법(一切法)과 일체 존재가 소멸하는 악견(惡見)이다.

● 유무(有無)는 만상만물이 고정(固定)된 상(相)으로 보는 대립(對立)의 분별상이다. 단멸상(斷滅相)은 모든 존재가 없고, 인연(因緣)과 법성(法性)을 인정하지 않아 인연과 법성이 사멸(死滅)하여 없는, 무엇이든 모든 존재가 끊어져 존재할 수가 없는 상견(相見)보다 더한 악견(惡見)이다. 무위(無爲)는 무자성(無自性)이며, 무자성(無自性)이 실상이며, 무자성(無自性)이 법성원융(法性圓融)의 세계이므로 법성원융(法性圓融)을 따라 만상만물이 생성되고 변화하는 것이 현상세계다. 실상(實相)인 무자성(無自性), 법성(法性) 원융무애(圓融無碍)한 머묾 없는 무한창조 현상이 삼라만상 만물이다. 무자성(無自性) 법성(法性)이 불생불멸성(不生不滅性)이다. 깨달음에 들면 법성(法性) 원융무애(圓融無碍) 실상각성지혜(實相覺性智慧)를 열게 된다. 부사의심(不思議心) 각력(覺力)의 수승함에 따라 법성원융(法性圓融) 일심(一心)의 불가사의한 능행자

재(能行自在)와 부사의(不思議) 심공덕(心功德)을 유출한다.

♣ 須菩提 汝若作是念 發阿耨多羅三藐三菩提心者 說諸法斷
滅 莫作是念 何以故 發阿耨多羅三藐三菩提心者 於法不說斷滅
相(수보리 여약작시념 발아뇩다라삼먁삼보리심자 설제법단멸
막작시념 하이고 발아뇩다라삼먁삼보리심자 어법불설단멸상)
수보리야, 너는 이러한 생각을 하되, 아뇩다라삼먁삼보리심
을 발한 자는, 모든 법의 단멸을 설한다는 이러한 생각을 하
지 말아야 하느니라. 어떠한 연유이냐 하면은, 아뇩다라삼먁
삼보리심을 발한 자는, 법의 단멸상을 설하지 않느니라.

● 언어(言語)는 언어일 뿐, 성인(聖人)의 언어와 중생의 언
어가 따로 있지 않다. 단지, 성인(聖人)은 성인(聖人)의 지혜를
언어에 의지해 법(法)과 뜻(義)을 중생에게 드러내고, 중생은
그 언어에 의지해 그 법(法)과 뜻(義)을 헤아리니, 언어는 성
인(聖人)과 중생이 다르지 않으나, 지혜와 견해 차이로 실상을
드러내는 언어의 뜻 진의(眞義)와 법(法)의 실상(實相)을 달리
수용하니, 똑같은 언어라도 성인(聖人)이 보거나 들으면 성인
(聖人)의 지혜세계며, 중생이 보거나 들으면 중생식견(衆生識
見)의 상심(相心) 한계 속에 수용하므로, 실상을 드러내는 뜻
(義)과 법(法)을 왜곡하게 된다. 이는 실상을 드러내는 법을 수
용할 수 없는 실상을 모르는 상심(相心)의 한계성 때문이다.

● 부처님께서는 무위(無爲)를 설(說)하시어 일체상이 비상
(非相)이며 아니라고 하니, 상심(相心)을 벗지 못한 중생은 상
견(相見)으로 유무(有無)의 무(無)나 단멸(斷滅)로 그 뜻(義)을
새기며 수용하고 섭수하는 그 길 외는 이해할 수가 없다. 상
심(相心)의 분별은 사상심 한계성을 벗어날 수가 없다. 단지,
상심(相心)이 멸(滅)하므로 사상심 한계성을 벗어나게 된다.

상심(相心)을 벗으면 바로 무위(無爲)에 들게 된다. 그러면 상심(相心)의 허물을 명료하게 깨달으며, 비로소 상심(相心) 일체가 환(幻)임을 깨닫게 된다.

● 상심(相心)으로는 유무(有無)와 단멸(斷滅)과 무기(無記)를 벗어날 수가 없다. 이 속에서 이루어지는 일체가 사상심이기 때문이다. 이 경(經) 중에 비상(非相)이라 하심은 사상(四相) 일체가 실체 없는 환(幻)임을 뜻한다.

● 여래(如來)께옵서 단멸(斷滅)을 설(說)하지 않으신다 함은, 이 경(經)을 보는 자(者)로 하여금 사상심의 분별 혹견(惑見)을 끊어 구제하기 위함이시다. 여래(如來)께옵서 계시지 않는 미래 중생들이 이 경(經)을 보고 단멸상(斷滅相)을 가지면 중생심인 사상심을 끊지 못하며, 중생을 벗어나 아뇩다라삼먁삼보리심을 성취하지 못하며, 불(佛)을 이룰 수 없는 혹견(惑見)인 단멸상(斷滅相)에 빠질 수 있으므로 경계하며 염려하심이다. 단멸상(斷滅相)을 가지면, 생명력이 죽은 씨앗에서 싹이 트고 꽃이 피기를 바라는 사람과 같다. 단멸상(斷滅相)은 불법(佛法)에 들 수 없고, 성불(成佛)할 수 없으며, 깨달음을 이룰 수가 없다. 왜냐면 의식이 깨달음에 들 수 있는 인성(因性)이 죽은 씨앗이기 때문이다. 부처님께옵서 왜, 단멸(斷滅)을 그토록 경계하실까? 실상 무위법성(無爲法性)의 가르침을 단멸상(斷滅相)으로 헤아리면, 유무견(有無見)의 중생은 구제할 수 있어도 법(法)의 단멸견(斷滅見)으로 단멸상(斷滅相)에 안주(安住)하면 구제할 수가 없고, 실상(實相) 무위(無爲)의 깨달음과 아뇩다라삼먁삼보리에 들 수 없기 때문이다. 깨달음으로 각성(覺性)에 듦은 깨달음을 향해 정신의식(精神意識) 인성(因性)의 성숙과 열정, 정신의식이 향하는 무위각(無爲覺) 지향점을 통해 이루어지는 정신

작용 승화의 세계다. 그러나 법(法)의 단멸견(斷滅見)은 실상(實相)과 무위(無爲) 각성지혜(覺性智慧)의 인성(因性)이 죽어 멸(滅)한 싹틀 수 없는 사멸견(死滅見)이기 때문이다. 지혜의 깨달음 길은 정신의 길이니, 견(見)의 인성차별(因性差別)에 따라 정신작용 인연(因緣)과 인과(因果)가 다르다. 일체중생은 식(識)의 차별이며, 깨달음은 사상심(四相心)과 일체식(一切識)의 차별을 벗어나 본연본심(本然本心) 본각(本覺)에 드는 것이다.

● 깨달음은 상(相)을 부정하는 것도 아니며, 긍정하는 것도 아니며, 있음과 없음을 논(論)하는 것도 아니다. 단지, 생멸 없는 청정본심을 요달(了達)하여 일체상에 걸림 없는 본심원융(圓融)의 무상심행(無相心行)에 듦이다. 상(相) 없고 생멸 없는 원융무애한 본심을 깨닫지 못하므로 제상비상(諸相非相)의 실상을 깨달아 사상심을 여의어 본심 각성원융(覺性圓融)에 들게 함이다. 상(相)의 실상을 깨닫게 함도 본심을 요달(了達)하기 위한 방편이다. 깨달음을 얻지 못한 상심(相心)으로 본심을 생각하는 것과 깨달음을 통해 본심을 체달(體達)하는 것은 차원이 다르다. 상심(相心)으로 본심을 생각해도 나 있음과 상(相)의 마음을 벗어날 수가 없다. 깨달음으로 본심을 체달(體達)하면 본심은 나와 상(相)을 벗어나 일체 삼라만상이 원융 본심 하나로 귀결되는 무한 무량공덕에 이르게 된다. 불가사의한 무한 무량공덕 원융 본심이 아뇩다라삼먁삼보리다.

不受不貪分 第二十八
불 수 불 탐 분 제 이 십 팔

일체법(一切法) 무아(無我)의 인(忍)을 이룬 공덕을 설하심이다.

須菩提 若菩薩 以滿恒河沙等世界七寶 持用布施
수보리 약보살 이만항하사등세계칠보 지용보시

若復有人 知一切法無我 得成於忍 此菩薩 勝前
약부유인 지일체법무아 득성어인 차보살 승전

菩薩所得功德 何以故 須菩提 以諸菩薩 不受福
보살소득공덕 하이고 수보리 이제보살 불수복

德故 須菩提白佛言 世尊 云何菩薩不受福德 須
덕고 수보리백불언 세존 운하보살불수복덕 수

菩提 菩薩所作福德 不應貪着 是故 說不受福德
보리 보살소작복덕 불응탐착 시고 설불수복덕

수보리야, 만약 보살이 항하의 모래와 같은 세계에 가득
찬 칠보를 가지고 보시를 하여도, 만약 또 사람이 있어 일체
법의 무아를 알아 인을 이루어 얻었다면, 이 보살이 앞의 보
살보다 공덕을 얻은 바가 수승하느니라. 어떠한 연유이냐 하
면은 수보리야, 모든 보살이 복덕을 받지 아니하는 연고이니
라. 수보리가 부처님전에 사뢰어 말씀드리되, 세존이시여,
어떠한 연유로 보살이 복덕을 받지 않는다고 하시옵니까? 수
보리야, 보살은 복덕을 짓는 바 응당 탐착하지 않기 때문이
니라. 이러한 연유로 복덕을 받지 않는다고 설하였느니라.

♣ 知一切法無我 得成於忍(지일체법무아 득성어인) 일체법
의 무아를 알아 인을 이루어 얻었다면

● 일체법 무아(無我)를 앎이란, 아뇩다라삼먁삼보리심에
듦을 일컫는다. 아뇩다라삼먁삼보리심에 들지 않으면 무아
(無我)를 알 수 없다. 무아(無我)는 사상심 없는 그 자체이기
때문이다.

不受不貪分 第二十八(불수불탐분 제이십팔)

● 인(忍)을 이루어 얻음이란, 아뇩다라삼먁삼보리심을 발
(發)하여 생멸 없는 법성(法性)에 듦을 뜻(義)한다. 인(忍)은
무위심(無爲心)이다. 인(忍)이 부사의심(不思議心)이다. 이 경
(經) 속에 여래(如來)의 과거 인욕행자였든 사상심 없는 무위
심(無爲心)이다.

● 인(忍)과 인(印)의 차별이 있다. 인(忍)은 사상심(四相心)
을 여읜 생멸 없는 무위수순심(無爲隨順心)이다. 인(印)은 즉,
완전한 파괴 없는 무위(無爲) 결정성(結定性)이다. 인(忍)은
사상(四相)과 생멸심 없는 보살심(菩薩心)이며, 인(印)은 결정
성(結定性)의 불인(佛印)이다. 이 차별은 인(忍)은 무위(無爲)
에 듦과 인(印)은 각(覺)의 완연(完然)한 결정성(結定性)에 듦
이다. 아뇩다라삼먁삼보리심을 발(發)하면 무위(無爲)에 들
고, 무위(無爲)를 수순하는 인행(忍行) 차별이 일체현성(一切
賢聖)의 차별상이다. 인행(忍行) 수행이 일체선법(一切善法)
이며, 바라밀법이며, 정견(正見) 팔정도(八正道)의 행로(行路)
다. 파괴됨이 없는 결정성(結定性) 인(印)에 들면 부사의 무
위(無爲) 결정성(結定性) 법성원융(法性圓融) 각인(覺印)에 든
다. 만법만상(萬法萬相)이 법성원융(法性圓融) 청정인(淸淨
印)으로 무궁조화(無窮造化)가 이루어진다. 이 인법계(印法
界)가 삼법인(三法印)의 세계다.

● 금강반야바라밀경 지혜와 내용이 삼법인(三法印)의 세계
다. 무엇이든 삼법인(三法印) 지혜를 벗어나면 불법(佛法)이
아니며, 불지혜(佛智慧)가 아니며, 바라밀법(波羅蜜法)이 아니
며, 아뇩다라삼먁삼보리가 아니며, 보살(菩薩)이 아니며, 불
(佛)이 아니며, 각(覺)이 아니다. 아뇩다라삼먁삼보리심으로
삼법인(三法印) 제행무상인(諸行無常印)의 지(智)를 발(發)하

여 제행(諸行)에 머묾 없는 무주행(無住行) 정진각력(精進覺力)으로 무주(無住)의 결정성(結定性) 인(印)에 든다. 제법무아인(諸法無我印)의 지(智)를 발(發)하여 제법제상(諸法諸相) 무아행(無我行) 정진각력(精進覺力)으로 무아(無我)의 결정성(結定性) 인(印)에 든다. 열반적정인(涅槃寂靜印)의 지(智)를 발(發)하여 열반본성(涅槃本性) 동(動)함 없는 청정본성원융부동지(淸淨本性圓融不動智) 정진각력(精進覺力)으로 청정부동원융(淸淨不動圓融)의 결정성(結定性) 인(印)에 든다.

● 금강반야바라밀경은 삼법인(三法印) 법성원융지(法性圓融智)의 불각(佛覺)과 행(行)의 공덕계(功德界)와 불지혜(佛智慧) 도종지(道種智)와 대비심(大悲心)의 선호념선부촉경(善護念善付囑經)이다. 금강반야바라밀경은 삼법인지(三法印智)를 일각요의(一覺了義)한 본심본각(本心本覺) 아뇩다라삼먁삼보리로 일체(一切)를 융통(融通)하게 한다. 아뇩다라삼먁삼보리심 무상지혜(無相智慧) 중생구제행(衆生救濟行)인 각력보살행(覺力菩薩行)과 그 행(行)의 지혜공덕세계(智慧功德世界)와 중생들을 위해 무위실상(無爲實相) 비상(非相)을 드러내어 사상심(四相心) 혹견(惑見)을 끊어 아뇩다라삼먁삼보리를 성취하게 하신다. 여래(如來) 없는 미래 중생들도 상심(相心) 분별로 이 경(經)의 뜻(義)을 수용함이 잘못이 없기를 바라며, 법(法)의 단멸견(斷滅見)을 타파하여 여래(如來) 없는 세상에도 그 중생들이 잘못됨이 없이 이 경(經)을 바로 알아 아뇩다라삼먁삼보리심을 발(發)하도록 이끄시는 불지혜(佛智慧)의 가르침이다. 또한, 경(經)의 구절(句節) 중에 중생들이 자성지혜(自性智慧)가 없어 중생지견(衆生知見)으로 이 사실(事實)을 믿지 아니할 것이므로 여래(如來)께옵서 스스로 설(說)함에 있어 이

것이 사실(事實)임을 입증(立證)하고자 여래설(如來說)임을 거듭 밝히어, 단지, 여래(如來)를 믿는 그 믿음으로 이 경(經)의 지혜공덕(智慧功德)에 들도록 하였다. 여래설(如來說)이란 뜻은 무상지혜자(無上智慧者)의 정견(正見)으로 법(法)의 실상(實相)을 확인한 사실(事實)임을 거듭 밝히고 증명(證明)함이다. 중생들이 지혜가 부족해 이해할 수 없어 믿지 않을 것이므로 설(說)하시는 중에도 여래설(如來說)이므로 이 법(法)이 바름을 거듭 밝혀 드러내어야만 했을까! 어린 자식을 바라보는 늙은 어버이의 측은한 가슴이며, 너무 어린 중생을 바라보는 무상지혜자(無上智慧者)의 아픔이었으리라. 참으로 나 스스로 선근근기(善根根機)와 지혜근기(智慧根機)를 돌아보게 하는 말씀이시다. 단지, 여래(如來)를 믿는 그 믿음 하나만으로도 이 실상지혜(實相智慧)의 공덕(功德)에 들도록 하려는 그 애틋한 보살핌과 중생들에게 여래(如來)는 진실한 말을 하는 자(者)며, 거짓말을 하지 않는 자(者)임을 무상지혜자(無上智慧者)이기에 위 없는 어버이의 마음으로 그렇게 간곡하게 설(說)해야만 했을까? 말씀을 돌이켜 사유하며 가슴으로 많은 생각을 하게 되는 구절이므로 경(經)을 새기며 마음 한 자락 부처님의 간곡한 진실한 마음을 생각하게 하는 여운이 남는 말씀이시다.

● 삼법인(三法印)은 원융일성(圓融一性)의 작용 법성섭리(法性攝理)를 부처님께옵서 관행(觀行) 불지혜(佛智慧)로 법성인연성(法性因緣性)의 특성을 법성삼리(法性三理) 용상체성(用相體性)으로 분별하여 지혜근기(智慧根機)와 법성관력(法性觀力)에 따라 법성(法性)을 깨달아 들도록 하시었다. 삼법인(三法印)은 관행(觀行) 불지혜(佛智慧)로 밝힌 법성섭리(法

性攝理)의 특성이다. 삼법인(三法印)이 불지혜(佛智慧)며, 깨달음을 얻어 아뇩다라삼먁삼보리를 발(發)함이 삼법인(三法印) 원융법성(圓融法性)의 일성(一性)에 듦이다. 법성삼리(法性三理) 법성(法性)의 작용 제행무상인(諸行無常印)을 깨달아, 또는 법성(法性)의 모습 제법무아인(諸法無我印)을 깨달아, 또는 법성(法性)의 본성(本性) 열반적정인(涅槃寂靜印)을 깨달아 각(覺)의 원융일성(圓融一性)에 들게 하였다. 어느 문(門)으로 일성(一性)에 들어도 일성(一性)의 일각요의(一覺了義) 아뇩다라삼먁삼보리는 동일(同一)하다. 이 경(經)에 비상(非相)을 설(說)하심은 일성(一性) 법성(法性)의 무아무상(無我無相)을 설(說)하심이다.

● 아뇩다라삼먁삼보리심을 발(發)하거나 깨달음을 얻으면 법인(法印)에 들게 된다. 법인(法印)은 곧, 일성(一性)이다. 정견(正見)과 견성(見性)은 법인(法印)을 깨달음이다. 무상(無常)이 불법(佛法)이며, 무아(無我)가 불법(佛法)이며, 적정(寂靜)이 불법(佛法)이다.

● 아뇩다라삼먁삼보리와 정견(正見)과 견성(見性)은 다른 것이 아니다. 불각(佛覺)과 불성(佛性)과 일성(一性)에 이법(二法)이 있을 수 없다. 아뇩다라삼먁삼보리가 정견(正見)과 견성(見性)이며, 법(法)의 일성(一性)을 깨닫는 것이다.

● 깨달음 각성(覺性)에는 일성(一性)이 원융일여(圓融一如)일 뿐, 삼법인(三法印)이 따로 있는 것이 아니다. 심(心)의 진성(眞性)이 일성(一性)이며, 일성(一性)은 일체만물(一切萬物)과 일체만심(一切萬心)의 근본성(根本性)이다. 일성(一性)은 일체만물(一切萬物)과 일체만법(一切萬法)과 일체만심(一切萬心)을 총섭(總攝)하고 섭수(攝受)하는 근본이므로 일(一)

이라고 하며, 그 일(一)이 근본체성(根本體性)이므로 성(性)이라고 한다. 일성(一性)은 만유(萬有)의 근본(根本)이다. 일성(一性)이 곧, 일심(一心)의 근본 성품이다. 이를 심성(心性)이라고 한다. 심성(心性)은 심(心)은 작용이 있으므로 심(心)이라고 하며, 심(心)을 작용하게 하는 성품이 있으므로 성(性)이라고 한다.

● 삼법인(三法印)은 제행무상인(諸行無常印), 제법무아인(諸法無我印), 열반적정인(涅槃寂靜印)이다.

● 인(印)은 어떤 무엇으로도 파괴할 수가 없고, 파괴되지 않으며, 변함이 없는 결정성(結定性)이므로 인(印)이다. 인(印)은 곧, 법성(法性)을 일컬으며, 곧, 일성(一性)이다.

● 삼법인(三法印)은 제행무상인(諸行無常印)은 일성부사의 행(一性不思議行)이며, 제법무아인(諸法無我印)은 일성부사의 상(一性不思議相)이며, 열반적정인(涅槃寂靜印)은 일성부사의 체(一性不思議體)다.

● 제행무상인(諸行無常印)은 제행(諸行)이 무상(無常)이다. 이는 파괴 없는 결정성(結定性)이므로 인(印)이다. 제행(諸行)이라 함은 일성(一性)의 부사의 작용 행(行)이다. 물질과 심식(心識)의 일체존재 일체상이 머무름 없는 무유정법(無有定法)을 일컬음이다. 무상(無常)은 머묾이 없음을 말한다. 무상(無常)은 제행(諸行)의 성품이다. 이것은 결정성(結定性) 인(印)이므로 어떤 능력과 힘으로도 법성(法性)의 머무름 없는 부사의 작용의 흐름을 멈출 수 없다. 어떤 인위(人爲)와 조작(造作)으로도 어떻게 할 수 없다. 왜냐면, 머무름 없음은 청정무자성(淸淨無自性) 법성(法性)의 작용이며, 이 섭리에 만유(萬有)의 물(物), 심(心), 생명(生命)이 존재하며, 법성(法

性)의 무주성(無住性)이 멈추면 존재는 존재할 수 없다. 이것
은 일성(一性)의 작용이며, 파괴 없는 불변의 결정성(結定性)
인(印)이다. 이는 일성(一性) 작용의 무유정(無有定)의 섭리
며, 불변(不變) 법성(法性)의 진리(眞理)다.

● 제법무아인(諸法無我印)은 제법(諸法)은 무아(無我)다.
이는 파괴 없는 결정성(結定性)이므로 인(印)이다. 제법(諸法)
이라 함은 일성(一性)의 작용으로 드러나는 무유정법(無有定
法) 현상(現象)이다. 물질과 심식(心識)과 생명(生命)의 일체
(一切) 모습 현상(現象)을 일컬음이다. 무아(無我)는 법성(法
性)의 작용으로 무유정(無有定) 현상이 머묾이 없어 실체가
없음이다. 무아(無我)는 법성(法性)의 작용에 의한 제법(諸法)
이 실체 없는 무유정법(無有定法) 현상이다. 일체현상이 모습
이 없음은 제행무상(諸行無常)이기 때문이다. 일체현상은 법
성(法性)이 머무름 없는 인연(因緣)의 흐름으로 드러나는 무
유정(無有定)의 현상이다. 법성(法性)의 작용이 머무름 없으
니, 그 현상 모습 또한 머무름이 없다. 제법무아(諸法無我)는
불변(不變)의 인(印)이다. 이것은 일성(一性) 현상의 무유정법
(無有定法) 섭리(攝理)며, 불변의 결정성(結定性) 인(印)이다.
이는 일성(一性)의 파괴 없는 현상의 섭리며, 불변(不變) 법성
(法性)의 진리(眞理)다.

● 열반적정인(涅槃寂靜印)은 열반(涅槃)은 적정(寂靜)이
다. 이는 파괴 없는 결정성(結定性)이므로 인(印)이다. 열반
(涅槃)은 일성(一性)의 무유정법(無有定法) 본성(本性)이다.
생멸 없는 법성(法性)이 열반(涅槃)이다. 이는 물질과 심식(心
識)과 생명(生命)의 일체현상(一切現象)의 본성(本性)이다. 적
정(寂靜)은 법성(法性)의 열반(涅槃) 성품이다. 생멸 없는 열

반(涅槃) 성품 적정(寂靜)은 상(相) 없는 성품으로 동(動)함 없는 무유정(無有定)의 고요함이다. 적정(寂靜)을 부동(不動)이라고도 한다. 적정(寂靜)과 부동(不動)은 상(相) 없는 무유정(無有定)의 청정성(淸淨性)을 일컬음이니, 머묾이나 멈춤이 아니다. 법성(法性)은 상(相) 없는 무자성(無自性) 성품으로 무엇에도 치우치거나 이끌림 없고, 물듦 없는 청정성(淸淨性)이다. 법성(法性)은 중도(中道) 실체다. 사상심(四相心)이나 생멸심을 멸(滅)하여 열반(涅槃)에 드는 것이 아니다. 상(相)의 본성(本性)이 열반성(涅槃性)이니, 상(相)의 본성(本性)을 깨달아 본연본성(本然本性) 법성열반(法性涅槃)에 들게 된다. 열반(涅槃)은 구하여 얻는 것이 아니다. 자기 본성(本性)이 법성(法性) 열반성(涅槃性)이니 자기 본성(本性)을 깨달아 본연(本然)의 법성(法性) 열반(涅槃)에 든다. 열반(涅槃)이 곧, 법성(法性) 바라밀이다. 이것은 일성(一性) 본성(本性)의 섭리며, 파괴할 수 없고, 파괴될 수 없는 불변(不變)의 법성(法性) 인(印)의 진리(眞理)다. 법성(法性)이 곧, 심(心)의 본성(本性)이며, 만법만상(萬法萬相)의 본성(本性)이다.

● 일체개고(一切皆苦)는 법인(法印)이 아니다. 법인(法印)은 일체존재의 성품, 법성섭리(法性攝理)의 파괴됨이 없는 법성(法性)의 성질이다. 법인(法印)은 일체 존재인 일체물(一切物)과 일체심(一切心)의 존재, 일체 유정(有情)과 무정(無情), 물질과 심(心), 사상심(四相心)과 의식(意識), 중생(衆生)과 불(佛), 색성향미촉법과 색수상행식, 육근(六根), 육진(六塵), 육식(六識), 성문사과(聲聞四果)와 보살지혜(菩薩智慧)와 일체불지혜(一切佛智慧)와 제불각성(諸佛覺性)이 법인(法印)의 섭리 속에 존재하며, 각(覺)과 불각(不覺)과 중생무명과 미

혹, 삼라만상 일체존재가 법인(法印)의 섭리 법성원리(法性原理) 속에 있으며, 중생이 미혹을 벗어 불(佛)을 성취하는 것도 법인(法印)의 지혜며, 법인(法印)의 섭리며, 법인(法印)의 성품이며, 법인(法印)의 원리(原理)다. 삼법인(三法印)은 존재의 섭리며, 원리며, 진리며, 성불(成佛)의 섭리며, 원리며, 진리다. 삼법인(三法印)은 불지혜(佛智慧)며, 아뇩다라삼먁삼보리 법성원융(法性圓融) 반야(般若)의 지혜다. 삼법인(三法印) 법성(法性) 인(印)의 지혜는 아뇩다라삼먁삼보리의 각성지혜(覺性智慧)다. 아뇩다라삼먁삼보리가 곧, 삼법인(三法印) 법성(法性) 인(印)의 지혜에 듦이다. 삼법인(三法印) 법성원융(法性圓融)의 인(印)의 지혜를 발(發)함이 발아뇩다라삼먁삼보리심이다. 무위지혜(無爲智慧)의 각성(覺性) 법성원융(法性圓融)이 법인(法印)의 무위본심(無爲本心), 본성(本性), 본각(本覺)에 드는 것이다. 본심(無爲本心), 본성(本性), 본각(本覺)이 법인(法印)의 세계다, 삼법인(三法印)은 팔정도(八正道)의 실상(實相) 세계다. 삼법인(三法印)은 불지혜(佛智慧)이니 삼법인(三法印)의 지(智)를 발(發)하면 중생심 사상심(四相心)과 무명(無明)과 미혹(迷惑)을 벗게 된다. 그것은 제상비상(諸相非相)과 제법무아(諸法無我)의 무위(無爲) 무자성(無自性)을 깨달아 무위본심(無爲本心)과 본성(本性)과 본각(本覺)에 들기 때문이다. 삼법인(三法印)은 제법무자성(諸法無自性)의 법성섭리(法性攝理)이니, 제행무상(諸行無常)을 법성인(法性印) 무자성무상(無自性無常)인 법성무주성(法性無住性)을 벗어난 유무생멸무상(有無生滅無常)으로 인식하면 삼법인(三法印) 법성원융인(法性圓融印)의 지혜를 벗어난 중생견(衆生見) 상심(相心)인 무명(無明) 사상심(四相心)이다. 삼법인(三

法印)의 제행무상인(諸行無常印)은 법성원융(法性圓融)의 아
녹다라삼먁삼보리 반야지혜가 있어야만 법성(法性)이 파괴됨
이 없는 원융한 인성(印性)을 깨닫게 된다. 이는 법성원융(法
性圓融) 불이성(不二性)의 법성인(法性印)의 세계다. 그러므
로 무상(無常)이 곧, 무아(無我)며, 무아(無我)가 곧, 법성(法
性) 열반적정(涅槃寂靜)의 세계다. 일체생멸상(一切生滅相)이
불생불멸법성원융(不生不滅法性圓融)의 청정부동(清淨不動)
진여(眞如) 법성(法性)의 세계다. 만약, 제행무상인(諸行無常
印)을 제행(諸行)의 생멸무상(生滅無常)으로 보면 아직 법성
인(法性印)의 지(智) 반야지혜를 발(發)하지 못한 생멸견(生滅
見)이다. 생멸(生滅)이 불생불멸성(不生不滅性)임을 깨달으면
법성(法性) 인(印)의 지혜 제행무상인(諸行無常印)의 지혜를
발(發)함이다. 법(法)의 생멸견(生滅見)은 유무(有無)의 사상
심(四相心), 상(相)의 유견(有見)인 중생견(衆生見)이다. 일체
생멸상(一切生滅相)인 유무(有無)의 생멸상(生滅相)이 끊어지
면 법성원융(法性圓融)의 무위지혜(無爲智慧)에 들어 무위본
심(無爲本心), 본성(本性), 본각(本覺)을 깨닫게 된다. 이것이
아녹다라삼먁삼보리다. 즉, 삼법인지(三法印智)며, 불지혜(佛
智慧)며, 법성원융지(法性圓融智)며, 반야지혜(般若智慧)다.
이는 곧, 중도실상(中道實相) 청정불성지혜(清淨佛性智慧)다.
즉, 각(覺)이며, 불이(不二)의 일성(一性)이며, 여래(如來)의
심인(心印)이다. 일체(一切)를 요약하여 심(心)이라 한다. 심
(心) 즉, 각(覺)이다. 이 경(經)에는 일체를 벗어난 것을 일컬
어 여(如)라고 했다. 여(如)는 무엇에도 물듦 없고 일체차별을
벗어버린 여래(如來)의 성품이다. 이 경(經)에서는 그 각성(覺
性)을 아녹다라삼먁삼보리라 했으며, 그 심(心)의 세계를 아

녹다라삼먁삼보리심이라고 했다. 그 지혜를 반야지(般若智)라고 한다. 그 각(覺)의 일체세계를 요약하여 금강(金剛)이라 했으며, 이 각(覺)의 세계가 반야바라밀(般若波羅蜜)이다.

● 일체개고(一切皆苦)는 일체존재의 원리(原理)와 법성섭리(法性攝理)와 원융인성(圓融印性)이 아니므로 법인(法印)이 아니다. 일체개고(一切皆苦)는 상(相)을 집착하는 중생심일 뿐, 일체개고(一切皆苦)가 법인(法印)이면 일체개고(一切皆苦)가 존재원리며, 존재섭리임을 인정(認定)하는 미혹을 범하게 된다. 이는 일체존재 무정(無情)과 유정(有情)과 제불여래(諸佛如來)가 일체개고(一切皆苦) 속에 있음을 인정(認定)하게 되므로 중생이 고(苦)를 벗어 성불(成佛)할 수가 없고, 고(苦)를 벗은 제불(諸佛)과 무위 본심과 본성과 본각과 아뇩다라삼먁삼보리와 반야바라밀을 부정(否定)하는 결과가 된다. 일체개고(一切皆苦)를 법인(法印)으로 인정(認定)하면 일체개고(一切皆苦)를 벗어 불(佛)을 성취한 여래(如來) 또한 일체개고(一切皆苦) 속에 있음을 일컫게 되며, 삼라만상만물 일체가 일체개고(一切皆苦) 속에 있음을 인증(認證)하는 미혹을 범하는 사견(邪見)이다. 법인(法印)은 중생과 불(佛)과 불지혜(佛智慧)와 일체바라밀법과 만물만상이 법인(法印)의 섭리 속에 존재하며, 법인섭리(法印攝理) 무유정법(無有定法)을 따라 일체존재가 생성되고 운행하며 생멸 존재한다. 법인(法印)은 존재의 섭리며, 법성(法性) 불변의 성품이므로 중생과 제불(諸佛)과 유정무정 만물 일체가 삼법인(三法印)을 벗어나 있지 않다. 사상심과 만물만상의 법성(法性) 법인(法印)의 성품을 깨달음이 제법본성(諸法本性)을 깨달음이며, 원융법성(圓融法性)의 불이(不二)의 법성(法性)을 깨달음이다. 중생이 중생

의 미혹을 벗어남과 중생이 일체상을 벗어버린 불(佛)이 되는 것도 법인(法印) 무자성(無自性)의 섭리다. 법성(法性)의 무아(無我)를 깨달아 법성원융(法性圓融)의 각인(覺印)에 듦이 불(佛)이다. 중생이 법성(法性)의 실상 법인견(法印見)이 아닌 유무견(有無見)의 상심(相心)을 가지므로 실상에 미혹해 사상심이 미혹이며, 무명(無明)이라고 한다. 중생이 법인(法印)의 지혜로 일체개고(一切皆苦)를 벗어 불(佛)이 되고, 불(佛)이 일체개고(一切皆苦)를 벗어났으므로 불(佛)이라고 한다. 일체개고(一切皆苦)를 파괴할 수 없고, 파괴되지 않는 법성(法性)의 성품. 법(法)의 인성(印性)이나 인(印)으로 인정(認定)하면 바라밀의 일체불법(一切佛法)과 심(心)의 각성(覺性)과 여래(如來)께서 고(苦)를 벗어난 불지혜(佛智慧)를 부정(否定)하게 되는 본심과 실상에 미혹한 스스로 어리석음의 결과를 초래하게 된다. 이는 곧, 중생이 성불하는 법성(法性)의 섭리와 고(苦)를 멸(滅)한 여래(如來) 불법(佛法)의 일체바라밀법을 인정하지 않는 사견(邪見)으로 실상에 어두운 미혹을 범하게 된다. 삼라만상과 일체존재와 일체생명과 일체심식(一切心識)이 삼법인(三法印)의 제행무상인(諸行無常印), 제법무아인(諸法無我印), 열반적정인(涅槃寂靜印)의 존재원리(存在原理) 법성섭리(法性攝理)에 의해 존재한다. 삼법인(三法印)은 일체존재의 섭리 법성원융(法性圓融)의 불변의 섭리다. 일체개고(一切皆苦)가 법인(法印)이면 허공과 나무와 돌과 지수화풍과 색성향미촉 등 일체무정(一切無情)과 유정(有情)이 일체개고(一切皆苦) 속에 있으며, 제불(諸佛)과 원융각성(圓融覺性)과 법성(法性)과 열반(涅槃)까지 고(苦)임을 인정(認定)하며, 일체고(一切苦)를 벗은 성불(成佛)을 부정(否定)하고 왜곡하는 망견

(妄見)이며 악견(惡見)이다. 일체개고(一切皆苦)가 법인(法印)으로 생각하면 스스로 일체개고(一切皆苦)를 영원히 벗어날 수 없는 틀이며, 고(苦)를 벗는 성불(成佛)의 도(道)와 법(法)을 부정(否定)하게 된다. 일체개고(一切皆苦)는 삼법인(三法印)의 제행무상인(諸行無常印), 제법무아인(諸法無我印), 열반적정인(涅槃寂靜印)의 법성섭리(法性攝理)에 의해 파괴되는 미혹 중생견이다. 일체개고(一切皆苦)는 곧, 법(法)을 정(定)해 보는 미혹(迷惑) 상견(相見)이며, 무명중생견(無明衆生見)이다. 일체개고(一切皆苦)는 삼법인(三法印)의 머묾 없는 제행무상인(諸行無常印)의 무주성(無住性)에 파괴되며, 법(法) 없는 제법무아인(諸法無我印)에 파괴되며, 생멸 없는 법성(法性)의 열반적정인(涅槃寂靜印)에 파괴되는 고(苦)에 치우친 미혹의 허망(虛妄)한 망견(妄見)이다. 일체개고(一切皆苦)는 사성체(四聖諦)와 팔정도(八正道)와 반야(般若)와 각(覺)의 지혜에 타파(打破)되는 미혹 중생심이다. 무위 본심과 본성과 본각과 법성은 일체개고(一切皆苦)를 벗어났다. 일체개고(一切皆苦)는 무유정법(無有定法)이 아닌 법(法)을 정(定)해 보는 법인(法印)을 벗어난 중생심 미혹 그 자체다.

● 일체개고(一切皆苦)는 인(印)의 법(法)이 아닌 상법(相法), 사상심(四相心) 오온(五蘊) 일체(一切)가 고(苦)의 인(因)인 중생심(衆生心)이다. 만약, 일체개고(一切皆苦)가 법(法)의 인(印)이라고 하면 그것은 불지혜(佛智慧)가 아니며, 정지견(正智見)이 아니며, 정법지혜(正法智慧)가 아니다. 이는 성불(成佛)과 불법(佛法)과 불지혜(佛智慧)와 일체 바라밀법과 아뇩다라삼먁삼보리를 부정(否定)하는 무명미혹견(無明迷惑見)이며, 사견(邪見)이며, 실상을 벗어난 외도법(外道法)이다. 일

체개고(一切皆苦)를 법인(法印)으로 인정(認定)하면 중생의 성불(成佛) 길을 끊어버리고, 불(佛)까지 비방(誹謗)하며, 무유정법(無有定法)을 부정(否定)하여 일체고(一切苦)를 법인(法印)으로 정(定)해 버리는 법성실상(法性實相)을 왜곡하는 미혹의 사견(邪見)이며, 악견(惡見)이다. 일체개고(一切皆苦)는 상심(相心)에 미혹한 무명(無明) 중생세계다. 일체개고(一切皆苦)는 미혹 중생심이며, 법인(法印)은 일체존재의 실상 무유정법(無有定法) 법성섭리의 실상(實相)이다. 즉, 제상비상(諸相非相)이며, 무자성(無自性) 무유정법(無有定法)이다. 법인(法印)은 법성섭리의 실상이니 일체존재가 법성의 섭리를 벗어나 있지 않으며, 일체개고(一切皆苦)를 벗어버린 법성원융의 실상지혜를 깨달아 무위실상 본심에 들어 불(佛)을 성취한다. 일체개고(一切皆苦)는 법성섭리의 실상을 깨닫지 못한 무명상심(無明相心) 탐진치(貪嗔癡), 삼독(三毒)의 무명심(無明心)이다. 일체개고(一切皆苦)를 법인(法印)으로 인정(認定)하는 것은 아뇩다라삼먁삼보리의 불지혜(佛智慧)가 없어 반야지혜를 발(發)하지 못한 불법실상(佛法實相)에 미혹한 사견(邪見)이다. 일체개고(一切皆苦)는 법(法)을 정(定)해 봄이니, 일체개고(一切皆苦)가 법인(法印)이면 삼법인(三法印) 무유정법(無有定法)을 부정하게 되므로 삼라만상만물과 제불여래(諸佛如來)와 일체생명과 일체존재가 존재할 수 없는 존재의 원리와 섭리와 법성과 실상과 인과원리(因果原理)와 인과섭리(因果攝理)에는 없는 미혹망견(迷惑妄見)의 악법(惡法)이다. 금강반야바라밀경 또한 일체개고(一切皆苦)를 벗어난 여래(如來)의 정견지혜(正見智慧), 법성(法性) 삼법인(三法印)의 실상 무유정법(無有定法)을 드러내며, 일체개고(一切皆苦)를 벗어난 아뇩다라삼먁삼보리 무위무량공덕세계로 이끄는 사상심을 벗어난 선호념선부촉의 가르침이다.

● 불자(佛子)라면 어느 경(經)보다 누구나 소중하게 생각하며, 그 뜻을 사유하는 부처님 지혜의 가르침 반야심경(般若心經)을 받들면서, 일체개고(一切皆苦)를 법인(法印)으로 수용하거나, 인정하는 것은 법(法)의 모순이다.

♣ 須菩提 若菩薩 以滿恒河沙等世界七寶 持用布施 若復有人 知一切法無我 得成於忍 此菩薩 勝前菩薩所得功德 何以故 須菩提 以諸菩薩 不受福德故 須菩提白佛言 世尊 云何菩薩不受福德 須菩提 菩薩所作福德 不應貪着 是故 說不受福德(수보리 약보살 이만항하사등세계칠보 지용보시 약부유인 지일체법무아 득성어인 차보살 승전보살소득공덕 하이고 수보리 이제보살 불수복덕고 수보리백불언 세존 운하보살불수복덕 수보리 보살소작복덕 불응탐착 시고 설불수복덕) 수보리야, 만약 보살이 항하의 모래와 같은 세계에 가득찬 칠보를 가지고 보시를 하여도 만약, 또 사람이 있어 일체법의 무아를 알아 인을 이루어 얻었다면, 이 보살이 앞의 보살보다 공덕을 얻은 바가 수승하느니라. 어떠한 연유이냐 하면은 수보리야, 모든 보살이 복덕을 받지 아니하는 연고이니라. 수보리가 부처님 전에 사뢰어 말씀드리되, 세존이시여, 어떠한 연유로 보살이 복덕을 받지 않는다고 하시옵니까? 수보리야, 보살은 복덕을 짓는 바 응당 탐착하지 않기 때문이니라. 이러한 연유로 복덕을 받지 않는다고 설하였느니라.

● 아뇩다라삼먁삼보리심을 발(發)하여 무아인(無我忍)을 이룬 보살은 항하 모래와 같은 세계에 가득찬 칠보를 보시한 복덕보다 공덕이 수승하다. 그 이유는 복덕을 탐착하지 않기

不受不貪分 第二十八(불수불탐분 제이십팔)

때문이다.

● 인(忍)을 이룬 보살이 복덕을 탐착하지 않음은 무아(無我)를 깨달아 탐착할 복덕성(福德性)이 없고, 무위실상(無爲實相)에 들어 아(我)와 상(相)을 여의었기 때문이다. 탐착할 복덕성(福德性)이 없는 이것이 아뇩다라삼먁삼보리다.

● 사상심(四相心) 있으면 아(我), 자아(自我), 자기가 사라지고 멸(滅)한다는 말과 뜻(義)을 이해할 수가 없다. 왜냐면, 삶과 촉각과 감각과 인식과 분별의 주체(主體)가 나이기 때문이다. 사상심을 멸하면, 사상심 환영(幻影)만 사라질 뿐, 본심(本心)은 상(相)이 아니며 생멸심이 아니니 사라지지 않는다. 그러므로 사상심이 소멸하면, 본심(本心)인 아뇩다라삼먁삼보리심이 드러난다. 본심이 드러남을 아뇩다라삼먁삼보리심을 발(發)한다고 한다. 본심에 들면 자타내외일체상(自他內外一切相)이 사라진다. 아뇩다라삼먁삼보리심에 들면 사상심 일체(一切)가 흔적 없이 사라져, 사상심이 환영(幻影)임을 깨닫게 된다. 이 몸뚱이도 자기가 아니며, 마음도 자기가 아니며, 자타(自他)가 없으며, 무엇을 내세우고 일컬을 것이 없다. 깨달음이 즉, 사상심이 없고, 생멸이 없는 바로 진여(眞如)에 듦이다. 법보화신(法報化身) 삼신불(三身佛)도 상심(相心)의 분별이다. 깨달음 각성(覺性)에는 삼신불(三身佛)도 의지할 처소(處所)가 없다. 일체가 각(覺)이며, 그대로 청정성(淸淨性)이다. 참으로 불가사의(不可思議)다. 일체상(一切相)이 그대로 진여(眞如)의 원융법성(圓融法性)이다. 나 없어, 듣는 자(者)가 없어도 들음 없이 듣고, 보는 자(者)가 없어도, 보는 것 없이 보게 된다. 각(覺)과 심(心)이 둘이 아니다. 각(覺)도 없고, 심(心)도 없다. 단지, 작용이 없지 않으니 심(心)이라 일컫고, 두루 밝은 걸림 없는 성

품의 작용이 있으니 각성(覺性)이라 이름할 뿐이다. 심(心)이라 하여도 자아(自我)와 내(我)가 없으니, 마음이라 하여도 신령(神靈)스러운 청정(淸淨)한 성품일 뿐, 티끌 같은 마음이나 나라는 자아(自我)와 분별의식이 사라져 한 생각 티끌이 의지하고 붙을 곳이 없다. 허공(虛空)까지 티끌이라 허공이 의지할 식(識)이 없고, 허공상(虛空相)이 의지할 자아의식(自我意識) 상심(相心)이 없어 허공상(虛空相)까지 사라지니, 어디에 무엇인들, 상(相) 없고 나 없는 각성(覺性)에 붙을 곳이 있으랴. 일체(一切)가 원융무애청정진여(圓融無碍淸淨眞如)다.

威儀寂靜分 第二十九
위 의 적 정 분 제 이 십 구

여래(如來)는 오고 감이 없음을 설하심이다.

須菩提 若有人言 如來 若來若去 若坐若臥 是人
수 보 리 약 유 인 언 여 래 약 래 약 거 약 좌 약 와 시 인
不解我所說義 何以故 如來者 無所從來 亦無所
불 해 아 소 설 의 하 이 고 여 래 자 무 소 종 래 역 무 소
去 故名如來
거 고 명 여 래

수보리야, 만약 사람이 있어 말하되, 여래가 만약 온다거나, 만약 간다거나, 만약 앉는다거나, 만약 눕는다고 하면, 이 사람은 내가 설한 바의 뜻을 깨닫지 못하였느니라. 어떠한 연유이냐 하면은, 여래는 쫓아온 바도 없으며, 또한 간 바도 없어, 그러므로 이름하여 여래라 하느니라.

420

● 여래(如來)는 상(相)이 아니며, 생멸신(生滅身)이 아니며, 청정본성(淸淨本性)이니 몸이 움직이고 작용하는 일체가 청정 본성의 작용이다. 청정본성은 상(相) 없어 청정(淸淨)이며, 상 (相) 없으니, 무자성(無自性) 청정(淸淨)이다. 청정(淸淨)은 일 체생명과 일체존재의 본성이다. 본성이라 함은 물심만유(物心 萬有)의 근본 성품이므로 본성이라고 하며, 일체존재와 일체 생명의 체성(體性)이며, 실체이므로 본성이라고 한다. 본성은 마음 성품이다. 마음 본성(本性)은 일체생명 본성과 일체만물 본성과 차별 없으며, 둘이 아니다. 마음 일체작용은 본성작용 이다. 본성은 상(相)을 인지하는 몸의 촉각과 감각으로 알 수 가 없고, 작용하는 생멸심 상심(相心)으로도 알 수가 없고, 오 직 각성(覺性)으로만 알 수 있다. 각성(覺性)은 곧, 본성(本性) 이다. 본성을 깨닫기 위해서는 생멸심 상심(相心)이 없어야 한 다. 생멸 상심(相心)은 본성(本性)을 깨닫는 마음작용을 가리 는 의식작용이기 때문이다. 의식작용이 상심(相心)이다. 허공 에 어둠이 깃들면 어둠에 가리어 허공을 볼 수가 없듯, 마음이 의식작용에 가리어 자기 마음 성품을 깨닫지 못한다. 밝음에 의지해 허공이 비었음을 깨달을 수 있듯, 상심(相心)이 사라져 각성(覺性)이 밝으면 나의 본성이 생멸이 없고 원융한 청정성 이며, 나의 본심이 상(相) 없고 물듦 없는 진여성(眞如性)이며, 심(心)의 밝음, 각성(覺性)이 일체에 걸림 없이 삼라만상 일체 만물을 수용 섭수하는 원융무애한 공덕체(功德體)임을 깨닫게 된다. 상심(相心)을 여의면 삼라일체(森羅一切)가 그대로 마음 임을 깨닫게 된다. 상심(相心)이 사라지면 나와 대상, 내외가 사라지니, 일체가 경계 없는 원융한 무한 마음에 수용되고 섭 수된다. 일체가 심(心)이다. 의식작용도 각성(覺性)의 작용이

다. 본성(本性)과 각성(覺性)과 본심(本心)은 다르지 않다. 근본 성품이므로 본성(本性)이라고 하며, 본성(本性)은 밝게 깨어있는 성품이므로 각성(覺性)이라고 하며, 각성(覺性)의 불가사의 작용이 있어 마음이라 한다. 본심(本心)은 상(相)이 없어 상심(相心)은 의식(意識)만 인식하므로 그 작용의 본체(本體) 본심(本心)인 마음을 알지 못한다. 본심(本心)도 의식(意識)을 떠나 따로 있는 것이 아니다. 상심(相心)에는 의식(意識)을 자기로 알고 있으나, 의식은 생멸 분별심, 사상심(四相心)이다. 의식(意識) 상심(相心)이 사라지면 의식(意識)의 본체(本體) 본심(本心)이 드러난다. 본심(本心)은 일체상(一切相)을 벗어버린 자타내외일체상(自他內外一切相)이 없는 청정성(淸淨性)이다. 본심(本心)은 무자성(無自性) 성품이므로 유(有)의 상(相)뿐만 아니라, 무(無)의 상(相)도 의지할 곳 없으며, 하늘과 텅 빈 허공(虛空)까지 의지하고 붙을 수 없는 티 없는 청정성(淸淨性)이다. 그러므로 아뇩다라삼먁삼보리심을 발(發)하면, 하늘뿐만 아니라 허공까지 의지할 곳 없어 사라지게 된다. 하늘과 텅 빈 허공도 상(相)이며, 식(識)에 의존한 상념상(想念相)이다. 본심(本心)에 들면 일체상념(一切想念)과 일체상(一切相)이 흔적 없이 사라져, 일체가 제법제상(諸法諸相)이 무자성(無自性) 청정성(淸淨性)일 뿐이다. 무자성(無自性) 청정성(淸淨性)도 청정상(淸淨相)이 없어, 그 자체가 원융무애(圓融無碍) 성품이다. 일체(一切)가 각(覺)이다. 각(覺)이 본심(本心)이며, 아뇩다라삼먁삼보리다. 각(覺)에는 중생과 부처도 상(相)이며, 티끌이다. 법보화신불(法報化身佛) 삼신불(三身佛)과 중생과 부처 또한, 분별 상(相)의 상념(想念) 티끌이니 각성(覺性) 청정에는 그 흔적을 찾을 수가 없다. 중생과 부처가 없기에 중생이 되기도 하고, 부처가 되기도 한다. 중생이 중생이 아니기에 중생을 벗어나고, 부처가 부처가 아니기에 부처가 되어도 부처의 상(相)이 없다. 잠을 깨면 꿈의 환영(幻影) 중생도 부처도 흔적 없이 사라져 그 실체와 본성을 찾을 수가 없다.

● 본심(本心), 본성(本性), 본각(本覺)의 본(本)은 본연(本然)이며, 원융(圓融)이며, 청정(淸淨)을 일컫는다. 그러므로 본심(本心)은 청정원융자재심(淸淨圓融自在心)이며, 본성(本性)은 청정원융자재성(淸淨圓融自在性)이며, 본각(本覺)은 청정원융자재각(淸淨圓融自在覺)이다. 이는 불심(佛心)이며, 불성(佛性)이며, 불각(佛覺)이다. 불(佛覺)은 본연(本然)을 일컬으며, 원융(圓融)을 일컬으며, 청정(淸淨)을 일컫는다. 즉, 여래(如來)다. 이는 심(心)의 실(實)이다.

● 여래(如來)는 쫓아온 바도 없고, 또한, 간 바도 없는 그 실상(實相) 실체를 이름하여 여래(如來)라고 한다. 여래(如來)를 형상이나 이름이나 음성이나, 일컫고 지칭할 법상(法相)을 생(生)하면 사견(邪見)이다. 여래(如來)는 즉, 생멸 없는 원융한 각(覺)이다. 이 일체를 요약하여 심(心)이라 한다. 만약, 심(心)이라는 말에 사량이나 분별이나 앎이 있으면, 그것이 심(心)이 아니라 곧, 상심(相心) 망(妄)이다. 심(心)은 상(相) 없는 원융무애 각(覺)을 일컬음이다. 즉, 불(佛)이다.

一合理相分 第三十
일 합 리 상 분 제 삼 십

세계를 이룬 물질과 물질로 형성된 세계가 실체(實體)가 없으나 범부(凡夫)들이 집착함을 설하심이다.

須菩提 若善男子善女人 以三千大千世界 碎爲微
수보리 약선남자선여인 이삼천대천세계 쇄위미

塵 於意云何 是微塵衆 寧爲多不 須菩提言 甚多
진 어의운하 시미진중 영위다부 수보리언 심다

世尊 何以故 若是微塵衆實有者 佛卽不說 是微
세존 하이고 약시미진중실유자 불즉불설 시미

塵衆 所以者何 佛說微塵衆 卽非微塵衆 是名微
진중 소이자하 불설미진중 즉비미진중 시명미

塵衆
진중

수보리야, 만약 선남자 선여인이 삼천대천세계를 부수어 미세한 티끌로 만든다면 어떻게 생각하느냐. 이 미세한 티끌이 매우 많지 않겠느냐? 수보리가 말씀드리되, 심히 많사옵니다. 세존이시여. 어떠한 연유인가 하오면, 만약 이 미세한 티끌들이 실로 있는 것이라면은 부처님께옵서 곧, 이 미세한 티끌들을 설하지 아니하였을 것이옵니다. 어떠한 까닭인가 하오면, 부처님께옵서 설하신 미세한 티끌들은 즉, 미세한 티끌들이 아니므로, 이를 이름함이 미세한 티끌들이라 하옵니다.

● 삼천대천세계는 물질로 형성되어 있으며, 이 물질을 부수고 나누어 작은 티끌의 물질로 만들면, 이 미세한 물질의 수(數)는 수(數)의 숫자의 한계(限界)를 벗어나 그 수(數)를 이름할 수가 없다.

● 이 물질의 티끌이 실(實)로 있는 것이라면 부처님께서 설(說)하지 않았을 것이라 함은 도대체 무슨 뜻이며, 이 미세한 물질의 티끌이 티끌이 아니므로 이를 이름하여 티끌이라 함은, 또한, 무슨 뜻일까?

● 이 물질 티끌이 실체가 있는 것이면 존재할 수 없으므로, 부처님께서 이 티끌의 실상(實相)을 설(說)할 수 없다. 부처님께서는 실(實)을 설(說)하시며, 사실(事實)을 설(說)하시며, 있는 바 진리를 설(說)하시며, 없는 것을 설(說)하시지 않으며, 허황한 거짓을 설(說)하지 않으므로 불설(佛說)에 의지해 혹견(惑見)을 벗어나 정견(正見)의 지혜를 얻어 실상의 지혜에 들게 된다.

● 이 물질 티끌이 실(實)로 있는 것이 아니므로 부처님께서 이 티끌의 실상(實相)을 설(說)하시는 것이다. 이 물질 티끌은 머무름 없는 법성작용(法性作用) 흐름의 현상이므로 티끌 현상의 참모습, 상(相)의 실체 실상인 비상(非相)을 설하심이다. 만약, 머무름 없는 법성작용 흐름의 현상이 아닌 고정된 실체라면 그 현상이 존재할 수가 없다. 법성작용 현상이 아니면 삼라만상(森羅萬象)과 자타(自他) 일체상(一切相)이 존재할 수가 없다. 일체존재가 법성(法性)의 인연작용을 따라 흐르는 비상(非相)의 현상이므로 만유(萬有)가 법성섭리를 따라 그 현상이 드러난다.

● 상(相)과 비상(非相)은 어떤 차이가 있을까? 상(相)은 촉각과 감각으로 인식하는 물질현상과 의식작용 현상이다. 비상(非相)은 상(相)의 참모습 실제(實際)의 실상(實相)이다. 일체 현상은 무자성 법성(法性)이 머무름 없는 인연을 따르는 작용으로 드러나는 현상이다. 법성(法性)의 작용은 인연 흐름을 따라 머무름 없으니 법성작용에 의한 그 현상 또한 머무름 없어 현상의 실제(實際) 실상(實相)은 상(相)이 아니므로 비상(非相)이라고 한다.

● 상(相), 아(我), 존재(存在) 자체(自體)를 자(自), 또는 법

(法)이라고 한다. 자(自)는 개체(個體)의 의미를 지니고 있으며, 법(法)은 상(相)이나 존재(存在) 의미를 지니고 있다. 자(自)와 법(法)을 있게 하는 실체(實體)의 성품이 성(性)이다. 그러므로 자성(自性)과 법성(法性)은 다를 바 없으나 자성(自性)은 개체(個體)의 실제(實際) 성품을 뜻하며, 법성(法性)은 개체(個體) 또는 전체(全體) 포괄적 실제(實際) 성품의 뜻과 의미로 사용한다. 자성(自性)과 법성(法性)은 상(相), 아(我), 존재(存在)의 실제(實際) 성품이다. 상(相), 아(我), 존재(存在)는 자성(自性)과 법성(法性)의 작용현상이다. 상(相), 아(我), 존재(存在)의 실제(實際) 자성(自性)과 법성(法性)은 무자성(無自性)이다. 무자성(無自性)이란 실체 없고, 정(定)함 없는 무유정(無有定)의 성품이며, 무상(無相) 성품이며, 무아(無我) 성품이다. 존재섭리(存在攝理)와 법성섭리(法性攝理)에 유무(有無)와 단멸(斷滅)이 존재할 수 없는 섭리와 원리가 여기에 있다. 그리고 법성삼법인(法性三法印)의 지혜와 사상심(四相心) 실체 없는 환(幻)의 도리(道理)와 상(相), 아(我), 존재(存在)의 실체가 무자성(無自性)이며, 실상(實相)인 자성(自性)과 법성(法性)이 무자성(無自性)이므로, 무아(無我)며 무상(無相)임을 깨닫게 되는 것이다. 자성(自性)과 법성(法性)의 실상지혜(實相智慧)를 발(發)한 깨달음으로 사상심(四相心)을 여의어 본심본각(本心本覺) 일성원융(一性圓融)의 일각요의(一覺了義) 아뇩다라삼먁삼보리심에 들게 된다. 일각요의(一覺了義)는 삼법인(三法印) 무위일성(無爲一性) 원융일심(圓融一心)이다. 일각요의(一覺了義)는 심인(心印)이며, 각인(覺印)이며, 법인(法印)이다. 이는 불각실(佛覺實)인 불인(佛印)이다.

● 상(相)은 법성(法性)이 인연을 따르는 작용으로 드러나

는 현상이며, 비상(非相)은 법성작용으로 머무름 없는 현상의 실상(實相)이다. 고정(固定)된 상(相)이 존재할 수 없음은 고정(固定)된 상(相)은 법성작용이 끊어진 것이기 때문이다. 모든 존재는 법성작용으로 생성되고, 존재하며 사라진다. 그러나 법성작용이 끊어지면 어떤 존재이든 생성될 수가 없어 존재할 수 없다. 그러므로 모든 존재는 고정(固定)된 모습의 실체가 있을 수 없으며, 머무름 없는 일체유위(一切有爲)는 법성작용 속에 존재하는 것이다. 만약, 상(相)이 고정(固定)되거나 머묾의 실체가 있다면, 법성작용의 섭리가 끊어진 것이므로 이러한 현상과 존재는 법성섭리의 존재세계에 존재할 수가 없다. 삼라만상 만물 법성작용의 섭리가 끊어진 현상은 존재할 수 없다. 이것을 깨우치려면 생각으로 헤아리거나 분별하려 하지 말고, 또한, 과(果)인 상(相)을 집착하지 말고, 과(果)인 상(相)을 생기(生起)하는 그 연(緣)을 바로 관(觀)하면 깨닫게 된다. 이 관(觀)은 사유(思惟)가 아니며, 분별의 생각이 아니다. 생각으로 헤아리거나, 분별과 사량으로 헤아리거나, 사유(思惟)로 헤아림은 의식분별이니, 법(法)을 바르게 관(觀)하는 것이 아니다. 관(觀)에 분별과 사량은 의식(意識)을 조작(造作)하므로 법성정관(法性正觀)에 들 수가 없다. 눈과 귀가 생각 없이 사실(事實)을 보듯, 그 법성(法性) 무주성(無住性)을 바로 보면 된다. 관찰(觀察)이 아니라 관(觀)이다. 관찰(觀察)은 내 의지(意志)와 관념(觀念)을 가진 분별과 사량(思量)이다. 관(觀)은 분별과 사량 없이 단지, 법(法)의 성품 자성(自性)인 무자성(無自性)을 바로 봄이다. 의식분별 없이 눈과 귀가 대상(對相)을 대하듯, 분별과 사량, 어떤 색깔과 오염(汚染) 없이 법(法)을 바로 보면 된다. 그러면 자성(自性)이 무자성(無自性)임을 깨달아 바로 상(相)이 상(相)이 아니며, 상(相)의 실상(實相), 무아(無我)와 무상(無相)를 깨닫게 된다. 관력(觀力)이 더욱 세밀(細密)하여 깊고, 관력(觀力)에 의식(意識)이 끊어지면, 바로 아뇩다라삼먁삼보리심을 발(發)하게 된다. 이것이 법성(法性)을 바로 깨닫는 삼법인관(三法印觀) 법성(法性) 제행무상관(諸行無常觀)이다. 제행무상관(諸行無常觀)의 관력(觀力)이 더욱 세밀하고 깊어지면, 법성(法性) 제법무아(諸法無我)를 깨닫게 된다. 제법무아(諸法無我)의 관력(觀力)이 더욱 세밀하고 깊어지면, 법성(法性) 열반적정(涅槃寂靜)을 깨닫게 된다. 그러면, 법성(法性) 삼법(三法)인 제행무상(諸行無常), 제법무아(諸法無我), 열반적정(涅槃寂靜)이 결정성(結定性) 원융삼법일성(圓融三法一性) 인(印)의 지(智)를 열게 된다. 즉, 아뇩다라삼먁삼보리심을 발(發)함이다. 제행무상(諸行無常)의 지(智)를 발(發)하지 못하면, 관력(觀力)이 정밀(精密)하고 깊지 못하여, 제법무아(諸法無我)의 지(智)를 발(發)하기 어렵다. 또한, 제법무아(諸法無我)의 지(智)를 발(發)하지 못하면, 관력(觀力)이 정밀(精密)하고 깊지 못하여 열반적정(涅槃寂靜)의 지(智)를 발(發)하기 어렵다. 그러나 수행자의 관력(觀力)과 지혜근기(智慧根機)의 인연사(因緣事)에 따라 삼법인(三法印)의 지(智) 중에 어느 지(智)를 발(發)하여 관(觀)의 원융(圓融)에 이르면 원융삼관(圓融三觀)에 들어 법성삼관일성(法性三觀一性)에 들게 된다. 왜냐면, 법성(法性)인 삼법인(三法印) 제행무상인(諸行無常印), 제법무아인(諸法無我印), 열반적정인(涅槃寂靜印)이 곧, 일성(一性)이기 때문이다. 일성(一性)에 들면 삼법인(三法印)은 원융일심(圓融一心) 하나로 귀결(歸結)된다. 일심(一心)에 들면 일심(一心)의 상(相)도 없는 청정진여(淸淨眞如)의 원융무애(圓融無碍)일 뿐이다. 이 성품에는 중생뿐 아니라 부처도 없다. 중생을 논(論)하고 불(佛)을 논(論)함도 환인(幻人)의 망(妄)이며, 꿈속 일이다. 법성관(法性觀)에서 법성정관(法性正觀)이 세밀하여 관력(觀力)이 깊어지면 법성실관(法性實觀)에 들며, 법성실관(法性實觀)이 세밀하고 정밀하여 관력(觀力)이 길어지면, 법성일실원융관(法性一實圓融觀)에 들어 무위일성(無爲一性) 결정성(結定性)에 들면 각성원융(覺性圓融) 각인(覺印)에 들게 된다. 일체 모든 수행의 깨달음은 수행의 기연(機緣)을 따라 심(心)의 본성을 깨닫는 법성(法性) 인(印)에 들게 된다.

● 중생은 분별과 사량(思量)의 무량심(無量心) 속에 있으므로 무량(無量) 분별이 중(衆)이며, 이 속의 삶이니, 중생(衆生)이라 한다.

● 중생과 불(佛)이 둘 다 없으므로 일성(一性)이라 하며, 중생이 불(佛)을 성취하려는 환몽(幻夢)과 중생을 벗어버린 불(佛)이 없으므로 불각(佛覺)을 성취하며, 원융지혜(圓融智慧)를 열게 된다. 불(佛)은 중생이 꿈꾸는 환몽(幻夢)이며, 진불(眞佛)은 중생의 환몽(幻夢)이 흔적(痕跡) 없이 사라진, 원융(圓融)의 각(覺)이다.

♣ 若是微塵衆實有者 佛卽不說是微塵衆 所以者何 佛說微塵衆 卽非微塵衆 是名微塵衆(약시미진중실유자 불즉불설시미진중 소이자하 불설미진중 즉비미진중 시명미진중) 만약 이 미세한 티끌들이 실로 있는 것이라면은 부처님께옵서 곧, 이 미세한 티끌들을 설하지 아니하였을 것이옵니다. 어떠한 까닭인가 하오면, 부처님께옵서 설하신 미세한 티끌들은 즉, 미세한 티끌들이 아니므로, 이를 이름함이 미세한 티끌들이라 하

옵니다.

● 만약, 삼천대천세계를 이룬 미세(微細)한 물질 티끌이 인연생기(因緣生起) 흐름의 현상(現象)이 아닌, 인연작용이 끊어진 고정(固定)된 덩어리 상(相)이면, 존재의 섭리와 존재의 세계에는 있을 수 없는 허황한 것이며, 실상이 아니므로 여래(如來)께옵서는 설(說)하지 않았을 것이옵니다. 이 미세(微細)한 물질의 티끌들이 법성인연(法性因緣)을 따라 흐르는 생기현상(生起現象)이므로 무유정법(無有定法)이라 그 실체가 없고, 그 모습 또한, 머무름 없는 무자성(無自性)의 현상 비상(非相)이므로, 실체 없는 비상(非相)을 이름하여 미세한 물질의 티끌이라 하옵니다.

世尊 如來所說 三千大千世界 卽非世界 是名世
세존 여래소설 삼천대천세계 즉비세계 시명세
界 何以故 若世界實有者 卽是一合相 如來說一
계 하이고 약세계실유자 즉시일합상 여래설일
合相 卽非一合相 是名一合相 須菩提 一合相者
합상 즉비일합상 시명일합상 수보리 일합상자
卽是不可說 但凡夫之人 貪着其事
즉시불가설 단범부지인 탐착기사

세존이시여, 여래께옵서 설하신 바인 삼천대천 세계는 즉, 세계가 아니므로, 이를 이름함이 세계라 하옵니다. 어떠한 연유인가 하오면, 만약 세계가 실로 있는 것이라면 즉, 이것은 일합상이오니, 여래께옵서 설하신 일합상은 즉, 일합상이 아니므로, 이를 이름함이 일합상이옵니다. 수보리야, 일합상이라는 것은 즉, 이것은 가히 설하지 못하는 것이나 단지, 범부의 사람들이 탐착하는 그 자체이니라.

● 앞 구절에서 삼천대천세계를 형성한 미세물질(微細物質)이 인연의 생기현상(生起現象)이므로 비상(非相)임을 드러내셨으며, 이 구절은 미세물질로 형성된 세계가 또한, 인연의 생기현상(生起現象)이므로 비상(非相)임을 설하심이다.

♣ 世尊 如來所說 三千大千世界 卽非世界 是名世界(세존 여래소설 삼천대천세계 즉비세계 시명세계) 세존이시여, 여래께옵서 설하신 바인 삼천대천 세계는 즉, 세계가 아니므로, 이를 이름함이 세계라 하옵니다.

● 삼천대천세계가 삼천대천세계 아님은 삼천대천세계 또한, 무위법성(無爲法性) 인연을 따르는 생기현상(生起現象)이므로 인연작용 섭리를 따라 머무름이 없으며 또한, 인연을 따라 흐르는 현상이므로 고정된 실체와 모습을 갖지 못한다. 자기 모습을 갖지 못하는 머무름 없는 현상이므로, 그 상(相)이 비상(非相)이며, 인연 따라 머무름 없는 그 모습을 이름하여 세계라고 한다.

♣ 何以故 若世界實有者 卽是一合相 如來說一合相 卽非一合相 是名一合相(하이고 약세계실유자 즉시일합상 여래설일합상 즉비일합상 시명일합상) 어떠한 연유인가 하오면, 만약 세계가 실로 있는 것이라면 즉, 이것은 일합상이오니, 여래께옵서 설하신 일합상은 즉, 일합상이 아니므로, 이를 이름함이 일합상이옵니다.

● 만약 세계가 고정(固定)된 한 덩어리 일합상(一合相)이면, 법성 인연작용 섭리가 끊어져 생성될 수 없고, 존재할 수 없는 한 덩어리 일합상(一合相)이나, 여래(如來)께옵서 설(說)하신 법성(法性) 인연작용 섭리에 의한 생기현상(生起現象) 미세물질(微細物質)로 구성된 일합상(一合相) 세계는 곧, 법

성(法性) 섭리의 현상 흐름으로, 고정된 실체와 모습이 없는 비상(非相)이니, 이 비상(非相)을 이름함이 일합상(一合相)이옵니다.는 뜻이다.

● 미세물질 티끌이나, 미세물질로 형성된 세계가 다를 바 없음을 설하심이다.

♣ 須菩提 一合相者 卽是不可說 但凡夫之人 貪着其事(수보리 일합상자 즉시불가설 단범부지인 탐착기사) 수보리야, 일합상이라는 것은 즉, 이것은 가히 설하지 못하는 것이나 단지, 범부의 사람들이 탐착하는 그 자체이니라.

● 고정된 일합상(一合相)은 법성섭리의 작용이 끊어진 것으로 법성작용에 의한 존재의 현상세계에는 존재할 수 없고, 있을 수 없는 한 덩어리다. 이 덩어리는 법성섭리의 작용이 없으므로 생성될 수도 없고, 법성작용이 없으므로 소멸할 수도 없다. 말은 있어도 법성작용과 존재섭리를 벗어난 것이므로 존재할 수도 없다. 그러나 범부(凡夫)와 중생이 고정된 상(相)의 실체가 있다고 생각한다. 범부와 중생들이 상견(相見)으로 탐착(貪着)하는 머묾의 일합상(一合相) 실체(實體)의 실상(實相)을 말씀하심이다.

● 모든 현상은 법성(法性)의 머무름 없는 무유정법(無有定法) 인연작용의 섭리로 드러나는 현상이니, 인연을 따르는 법성작용의 섭리가 없으면 현상은 생성(生成)될 수도 없어 존재하지 않으며, 존재할 수도 없고, 있을 수도 없으며, 사실이 아니므로 일컬을 수 없고, 설(說)할 수도 없으나, 단지, 범부(凡夫)의 사람들이 머물고 탐착하는 그 자체다.

● 모든 존재, 물질과 심식(心識) 일체 존재는 법성(法性)의 인연작용을 따라 생성되어, 인연작용의 흐름을 따르는 머무름

없는 현상이다. 법성 인연작용의 섭리가 없으면 무엇이든 생성되거나 존재할 수가 없다. 촉각도, 감각도, 생각도, 의식도, 현상도, 법성섭리 흐름 속에 자성(自性)을 갖지 못하며, 현상의 머무름 없는 흐름 속에 인지(認知)하게 된다. 존재는 찰나(刹那)에도 머묾이 없으므로 촉각하고, 감각하고, 생각한다. 일체 현상이 머무름 없는 현상이다. 인연을 따르는 작용의 흐름이 없으면 촉각도, 감각도, 생각도 존재할 수가 없다. 머무름 없는 작용의 흐름이 있으므로 그 흐름의 작용인 촉각이 있고, 흐름의 작용인 감각이 있고, 흐름의 작용인 생각과 현상이 있다. 이 자체가 곧, 머무름 없는 실체 비상(非相)이다.

● 상(相)이 머무름 없는 법성(法性)의 실상(實相)을 깨닫고, 법성지(法性智)을 열어 일체 존재가 상(相) 없는 비상(非相)인 무아무상(無我無相)임을 깨닫게 된다.

● 일합상(一合相)은 유형(有形)이든, 무형(無形)이든, 유상(有相)이든, 무상(無相)이든 있다고 생각하는 그것이다. 즉, 오온상(五蘊相)이며, 머묾의 사상(四相)이다. 일체존재 인식은 머무름 없는 흐름의 현상을 인식하며, 자신 또한 머무름 없는 현상의 흐름을 촉각하며, 감각하고, 인식하는 것이 존재의 흐름 속에 있음을 깨달아야 한다.

● 금강반야바라밀경은 실상반야(實相般若)로 원융무애청정심(圓融無碍淸淨心) 바라밀에 드는 지혜의 가르침이다.

知見不生分 第三十一
지 견 불 생 분 제 삼 십 일

여래(如來)가 설(說)한 법(法)은 상(相) 없음을 설하심이다.

須菩提 若人言 佛說我見人見衆生見壽者見 須菩
수보리 약인언 불설아견인견중생견수자견 수보

提 於意云何 是人解我所說義不 不也世尊 是人
리 어의운하 시인해아소설의부 불야세존 시인

不解如來所說義 何以故 世尊說我見人見衆生見
불해여래소설의 하이고 세존설아견인견중생견

壽者見 卽非我見人見衆生見壽者見 是名我見人
수자견 즉비아견인견중생견수자견 시명아견인

見衆生見壽者見
견중생견수자견

　수보리야, 만약 사람이 말하기를 부처님이 아견 인견 중생견 수자견을 설하였다 하면은, 수보리야, 어떻게 생각하느냐 .이 사람은 내가 설한 바의 뜻을 아느냐? 아니옵니다. 세존이시여. 이 사람은 여래께옵서 설하신 바의 뜻을 알지 못하옵니다. 어떠한 연유인가 하오면, 세존께옵서 설하신 아견 인견 중생견 수자견은 즉, 아견 인견 중생견 수자견이 아니므로, 이를 이름함이 아견 인견 중생견 수자견이옵니다.

　● 여래(如來)는 각성원융(覺性圓融)으로 자타, 내외, 일체상이 끊어져 보고 듣는 일체 만물이 상(相) 없고, 일체상이 무상청정(無相淸淨)이니, 무엇을 설(說)하시어도 상(相) 없는 무자성 청정법성(淸淨法性)의 세계다. 그러나 중생은 법성지(法性智)가 없어 일체를 실체있는 상(相)으로 생각하니, 여래(如來)의 상(相) 없는 일체설(一切說)이 중생은 상견(相見)과 상심(相心)을 벗지 못해 유견(有見)의 상법(相法)으로 수용하여 불법(佛法)에 법상(法相)을 가지게 된다. 여래(如來)의 각성(覺性)에는 일체가 실체 없어, 머무를 상(相)도, 머무를 자(者)

도 없다. 여래(如來)의 뜻(義)은 여(如)의 뜻(義)이다. 여(如)는 일체가 실체 없는 법성원융(法性圓融)으로 차별 없는 청정각성(淸淨覺性)이다. 유(有)와 무(無)가 차별 없고, 상(相)과 무상(無相)이 차별 없고, 유위(有爲)와 무위(無爲)가 차별 없고, 중생과 불(佛)이 차별 없고, 높고 낮음이 차별 없고, 많고 적음이 차별 없고, 깨끗하고 더러움이 차별 없고, 형형색색(形形色色)이 차별 없고, 각(覺)과 불각(不覺)이 차별 없고, 무명(無明)과 각성(覺性)이 차별 없고, 일체차별계가 자성(自性)이 없어 차별이 없다. 그러나 차별 없다고 같은 것이 아니며, 또한, 다른 것도 아니다. 차별과 차별 없음과 다름과 같음은 상(相)의 분별심이다. 각성(覺性)에는 일체가 실체가 없다. 청정각성(淸淨覺性)에는 상(相)이 무상(無相)이며, 무상(無相)이 상(相)이다. 이는, 상(相)과 무상(無相)이 차별 없기 때문이다. 상심(相心)의 분별에는 상(相)과 무상(無相)이 다르다. 상(相)은 차별현상 세계며, 불지(佛智)에는 차별과 무차별이 없는 무자성(無自性) 법성원융(法性圓融)의 일체청정각(一切淸淨覺)이다.

● 상(相)만 실체가 없는 것이 아니다. 각(覺)과 깨달음과 각성(覺性)과 본심(本心)과 본성(本性)과 본각(本覺)과 아뇩다라삼먁삼보리와 아뇩다라삼먁삼보리심과 불성(佛性)과 반야와 불지혜(佛智慧)와 해탈과 바라밀과 무여열반과 대각성(大覺性)과 인(印)과 법성(法性)과 법성지(法性智)와 제불각성(諸佛覺性)과 제불일체바라밀법(諸佛一切波羅蜜法)과 대법륜(大法輪)과 성지(聖智) 등 일체가 실체가 없다. 만약, 일체불법(一切佛法)과 불(佛)과 각성(覺性)이 실체가 있다면 지혜가 아니며, 각(覺)이 아니며, 불법(佛法)이 아니며, 불(佛)이 아닌

상(相)이다. 불(佛)을 이루려거나 깨달음을 얻으려는 법상(法相)이나, 상심(相心)이나, 유심(有心)을 가지면 그것이 분별심이 되어 무엇이든 있다고 생각하며, 구(求)하고, 얻으려 하고, 성취하려는 소득심(所得心)을 가진다. 이것은 허공(虛空)에 집을 지으려는 것과 같다. 미래불(未來佛)이 백천만억불(百千萬億佛)이 출현(出現)하고 하늘과 땅이 백천만억(百千萬億)번 사라지고 생겨나도 법상(法相)과 상심(相心)으로는 원(願)하는 바 불법(佛法)을 구(求)하고, 얻고, 성취할 수가 없다. 단지, 분별 상심(相心)이 사라지면 바로 본심(本心)을 깨달아 일체불법(一切佛法)이 구족(具足)함을 깨닫는다.

♣ 世尊說我見人見衆生見壽者見 卽非我見人見衆生見壽者見 是名我見人見衆生見壽者見(세존설아견인견중생견수자견 즉비아견인견중생견수자견 시명아견인견중생견수자견) 세존께옵서 설하신 아견 인견 중생견 수자견은 즉, 아견 인견 중생견 수자견이 아니므로, 이를 이름함이 아견 인견 중생견 수자견이옵니다.

● 아견(我見), 인견(人見), 중생견(衆生見), 수자견(壽者見)이 아견, 인견, 중생견, 수자견이 아님은 아견, 인견, 중생견, 수자견이 실체가 없어 자성(自性)이 없기 때문이다. 실체 없고 자성(自性) 없는 것을 이름하여 아견, 인견, 중생견, 수자견이라 한다.

● 아견(我見)은 상(相)의 근원 의식으로 아(我)가 있다는 견(見)이다. 아(我)는 나(自), 이(此)것, 개아(個我), 상(相), 유(有), 존재(存在)다.

● 인견(人見)은 아견이 있으므로 일어나는 대상(對相) 차별견(差別見)이다. 상(相)의 차별로 아견(我見)의 대상인 타

(他), 저(彼)것, 다수(多數), 차별(差別), 같음, 다름이다.

● 중생견(衆生見)은 인견이 있으므로 일어나는 머묾과 집착견(執着見)이다. 차별견(差別見)이 있으므로 이끌리고, 집착하고, 좋아하며, 싫어하고, 탐(貪) 등의 중생견(衆生見)이다.

● 수자견(壽者見)은 중생견이 있으므로 일어나는 상(相)의 생주이멸(生住異滅)을 인식하고 집착하는 것이다. 생멸, 변화, 생사, 시간, 세월 등을 집착하여, 좋아하는 것은 항상하기를 원하고, 싫어하는 것은 빨리 끝나기를 원하며, 목숨과 행복과 명예와 부귀와 복력과 건강은 항상하기를 원하며, 불행과 가난과 질병과 괴로움은 빨리 사라지기를 바라는 수명(壽命)에 대한 것이 수자견(壽者見)이다.

● 아견(我見)이 있으므로 인견(人見)이 일어난다. 인견(人見)이 있으므로 중생견(衆生見)이 일어난다. 중생견(衆生見)이 있으므로 수자견(壽者見)이 일어난다. 수자견(壽者見)이 없음은 중생견(衆生見)이 없음이다. 중생견(衆生見)이 없음은 인견(人見)이 없음이다. 인견(人見)이 없음은 아견(我見)이 없음이다. 아견(我見)이 없음은 상견(相見)과 상심(相心)이 없음이다.

須菩提 發阿耨多羅三藐三菩提心者 於一切法 應
수보리 발아뇩다라삼먁삼보리심자 어일체법 응

如是知 如是見 如是信解 不生法相 須菩提 所言
여시지 여시견 여시신해 불생법상 수보리 소언

法相者 如來說 卽非法相 是名法相
법상자 여래설 즉비법상 시명법상

수보리야, 아뇩다라삼먁삼보리심을 발한 자는, 일체법을

응당 이와 같이 알며, 이와 같이 보며, 이와 같이 믿고 깨달아, 법상을 일으키지 말아야 하느니라. 수보리야, 말한 바 법상이라는 것은 여래가 설한 바 즉, 법상이 아니니, 이를 이름함이 법상이라 하느니라.

● 아뇩다라삼먁삼보리심을 발한 자(者)는 여래(如來)가 설(說)한 일체법이 실체가 없고, 자성(自性)이 없어 상(相)이 아님을 응당 알아 이와 같이 보며, 이와 같이 믿고 깨달아, 법상(法相)을 일으키지 말아야 하느니라. 일체상(一切相)이 상(相) 없음을 여실(如實)히 보는 여래(如來)의 불지혜(佛智慧)로 설(說)한 바 상(相)이 아니니, 무자성(無自性)인 상(相) 없는 이 것을 이름함이 법(法)의 모습이니라.는 뜻이다.

● 여래(如來)께서 경(經)의 끝맺음에 앞서 총체적(總體的) 마무리를 지으시며, 경(經)의 전체와 설(說)함의 모두와 경(經)의 내용 일체세계와 일체상(一切相)과 일체불법(一切佛法) 등 일체가 상(相)이 아니며, 상(相) 없음을 알아 법상(法相)을 가지지 말며, 상(相)이 아니므로 무엇이든 상(相) 없이 보며, 여래(如來)의 실상지혜로 설(說)한 것임을 믿고, 깨달아 상(相)을 일으키지 말아야 함을 선호념선부촉(善護念善付囑)으로 일깨우시며, 상(相)이 상(相) 아니며, 실체 없는 이름일 뿐임을 거듭 말씀하심이다.

應化非眞分 第三十二
응 화 비 진 분 제 삼 십 이

수지독송설(受持讀誦說)의 공덕과 설(說)함이 사상(四相) 없는 여여부동설(如如不動說)이어야 하며, 제상(諸相)이 환(幻)과 같음을 설하심이다.

須菩提 若有人 以滿無量阿僧祇世界七寶 持用布
수보리 약유인 이만무량아승지세계칠보 지용보

施 若有善男子善女人 發菩薩心者 持於此經 乃
시 약유선남자선여인 발보살심자 지어차경 내

至 四句偈等 受持讀誦 爲人演說 其福勝彼
지 사구게등 수지독송 위인연설 기복승피

수보리야, 만약 사람이 있어 무량아승지세계에 가득찬 칠보를 가지고 보시할지라도, 만약 선남자 선여인이 있어 보살심을 발한 자가 이 경을 가지며, 어느 한 부분이나 사구게 등을 받아 지니어 읽고 외우며, 사람들을 위해 이해하도록 자세히 살펴 널리 설한다면은, 그 복이 저 복보다 수승하느니라.

● 만약 사람이 있어 무량아승지 세계에 가득찬 칠보를 가지고 보시할지라도, 선남자 선여인이 아뇩다라삼먁삼보리심을 발(發)한 자(者)가 이 경(經)을 가지며, 어느 한 부분이나 사구게 등을 수용하고 섭수하며, 지니어 행(行)하고, 읽고 그 뜻(義)을 살피고 사유(思惟)하여 궁구(窮究)하며, 외우며 실행하고 실천하며, 사람들을 위해 이해하도록 자세히 살펴 널리 설한다면은 그 복이 저 복보다 수승하느니라.

● 이 경(經)을 마감하며, 아뇩다라삼먁삼보리심을 행(行)하는 공덕과 사람들을 위해 이해하도록 불설(佛說)의 뜻(義)을 자세히 살피어 널리 설(說)하는 공덕이 무량무한수(無量無限數) 세계에 가득찬 칠보의 보시 복(福)보다 수승함을 설(說)하시어, 불지혜(佛智慧) 이 경(經)의 법(法)으로 중생들을 불가사의한 법(法)의 무량무한 복덕세계로 이끄시며, 아뇩다라삼먁삼보리심 보살지혜를 발(發)한 자(者)는 이 경(經)을

사람들을 위해 널리 이해하도록 설(說)하여 모든 중생이 이 경(經)으로 불가사의한 무량무한 복덕세계에 들도록 이끄시는 선호념선부촉(善護念善付囑) 말씀이시다. 부처님께서 여래(如來) 없는 미래세상 중생들을 염려하고 걱정하시는 당부와 이끎인 여래(如來)의 지혜와 자비의 진실한 마음이 담긴 말씀이시다.

云何爲人演說 不取於相 如如不動 何以故 一切
운하위인연설 불취어상 여여부동 하이고 일체
有爲法 如夢幻泡影 如露亦如電 應作如是觀
유위법 여몽환포영 여로역여전 응작여시관

사람에게 어떻게 이해하도록 자세히 살펴 널리 설하는가 하면은, 상을 취하지 아니하고 여여부동하여야 하느니라. 어떠한 연유이냐 하면은, 일체 유위법이 꿈과 환과 물거품과 그림자와 같으며, 이슬과 같고 또, 번개와 같으므로 응당 이와 같이 보아야 하느니라.

♣ 云何爲人演說 不取於相 如如不動(운하위인연설 불취어상 여여부동) 사람에게 어떻게 이해하도록 자세히 살펴 널리 설하는가 하면은, 상을 취하지 아니하고 여여부동하여야 하느니라.

● 상(相) 없음이 여여부동(如如不動)이며, 여여부동(如如不動)이 상(相) 없는 본심청정이다. 상(相)을 두고 상(相)을 취(取)하지 않을 수가 없다. 또한, 상(相)을 취(取)할 자(者)가 있으면 상(相)을 취(取)하지 않을 수가 없다. 왜냐면 내가 곧, 상(相)이기 때문이다. 여여부동(如如不動)은 취(取)할 상(相)

도 없고, 상(相)을 취(取)할 자(者)도 없고, 없는 것도 없어 여여부동(如如不動)이다. 이는 아뇩다라삼먁삼보리 본심청정이며, 무상각성(無相覺性)이다. 상(相)을 두고 상(相)을 취(取)하지 않을 수 없다 함은, 나(我) 있음이 벌써 상(相)이며, 자타(自他)가 있음이 상(相)이며, 내외(內外)가 있음이 상(相)이며, 눈에 보이고 귀에 들리는 것이 상(相)이다. 이것이 상심(相心)이다. 무위(無爲)에 들면 눈에 보이고 귀에 들리는 일체가 자성(自性)이 없어 청정상(淸淨相)이며, 나(我) 없어 머무를 자(者)도 없다.

● 여여부동(如如不動)은 여여(如如)가 부동(不動)이며, 부동(不動)이 여여(如如)다. 여여(如如)는 일체상이 실체 없는 법성청정(法性淸淨)이니 일체상이 여여(如如)다. 자타(自他)와 일체상이 실체가 없어 머무를 상(相)이 없고, 머무를 자(者)도 없어 원융(圓融)이므로 부동(不動)이다. 여여(如如)가 되지 못하면 부동(不動)이 되지 않으며, 부동(不動)이 아니면 여여(如如)가 될 수가 없다. 여여(如如)는 무자성으로 일체 차별이 없으며, 부동(不動)은 상심(相心)이 없고 상(相)에 머묾이 없으니 무상청정심(無相淸淨心)이다. 곧, 아뇩다라삼먁삼보리 각성원융심(覺性圓融心)이다. 여여(如如)가 불법(佛法)이며, 부동(不動)이 불법(佛法)이다. 즉, 상(相) 없는 본성(本性)이며, 법성원융(法性圓融)이다.

● 여여부동(如如不動)의 여여(如如)는 같고 같음이 아니다. 같고 같음은 사상심(四相心)이며 분별심이며, 상(相)이다. 그럼 여여(如如)의 실체는 무엇이며, 여여(如如)란 어떤 것일까? 여여(如如)의 실체는, 나 없고 상(相) 없는 무위(無爲)다. 자타 없고, 사상심 없어 상(相) 없는 무위심(無爲心)이다. 이

는 성공일심(性空一心)이다. 성공일심(性空一心)은 여여(如如)도 없다. 차별도 여여(如如)도 없으므로 여여(如如)다. 보고 듣는 일체(一切)가 성공일심(性空一心) 청정(淸淨)이다. 즉, 각(覺)의 원융(圓融)이다.

● 여여부동(如如不動)의 부동(不動)은 움직임이 없거나, 고정된 것이 아니다. 만약, 부동(不動)이 움직임이 없거나, 동(動)함 없는 고요나, 고정된 것이면 상(相)이므로 부동(不動)이 아니며, 여여(如如)가 아니다. 부동(不動)은 움직임이 없는 것이 아니라 상(相) 없고 걸림 없어 머묾 없는 각(覺)의 원융심(圓融心)이다. 부동(不動)은 곧, 상(相) 없는 청정심(淸淨心)을 일컬음이다. 보고 들음이 상(相) 없고, 나 또한 없으니 그대로 여여(如如)며 부동(不動)이다. 이는 동(動)과 부동(不動) 둘 다 없는 청정각(淸淨覺)이다. 여여부동(如如不動) 그 자체가 곧, 실상이며, 아뇩다라삼먁삼보리심이며, 반야(般若)다.

♣ 何以故 一切有爲法 如夢幻泡影 如露亦如電 應作如是觀 (하이고 일체유위법 여몽환포영 여로역여전 응작여시관) 어떠한 연유이냐 하면은, 일체 유위법이 꿈과 환과 물거품과 그림자와 같으며, 이슬과 같고 또, 번개와 같으므로 응당 이와 같이 보아야 하느니라.

● 부처님께옵서 금강경(金剛經)을 종료(終了)하시는 마지막 말씀이며, 이 경(經) 마지막 사구게(四句偈)다.

● 여여부동(如如不動)을 드러내시며, 이와 같이 법성(法性)을 관(觀)하여, 상(相) 없는 가르침 뜻(義)과 실상(實相)에 응(應)하여 여여부동(如如不動)해야 함을 말씀하심이다.

● 일체유위법(一切有爲法)은 물(物)과 심(心)의 일체상이다. 제상(諸相)이 비상(非相)임을 드러내시며, 일체가 실체 없

는 무자성(無自性) 환(幻)이니, 머무르고 집착할 상(相)과 법(法)이 없음을 드러내심이다.

● 이 구절은 여리실견분 제오(如理實見分 第五) 범소유상 개시허망(凡所有相 皆是虛妄)을 일컬음이다. 일체상이 비상(非相)이며 무자성(無自性) 환(幻)임을 일컬음이다. 꿈과 환과 물거품과 그림자와 같으며 이슬과 같고 또, 번개와 같음은 일체상(一切相)이 법성(法性) 무유정(無有定)의 현상(現象) 공상(空相)이기 때문이다.

● 촉각과 감각 인지(認知)의 자신도 머무름 없는 흐름 현상이므로 인지하고, 촉각하며, 감각하고, 생각하는 것이다. 만약, 흐름이 끊어지면 인지 없고, 촉각 없고, 감각 없고, 생각 없다. 머무름 없는 흐름이 인지(認知)며 인식(認識)이다. 살아있는 그 자체가 진리(眞理)의 은혜다. 살아있는 그 자체, 제행무상(諸行無常)의 은혜에 감사해야 한다. 이것이 진리에 눈뜸이며, 자기존재의 진리에 눈뜸이다. 자기존재에 더 깊은 눈뜸은, 무상(無常)을 있게 하는 무아(無我)에 감사함이다. 이것이 진리에 눈뜸이며, 자기존재의 더 깊은 진리에 눈뜸이다. 자기존재에 더욱 깊은 눈뜸은, 무아(無我)를 있게 하는 청정본성(淸淨本性) 불성(佛性)에 감사함이다. 이것이 진리에 눈뜸이며, 자기존재 더욱 깊은 진리에 눈뜸이다. 자기존재에 더욱더 깊은 눈뜸은, 중생과 불(佛), 불성(佛性)과 본성(本性)까지 벗어 나의 존재와 우주의 근원 일성(一性)까지 벗어버린 원융(圓融) 명명각(明明覺)에 눈뜸이다.

● 각명(覺明) 원융(圓融)의 깊은 자신 근원에 눈뜸으로, 보고 듣는 일체상(一切相)이 진불(眞佛)이 되어 빛과 소리로 몸을 나투어 금강반야바라밀 실상경(實相經)을 설함을 깨닫게

된다. 그제야 비로소, 불지혜(佛智慧) 실상(實相) 사구게(四句偈) 수지독송(受持讀誦)이 무엇인지 깨닫게 되며, 위타인설(爲他人說) 여여부동(如如不動)이 글과 말이 아닌, 살아있는 불성(佛性)임을 깨닫게 된다. 이제야, 여래(如來)의 뜻(義)이 무엇인지, 실상(實相) 청정지혜(淸淨智慧) 깊은 혜안(慧眼)의 눈을 뜬다.

● 일체 유위법(有爲法)이 꿈과 환과 물거품과 그림자와 같으며, 이슬과 같고 또, 번개와 같으니 응작여시관(應作如是觀)하라 하니, 아뇩다라삼먁삼보리심을 발(發)한 자(者)는 바로 청정지(淸淨智)를 발(發)한다. 실상지(實相智)를 발(發)하지 못하였어도 지혜근기(智慧根機)에 따라 상(相)의 무주(無住)를 관(觀)하면 법성(法性) 제행무상관(諸行無常觀)이며, 자성(自性) 무아(無我)를 관(觀)하면 법성(法性) 제법무아관(諸法無我觀)이며, 청정부동(淸淨不動) 생멸(生滅) 없는 무자성(無自性)을 관(觀)하면 법성(法性) 열반적정관(涅槃寂靜觀)이다. 어느 관(觀)이든 실상을 깨달으면 차별이 없다. 무상관(無常觀)에서 행(行)이 끊어지면 무아(無我)에 들어 청정부동(淸淨不動)을 깨닫게 되어, 적멸법성(寂滅法性) 인(印)의 지(智)를 발(發)하여 아뇩다라삼먁삼보리심을 발(發)하게 된다. 무아관(無我觀)에서 상(相)이 끊어지며 아성(我性)이 타파되면 무아(無我)를 체달(體達)해 무상청정(無相淸淨)을 발(發)하면, 청정법성(淸淨法性) 열반(涅槃)을 체달(體達)해 아뇩다라삼먁삼보리심을 발(發)하게 된다. 생멸(生滅) 없는 무자성(無自性) 적정관(寂靜觀)에서 상(相)의 아성(我性)과 무자성(無自性) 적정(寂靜)이 타파되어 원융(圓融)하여 적멸부동(寂滅不動) 청정성(淸淨性)이 일체상(一切相)에 걸림 없고 보고 들음이 그

대로 법성적멸상(法性寂滅相)이면, 법성인(法性印)의 지(智)를 발(發)하여 아뇩다라삼먁삼보리심을 발(發)하게 된다. 그러나 그 경계(境界)에 내가 있고 남이 있으며, 안과 밖이 있어 머무를 상(相)이 있다면, 그것은 법성지(法性智) 인(印)의 지혜(智慧)가 아니라 환(幻)의 유심유상관(有心有相觀)이다. 관행(觀行)에 분별과 사량(思量)과 사유(思惟)와 의식(意識)의 관행(觀行)이 아닌 단지, 과(果)를 생기(生起)하는 연(緣)을 눈과 귀가 분별없이 보듯 분별없이 관(觀)하여, 관력(觀力)이 깊어지고 정밀해지면 깊은 관력각성(觀力覺性)으로 단박 무명업식(無明業識) 사상심(四相心)이 끊어진다. 법성지(法性智) 인(印)의 지혜를 발(發)하지 못하면 나, 아상(我相)을 멸(滅)하지 못하여 아뇩다라삼먁삼보리에 들지 못한다. 법성삼법인관(法性三法印觀)도 아뇩다라삼먁삼보리심을 발(發)하여 깨달으면, 인성일심(印性一心) 일체(一切)가 환(幻)이다. 단지, 만법(萬法)이 그 법성(法性)을 따라 흐를 뿐이다. 일체수행지(一切修行智)는 바른 깨달음을 얻어 불지(佛智)에 들게 되면, 망(妄) 중 일체상(一切相)과 자증상(證得相)과 증득과(證得果)와 증득지(證得智)가 흔적 없이 사라진다. 수행으로 얻은 것이 무엇이든 파괴되는 상(相)이며, 주(住)함이기 때문이다. 상(相) 없는 청정일심(淸淨一心)에는 무엇하나 가질 것이 없다. 그대로 원융무애각명(圓融無碍覺明)이기 때문이다. 이곳에서 증(證)한 것이 있으면 상(相)이며, 일컬을 것 있으면 망(妄)이다. 수승한 수행과 소중하게 생각했든 증과(證果)의 그 무엇도 미혹이며, 부질없는 티끌이며 환(幻)임을 알게 된다. 각성(覺性)과 청정심(淸淨心)에는 무엇하나 둘 것이 없다. 얻음도 없고, 깨달음도 없고, 얻음을 얻은 자(者)도 없고, 깨달은 자(者)도 없다. 그냥 그대로 각명(覺明) 청정심(淸淨心)일 뿐, 무엇을 더하고, 무엇을 여읠 것도 없다. 그것이 얻음 없음을 깨달음이며, 각(覺)이다. 그것이 본래(本來) 내 모습인데, 무엇을 더하고 무엇을 얻었다 하겠는가? 본연(本然) 청정본심본각(淸淨本心本覺) 원융일성(圓融一性) 각명(覺明)이다. 일러 본래불(本來佛)이다. 마음이 마음을 돌이킴이니, 무엇이 얻음이 있으며, 무엇이 성취함이 있으랴? 얻음이 있고, 성취함이 있으면, 아직 상심(相心) 나를 벗지 못했고 깨달음을 구하는 미망(迷妄) 꿈속 환(幻)이다.

♣ 一切有爲法 如夢幻泡影 如露亦如電 應作如是觀(일체유위법 여몽환포영 여로역여전 응작여시관) 일체 유위법이 꿈과 환과 물거품과 그림자와 같으며, 이슬과 같고 또, 번개와 같으므로 응당 이와 같이 보아야 하느니라.

● 일체(一切)가 무자성(無自性) 청정상(淸淨相)이니, 여여부동(如如不動) 상(相) 없는 청정심(淸淨心)으로 무위실상(無爲實相)에 응(應)하여, 금강반야바라밀 경(經)의 뜻(義)을 설(說)해야 함을 경(經)을 종료(終了)하시며 말씀하심이다. 이는 경설(經說)이 실상(實相)을 벗어나 경(經)의 뜻(義)을 왜곡함이 없어야 하기 때문이다. 만약 상(相)에 머무르면, 경(經)의 본뜻(本義)과 실상(實相)을 벗어나게 된다. 이 경(經)을 종료(終了)하시며, 경(經)을 설(說)함에 여여부동(如如不動) 반야지혜 실상(實相)을 벗어나지 않도록 당부하시는 염려의 요지(要旨)는 금강반야바라밀경 실상(實相)의 경설(經說)을 통해 무량 중생이 실상지혜(實相智慧)를 발(發)하여 아뇩다라삼먁삼보리심과 무여열반(無餘涅槃) 바라밀과, 무위각성(無爲覺性) 무량무한복덕성(無量無限福德性)에 들기 때문이다.

● 이 말씀이 중생을 향한 금강반야바라밀 불지혜(佛智慧) 가르침, 이 경(經) 부처님 말씀 종료(終了)다.

● 이 경(經) 내용 일체가 실상(實相) 불지혜(佛智慧)며, 중생이 깨달음에 드는 가르침이다. 이 경(經)이 부처님께옵서 이 땅에 오시지 않았다면 나 스스로 이 지혜를 어떻게 알았겠으며, 생명 존재의 실상 무상지혜(無上智慧)가 있음을 어떻게 알았겠는가! 부처님께옵서 염려하신 미래 세상인 지금, 부처님 모습도, 부처님 음성도 흔적없는 이 세상에서, 부처님께옵서 불지혜(佛智慧)로 말씀하신 실상설(實相說)의 한 글귀라도 볼 수 있음에 무한 감사 예경할 뿐이다. 몇 천년이 흐른 미래의 세상 지금까지 부처님의 불지혜(佛智慧) 말씀을 전하기 위해 노력했던 수많은 분의 지혜종자(智慧種子)와 선근신심(善根信心)으로 심혈을 기울이고 정성을 다하여 헌신하시며, 애를 쓰셨던 모든 분에게 깊은 마음 존경(尊敬)과 공경(恭敬)의 예경(禮敬)을 올리며, 그 은혜에 무한 감사를 올립니다. 그리고 생명세계에 소중하고 존귀(尊貴)한 법(法)의 보물(寶物) 불지혜(佛智慧) 가르침인 금강경(金剛經)을 사랑하고 존중하며, 무엇보다 소중하게 생각하시는 신심(信心) 가지신 모든 분에게 존경과 그 마음 불심(佛心)에 예경(禮敬)을 올립니다. 이 경(經)의 인연공덕으로 불지혜(佛智慧) 아뇩다라삼먁삼보리 무상지혜(無上智慧)를 성취하시길 진심으로 간절히 염원(念願)합니다.

佛說是經已 長老須菩提 及諸比丘 比丘尼 優婆
불설 시경이 장로수보리 급제비구 비구니 우바

塞 優婆尼 一切世間 天 人 阿修羅 聞佛所說 皆
새 우바이 일체세간 천 인 아수라 문불소설 개

大歡喜 信受奉行
대 환 희 신 수 봉 행

　부처님께옵서 이 경을 설하심을 마치니, 장로수보리와 모든 비구 비구니 우바새 우바니 일체 세간 하늘과 사람과 아수라 등이 부처님의 설하심을 듣고, 모두 크게 환희하며, 믿음으로 받아 존중히 받들어 행함이니라.

금강반야바라밀경

사구게(四句偈)

금강경요해(金剛經了解)를 마치며

금강반야바라밀경 사구게(四句偈)

여리실견분 제오(如理實見分 第五)

실상사구게(實相四句偈)

凡所有相　皆是虛妄　若見諸相非相　卽見如來
범 소 유 상　개 시 허 망　약 견 제 상 비 상　즉 견 여 래

무릇 있는 바 상은, 다 이것이 허망한 것이니, 만약 모든 상을 보되 상이 아니면 즉, 여래를 봄이니라.

법신비상분 제이십육(法身非相分 第二十六)

사견타파사구게(邪見打破四句偈)

若以色見我　以音聲求我　是人行邪道　不能見如來
약 이 색 견 아　이 음 성 구 아　시 인 행 사 도　불 능 견 여 래

만약 색으로 나를 보거나, 음성으로 나를 구한다면은 이 사람은 사도를 행함이니 능히, 여래를 보지 못하리라.

응화비진분 제삼십이(應化非眞分 第三十二)

법성관행사구게(法性觀行四句偈)

一切有爲法 如夢幻泡影 如露亦如電 應作如是觀
일 체 유 위 법 여 몽 환 포 영 여 로 역 여 전 응 작 여 시 관

　일체 유위법이 꿈과 환과 물거품과 그림자와 같으며, 이슬과 같고 또, 번개와 같으므로 응당, 이와 같이 보아야 하느니라.

금강경요해(金剛經了解)를 마치며

    금강경은 나의 본연에 들어, 물듦 없는 청정 본심을 잃지 않고, 생명 본성의 무량 무한공덕 속에 삶을 살도록 이끎인, 부처님의 가르침입니다. 내가 아뇩다라삼먁삼보리며, 내가 나를 아는 것이 실상지혜며, 반야입니다. 내가 나를 모름이 무명이며, 미혹입니다. 금강경은 생사 없는 자기 생명의 삶입니다. 금강반야바라밀은 경(經)의 이름이 아니라, 생명 그 자체를 일컫는 것입니다. 생명과 마음은 둘이 아닙니다. 생명이 본성이며, 그 작용이 마음입니다. 생멸 없고, 생사 없는 생명의 삶이 금강반야바라밀입니다. 생명은 파괴 없고, 물듦 없으니 금강입니다. 모습 없어 원융하며, 무엇에도 물듦 없는 밝음인 그 생명 마음이 반야입니다. 모든 생명은 나무나, 꽃이나, 사람이나, 하늘의 태양이나, 바다에 출렁이는 물이나 다를 바 없고, 두 모습 없습니다. 모두 한 생명 작용이며, 한 생명 한 몸입니다. 각각 자기 업에는 그 모습이 다름이 있어도, 생명에는 남이 없습니다. 그 생명을 본성이라고 합니다. 그 생명 본성의 지혜를 반야라고 합니다. 반야는 물방울과 태양과 꽃과 나와 허공이 생명 본성이 다르지 않습니다. 깨달음은 생명 본성을 깨달음이며, 생명 실상 심안(心眼)을 여는 것입니다. 반야는 내가 나의 존재에 대한 지혜입니다. 내가 나의 생명을 알면 이 생명 세계에 어느 존재든 한 생명일 뿐, 남이 없습니다. 다 같은

금강경요해(金剛經了解)를 마치며

한 생명이며, 한 생명 본성이 피어난 아름다운 장엄의 현상들입니다. 내가 아뇩다라삼먁삼보리며, 내가 나를 아는 지혜가 반야이니, 나를 알면 금강경을 알고, 나를 모르면 금강경을 아는 것이 아닙니다. 그러므로 금강경을 모르는 것은, 금강경만 모르는 것이 아니라, 내가 나를 모르는 것입니다. 금강경을 해박하게 알아도, 나를 모르면 금강경을 진실로 아는 것이 아닙니다. 금강경은 나의 생명 실상과 본성에 관한 이야기입니다. 불법은 나를 떠나 존재하지 않으며, 나에 대한 진리의 가르침이 불법입니다. 만약, 무엇을 보든 나 외의 것이면 사상심이며, 무엇을 보든 그 시야에 나와 남이 없으면, 생명의 실상 금강경 지혜 속에 있으며, 사구게 비상(非相)과 실상 반야입니다. 일체불이(一切不二) 차별 없는 생명이 본성이며, 여래(如來)입니다. 그러므로 내가 아뇩다라삼먁삼보리입니다. 생명이 아뇩다라삼먁삼보리며, 여래(如來)입니다. 숨소리 호흡도 아뇩다라삼먁삼보리 작용이며, 살아있는 고귀한 생명도, 바라밀 무한 무량공덕의 조화입니다. 생명은 텅 빈 허공의 모습도, 고뇌하는 사람의 모습도, 지저귀는 새의 모습도, 작은 꽃잎 위에 있는 작은 벌레의 모습도, 빗방울이 맺힌 풀잎의 모습도 아닙니다. 허공, 사람, 새, 벌레, 풀잎 어떤 무엇 일체(一切) 것도 닮지 않았기에 무아(無我)라고 하며, 허공, 사람, 새, 벌레, 풀잎 일체상(一切相) 어떤 형태도 가지고 있지 않기에 무상(無相)이라고 합니다. 만약, 자기가 있고, 자기의 형태가 있다고 생각하면, 그것은 아직 금강경을 모르는 것이며, 금강경을 수지독송하지 못하는 까닭이며, 사구게의 뜻을 아직 모르고 있으며, 자기를 아는 지혜 반야가 없다는 증거입니다. 나의 생명을 깨달으면, 나는 형상이 아닌 원융무애한 성품 생명 그 자체임을 깨닫게 됩니

금강경요해(金剛經了解)를 마치며

다. 생명의 또 다른 이름이 아뇩다라삼먁삼보리며 여래(如來)입니다. 형상 없고, 생사 없는, 생생히 살아있는 생명, 보고 듣는 살아있는 밝음이며, 모습 없어 걸림 없고, 밝고 밝은 생명성품 원융한 아뇩다라삼먁삼보리를 깨달은 지혜의 눈이 반야입니다. 생명을 보는 심안(心眼)이 열리지 않으면, 육근의식에 의지해 자기를 인식하므로 형상만 보게 됩니다. 생생히 보고 듣는 살아있는 그 생명은 형상이 아닙니다. 그 생명의 실체를 초월 본심이라고 하며, 무엇에도 걸림 없는 밝음 아뇩다라삼먁삼보리라고도 하며, 일체상을 벗어버린 존귀한 여래(如來)라고도 합니다. 존귀한 여래(如來)가 되기 위해서는 나 없는 생명의 실상, 본성을 깨달아 아뇩다라삼먁삼보리가 곧, 자기여야 합니다. 생명과 본심과 아뇩다라삼먁삼보리와 불성(佛性)과 여래(如來)가 다르지 않으며, 육근의식으로는 볼 수가 없습니다. 깨달음의 지혜만이 알 수 있을 뿐입니다. 깨달음이란, 나의 모습 없는 의식을 초월한 생명을 깨닫는 것입니다. 나와 생명은 둘이 아닙니다. 내가 생명이 있는 것이 아니라 생명 자체가 곧, 원융무애한 나의 실체입니다. 삶의 어느 한 순간, 마음의 눈이 열려 생명의 신비로움 나의 생명 실상을 깨닫게 되면, 이 우주가 곧, 때묻음 없고, 물듦 없는 한 생명 세계임을 깨닫게 됩니다. 그 깨달음에 들면, 일체가 걸림 없는 초월 생명성 아뇩다라삼먁삼보리를 깨닫게 되며, 나 없는 무아, 무상, 생명의 밝음, 일체가 불이(不二)며, 모습 없는 반야의 생명, 지혜의 밝음 속에 깨달음 생명성의 삶을 살게 됩니다. 생명이 불(佛)입니다. 나 있고, 생명이 있는 것이 아닙니다. 나의 존재는 생명의 현상이며, 생명의 성품 실상에는 나는 없으며, 모습 없는 생명성이 걸림 없고 원융한 나의 실체 본성입니다. 생명은 실체 없고,

형상을 초월한 불가사의 무량공덕세계가 아뇩다라삼먁삼보리 생명 실상의 세계입니다. 나는 허공과 물과 바람과 풀잎과 다를 바 없는 한생명입니다. 생명 현상의 꽃 중에 가장 아름다운 것이 생명 본성(本性)의 자성(自性) 꽃입니다. 그 꽃이 나 자신이며, 삼라 만물만상 화엄장엄입니다. 보이고, 들리는 일체가 생명장엄이며, 무아무상 생명장엄 세계입니다. 그 생명장엄 속에 나의 존재도 있습니다. 나는 걸림 없고, 실체 없는 원융한 생명입니다. 불(佛)께옵서는 일체가 불(佛)이라고 하였습니다. 불(佛)은, 생명성의 또 다른 이름이며, 보고, 듣고, 생각하는 살아있는 불(佛)의 생명성(生命性)이 아뇩다라삼먁삼보리입니다.

이해하기 어려운 무위실상 불법과, 아뇩다라삼먁삼보리 깨달음의 실체와 본심, 본성, 본각의 깨달음 세계를 금강경요해 강의를 통해 깊은 불법대해(佛法大海)를 누구나 이해하고, 아뇩다라삼먁삼보리 깨달음에 들도록 경(經) 내용과 깨달음에 대한 세심한 마음을 기울였사오니, 금강경요해 인연 공덕으로 수많은 사람들이 불지혜(佛智慧) 청정한 믿음으로, 불법 실상과 청정본심을 깨달아 아뇩다라삼먁삼보리를 누구나 빠짐없이 성취하시기를 바라옵고, 진심으로 염원하며 발원합니다.

이 경(經) 해설 중에는 머무를 것도 없고, 헤아려 살필 것도 없사오니, 누구이시든 청정한 마음에 혼란 없기를 바라옵니다. 무량차별 제식(諸識)께서, 밝은 불심(佛心)으로 가시는 길 그 공덕을 찬탄하며, 머묾 없음이 길이며, 모습 없음이 실체니, 어느 곳인들 눈길 줄곳 없고, 머무를 곳 없사오니, 대공적멸천(大空寂滅天) 무일물(無一

物) 청정도 망(妄)이며, 묶임이오니, 머묾 없는 밝은 눈으로 머묾 없이 가시는 길 그대로 머묾 없이 가시옵소서. 머묾 없는 것에는 불법(佛法)도 환(幻)이며, 해탈과 깨달음도 망(妄)이며, 바름(正)도 사(邪)입니다. 머묾 없음에는 불법(佛法)도 없고, 해탈과 깨달음도 전도몽상(顚倒夢想)이며, 바름(正)도 여래(如來)의 뜻을 벗어났습니다.

이 경(經)은 보려해도 볼 것이 없고, 살피고 뜻(義)을 헤아리려 해도 살피고 헤아릴 것이 없사옵니다. 이것이 이 경(經)을 보는 것이며, 사구게를 지니는 것이며, 실상 수지독송입니다. 볼 경(經)이 있고, 지닐 사구게가 있고, 수지독송할 무엇이 있다면 그것이 사상(四相)이며, 법상(法相)이며, 반야가 아닙니다. 볼 것 없음이 경(經)의 뜻이며, 보고 들을 것 없음이 여실함이 사구게를 지님이며, 유무에 묶이지 않고, 생멸에는 머물 곳 없어 나 없는 일체행이 이 경(經)의 수지독송입니다. 보려함이 망(妄)이며, 살피고 헤아리려함이 망(妄)일 뿐입니다. 보려는 그것에는 이 경(經)의 한 구절도 없고, 헤아리고 살피려는 것에는 사구게가 존재하지 않습니다. 이러한 눈뜸이라도 있게 하신 여래(如來) 무상존(無上尊) 대자비에 공손히 공경하며, 진실한 마음 청정자성 향(香)을 사루어 예경(禮敬)을 올립니다.

無圓金剛一明佛

금강경요해(金剛經了解)를 마치며